高等院校石油天然气类规划教材

高等油藏工程

刘慧卿 编著

石油工业出版社

内 容 提 要

本书以复杂油气藏的油藏工程理论和高效开发设计为主线,系统介绍了不同类型油气藏的油藏工程设计理论和方法及应用,内容包括油田开发地质与开发特征、水平井产能评价方法、复杂油气藏开发设计方法、油田水驱开发剩余油分布与开发调整方法、典型复杂油藏开发与调整设计实例、油藏经营管理等。

本书可作为油气田开发工程专业的研究生教材,也可以作为石油工程专业高年级本科生和从事油气田开发的科研人员的参考书。

图书在版编目(CIP)数据

高等油藏工程/刘慧卿编著.
北京:石油工业出版社,2016.6
(高等院校石油天然气类规划教材)
ISBN 978-7-5183-1143-9

Ⅰ.高…
Ⅱ.刘…
Ⅲ.油藏工程—高等学校—教材
Ⅳ. TE34

中国版本图书馆 CIP 数据核字(2016)第 028129 号

出版发行:石油工业出版社
（北京市朝阳区安华里2区1号　100011）
网　　址:www.petropub.com
编辑部:(010)64523579　　发行部:(010)64523633

经　销:全国新华书店
排　版:北京苏冀博达科技有限公司
印　刷:北京中石油彩色印刷有限责任公司

2016年6月第1版　2016年6月第1次印刷
787毫米×1092毫米　开本:1/16　印张:18.25
字数:464千字

定价:40.00元
(如出现印装质量问题,我社图书营销中心负责调换)
版权所有,翻印必究

前　言

　　高等油藏工程是指针对各种类型的复杂油气藏,为建立或完善高效开发系统,结合适宜和先进的开发井型而进行的油藏工程设计理论和方法研究,并提供油藏开发设计方案和调整方案的总称。高等油藏工程是油藏工程基础的具体应用,高等油藏工程的主线依然是建立最优化开发(注采)系统,但是目标油藏更具复杂性、特殊性和个性化特征,其油藏动态分析除动态监测资料解释、物质平衡方程和经验方法外,油藏数值模拟和物理模拟也成为高等油藏工程动态分析和效果预测的重要方法。

　　"高等油藏工程"是中国石油大学(北京)为油气田开发工程专业的硕士研究生设置的专业的必修课程,多年来并没有统一的教材。笔者作为主讲教师除校内授课任务外也曾经组织并亲自参加油田工程硕士研究生班的"高等油藏工程"现场教学工作,多次开展相关内容的技术讲座。根据以往的教学内容和科研经历,将"高等油藏工程"课程的内容体系进行系统整理,并逐渐固化为三个方面:

　　第一,开发过程中油气藏动态的时变特征。主要开发特征表现为油层压力较高,油井总体高含水或特高含水,剩余油高度分散,但同时对油藏的认识程度也相对较高,其高效开发设计的特点是精细调整和实施提高采收率技术。

　　第二,世界范围内还存在众多类型的油藏,除常规油藏外,还有断块油藏、裂缝(洞)型油藏、低渗透油藏、稠油油藏、凝析油气藏等,这些油气藏具有某种特殊性,包括多重油藏水动力系统、复杂多孔介质、复杂油藏流体等,其高效开发设计的特点是针对这些复杂特征发展和完善针对不同类型油藏的开发设计理论。

　　第三,现代科学技术的进步使各种水平井或复杂结构井技术在石油开采中得到广泛应用,复杂油气井型使得储层中油气渗流的方式发生变化,因此水平井技术也成为高等油藏工程理论研究和应用的重要内容。

　　为保证教材内容的系统性和完整性,地质基础部分增加了油藏开发地质特征和剩余油分布特征,设计和应用部分增加了典型复杂油藏开发与调整设计实例。

　　本教材由刘慧卿编写,在编写过程中,参考了众多相关内容的教材和专著。中国石油大学(北京)石油工程学院姜汉桥教授、宁正福教授提出了许多宝贵意见。油藏工程教学团队顾岱鸿、庞占喜、田冷、王敬、李俊健等老师给予了热情帮助,在此一并表示感谢。特别需要指出的是,本书第六章"油藏经营管理"主要参考陈月明教授编著的《油藏经营管理》,在此表示衷心感谢。

　　由于笔者水平有限,书中如有错误和不当之处,敬请读者批评指正。

笔　者

2016 年 1 月

目 录

第一章 油田开发地质基础与开发特征 ... 1
- 第一节 油气藏地质特征与开发分类 ... 1
- 第二节 不同类型油藏开发特征 ... 17
- 第三节 油藏储层非均质性 ... 52
- 练习题 ... 71

第二章 油井产能与井控储量评价 ... 72
- 第一节 水平井及其适用性 ... 72
- 第二节 油井产能评价 ... 76
- 第三节 井控储量评价 ... 85
- 练习题 ... 100

第三章 复杂油藏开发井网系统设计 ... 102
- 第一节 复杂油藏开发方式 ... 102
- 第二节 复杂边界油藏井网系统设计 ... 126
- 第三节 立体开发井网系统设计 ... 138
- 第四节 矢量化井网系统设计 ... 147
- 练习题 ... 157

第四章 油田剩余储量与开发系统调整 ... 158
- 第一节 驱替效率与波及系数 ... 158
- 第二节 剩余可采储量与剩余油分布 ... 171
- 第三节 油田开发系统综合调整 ... 181
- 练习题 ... 198

第五章 典型复杂油藏开发与调整设计实例 ... 200
- 第一节 泌浅10区稠油油藏吞吐转驱井网设计 ... 200
- 第二节 孤东18-7断块油藏开发调整设计 ... 220
- 第三节 西峰油田白马区低渗油藏开发调整设计 ... 227
- 第四节 兴隆台油田兴古潜山油藏开发设计 ... 238
- 练习题 ... 248

第六章 油藏经营管理 ... 251
- 第一节 油藏经营管理及组织机构 ... 252
- 第二节 油藏经营管理基本内容 ... 262
- 第三节 油藏管理主体技术 ... 273
- 第四节 油藏经营管理应用与发展方向 ... 278
- 练习题 ... 285

参考文献 ... 286

第一章
油田开发地质基础与开发特征

第一节　油气藏地质特征与开发分类

一、油气藏与圈闭类型

1. 基本概念

1）油气藏

在单一圈闭中具有同一压力系统的油气聚集,如果在一个圈闭中只有石油聚集称为油藏;只聚集了天然气称为气藏;同时聚集了石油和天然气称为油气藏。

2）油气田

在地质上受局部构造、地层或岩性因素控制的位于一定范围内的油气藏的总和称为油气田。

3）油气藏参数

以背斜油气藏为例,如图1-1-1所示,油气藏参数表明油气藏的规模和流体的平面分布状况。

(1)油气界面和油水界面。纯气带底面称为自由气面;纯油带顶面称为油气界面;纯油带底面称为油水界面;纯水带顶面称为自由水面。当油气、油水密度差较大或油层渗透率较大时,可以不考虑油气和油水纵向过渡带,自由气面和油气界面近似相同,油水界面和自由水面近似相同。

(2)含油气高度。油水界面与油气藏最高点海拔高差称为含油气高度。当油气藏存在气顶时,含油高度为油水接触面与油气界面的海拔高差;而油气界面与油气藏最高点海拔高差称为气顶高度。

(3)含油边界。油水界面与油层顶面的交线称为外含油边界,又称为含油边缘,有时也称为含油外边缘;在此边界以外,只有水,没有油。

(4)含水边界。油水界面与油层底面的交线称为内含油边界,又称为含水边缘;在此边界以内,只有油气,没有水。

(5)油水过渡带。含油边缘与含水边缘之间的储层地带称为平面油水过渡带。

(6)底水和边水。如果油气藏高度小于储层厚度时,则不存在内含油边界。油气藏的下部全部为水,称为底水。如果储层厚度不大,或构造倾角较陡,油气藏高度大于储层厚度时,水在内含油气边界以外,围绕在油气藏的周边,称为边水。油气藏底水和边水如图1-1-2所示。

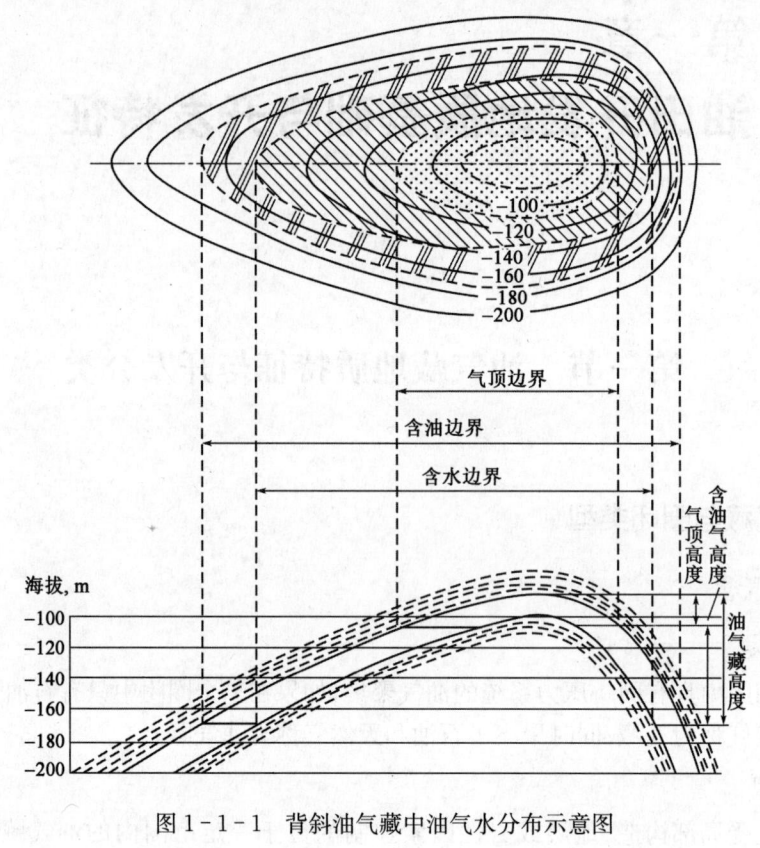

图1-1-1　背斜油气藏中油气水分布示意图

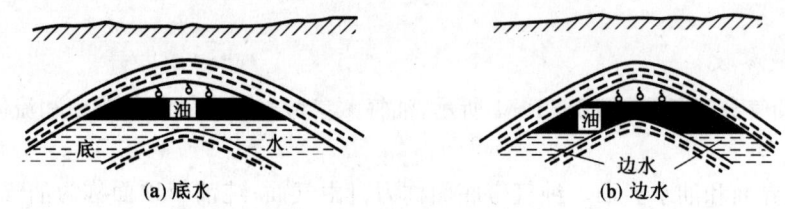

图1-1-2　油气藏底水和边水示意图

2. 油气藏圈闭类型

国内外发现的油气藏类型很多,由于圈闭是形成油气藏的必要条件之一,因此油气藏类型通常以圈闭成因类型划分,分类反映油气藏成因、特点和分布规律。

1)构造油气藏

构造油气藏是指在构造圈闭中的油气聚集;圈闭是由于构造运动使岩层发生变形或变位而形成的。构造油气藏包括背斜油气藏和断层油气藏。

据统计,世界上大型的油气藏中大部分属于背斜油气藏。我国已开发的玉门老君庙油田的 L 层油藏和大庆油田长垣中的七个油藏都属于背斜油气藏。

断层油气藏一般是指在储层的上倾方向被断层切断,并被另一侧不渗透层遮挡而形成的圈闭中形成的。我国的西北地区和东部地区都广泛分布有断层油气藏。

2)地层油气藏

地层油气藏是指在地层圈闭中的油气聚集。地层圈闭是由于地层超覆、沉积间断和剥蚀作用所形成的。地层油气藏包括地层超覆油气藏和地层不整合油气藏,我国青海柴达木盆地马海气田属于地层超覆气田,渐新统—中新统砂岩地层超覆在元古界之上;我国华北盆地任丘古潜山油田属于地层不整合油气藏,在震旦与寒武的不整合面上沉积了古近系的沙河街组和东营组地层。

3)岩性油气藏

岩性油气藏是由于沉积环境变迁导致储层岩性发生侧向变化而形成的。这种类型油气藏平面上通常成群成片、杂乱无规则分布,包括岩性尖灭油气藏和透镜体岩性油气藏,如老君庙油田 L5 和 L6 层即为岩性尖灭油气藏,透镜体油气藏呈透镜体状和各种不规则形状,四周被不渗透岩层包围。

地质学家对油藏的分类主要基于油藏形态和成因,着眼点是油藏的圈闭、聚集条件及分布规律,这些特征主要是为石油勘探发现新的油藏服务的,在油气藏勘探阶段具有重要的指导作用。

二、油气藏开发分类

作为以合理开发油气田为目的的油藏分类,应以油藏开发特征为主要依据,因为油气田开发工程以高采油速度、高油气采收率、高效益为目的,开发技术的综合性要求应以油田开发过程的主控因素和主要开发措施因素对油气藏进行分类,与此相似类型的油气藏的开发实践经验才更具有参考价值,因此,采用这种分类方法对油气藏合理开发具有指导意义。

控制和影响油藏开发的地质因素很多,包括构造形态、储层性质、流体性质、流体分布、埋藏条件等。

1. 单因素分类方法

考虑油藏单因素特征的分类方法包括断块大小、储层埋深、岩石渗透率、原油黏度和原油相对密度等,见表 1-1-1 至表 1-1-5。

表 1-1-1 按断块大小分类

类型	大断块	较大断块	中断块	小断块	碎块
含油面积,km^2	>1	1~0.4	0.4~0.2	0.2~0.1	<0.1

表 1-1-2 按储层埋深分类

类型	浅层	中层	深层	超深层
储层埋深,m	<2000	2000~3200	3200~4000	>4000

表 1-1-3 按岩石渗透率分类

类型	特高渗	高渗	中渗	低渗	特低渗
岩石渗透率,$10^{-3}\mu m^2$	>1000	500~1000	50~500	10~50	<10

表 1-1-4　按原油黏度分类

类型	稀油	普通稠油	特稠油	超稠油
原油黏度，mPa·s	<50*(100)	50*(100)～10000	10000～50000	>50000

注：*表示原油未脱气地层条件。

表 1-1-5　按原油相对密度分类

类型	轻质油	中质油	重质油
原油相对密度	<0.87	0.87～0.92	>0.92

当强调油藏的某一主要因素，特别是需要强调油藏的某个主要特征时，仍然沿用上述分类方法。由于研究者的目的不同，对油气藏分类考虑因素的侧重点也不同，显然以圈闭成因划分为构造油气藏、地层油气藏、岩性油气藏三种类型，更有利于油气资源的勘探。由于圈闭类型相同，其中储藏的流体可能不同，对应的开发方式也不同，因此以圈闭划分的油气藏类型难以对油藏开发进行具体、有效的指导。

2. 中国石油勘探开发研究院分类方法

1）以决定开发方式最重要的开发地质特征进行分类

若原油性质已达到必须进行热力采油的原油黏度范围，则首先命名为稠油油藏；若油藏构造条件已属于含油范围分散的断块，则首先命名为断块油藏；若油藏储层属于低渗透岩石类型，则首先命名为低渗透油藏。而对于常规油气藏，则仍以储层岩石类型命名。

2）充分考虑陆相石油地质规律和开发策略进行分类

我国已发现和投入开发的油藏绝大多数储存于陆相含油气盆地，以碎屑岩储层为主，因此对碎屑岩储层油藏进行细分；开发策略以注水为基本方式，因此需要重点考虑影响注水开发的油藏地质特征作为分类依据。按照上述原则，中国陆相油藏共划分为十大类：

（1）多层砂岩油藏。我国的大型油田多属此类，如大庆喇萨杏油田、胜利的胜坨油田、中原的濮城油田等。这类油田均具有中高渗透率储层，其成藏圈闭条件以各种成因的背斜构造或被断层复杂化的背斜构造为主，构造形态比较完整，且相对简单，构造面积大，构造闭合高度达数百米。

（2）气顶砂岩油藏。气顶油藏是指圈闭上方存有气态烃的油藏。气顶油藏在我国东部老油区都已有发现并投入开发，具代表性的有大庆油田喇嘛甸层状砂岩气顶油藏、中原油区濮城油田西沙二气顶油藏和辽河油区双台子油田气顶油藏。

（3）低渗透砂岩油藏。渗透率为$(0.1～50)×10^{-3}\mu m^2$的储层统称为低渗透油层。根据实际生产特征，按照油层平均渗透率可以进一步把低渗透油田分为三类：一类为一般低渗透油田，油层平均渗透率为$(10.1～50)×10^{-3}\mu m^2$，这类油层接近正常油田，油井能够达到工业油流标准，但产量太低，需采取压裂措施，才能取得较好的开发效果和经济效益；另一类为特低渗透油田，油层平均渗透率为$(1.1～10)×10^{-3}\mu m^2$，这类油层正常测试达不到工业油流标准，必须采取较大型的压裂和其他相应措施才能有效地投入工业开发，如长庆安塞油田、大庆榆树林油田、吉林新民油田等；第三类为超低渗透油田，其油层平均渗透率为$(0.1～1.0)×10^{-3}\mu m^2$。这类油层非常致密，基本没有自然产能，一般不具备工业开发价值。但如果其他条件有利，如油层较厚、埋藏较浅、原油性质比较好等，同时采取高效开发技术措施，也可以进行工业开发，如延长油田探明的川口油田等。随着石油勘探和开发程度的提高，低渗透油田储量所占的比例越来越大,在已探明的未动用石油地质储量中,低渗透储量所占比例高达60%以上。低渗透砂岩储层广泛发育于我国各含油气盆地之中,其资源量约占全国石油资源量的30%。

(4)复杂断块砂岩油藏。断块油藏是在一定构造背景上受长期继承性断裂活动控制的断层圈闭,不同规模的断裂活动形成的断层是划分断块油田、断块区的依据。油层上倾方向被断层遮挡形成圈闭的油藏称为断块油藏;以断块油藏为主的油田称为断块油田;地质储量一半以上储存于面积小于$1km^2$断块的油田,称为复杂断块油田。复杂断块油田在渤海湾地区包括胜利、大港、冀东、中原、河南、江汉、江苏等油区均大量存在。复杂断块油田的地质构造、流体性质、油水系统等都很复杂,勘探开发程序实施滚动勘探开发的原则,取得了很大成效。这类油藏投入开发的地质储量和年产油量占全国的1/3。

(5)砂砾岩油藏。砂砾岩油藏是指以砾岩、砾状砂岩等粗碎屑储层为主的油藏,它们仍属孔隙型油藏,但又不同于一般的砂岩油藏,具有更为复杂的复模态孔隙结构等重要特征。在准噶尔盆地、泌阳凹陷、渤海湾盆地、二连盆地等地区均有发现,常见的有冲积扇和扇三角洲沉积,其中最为典型的是克拉玛依冲积扇相砾岩油藏及双河油田扇三角洲相砂砾岩油藏,这类以砂砾岩为主的粗碎屑沉积成为湖盆中的重要储层,其开发地质特征与河流—三角洲体系砂岩储层有很大的差别。

(6)裂缝性潜山基岩油藏。裂缝性潜山基岩油藏是根据储层特性划分的油藏类型。我国的裂缝性潜山油藏多属于断块古潜山油藏,虽然储层为古生代海相沉积的基岩,但生油层为中、新生代陆相沉积的泥岩,属于"新生古储"油藏。从20世纪70年代开始,相继在华北、胜利、辽河发现和投入开发30多个裂缝潜山基岩油藏。这类油藏的储量约占总储量的8%。

(7)稠油油藏。包括常规稠油油藏和热采稠油油藏。凡是地下原油黏度大于$50mPa·s$的油藏都属于稠油油藏。原油黏度普遍较高且变化范围很大,地面原油黏度可达上百、几千、甚至几万毫帕秒,其相应的原油密度大于$0.92g/cm^3$,甚至大于$1g/cm^3$,主要由于原油中的沥青质、胶质含量较高,轻质成分含量较低。稠油又可进一步细分为三类,即普通稠油、特稠油和超稠油。地下原油黏度在$50\sim150mPa·s$的稠油油藏可以按照稀油常规方法开采,即可以进行注水开发。我国稠油储量中有68%属于这一类。当地下原油黏度大于$150mPa·s$,地层、井筒由于黏度高、流动状况差,需要加热、注蒸汽或火烧油层才能开采,这类稠油占我国稠油储量的32%。

(8)高凝油油藏。高凝油油藏是根据原油凝点进行分类的油藏。原油凝点高于40℃、相应的含蜡量大于30%的原油称为高凝油。我国高凝油油藏主要分布在河南南襄盆地、泌阳凹陷和辽河大民屯凹陷,高凝油储量为$34584\times10^4 t$,约占全部储量的2%。虽然占储量比例较小,但其原油特殊,因此单独划分为一类。高凝油油藏的主要地质特征为原油凝点高、含蜡量高;储层为多层层状砂岩,物性中等;储层温度均高于凝点温度。高凝油储层温度均高于原油凝点温度20℃以上,高于原油析蜡温度7℃以上,因此,在原始情况下,油藏不会析蜡。根据流体性质特点,当储层温度与析蜡温度相差20℃以下时,在注水开发条件下,注水井附近地带会形成降温区,增加井底附近的渗流阻力,影响开发效果,这类油藏易受冷损害;当储层温度与析蜡温度相差大于20℃,则不受冷损害。例如,河南的魏岗油田储层温度与析蜡温度相差不到20℃。但在流动状态下,析蜡温度往往比静止状态下低,仍能按正常注水开发。

(9)凝析油气藏。本书不作介绍。

3. 唐曾熊分类方法

唐曾熊认为,由于影响油藏开发的因素太多,且影响油田开发的因素有主次之分,并非每个因素对油田开发都起主导作用,一些间接和次要的因素不必进入分类系统,只考虑直接影响开发部署的因素,便于油藏工程师由主到从、由浅入深地认识油藏。

油藏是由几何形态及其边界条件、储集及渗流特征和流体性质这三个独立的因素组合而成的,缺乏任何一个因素就构不成油藏,而其他一些因素则从属于上述三个因素。油藏的某些因素处于从属地位,只是说明不必对每个油田都要详细研究这些因素,或这些因素对开发部署及动态特征不会产生明显的影响。

由于石油工业正是利用石油所具有的流动性或者说是依靠渗流开采石油的,因此,油藏开发分类原则首先应考虑储集流体的性质,其次是渗流介质的性质,再次是几何形态及其边界条件。

1)不同储集流体的油藏类型

油气藏所储流体的性质包括密度、黏度、凝点及烃类、非烃类组分等,也有多种分类方法,最常用的是按密度分类,通常分为石油和天然气两大类。油气藏按所产流体分为天然气藏、凝析气藏、挥发性油藏、高凝油油藏、稠油油藏、常规油藏。

(1)天然气藏。天然气藏定义为流体在地下储层中原始孔隙压力下呈气态储存,当气层压力降低时,气藏中的天然气不经历相变。虽然许多天然气藏采出的流体在地面常温常压或低温下有液相析出(一般也称凝析油),但只要是在气藏温度条件下,压力降到气藏枯竭压力仍不会出现两相的,都属于天然气藏,在相图上气层温度大于临界凝析温度。

(2)凝析气藏。凝析气藏定义为流体在地下储层中原始孔隙压力下呈气态储存,但随着储层流体不断采出,气藏压力不断下降,当压力下降到某一点(露点)时,液体将从储层气体中凝析出,储层中将存在两相流体饱和度。如果气藏压力进一步下降,一部分凝析液会再次汽化,直到压力枯竭,气藏中仍保持两相流体存在,在相图上气层温度介于临界点及临界凝析温度之间。

(3)挥发性油藏。挥发性油藏定义为地下原始油藏压力下呈液态储存,但随着储层流体不断采出,油藏在压力下降到某一点(泡点)时,气体从液相中析出,由于原始状态下液相流体中溶解气量很大,随着气体的析出,液相体积大幅度收缩。整个过程与常规原油的界限难以划分,一般以体积系数与体积收缩的特性来确定。挥发性油的体积系数应在 1.75 以上,其收缩特性是压降初期快而后期收缩慢,收缩率与无因次压力关系曲线呈凹形。而常规原油则在压降初期收缩慢而后期收缩快,收缩率与无因次压力关系曲线呈凸形。挥发油对压力特别敏感,压力稍有下降,原油体积就会收缩很多,相同残余油饱和度情况下,原油采收率会明显下降。

(4)高凝油油藏。高凝油是指地下原油含蜡量很高,凝点也很高,在开采过程中,原油在井筒中温度下降,液态的原油会由于温度低于凝点成为固态而不能流动,也有高凝油在地层条件下即成为固态,即凝点高于油层温度,这类油田目前工业性开采的实例还很少。高凝油可分为两大类,一类是凝点与油层温度很接近(<5~10℃);另一类是凝点及析蜡温度比油层温度低得较多,只是在井筒流动过程中才会出现因温度下降而凝固成固体的问题。一般来说,高凝油的含蜡量都在 30% 以上,凝点在 40℃ 以上,即在一般情况下,井深 1000m 以下即严重结蜡,500~1000m 之间可能凝固。

(5)稠油油藏。一般来说,原油重度与原油黏度有较好的相关性,但重度是指地面脱气原油的性质,黏度一般是指油层条件下的性质,而且因组分、金属离子含量、溶解气量、油层温度等不同,有时重度和黏度并不完全一致。美国等国家将 API 重度低于 20 的原油称为重油,而委内瑞拉则将 API 重度低于 22 的原油称之为重油,黏度很高的重质原油称为沥青。当油层条件下原油黏度超过50mPa·s后,不仅依靠天然能量开采的采收率很低,而且在注水条件下,由于油水黏度比过大,黏性指进(非活塞性)将十分严重,不仅驱油效率和采收率低,而且耗水量大,经济效益必然也差。由于稠油的高压物性样品很难取,也可以用油层温度下的脱气原油黏度代替。

(6)常规油藏。普通原油是指在油藏以液态存在的烃类中不包括挥发性大、凝点很高和黏度很高的三种原油后的各种原油的总和,这种原油即为普通黑油。原油的性质变化范围很大。

在实际情况下,往往是两类流体甚至三类流体组成的油气藏,如有气顶或凝析气顶的油藏、有油环或油垫的气藏或凝析气藏、有凝析气顶的挥发性油藏、有气顶的稠油油藏、有稠油环或油垫的气藏等,这种情况称为复合流体油气藏。

2)不同渗流介质油藏类型

油藏储集和渗流特征包括储层的孔隙度、渗透率、润湿性、毛细管压力曲线、相渗透率曲线等。按照储集和渗流特征,油藏可分为孔隙性油藏和裂缝(洞)型油藏两大类。

(1)孔隙性油藏。孔隙性砂岩、白云岩或礁灰岩储层一般均具有孔隙型渗流特征,其储集空间及渗流通道主要为颗粒间形成的各类原生和次生孔隙。一部分储层虽然储集空间及渗流通道存在微裂缝,但其微裂缝以网状分布于整个储层,或微裂缝的开度与基质孔隙喉道半径处于同一个数量级,或微裂缝喉道半径很小,其储集和渗流特性仍属于孔隙型渗流,称为似孔隙型。

(2)裂缝(洞)型油藏。目前裂缝(洞)型油藏的岩性主要包括变质岩和碳酸盐岩,变质岩中主要发育裂缝,碳酸盐岩中除发育裂缝外,还发育有溶洞。因为大的裂缝在岩心无法保存,岩心分析无法得到真实的裂缝孔隙度和渗透率。单一裂缝性储层基质部分也无流动孔隙。裂缝性储层都用测井资料和试采资料求取孔隙度和渗透率,裂缝孔隙度一般都小于1%,最大也不超过2%。

缝洞型储层是指储集空间及渗流通道均为大尺度裂缝及溶洞,且在大尺度裂缝及溶洞周围发育较小尺度的裂缝网,这类储层的特点是大尺度裂缝和溶洞的孔隙度和渗透率很高,而缝网的有效孔隙度都小于2%,缝网的渗透率变化范围较大。

3)不同几何形态油藏类型

油藏的大小差异很大,油藏的几何形态分类无法用统一的定量尺寸来区别,只能用边界条件和其几何尺寸在开发中的作用加以区别。边界条件可以为不渗透岩层圈闭、气顶和底水。由于人工补充能量已广泛应用,与注水相比,气顶和底水的存在主要是天然能量的大小差异以及对开发部署和动态特征的影响,分类无须再强调气顶和底水特征。因此,将油藏按几何形态及其边界条件分为块状、层状、透镜状和小断块四类。

(1)块状油藏。块状油藏为厚度大、面积与厚度比相对较小的油藏。从对油田开发的影响来看,主要是其上下边界,特别是下部边界。如果油藏下部边界全部是底水,或从油藏平面图上看气顶和底水覆盖了整个油藏面积的绝大部分;油藏内部又无连续性的隔层或隔层已被发育的垂直裂缝贯通,则在开发过程中整个油藏与气顶或底水形成统一的水动力学系统。

(2)层状油藏。层状油藏与块状油藏相比,不仅厚度相对较小和面积相对较大,油藏的上下边界主要为不渗透的岩层,而不是气顶和底水,这种不渗透岩层形成的油藏同时具有上下边界内的部分应占油藏平面投影面积的50%以上。油藏可能有边水或岩性尖灭边界,只是面积不占主要地位,储量比例很小,局部油水过渡带有底水的特征。如有气顶,油气边界在开发过程中主要是顺储层的移动,而不是锥进。有的多油层油藏,全油藏具有统一的原始油水界面和油气界面,油藏的各个层和各个部位的原始压力也属于同一压力系统。如果这个油藏各储层之间有连续性好的隔层,且裂缝不发育或裂缝不穿透隔层,在开发中各油层形成独立的水动力系统,油藏应该是层状油藏。反之,如果隔层不连续且储层纵向大范围贯通,在开发过程中各层之间仍然是同一水动力系统则属块状油藏。

(3)透镜状油藏。透镜状油藏大部分是以岩性圈闭为主的油藏。储层分布不连续、单个储集体分布面积小。有的油藏是由许多个零星分布的透镜体组成,油藏的叠加投影是连片分布的。每口评价井甚至开发井都钻到油层,但油层对比有的层位不一致。对于大型岩性圈闭油藏如大型浊积砂等形成的油藏,不列入透镜状油藏,而按其边界条件(底水或边水)和隔层稳定性分别列入块状油藏或层状油藏。

(4)小断块油藏。断层圈闭是断块油藏的特征。以断层圈闭为特征的断块油藏,只要断块足够大,仍按其上下边界条件及隔层条件分别归入块状油藏或层状油藏。

断块的复杂程度一般取决于断块在断裂系统中的位置。中国东部油区属拉张型裂谷盆地,在拉张力作用下,主断层成正向正断层(断层面倾向与地层倾向基本相同),往往形成滚动背斜,在这样的构造背景下,除主断层附近外,大部分断块相对较大;在主断层成反向屋脊式断裂(断层面倾向与地层倾向相反)的情况下,断块面积一般较小而且复杂。

三、复杂油藏的地质特征

1. 复杂断块油藏地质特征

断块是指被断层分割开的独立或相对独立的不同规模的地质体。由断层遮挡所形成的油藏称为断块油藏。在一定构造背景基础上,以断块油藏为主的油田称为断块油田。具有相似的地质特征和相似的含油特点的、若干个分布在一起并具有一定联系的断块总体称为断块区。

1)复杂断块油藏的基本特征

胜利油区和中原油区是中国国内断块油田分布较多的油区。以胜利油区为例,断块油藏分布于59个油田,共794个开发单元,至2011年11月动用储量15.3×10^8t。

(1)单个自然断块内部构造简单,面积、大小不一,形态多样。断块区总体断裂系统复杂,受断层分割,形成几个甚至几十个独立的、面积和大小不一的自然断块,断层组合形式多,导致自然断块形式多样,多为不规则多边形结构,单个自然断块内部构造简单,多为单斜构造,内部断层少。如胜利油区典型的复杂断块单元东辛油田,其中营13断块区是位于油田西部营8大断层及营1断层末端,被两条二级断层夹持的地堑构造。构造面积整体呈现收缩态势。主力含油层系沙二段含油面积 $2.52km^2$,储量 448×10^4t。区内二级断层2条,落差100~400m,三、四级断层17条,东西向剖面表现为中间高、向两翼倾的背斜构造,南北向剖面表现为由南向北升高的台阶构造。平面上被断层分割成21个断块。含油面积最大的为 $0.286km^2$,最小的为 $0.003km^2$,平均为 $0.044km^2$。沙二段油层富集程度主要受构造和断层两个方面因素控制,根据统计,有95%的油藏分布在断层及构造高部位,其次为岩性油藏。自然断块内部构造简单,主要为断层反向遮挡的反向屋脊油藏,以封闭型断块和岩性断块油藏为主,油层集中分布在各断块构造高部位。

(2)地层倾角较大,构造与断层组合样式多。与整装等其他类型油藏相比,断块油藏具有普遍地层倾角较大的特点。统计临盘油区194个自然断块的地层倾角数据表明,地层倾角分布范围为 2°～35°。其中,地层倾角低于 3°的单元 24 个,储量 1139×10⁴t,分别占单元数与储量的 12.4%和 19.1%;地层倾角在 5°～20°的单元 99 个,储量 2510×10⁴t,分别占单元数与储量为 51.0%和 42.2%;地层倾角大于 20°的单元 27 个,储量 1150×10⁴t,分别占单元数与储量的 13.9%和 19.4%。同时,地层倾向多样,与复杂的断层走向组合,形成了形式多样的构造线与断层的组合匹配样式,构造线平行于断层或与断层斜交,构造高点既可以在断层夹角,也可能在断层一侧。

(3)含油层系多,纵向储层物性差异大,油水关系复杂。平面上,受断层切割破碎,但纵向上,自然断块含油层系发育与断块区基本一致,含油层系多,层系间、小层间储层物性存在明显差异,多为独立油水系统。如胜利油区东辛油田营 13 断块区沙二段油层共有 66 个含油小层,油藏埋深 2090～2530m,含油井段长达 440m。油层平均厚度 2～4m,主要集中在 1-8 砂组,共计 49 个含油小层,主要受断层和岩性控制,油砂体内部多具有边底水,1-7 砂层组边水能量差,8-14 砂组边水能量较强。断块中油水关系复杂,油层平面连通差。单层有效厚度最大为 9.1m,最小为 0.4m,平均为 1～3m。又如,临 9 断块发育沙一、沙二段两套层系,9 个砂层组,含油小层 55 个。沙一上、中为浅湖相沉积,沙一下、沙二 1-3 砂组为三角洲平原沉积,沙二 4-5 砂组为三角洲前缘沉积。沙一段渗透率一般为 $(78.2～1045.8)×10^{-3}\mu m^2$,平均为 $446.1×10^{-3}\mu m^2$,沙二段渗透率一般为 $(123.5～812.3)×10^{-3}\mu m^2$,平均为 $584.7×10^{-3}\mu m^2$,各小层的层间渗透率级差为 13.3,突进系数为 2.3,变异系数为 0.75,由此反映出沙一段和沙二段地层具有较强的层间非均质性。各个含油小层没有统一的油水界面。

(4)复杂断块油藏天然能量不足。受断层遮挡作用,复杂断块油藏基本为封闭式的常压断块油藏,断块面积小,大部分天然能量不足,缺乏边、底水补给。如胜利油区的临盘油田,边、底水能量较充足的储量仅占动用储量的 7.7%。统计临盘油区 110 个断块面积在 0.5km² 以下的复杂断块油藏,原始水体倍数均在 5 倍以下,水体能量不足。

2)断块油藏的分级

断块油藏的分级是指按面积大小划分等级。

含油面积大于 1km² 的断块油藏用通常的详探井网可以探明或基本探明,因此可以采用正常的详探开发程序;含油面积小于 1km² 的油田必须采用滚动开发程序,反映断块面积的量变造成了开发对策的质变,这是复杂断块油田与简单断块油田的界限,大断块油藏含油面积的下限应该是 1km²。

根据许多复杂断块油田的开发和调整经验以及高效开发的要求,现在大多数断块油藏的开发井距在 300m 左右。用 300m 井网衡量,则一般含油面积在 0.4km² 以上的油藏基本上可以形成较好的注采井网,而含油面积小于 0.4km² 的断块一般不能形成较好的注采井网。从另外一个角度衡量,如果按长宽比大致为 1:2 来考虑,那么含油面积为 0.4km² 的断块油藏大体上宽 500m,长 800m,油井间油层对于 300m 井网的连通概率为 60% 以上,能够形成较好注采关系,而小于该面积的油藏连通概率急剧降低。含油面积大于 0.4km² 的断块,如果同一套层系含有多个油层,划分为几套开发层系,则平面上满足多套井网部署的要求。

经验表明,采用 300m 左右开发井距,含油面积在 0.2～0.4km² 的断块油藏不会漏掉。一般一个断块油藏里最多只能有 2～3 口井,断块的地质情况基本上可以探明,但对油层的控制程度较低,要达到较好的开发效果,必须局部加密。含油面积 0.2km² 的油藏大体相当于宽 300m、长 600m 的油藏。300m 井距只有 37% 左右的连通概率,含油面积小于 0.2km² 则很难形成较好的注采井网。

含油面积在0.2～0.4km²的断块油藏,开发层系只能按油层分布情况自然形成,因为即使一个断块内有许多连续分布的油层,一般也只有少数几个油层能基本上重叠在一起,用一套井网来开发;这个断块内的其他油层已经不和它们重叠,油水边界各不相同,因此很难合在一起开发。所以,这一级断块油藏虽然可以形成一定的层系和完善程度较低的井网,但这种层系是自然形成的,层系划分没有多少选择的余地,至少在开发初期无法考虑,在较好的情况下可以在调整时考虑层系划分问题。这一级断块油藏的井网基本上是在探明地下情况的过程中形成的。

含油面积大于0.1km²的断块一般不会漏掉,可以形成一注一采的关系,大多数则需要打补充井才能形成。因此,含油面积在0.1～0.2km²的断块油藏可以实现注水开发,而且油井能有一定时期的稳产。在断块油藏密集的地方,一口井往往穿层在好几个断块里,同一口井对不同油层注入的水进入不同的断块,在不同方向的油井上见效,也会出现同一口油井的不同油层受不同方向注水井的效果。含油面积0.1 km²的断块油藏,用长宽比2∶1估计,大约相当于宽200m、长500m的油藏。测算300 m井距时,连通概率只有31%,所以含油面积小于0.1km²的油藏很难实现一注一采的关系。

根据以上分析,断块油藏按含油面积界限可以划为5个级别,即大断块油藏、较大断块油藏、中断块油藏、小断块油藏、碎块油藏。

(1)含油面积大于1.0km²为大断块油藏;
(2)含油面积大于0.4km²小于等于1.0km²为较大断块油藏;
(3)含油面积大于0.2km²小于等于0.4km²为中断块油藏;
(4)含油面积大于0.1km²小于等于0.2km²为小断块油藏;
(5)含油面积小于0.1km²为碎块油藏。

含油面积小于1km²的断块油藏,且地质储量占油田总储量50%以上的断块油田,称为复杂断块油田。

3)复杂断块油藏分类

依据圈闭类型,将断块油田油藏划分为背斜型断块油藏、岩性断块油藏和狭义的断块油藏。依据断层组合形式、油藏几何形态和天然能量,将狭义的断块油藏分为开启型断块油藏、半封闭型断块油藏和封闭型断块油藏;根据断层的几何形态,将开启型断块油藏分为弧形开启型断块油藏和扇形开启型断块油藏;根据断层复杂程度,将封闭型断块油藏分为封闭简单型断块油藏和封闭复杂型断块油藏。断块油藏的分类如图1-1-3所示。

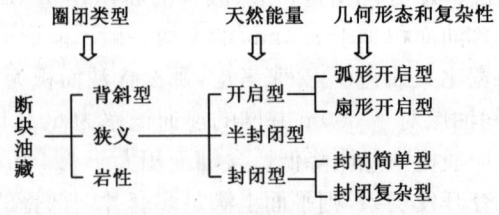

图1-1-3 断块油藏的分类

2.底水油藏地质特征

底水油藏是一个内部在水平和垂直方向连通性较好的厚层储集体,厚度大于油藏的含油高度,全油藏含油带与水体直接接触,形成底水油藏。底水油藏的主要开发地质特征如下:

(1)全油区具有统一的油水界面;

(2)具有统一的原始压力系统,且一般都为正常压力;

(3)一般属于构造油藏;

(4)具有较大的水体;

(5)油水分布在平面上无分区性,而在垂向上具有分带性,自下而上为纯含水带、油水过渡带和纯油带;

(6)储层在平面和垂向上连通好,在石油储采过程中,油、气、水因充分的分界面达到平衡,然而储层内部的非均质性,使得局部通常存在一些不连续的薄层状不渗透或低渗透的地质结构,在水驱油过程中起到阻碍作用。

3. 低渗透油藏地质特征

1) 低渗透油田的沉积特征

(1)近源沉积低渗透储层特征:离物源较近,未经过长距离的搬运,碎屑物质颗粒大小悬殊,分选差,不同的粒径的颗粒堆积在一起,不同的粒径的颗粒及泥岩充填在不同的孔隙中,使得储层总孔隙及连通孔隙大幅度减少,形成低渗透储层。这类储层一般以砾岩、砂砾岩为主,矿物成熟度低,颗粒分选差,如老君庙M油层。

(2)远源沉积低渗透储层特征:离物源较远,碎屑物质经过长距离的搬运,颗粒变细,悬浮部分增多,形成粒级细、孔隙半径小、泥质含量高的低渗透储层,如新民油田等。这类油藏一般以河流相和三角洲相沉积为主,砂体在剖面上以泥岩为主,砂体占的比例很低,呈薄层零星透镜状分布,平面上呈条带状、透镜状分布,砂体极不稳定,易形成构造圈闭或岩性圈闭油藏。

(3)成岩作用形成的低渗透储层特征:储层在沉积后发生压实、胶结、溶蚀等成岩作用,使得孔隙度、渗透率不断降低,形成低渗透层或致密层。成岩作用形成的低渗透油田其砂体形态不发生改变,取决于沉积作用。砂体分布特征受物源、沉积环境的控制,不同沉积相的砂体分布特征不同。

2) 低渗透油田的岩性特征

低渗透油田的储层受沉积作用的影响,其岩石颗粒分选较差、粒度分布范围广。我国低渗透油层的矿物成分总体上是西部以岩屑为主,东部以长石为主,间有特殊环境沉积的石英砂岩油层。低渗透油田胶结物含量较高,胶结物以黏土矿物为主,胶结类型较中、高渗透油田复杂。

3) 低渗透油田的裂缝特征

低渗透油田按地质成因分为构造裂缝、沉积—构造裂缝和非构造裂缝;按力学性质分为张性裂缝和剪切裂缝;按渗流性质分为闭合缝、开启缝、局部开启缝和高压开启缝。

(1)构造裂缝:岩石受区域或局部构造事件产生的构造应力作用产生形变、破裂而形成的裂缝。其主要特点是裂缝多成组出现,有一定的主方位,延伸范围较大,多为穿层裂缝,对储层的储渗条件有重要影响。

(2)沉积—构造裂缝:主要指在构造力作用下形成的层理缝(层间缝)和因岩石结构不均形成的各种层内裂缝。层内裂缝与非构造裂缝不易区别。

(3)非构造裂缝:由于干缩、风化、崩塌(滑坡)、压实、压溶等作用形成的裂缝,又称岩性缝。其特点是局部发育,方向不定,规模较小,很少穿层。

(4)张性裂缝:张应力超过岩石的抗张强度时形成的裂缝。这种裂缝往往是张开的,缝面粗糙不平,其上没有擦痕。张性裂缝对储层的储渗条件有很大影响。

(5)剪切裂缝(扭裂缝):剪应力(扭应力)超过岩石的抗剪强度时形成的裂缝,一般呈共轭缝组出现。这种裂缝经改造可成为张扭性裂缝和压扭性裂缝,前者使储层有良好的渗透性。

(6)闭合缝:在地应力作用下闭合的裂缝或被完全充填的裂缝,它不能给流体的流动提供通道。

(7)开启缝:裂缝是开启的,未被充填,可以作为流体储存和流动的通道。

(8)局部开启缝:裂缝只在局部开启,其他部位闭合。其可以是裂缝产生时就形成的,也可以是原裂缝中的充填物在局部被溶蚀后形成的。

(9)高压开启缝:有些裂缝是闭合的,但在一定的注水压差下,裂缝由闭合变为开启,而成为流体运移的通道。

4)低渗透油田的流体特征和压力特征

我国的主要低渗透油田的原油性质较好,主要体现在:低渗透油田原油一般属于正常稀油,其原油地下黏度一般都小于 10mPa·s,在同一油田范围内,低渗透储层的埋深较深,其原油性质较埋深较浅的高渗透储层的原油性质要好。

超过 20mPa·s 的油藏主要是一些中小油藏,有些甚至属于普通稠油Ⅱ类油藏,如河南泌 304 区油样在 30℃条件下原油黏度为 989.1mPa·s,辽河高升油田高 3624 块 50℃脱气原油黏度为 3150～4000mPa·s。

低渗透油田除正常的压力系统外,我国还存在许多异常高压油田,特别是压力系数大于 1.4 的超高压油田。

异常高压与地层沉积和欠压实有关,受某种因素的影响,使得孔隙中流体排不出去受到阻碍,孔隙度不能随上覆沉积物的增加而相应减少,这时排不出去的孔隙流体就要承受一部分本来应由岩石颗粒支撑的有效应力,从而使孔隙流体具有异常高压。另外,异常高压与构造作用有关,在地层沉积后,由于构造运动和断裂作用,使地层受到挤压和整体抬升,当地层压力尚未调整平衡,仍保持原来的压力时,即固结成岩,其地层压力高于静水柱压力。

4. 裂缝性油藏地质特征

基岩油藏又称古潜山油藏,是指储集在变质岩、火成岩及下古生代岩层(不管变质与否)的油藏,这种油藏的储层发育有大量的天然裂缝,即通常所说的裂缝性油藏。基岩油藏已在古地台(北美和南美)、年轻地台(西西伯利亚、西欧)、中生代地层(越南大陆架)、年轻的褶皱造山带山间坳陷(委内瑞拉)均有发现。据统计,中国渤海湾盆地共发现基岩油藏 61 个,其中辽河断陷 8 个,占辽河油田探明储量的 20.3%;黄骅坳陷 8 个,占大港油田探明储量的 2.9%;济阳坳陷 20 个,占胜利油田探明储量的 14.8%;冀中坳陷 21 个,占华北油田探明储量的 59.7%;渤海 4 个,占渤海油田探明储量的 2.3%。部分基岩油藏及储层主要特征见表 1-1-6。

表 1-1-6 部分基岩油藏及储层主要特征

区块名称	油藏深度及底水情况	油层厚度或跨度	岩性	储层孔隙度与渗透率情况
锦州 25-1S	1600～2000m,有底水	200～400m	黑云斜长片麻岩、黑云二长片麻岩、二长片麻岩以及碎裂岩	储层平均总孔隙度 7.0%,裂缝平均值为 0.7%;裂缝渗透率 $(260～900)×10^{-3}\mu m^2$,基质渗透率小于 $1×10^{-3}\mu m^2$

续表

区块名称	油藏深度及底水情况	油层厚度或跨度	岩性	储层孔隙度与渗透率情况
兴古7	2335~4670m,有边底水	2145m	黑云斜长片麻岩为主(40%)	储层平均孔隙度5.7%,裂缝渗透率最大953×$10^{-3}\mu m^2$,基质渗透率大部分小于$1×10^{-3}\mu m^2$
越南白虎	3400~4500m,无边底水	1700m,有效厚度490m	花岗岩、花岗闪长岩	平均孔隙度1.5%~4%;原生孔隙度小于0.5%,裂缝孔隙度1%~10%,大裂缝渗透率高达$20\mu m^2$,微裂缝$(5~7)×10^{-3}\mu m^2$
东胜堡	2600~3080m,有边底水	480m	纳长浅粒岩、二长浅粒岩及其混合岩	裂缝孔隙度0.99%~4%,平均孔隙度4.9%;平均渗透率$(48~1000)×10^{-3}\mu m^2$,基质渗透率大部分小于$1×10^{-3}\mu m^2$
雁翎	2848.5~3087m,有底水	238.5m		储层平均渗透率$(419~9107)×10^{-3}\mu m^2$

基岩油藏的主要特点是裂缝比较发育。碳酸盐岩储层往往具有明显的双重储渗结构,即原生的粒间孔隙结构和次生的裂缝、纹理结构,孔隙与裂缝之间是连通的,且各有自己的孔隙度和渗透率。对于变质岩裂缝性油藏,其中主要发育裂缝,且裂缝的开度变化范围较大,较大的裂缝中流体处于水动力渗流状态,称为水动力裂缝,而较小的裂缝中流体的流动只能依靠毛细管压力的作用,称为毛细管压力裂缝,因此可以将其中发育的毛细管压力裂缝近似为双重介质中的基质。

一般来说,裂缝介质的孔隙度很小,一般不超过1%,但渗透率相当高,可达几个甚至几十个达西,而孔隙或基质系统的渗透率却相当低,可以小于$1×10^{-3}\mu m^2$甚至$0.1×10^{-3}\mu m^2$,两者的渗透率相差千倍以上。若将储层看作单一连续介质,则难以准确表征流体的流动特征。

20世纪60年代,苏联学者帕林勃拉特对裂缝性储层提出了双重介质的概念,即裂缝性岩石中同时存在有相互连通的裂缝介质和被裂缝切割的岩块介质,并将这种双重结构进行特征化。

Warren Root特征化模型将实际双重介质油藏简化为正交裂缝切割基质岩块呈六面体的地质模型,如图1-1-4所示。裂缝方向与主渗透率方向一致,并假设裂缝宽度为常数,裂缝网络可以是非均匀分布,用于研究裂缝网络的各向异性。

Kazemi特征化模型将实际双重介质油藏简化为由一组平行层理的裂缝切割基质岩块呈层状的地质模型,模型由水平裂缝和水平基质层相间组成,如图1-1-5所示。

De Swaan特征化模型与Warren Root特征化模型相似,只是基质岩块是圆球体,圆球体按照规则正交分布模式排列,圆球体之间的孔隙为裂缝,如图1-1-6所示。

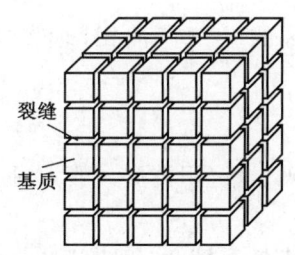 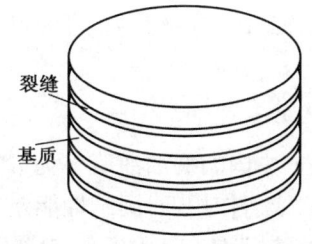 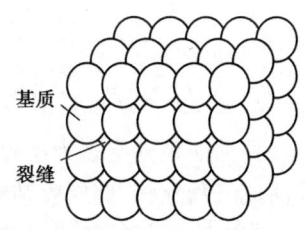

图1-1-4 Warren Root特征化模型　　图1-1-5 Kazemi特征化模型　　图1-1-6 De Swaan特征化模型

双重介质的第一重是指裂缝系统,第二重是指岩块系统。若将岩块系统进一步划分为若干重连续介质,则形成三重介质或多重介质。若岩块中的流体和裂缝交换并通过裂缝渗流,同时岩块间存在流体渗流,称为双孔双渗模型,如图 1-1-7 所示。若岩块中流体和裂缝交换并通过裂缝渗流,岩块间无流体渗流,称为双孔单渗模型,如图 1-1-8 所示。

图 1-1-7 双孔双渗模型　　　　图 1-1-8 双孔单渗模型

裂缝发育的油藏水驱采油的驱动力主要有三种,分别是水力压力梯度、毛细管压力和重力,这三种驱动力对裂缝系统和基质岩块的作用是不一样的。

5. 稠油油藏地质特征

在油层条件下,原油黏度大于 50mPa·s 或脱气原油黏度大于 100mPa·s 的原油称为稠油,国际上称稠油为重质原油。原油的胶质和沥青质含量高,原油的密度和黏度也会很高,原油黏度高达几万甚至几十万毫帕秒。中国中新生代含油气盆地中,稠油油藏成因包括风化剥蚀、边缘氧化、次生运移、底水稠变,也决定了稠油油藏分布的规律性,即存在稠油油藏或沥青矿的大型油气聚集带中,平面上从凹陷到边缘,由常规油藏渐变为稠油油藏或沥青矿;纵向上,由深层的常规油藏变为浅层的稠油油藏。

与稀油油藏相比,稠油油藏具有如下特征。

1)油藏埋深较浅

国外绝大多数大型稠油油藏埋深小于 1000m。和国外稠油油藏相比,中国的稠油油藏埋藏较深,埋深大于 900m 的已探明储量占六成以上,部分油藏埋深在 1300~1700m。

辽河断陷盆地西部凹陷西部斜坡带由北向南分布有高升、曙光、欢喜岭等稠油油田,埋藏深度一般在 700~1200m,其中高升和冷家油田埋藏深度达 1600~1700m。

胜利油区稠油油藏广泛分布在凹陷边部古隆起、古凸起和斜坡带,如东营凹陷西部的单家寺、尚店、林樊家,东营凹陷南部斜坡带的金家、乐安油田,这些油田埋藏深度一般为 800~1600m。

新疆准噶尔盆地的西北缘,由红山嘴至夏子街 150km 范围内为稠油油藏集中分布带,埋藏深度一般为 200~600m。

河南泌阳凹陷的西斜坡和北斜坡稠油资源比较丰富,已发现有井楼、古城油田,埋藏深度一般为 200~600m。

国内迄今已发现的稠油油藏中,埋藏最深的为吐哈油区的吐玉克油田,埋藏深度达 4500m。

2)储层胶结疏松,岩石物性较好

稠油油藏储层多为粗碎屑岩,中国的稠油油藏多为砂岩、砂砾岩,沉积类型一般为河流相或河流三角洲相,储层胶结疏松,成岩作用低,固结性能差。

国内外稠油油藏储层物性普遍较好,具有孔隙度高、渗透率高的特点,孔隙度一般为 25%~30%,岩石渗透率一般为 0.5~2μm²,属于高渗透油藏。中国主要稠油油藏参数见表 1-1-7。

表 1-1-7 中国主要稠油油藏参数表

油田	区块	埋藏深度 m	油层特性			原油性质		油层温度 ℃
			孔隙度 %	渗透率 $10^{-3}\mu m^2$	饱和度 %	密度 g/cm^3	黏度(50℃) $mPa \cdot s$	
高升	高二、三区	550~1750	13~24	900~2300	60	0.94~0.96	2000~4000	60~62
曙光	曙1-7-5区	950~1080	25.6	1500	60	0.98	12000~25000	54
	杜48区	850~1300	28.0	948	65	0.94	1540	48
	杜66区	808~1130	27.0	781	65	0.93	300~2000	57
	杜212区	840~1050	21.4~23.4	779~1029		0.96~0.99	1723~11165	42.0
欢喜岭	锦45区	890~1050	30~32	449	65	0.93	7696	45.0
	锦7区	910~1010	32.1	1044	65	0.98	2906	40.0
	锦25区	760~850	31.6	700	65	0.99	14132	35.0
	锦127区	600~850	33.9	1832	65	0.99	3661~7243	
	欢17区	1000~1230	28	700	65	0.971	2338	46.0
	齐40区	625~1050	30.8	1200~1300	65	0.936	2325	36.0
克拉玛依	九区	215~350	29.0	3800	64	0.91~0.96	219~6179	19.3
	六区	260~320	30.0	2300	66	0.915~0.955	800~10000	19.2
单家寺	单2区	1120~1200	30.0	500	65	0.9784	9200(56℃)	55
乐安	东区	880~955	14~31	5331	60	0.99	20000	54
井楼		100~830	30~35	2690	66.3	0.948	2667	29.7
古城		150~1047	30	1320	66.1	0.918~0.966	75.5~12431	21.9~66

3) 原油中胶质和沥青质含量高,饱和压力低

和普通原油相比,稠油中的胶质和沥青质含量高,且随着胶质和沥青质含量增加,稠油的相对密度和黏度也逐渐增加。因此,高黏度、高相对密度成为稠油区别于普通原油的主要指标。稠油主要物性参数见表1-1-8。

表 1-1-8 稠油主要物性参数表

国家	油田区块	原油相对密度	油层温度下脱气油黏度,$mPa \cdot s$	胶质含量 %	沥青质含量 %	硫含量 %	钒含量 10^{-6}
中国	高升	0.94~0.96	2000~4000	40~46	3.3	0.56	3.1
	曙一区	0.93~0.94	330~1540	34~39	—	0.30	1.1
		0.96~0.98	465~25900	34~52	—	0.36	0.87
	锦45块	0.96~0.99	565~7696	33.1	—	0.23~0.24	0.74~0.61
	克拉玛依九区	0.92~0.95	2300~15000	25~35	—	0.15	0.66
	单家寺	0.98	9200	24.8	1.2	0.72	2.49
	江汉王场	0.97	62.2(100℃)	51.0	9.6	11.8	0.31
加拿大	阿萨巴斯卡	1~1.0143	550×10^4	39	18.0	4.8	250
	Peace River	1.0071~1.0143	10×10^4	—	19.8	5.6	—
	Cold Lake	0.9861~1	10×10^4	23	15.0	4.7	240
委内瑞拉	Bare(FO)	0.9861~1	334	9~17	5.2		1200
	Tia Huana	0.9854	2000	—	5.8	2.7	284

稠油组分中,胶质和沥青质含量为30%~50%,烷烃和芳烃含量相对较低,通常小于60%~50%。稠油含蜡量小于10%,其凝点一般低于20℃。中国部分稠油含蜡量小于5%,凝点多数在0℃以下。例如,克拉玛依油田稠油含蜡量为1.4%~4.8%,原油凝点为-16~-23℃;孤岛油田稠油含蜡量为5%~7%,凝点为-10~-26℃。

与轻质原油在化学组成上的重大差别在于,稠油含氢量小于12%(10%~14%),碳氢比大于7(普通原油碳氢比一般为5.9~8.5)。稠油中除碳氢化合物外,还有大量的氧、氢、硫的化合物以及灰分元素。

稠油具有密度大、黏度高的特点,稠油的相对密度大于0.92。稠油黏度变化范围从50mPa·s到几万甚至几十万毫帕秒。

稠油油藏在形成过程中产生了生物降解作用和氧化作用,天然气和轻质组分在次生运移过程中产生逸散,因此,一般稠油油藏的饱和压力低,气油比低,稠油的原始溶解气油比一般小于$10m^3/t$,原油体积系数较小。

稠油分类不仅直接关系到油藏类型划分与评价,也关系到稠油油藏开采方式的选择及其开采潜力。由于稠油黏度变化范围很大,为了划分稠油油藏类型,首先按照原油黏度区分稠油类别。

联合国训练研究署(UNITAR)推荐的稠油分类标准见表1-1-9。

表1-1-9 UNITAR推荐的稠油分类标准

分类	第一指标	第二指标	
	黏度,mPa·s	60°F(15.6℃)相对密度	60°F(15.6℃)重度,°API
重质油	100~10000	0.934~1.000	20~10
沥青	>10000	>1.000	<10

中国稠油沥青质含量低,胶质含量高,金属含量低,稠油黏度偏高,相对密度则较低。中国稠油分类标准见表1-1-10。

表1-1-10 中国稠油分类标准

分类		第一指标	第二指标	开采方式
		黏度,mPa·s	相对密度(20℃)	
普通稠油		50*(或100)~10000	≥0.9200	
	亚类	50*~150*	≥0.9200	可以先注水,再转EOR方式
		150*~10000	≥0.9200	热采
特稠油		10000~50000	≥0.9500	热采
超稠油(天然沥青)		>50000	≥0.9800	热采

注:*指油层条件下的原油黏度;无*者为油层温度下脱气原油黏度。

在稠油注蒸汽开采中,储层发育状况将极大影响开发效果,单层厚度的大小制约着开采方式的选择,按照单层厚度通常分为四类:薄层≤2m;中厚层2~5m;厚层5~10m;块状层≥10m。

为了研究不同类型稠油油藏注蒸汽开发工程技术条件,改进不同类型稠油油藏注蒸汽开发效果,提高其经济效益,稠油油藏推荐依据储层类型及其发育状况为基础的分类方法。我国稠油油藏可分为块状稠油油藏、多油组互层状稠油油藏、单层状稠油油藏三大类和气顶巨厚块状油藏、边底水块状油藏、多油组厚互层状油藏、多油组薄互层状油藏、单层状构造岩性稠油油藏、薄层状稠油油藏六种类型。

第二节　不同类型油藏开发特征

一、陆相油藏综合开发地质特征

中国目前探明和开发的油藏,绝大多数都形成于陆相含油气盆地,这些陆相油藏的开发地质特征主要表现在以下五个方面。

1. 油层多层状特征

陆相储层表现为多油层及油层与隔夹层间互的特征。陆相沉积盆地及其湖泊规模较小,由于河流为碎屑物的主要搬运动力,河流的规模基本决定了沉积砂体的规模,而湖盆中以短流程、流域面积较小的小型河流占优势,因此沉积砂体层薄、侧向连续性差。同时,由于湖泊的水动力能量相对较小,局部环境因素的变化足以引起一定规模的湖进湖退,湖进湖退敏感性大,频繁的湖进湖退导致碎屑岩沉积的多旋回性,因此,数十层甚至上百层砂岩与泥岩间互成层,形成一定规模的油气藏时必然为多层状特征。

油藏的多层状特征同时表现为多相带储层的纵向叠合,多相带的差异性必然构成严重的层间非均质性,进一步决定了油藏分层系开发的状况。

2. 断块型油藏特征

由于陆相储层层薄、隔夹层间互,几米或十几米的小断层也足以使储层错开而与另一侧隔夹层接触形成遮挡。中国陆相油藏中,不论挤压性逆断层或拉张性正断层,不论大至数百米或小至数米的断距,几乎所有断层都起到遮挡作用。

在中国东部的许多断陷盆地的油藏中,断层比较发育,断层遮挡油藏占主导地位。有许多断块油田内的断层非常发育,断块很小,构造和油气水分布都非常复杂。有的油田多数断块的含油面积在 $0.5km^2$ 左右;有的油田则绝大多数断块的含油面积在 $0.5km^2$ 以下。

断块油田的特点表现为:油藏主要受断层控制;断层多、断块多;断块之间油藏特征差异大,包括油层岩石物性、厚度差异大,流体物性一般存在差异,油藏的大小不同,驱动能量也有差异;油层受断层分割,含油连片性差;断块之间以及同一断块不同层位的油层通常没有统一的油水界面。

当断层发育到一定程度形成复杂断块油气藏后,油田开发的技术难度和复杂性发生了根本性的变化,常规油田的开发程序和开发部署原则及方法均不能适应断块油藏的复杂地质条件。

3. 油藏边底水能量不足

陆相湖盆碎屑岩沉积体小而分散的特征决定了大多数油藏的多层状边水类型,且陆相沉积盆地及其湖泊的小规模特征决定了不可能存在大型天然水体的陆相油藏,油藏边水的活跃程度取决于储层的连续性和水区的渗流条件。油藏形成后,水区和油区差异成岩作用使得水区储层的孔隙性和渗透性降低。同时,油水界面附近的原油遭受一定程度的边水氧化而变稠,也削弱了边水的侵入。

中国一些大中型陆相油田几乎全部依靠人工补充能量而得到有效开发。

4. 陆相油藏原油黏度偏高

陆相油藏的油源来自陆相生油岩,其中绝大多部分以湖相泥岩为母岩,湖相沉积的生油母质以Ⅱ类、Ⅲ类干酪根为主;一般情况,Ⅰ类腐泥型干酪根以形成轻油为主,Ⅲ类腐殖型干酪根以形成较重质油为主,Ⅱ类干酪根为复合型,介于Ⅰ类和Ⅲ类之间。中国含油气盆地生油母质以Ⅱ类、Ⅲ类干酪根为主,且油藏处于中浅埋深。另外,陆相湖盆生油母质中的陆源植物和水生植物较多,湖盆水介质处于淡水到半咸水,纤维素、木质素被好氧细菌转化为蜡质和脂肪酸,一般都生成石蜡质原油,因此,中国陆相油藏原油性质总体上黏度偏高、含蜡量高。

高黏原油在注水开发中表现为高油水黏度比的水驱油特征,持续高含水阶段生产为注水开发方式的重要特征。

5. 储层孔隙结构复杂

陆相湖盆碎屑岩近物源、短流程的沉积背景,决定了砂砾岩的矿物成熟度和结构成熟度很低。岩石类型几乎全部为长石或岩屑质砂岩,颗粒分选以中到差为主。在冲积扇—扇三角洲—湖底扇体系的砂砾岩粗碎屑储层中,孔隙结构呈双模态甚至复模态分布,正常河流—三角洲体系的砂岩储层中也存在双峰态孔隙结构分布。

陆相储层孔隙结构的复杂性主要表现之一是其水驱油效率较低,因此,提高水驱油效率成为注水油田开发管理的重要任务。

二、不同储集流体油藏开发特征

1. 天然气藏开发特征

天然气藏的开发与油藏开发有很大的区别,首先是 PVT 特性对开发特征有决定性的影响,稀有气体、二氧化碳、硫化氢、氮气含量的不同,对气体集输处理和经济价值评价的差异很大。

根据天然气中的烃类组分,天然气分为干气、湿气、富气、贫气等。一般干气、湿气以天然气中戊烷以上重烃组分含量的多少区分。富气、贫气以天然气中丙烷以上重烃组分含量的多少区分。天然气的各组分物性和热力学性质需要精确测定,如重度、沸点、凝点、临界温度、临界压力、比热和压缩系数等。组分分析中,还要重视二氧化碳和硫化氢等酸性气体的含量及有机硫化合物,它们会造成气井及输气管道及设备的严重腐蚀以及环境污染等。

天然气组分中另一个重要组分是水,除含水气层甚至是水中溶解气外,大多数气田的气层并不含有可动水,但大多数气井生产中往往含有微量水,一方面是因为钻井、完井及各种措施作业过程中难免有水漏入气层,另一方面是因为气层气中含有饱和水汽,气层中的束缚水也会随着降压开采过程而汽化挥发出来,这些微量的水对气井开采的危害非常大,会在井底产生积液或在井筒形成水合物,对气井开采和集输产生较大影响。

一般情况下,气井的产能测算用系统试井方法,求取气井的无阻流量,并按地层压力与流动压力,求得合理的产量。气井初期产量一般取无阻流量的 1/4~1/6,并使初期生产压差不超过原始压力的 1/10。

天然气藏能量的补充一般不能使气藏采收率提高。天然气的开发一般都采用天然能量开发,其采收率与驱动类型有很大关系,封闭式气藏及弱水驱气藏的采收率比强水驱气藏高一倍。除地质条件影响驱动类型外,更重要的是通过开采过程的生产动态来判断驱动类型,一般气田开发都要经过一到两年的初步开发取得足够的生产动态资料后,才能编制正式的开发方案。

2. 凝析气藏开发特征

开发凝析气藏最重要的是精确取得流体组分及相图,并确定气藏有无挥发油油环及黑油油环。

凝析气藏可能存在边底水能量的补充,在一定的采气速度下可使气层压力维持在某一压力,如该压力高于上露点压力,则气藏开采动态和采收率估算相对简单,类似于水驱下的一般气藏动态;如该压力低于上露点压力,则只在上露点压力到该压力之间发生反凝析。不少定容或近似于定容的凝析气田为了控制和减少反凝析作用,提高凝析油的采收率,采用回注干气保持气藏压力的方法,如干气仅仅是本凝析气田的湿气净化后的气体,注采仍不平衡,只能使压力下降速度减缓,而不能保持气藏压力,如注入干气还有其他干气补充,则可按注采平衡,使压力保持在上露点压力以上开采。回注干气后,凝析气藏开发大致可分为两个阶段,即干气突破前的驱替阶段和干气突破后的稀释降压开采阶段。干气与凝析气一般都可以混相,因而其驱替效率相当高,此阶段采出流体的组分基本不变,一般可以采出储层湿气的70%左右。在干气突破大部分井后,一般可以停止干气回注,稀释开采阶段与消耗压力开采同时进行,两个阶段的总湿气采收率可达90%以上,且回注的干气也可以采出相当大部分。回注干气的经济性取决于需要保持压力的水平(上露点压力)、凝析油的含量及组分、井的产能和注入能力、储层分布及非均质状况、其他干气气源等。是否采用循环注气方式,最终还要根据经济分析结果确定。

在干气气源不足或气藏埋藏较深、上露点压力过高、凝析油含量较高的情况下,循环注气可能不经济或难以实施时,则可以考虑注水保持压力以控制气藏在上露点压力以上开发,也可以增加凝析油的采收率。但其驱替效果及总采收率(天然气和凝析油)比注气要差得多。

对于地层压力高于上露点压力很多或凝析油含量较低(<300g/L)的凝析气田,一般采用衰竭方式开发。由于在衰竭式开发凝析气田的早期,凝析油就会大量析出,且主要是相对分子质量较高的组分,这些组分在回注干气和压力回升后绝大部分不能再挥发到气态中,所以凝析气田回注干气必须在开发早期实施,使气藏压力保持在露点压力以上。当气藏压力已降到露点压力以下,注气时只需将压力保持(这个压力即新的露点压力),而没有必要再使压力回升到原来的露点压力,这时循环注气对凝析油采收率提高的幅度减少。在凝析气田开采末期注气也可以有少量凝析油挥发到气体中采出,但一般是不经济的。

凝析气藏采用消耗压力式开发的动态是在气藏压力降到露点压力前,凝析油含量、组分不变,降到露点压力后,进入反凝析阶段,凝析油含量迅速下降,组分变轻,初期下降快,后期下降慢。产能不仅受压力下降的影响,而且凝析油的析出形成两相流,气相渗透率也要下降,所以产能下降得更快。在压力降到下露点压力后,进入蒸发阶段。凝析油含量稍有上升,组分稍有变重,但一般已接近废弃压力,处于开采末期。

3. 挥发性油藏开发特征

挥发性油藏与凝析气藏类似,受流体的PVT特征的影响很大。其高压物性取样、分析及数据整理与凝析气的方法相同,精确做出组分分析和相图,要研究压降过程中液体的体积收缩特性,要做出无因次收缩率与无因次压力的关系。取得原油组分、收缩特性、PVT特性等资料后，即可对衰竭式开发方式和开采动态特征及采收率进行估算。

挥发性油藏最重要的特征之一是溶解气油比高，原油中轻组分含量高，体积系数大，而且在压力下降的前期体积系数下降很快，采用溶解气驱开发在压力降到泡点压力后，气油比急剧升高，产量大幅度下降，原油体积明显收缩，采收率很低，即使以后再注水恢复压力，原油体积也不可能再膨胀，所以挥发性油藏一般都要尽量采用早期保持压力的开采方式。除了极少数边底水能量充足的挥发性油藏可以利用边底水能量将油层压力保持在泡点压力附近，大多数挥发性油藏将采用早期注气或注水来保持油藏压力。由于挥发油的轻组分很高，注气形成混相驱的可能性较大。

挥发性油藏注气混相驱开发技术的可行性，取决于注气后相图的变化及混相压力、混相驱的波及效率，如果注入气体与储层原油可以以任何比例混合，且混合物为单相，称为一次接触混相，这种情况一定是注入气体和储层原油中乙烷到己烷（$C_2 \sim C_6$）的含量较高。大多数情况下，人们不常将经济价值很高的 $C_2 \sim C_6$ 再注入油层，所以注入气体中甲烷占绝大部分，这种较贫的气体与储层原油接触混合时一般形成两相，经过注入气体和储层原油之间的组分质量交换，使气体变富，形成两相之间的过渡带，气体与过渡带之间、过渡带与储层油之间也没有界面，也可以实现混相驱。这种注入气体与储层原油在流动时重复接触不断进行组分质量交换而达到的混相称为多次接触混相或动力混相。有时，注入气体与储层原油不能实现混相，可以在注入气体前注入溶剂段塞，以达到混相的目的，这些溶剂一般就是 $C_2 \sim C_6$。多次接触混相气驱过程又分为凝析气驱混相和蒸发气驱混相两种。凝析气驱混相的注入气比较富，在与储层油接触过程中，注入气中的重组分不断凝析溶入储层油之中，使储层油的挥发性增强，这种油再与新的注入气接触时又有部分富气溶入储层油，使储层油组分沿泡点线向临界点移动，直至移到临界点后，界面消失，形成混相。蒸发气驱混相必须是储层原油中 $C_2 \sim C_6$ 含量高，注入气为贫气，在接触过程中因储层油中的轻组分被蒸发到注入气中，使其不断富化，气体组分沿露点线移动，直至移到临界点后界面消失，形成混相。

挥发性油一般轻组分占的比例大，在油藏条件下原油黏度很低，所以挥发性油藏注水开发也可以获得相当高的波及体积及驱油效率。虽然采用注气混相驱可以获得更高的驱油效率，但油和气的黏度仍然相差较大，波及体积较小。因而，比较注水与混相驱的总采收率时，一般储层相对均质时，对混相驱有利，当储层非均质较严重时，混相驱的采收率不一定比注水开发高。由于混相驱投资大，工艺复杂，天然气在相当时间内不能作为商品销售，一些具备混相驱条件的油田仍然采用注水开发。

气水交替混相驱是在注气情况下可以实现混相驱，但在气源、气量不能保持注采平衡和压力平衡时，采用补充注水以保持压力的一种开发方式。注气段塞内必须保证实现混相，然后注入水的段塞驱替混相段塞以达到与混相驱相近的效果。同时，气水交替混相驱还有扩大波及体积的作用，因此气水交替混相驱可以达到与混相驱相同或更好的开发效果。但气水交替混相驱的投资更大，工艺及操作更复杂。与混相驱相比，其优点是可以减少注入气量，在气源不足或气价昂贵的情况下，可能比单纯注气混相驱在经济上更有利。由于油层非均质性对混相驱的成功与否会产生很大的影响，有天然裂缝的油田一般不宜采用混相驱，如果混相压力超过油层破裂压力也不能采用。混相驱可以用烃类气体、二氧化碳、氮气或烟道气等多种气源，不同气源的混相压力不同。二氧化碳在原油中溶解的能力最强，有天然二氧化碳气源是实施混相驱的最好条件，甚至不少常规原油也能与二氧化碳实现混相驱。

相当多的挥发性油藏仍然采用注水保持压力的开发方式，特别是一些层数多、非均质较严重、挥发性相对较弱、混相压力较高的油藏。因为有利的流度和油水黏度比可以获得较高的波及体积和采收率，经济效益往往更优于混相驱。对于油藏原油黏度低于水的油田，注水的不均匀推进程度很弱，所以层间渗透率差异和层系划分、油层内纵向及平面非均质等将不是开发的主要问题，而吸水能力远远低于采油能力则是注水开发这类油田的主要问题，特别是当油层渗透率较低、润湿性为亲水型、相渗透率曲线上水相端点渗透率相当低时，问题更突出。除了油层渗透率很高，压力系统很易建立的情况以外，往往需要使注水压力适当地超过破裂压力以提高注水井的吸水能力，即要在注水指示曲线的拐点压力以上注水。为了防止水沿裂缝窜流，一般应使注水井排沿着天然裂缝方向或最大地应力方向。

挥发性油藏只要在泡点压力以上补充能量保持压力开发，注水开发的无水期长，无水采收率高；混相驱则气油比稳定期长。一旦油井见水或见注入气，含水率或气油比将迅速上升，产量将明显下降，总的开发期短而采收率高。

有气顶的挥发油油藏，其气顶气一般均为凝析气，油气两部分的热动力作用都很强，油气界面也常常模糊不清，而且油相的泡点压力与气相的上露点压力相同，相当于油气界面处的油层压力。为防止压力降低后凝析油析出及原油体积收缩，都要早期保持压力开采。在气顶中注干气形成混相驱是最好的选择。如果气顶气的中间烃组分较少，不易混相，也可以直接在油气界面处注富气或在油区注水。

4. 稠油油藏开发特征

由于原油产量与原油黏度成反比，与生产压差成正比，因此原油黏度越高产量越小，但增加生产压差提高产量是有限的，因此也可以通过降低原油黏度提高产量。

通过向地层中注入热能或使油层就地燃烧产生热能以提高原油采收率的方法称为热力采油。热力采油是开采稠油的主要方法。常用的热力采油方法包括蒸汽吞吐、蒸汽驱、热水驱、火烧油层等，其中注蒸汽热力采油是目前开采稠油的主要技术，目前世界上约有80%的热采产量是通过注蒸汽采油法获得的。

典型的蒸汽吞吐井在一个周期内的生产规律表现为四段式特征，即排水期、高产期、递减期和低产期四个阶段。对于同一吞吐周期，油藏地质条件、注采参数和驱动条件的变化会使四段式的形态有所变化，各阶段持续的时间长短、峰值产量等存在差异。对于多吞吐周期，由于油层的受热范围变化不大，油井生产动态将受到油藏压力逐渐降低和井底附近的含水饱和度升高的影响，随着吞吐轮次的增加，吞吐效果逐次变差，生产动态呈现明显的周期性，但吞吐井四段式的基本动态规律具有普遍性。不同油品周期内日产量的递减差异大，超稠油递减率大于特稠油，特稠油递减率大于普通稠油。

维持蒸汽驱油井的能量主要来源于注入的蒸汽，因此其油井的产量变化可分为三个阶段：

(1) 启动阶段——加热原油未突破生产井，油层原油的初始黏度较高，初期主要依靠提高注入压力维持生产，原油产量较低。

(2) 蒸汽驱受效阶段——随着注入蒸汽量增加，受热原油突破生产井，原油降黏效应起到控制作用。同时，随着受效范围增加，油井将维持较高的产量。

(3) 蒸汽突破阶段——蒸汽在生产井突破，热效率降低，注汽井可以转入间歇注汽状态，油层中的剩余油越来越少，油井产量逐渐下降。

注蒸汽热力采油与常规油田注水开采相比，反映单井开发状况的参数具有极强的变性特征，且要求必须降压开采才能发挥热蒸汽的体积效应，蒸汽驱作为蒸汽吞吐的接替开发技术，要求吞吐转驱的油藏应具有相对较低的油层压力，在蒸汽驱过程中采注比大于1，蒸汽腔才能持续扩展,注入蒸汽的波及不断扩大。蒸汽驱后期可以转入热水驱或水汽交替以改善开发效果。

火烧油层是在一定井网下,从注入井注入空气或富化空气(通常是纯氧)或衰竭空气(空气与循环产出气的混合物),向油层提供足够的氧气,然后进行井下点火,在此后的连续注气过程中,油层内形成一个狭窄的高温燃烧带,在高温作用下,近井地带的原油被蒸馏和裂化;轻质油和蒸汽向前流动,由于换热作用而凝析下来;蒸馏和裂化后残留的重烃变成焦炭作为继续燃烧的燃料,燃烧气在向前流动时加热和驱替原油;燃烧气中的蒸汽在向前推进过程中形成热水带。在前缘推进过程中,废气、水蒸气、气相烃类和凝析油之间会发生局部混相,产生混相驱油作用。只要有足够的残留碳作为燃料和足够的燃烧温度和空气量,就可以维持燃烧,并使燃烧前缘不断向生产井推进。

蒸汽辅助重力泄油技术主要是利用注入蒸汽与受热原油的密度差并发挥水平井的长井段优势开采稠油。蒸汽辅助重力泄油特别适合于开采原油黏度较高的特稠油或超稠油(天然沥青)油藏。蒸汽辅助重力泄油是以蒸汽为热源,热传导与热对流相结合,依靠稠油及凝析液的重力作用开采。这种开采方式依靠两种布井模式实现:一种方式是在靠近油层底部钻成一对水平井,另一种方式是在油层底部钻一口水平井,其上方钻一口或多口直井。当蒸汽从上部的注入井注入油层,蒸汽向上方及侧面移动,形成一个饱和蒸汽腔室,蒸汽在汽液界面冷凝,并通过热传导将周围油藏加热,被加热降黏的原油和冷凝水在重力驱动下流到底部生产井,随着原油及冷凝液体的采出,蒸汽腔室逐渐扩大。

对于有气顶的稠油油藏,气顶气绝大多数情况下都是干气,有必要在蒸汽吞吐阶段采出气顶气,使气顶压力略低于油区压力,油藏压力按计划逐步降低,以达到蒸汽驱的条件。稠油黏度很大,因而在气顶压力随油区压力同步下降、稍低于油区压力时,稠油不会明显地侵入气顶区,造成可采储量减少。

5. 高凝油油藏开发特征

高凝油油藏可以分为原油凝点或析蜡温度接近油藏温度(差值小于5℃)的油藏,和油层温度高于析蜡温度较多的油藏。这两类油藏的差别往往不是由原油性质的差别引起的,而是由于油藏埋藏深度不同、油层温度不同引起的。埋藏较深的高含蜡原油油藏,虽然凝点或析蜡温度也较高,但油层温度大大超过析蜡温度,无论采用何种开采方式,如注水、注气或溶解气驱开采,均不能使油层温度降到析蜡温度以下,因而开发方式选择与常规油藏一样对待。只是原油在井筒举升(自喷或人工举升)过程中会凝固而停产。有的高产井在正常连续生产中因油流温度而不凝固,一旦停产或减产就会造成井筒凝固。

对于原油凝点或析蜡温度接近油藏温度的油田,则要采取保持温度的开采措施,因为一旦在油层中析蜡,就会大幅度降低油井产能,减少注水波及体积,降低油藏采收率。关于注热水保持温度的问题,热水在井筒和油层有很强的热交换,如果不采用隔热油管,则热量在井筒会很快散失。实际井底温度与油藏也相差不大。保持油层不析蜡的另一个要点是要使油层压力始终保持在饱和压力之上,因为含蜡原油在脱气之后析蜡温度和凝点都会上升,即使油藏温度不降低,也会造成油层析蜡的问题。

对析蜡温度接近油藏温度的高凝油油藏,主要是早期保持油层压力与温度的设计,对所有高凝油油藏,都要研究井筒热交换(包括油井和注水井)及伴热技术。

6. 常规油藏开发特征

常规油藏可按照油层原始压力与饱和压力的差值和体积系数的大小区别对待。当差值小于油藏压力的 10%～20% 时，地层压力下降将很容易导致原油在油层中脱气，一般对油藏的采收率和生产能力都会造成明显不利的影响。

油质较重的原油，一般体积系数较小，脱气后地下原油黏度增加，形成油气两相或油气水三相流动后，油相渗透率明显下降，因而产能和采收率都会明显下降；油质较轻的原油，由于溶解气大，饱和压力高，气油比高，大多数体积系数也大，因而脱气后虽然原油黏度下降幅度较小，但脱气后体积的收缩必然会明显影响油藏的采收率。除了有充足的天然能量补充，一般都需要早期人工补充能量。一些油田地下原油黏度很低，溶解气油比不高，体积系数不大，在油藏压力低于饱和压力后，地下原油黏度不会明显增加，体积不会明显收缩。虽然油气两相流造成流动阻力的增加，但生产气油比增加使举升压力损失减少而得到补偿，油藏生产能力可以维持较长时间，油藏可以实行晚期注水以提高经济效益。

常规原油油藏的产能和油田开发动态受储层原油黏度的影响非常大，常规原油的储层黏度可以从小于 $0.5\text{mPa} \cdot \text{s}$ 到 $50\text{mPa} \cdot \text{s}$，相差上百倍，储层渗透率可以在更大范围内变化，因此油藏渗流条件或产能必须以渗透率和黏度的比值即流度进行描述。流度大的油藏产能高，流度小的油藏产能低，最好的油藏是高渗透储层和低黏度原油。在流度相同或相近的情况下，虽然初期的油井产能相近，但高渗透、高黏油藏与低渗、低黏度油藏的注水开发特征完全不同。前者采收率低，注水后含水率上升快。后者采收率高，无水或低含水采油期长，即影响油藏开发特征的因素主要是储层条件的油水黏度比。

在注水开发中，原油黏度不同，开采效果差别很大。原油是由于胶质、沥青质含量高才使黏度升高的，而胶质、沥青质是一种极性物质，往往造成储层亲油的表面性质，使水相渗透率上升较快、较高；同时，由于黏度的差异，会使油井产液指数随含水率的上升而迅速增加。因而，在注水开发初期，注水井吸水指数会明显大于油井采油指数或采液指数，一口注水井的注入量可以满足几口采油井注采压力平衡的需要，随着含水率的上升，油井可以不断增加排液量以减少产油量的递减，使油井在高含水期仍有一定的产油量，从而延长了开采的经济年限。但吸水能力变化不大，所以开发中后期要不断增加注水井数的比例，最终达到注水井与采油井的比例为 1∶1.5。原油黏度较高的常规油藏开采年限长，大部分可采储量在高含水期采出，油田开发耗水量大（累积水油比高）。这类油藏若采用注气，黏度差异更大，所以一般不会采用非混相气驱方式。

对于低黏度原油（地下油水黏度比为 1∶1～1∶3），一般情况下，由于非活塞性不严重，只要非均质不特别严重，开发过程见水晚，无水及低含水采收率高，初期含水率上升慢，进入高含水期后，含水率迅速上升而水淹。对于低渗透油藏来说，水相渗透率低，采液指数随含水率上升而下降，油井见水后不仅产油量下降，在生产压差基本不变时，产液量也下降，因而见水后产量递减往往比高黏度原油更快。油田的最高产液量一般出现在无水期或低含水期。

注气则一般要选择原油比重和黏度较低、容易形成油气混相的油藏，或地层倾角大于 30°，有可能形成稳定重力驱的油藏。二氧化碳由于具有在原油中溶解度高、降黏作用大、混相压力低等优点，所以有天然二氧化碳气田的油区被广泛采用。其他的气体还有烟道气和氮气，虽然比二氧化碳来源广泛，但它们在原油中的溶解能力比二氧化碳低得多，与原油的混相压力则要高得多，实现混相驱也比较困难。

带凝析气顶或天然气顶的常规油藏，除凝析气和原油可以形成混相驱，也可采取气顶注气，一般是在油区采用注水保持压力而暂时不动气顶的办法开采。

二、不同渗流介质油藏开发特征

1. 孔隙性储层油藏开发特征

孔隙性储层大部分为碎屑岩,其储集与渗流特征有较好的相关关系,渗透率随孔隙度的增大而增大。各类孔隙性储层的微观和宏观非均质性对油气田开发特征都有很大的影响,其中层内非均质主要体现在纵向上的韵律性。以水退沉积为特征的建设型三角洲和河口沙坝相,颗粒上粗下细、渗透率顶高底低,形成反韵律型储层。这种沉积特征对注水开发时的重力影响起到相互抵消的作用,使层内波及厚度增大。相反,河流相的各种沉积则形成颗粒下粗上细、渗透率顶低底高的正韵律型储层,加剧了重力作用,使水沿底部高渗透带突进,波及厚度减小。孔隙性储层平面上的非均质性主要也是受沉积相的影响,海相沉积或大型湖泊相的席状砂由于受波浪的反复淘洗,颗粒分布在平面上相对均匀,注入水推进也相对均匀。而河流相沉积高渗透带呈条带状分布,渗透率具有一定的方向性,容易形成注入水的舌进和指进,波及体积减小。微观非均质性是指储层孔隙半径的均匀性及孔喉比,主要影响驱油效率。一般碎屑岩的粒径越均匀,即分选性和滚圆性越好,泥质含量越小,则孔隙半径越均匀,孔喉比也小。相反,颗粒半径差异大成分混杂,滚圆度差,泥质含量高,属于近距离急速堆积的储层,其孔隙半径分布不均匀,孔喉比也大。

孔隙性储层渗流特征与储层表面的物理、化学性质相关,包括储层的比面、胶结物含量、黏土矿物成分、储层表面的润湿性。一般情况下,孔隙渗透率越高,储层的比面就小,胶结物含量就越少,孔隙结构相对简单;孔隙渗透率越低,储层的比面就大,胶结物含量就高,孔隙结构相对复杂。

黏土矿物成分对渗流特性有很大的影响,如蒙皂石遇水膨胀,容易形成水敏,渗透率将大幅度降低;绿泥石遇酸会形成铁质沉淀,也会降低渗透率,含绿泥石多的储层属于酸敏性储层。高岭石具有书页状矿物结晶,在液流速度大时,这种结晶容易被打碎,在低渗透层内就会堵塞小喉道,使渗透率降低,即为速敏性储层。

伊利石的针状结晶会使储层孔隙半径变小,孔隙结构复杂化,因此伊利石含量较高是储层渗透率低的重要原因,虽然它本身并不产生水敏、酸敏和速敏效应,但任何储层胶结物都有多种黏土矿物,伊利石含量高,也会使得其他各种黏土矿物对渗透率的伤害加剧。高渗透层一般不存在严重的水敏、酸敏、速敏等问题。

储层的润湿性在油气藏形成时期均属于亲水性的,天然气与岩石是强非润湿关系,所以气藏一般均为强亲水的;油藏因原油中含有较多极性物质,如胶质、沥青质及一些非烃类,在与储层表面长期接触后,可能使润湿性改变,从亲水转为中性或亲油。从微观看,储层的润湿性是非常复杂的,在大孔道中因含油而改变润湿性时,非流动的小孔道则因含束缚水而仍然保留亲水的特性。润湿性在渗流特性中是一个很重要的参数,任何渗流过程都是驱动力、重力和毛细管压力三者共同作用的结果,而润湿性将改变毛细管压力的方向。

反映孔隙性储层渗流特性的相对渗透率曲线,是储层微观结构与表面润湿性共同作用的结果。微观孔隙较均匀的储层,不同半径流动孔隙对储集贡献的差异小于对渗流贡献的差异,油相渗透率随着油饱和度的下降而递减的速度相对较缓;微观孔隙很分散的储层,孔隙半径大的流动孔隙所占容积百分比很小,但渗透率贡献的百分比很大,油相渗透率下降幅度很大。亲水性强的储层水相相对渗透率终点很低,有的只有 0.1 左右,而亲油性强的储层水相相对渗透率可以上升较高,可达 0.5~0.7,对油井的产液能力将会产生很大的影响。

中高渗透储层有相当一部分是胶结疏松的砂岩,在大的生产压差及高流速下,一部分砂粒泥粒被流体带出,造成储层结构的变化或破坏,渗流条件也随之发生变化。出砂有两种情况,一种是出砂后储层结构破坏,骨架砂被带出,造成垮塌或形成空洞;另一种是储层骨架砂未破坏,只有孔隙中充填的粉砂及泥质被带出,储层结构仍保持完好。

充填砂被带出后,储层的渗透率改变很大,储层渗透率局部可高达几十到上百平方微米,可提高油井的产液能力,又使油井与注水井间形成近乎管道式的通道,从而大大降低注入水的驱油作用和波及体积。骨架砂的产出不仅破坏储层结构,还会造成套管变形、破损等严重问题。

不论何种岩性的孔隙性储层,按其渗透性,均可分为高、中、低和特低渗透率等几种类型。根据国际上大多数文献惯用的方法以及油田和气田对渗透率要求的差异,可以用一个数量级作为划分各类渗透率的范围。对于油田,渗透率按照小于 $10 \times 10^{-3} \mu m^2$、$(10 \sim 100) \times 10^{-3} \mu m^2$、$(100 \sim 1000) \times 10^{-3} \mu m^2$、大于 $1000 \times 10^{-3} \mu m^2$ 分别为特低渗透、低渗透、中渗透和高渗透储层;对于气田,渗透率按照小于 $0.1 \times 10^{-3} \mu m^2$、$(0.1 \sim 1) \times 10^{-3} \mu m^2$、$(1 \sim 10) \times 10^{-3} \mu m^2$、$(10 \sim 100) \times 10^{-3} \mu m^2$、大于 $100 \times 10^{-3} \mu m^2$ 分别为致密、特低渗透、低渗透、中渗透和高渗透储层。

1)低渗透油田的渗流特征

(1)变渗流面积特征。在低渗透岩心液体流动实验中,由于边界层的存在,可供流体渗流的截面积小于孔道的截面积。在较小的驱动压力梯度下,只有孔道中间的流体流动,而驱动压力梯度较大时,边界层变薄,流体的渗流面积变大。或低渗透岩心中孔隙分布差异较大,或者说微观非均质性较强,不同孔道之间存在强干扰,当驱替压力梯度较小时,小孔道堵塞,流体主要沿大孔道流动,流体流程增加,真实渗流截面积较小,表观渗透率较小;当驱替压力梯度增大时,小孔道疏通,流体在大小孔道中均能够流动,真实渗流截面积增加并趋于不变,测试渗透率也趋于稳定。不同驱替压力梯度下岩心渗透率的变化如图 1-2-1 所示。

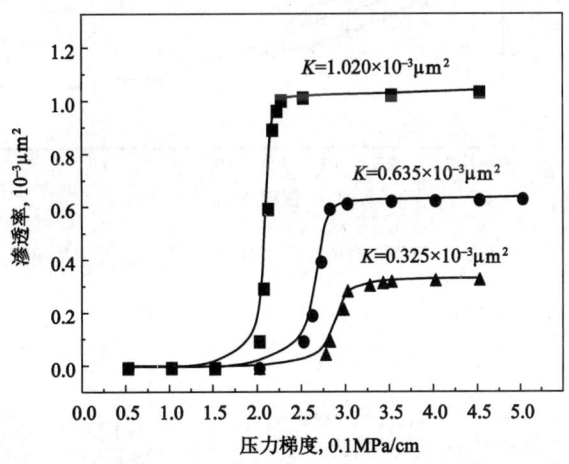

图 1-2-1 不同驱替压力梯度下岩心渗透率的变化

(2)非达西渗流特征。低渗透岩心流动实验中的渗流速度与压力梯度的直线段可以表示为:

$$v = \frac{K}{\mu}\left(\frac{\Delta p}{L} - G\right) \quad (1-2-1)$$

式中 v——渗流速度；

K——岩石渗透率；

μ——流体黏度；

L——流体过流长度；

G——视启动压力梯度，与渗透率和流体性质有关。

低渗透岩心流动实验中，以真实启动压力梯度为起点，渗流速度与压力梯度关系的非线性段可以采用二次方程进行拟合，并获得系数 a、b、c：

$$v=a\left(\frac{\Delta p}{L}\right)^2+b\frac{\Delta p}{L}+c \qquad (1-2-2)$$

非线性渗流段的最小驱替压力梯度为：

$$\left(\frac{\Delta p}{L}\right)_{\min}=\frac{\sqrt{b^2-4ac}-b}{2a} \qquad (1-2-3)$$

非线性渗流段的斜率与线性段的斜率 m 相等时的临界驱替压力梯度即为非线性渗流段的最大驱替压力梯度：

$$\left(\frac{\Delta p}{L}\right)_{\max}=\frac{m-b}{2a} \qquad (1-2-4)$$

(3) 变形介质特征。在开发过程中，储层孔隙度、渗透率随地层压力变化而变化，甚至发生不可逆变化，如图 1-2-2 所示。

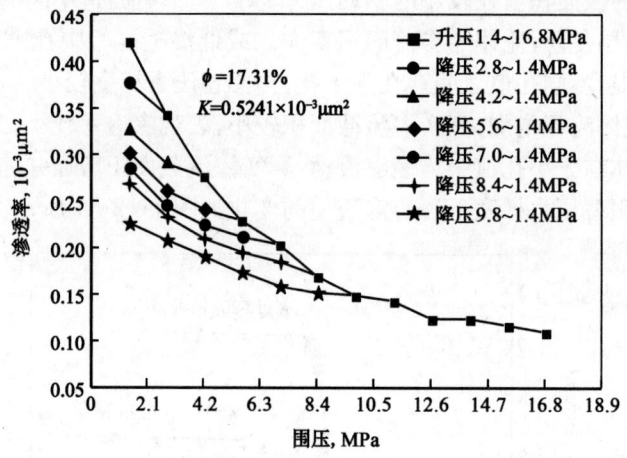

图 1-2-2 不同围压下升压和降压过程中渗透率变化

2) 低渗透油层采油、采液指数和吸水指数的变化特征

无因次采液、采油指数为：

$$J_{\mathrm{ld}}=\frac{K_{\mathrm{ro}}(S_{\mathrm{w}})+\frac{\mu_{\mathrm{o}}}{\mu_{\mathrm{w}}}K_{\mathrm{rw}}(S_{\mathrm{w}})}{K_{\mathrm{ro}}(S_{\mathrm{wc}})}=\frac{J_{\mathrm{od}}}{1-f_{\mathrm{w}}} \qquad (1-2-5)$$

$$J_{\mathrm{od}}=\frac{K_{\mathrm{ro}}(S_{\mathrm{w}})}{K_{\mathrm{ro}}(S_{\mathrm{wc}})} \qquad (1-2-6)$$

式中 J_{ld}——无因次采液指数；

J_{od}——无因次采油指数；

μ_{o}——地层原油黏度；

μ_w——地层水黏度；

$K_{ro}(S_w)$——含水饱和度 S_w 下油相相对渗透率；

$K_{ro}(S_w)$——含水饱和度 S_w 下水相相对渗透率；

$K_{ro}(S_{wc})$——束缚水饱和度 S_{wc} 下油相相对渗透率；

f_w——含水率，小数。

可以看出，油水黏度比越大，在相同的含水率下 J_{ld} 越大。

低渗透油藏的油水黏度比一般小于5，油层渗透率多在 $50 \times 10^{-3} \mu m^2$ 以下。油井见水后，采液指数急剧下降，主要原因是低渗透岩石的喉道较小，水驱油过程中油相由连续相很快变成非连续相，采油指数降低，且非连续相油对水相的渗透能力产生较大影响，即水相相对渗透率较低，到高含水期采液指数慢慢回升，一般很难恢复到原始采液指数，因此，低渗透油田中高含水期难以通过提液保持稳产。

例如，胜利油区的渤南油田地层原油黏度为 0.99mPa·s，油层渗透率为 $35 \times 10^{-3} \mu m^2$，含水率60%时，无因次采液指数为0.29，采油指数为0.12；含水率95%时，无因次采液指数恢复到0.4，如图1-2-3所示。

事实上，对于低渗透油田，油层很容易脱气，井底附近为三相流动，采油指数和采液指数都会进一步降低。

随着含水率的上升，注水井吸水指数的变化主要受两个方面的影响：一是油层含水饱和度不断增加，水相流动能力增加，吸水能力相应提高；二是注水后油层中的黏土矿物的水化、迁移和聚集，高渗透油层的吸水能力提高，而低渗透油层多表现为随含水率的升高吸水指数降低的特征。长庆马岭油田二十多口井历年来吸水能力随黏土含量变化的关系曲线如图1-2-4所示，黏土含量增加1%，吸水能力下降3%。

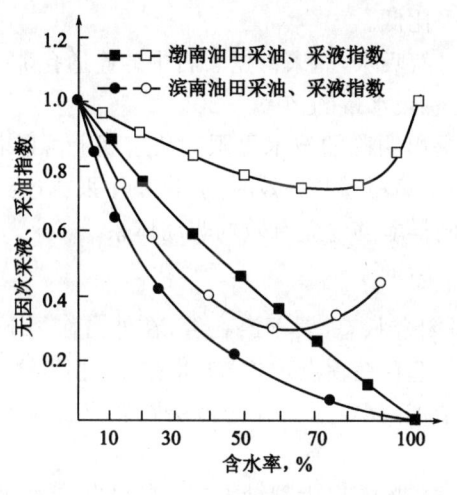

图1-2-3 典型低渗透油田无因次采液、采油指数

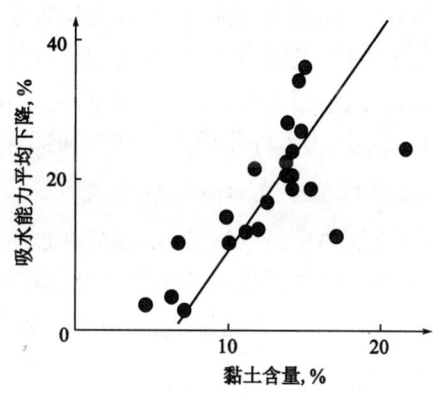

图1-2-4 长庆马岭油田二十多口井历年来吸水能力随黏土含量变化关系曲线

3）地层压力的变化特征

低渗透油藏地层压力与注采比关系的直观特点是：地层压力变化与阶段注采比的关系不明显、不规律，阶段注采比超过1.0，达到1.5甚至2.0，地层压力继续下降；累积注采比超过1，地层压力仍低于原始压力。如大港马西油藏，1987—1990年月注采比提到1.5~2.0，地层

压力仍连续下降;1991年注采比提高到3,地层压力才开始缓慢回升;到1998年累积注采比已达到1.23,而地层压力仍低于原始压力。

如大庆油田萨北开发区开发高渗透层的基础井网,地层压力变化与注采比的关系比较符合物质平衡规律;而开采较差油层的调整井则不同,年注采比超过1且逐年增大,但地层压力仍连续下降,累积注采比高达1.47,地层压力仍然远低于原始地层压力,见表1-2-1。

表1-2-1 大庆油田萨北开发区基础井和调整井压力对比

年份	基础井				调整井			
	年注采比	累积注采比	地层压力 MPa	总压差 MPa	年注采比	累积注采比	地层压力 MPa	总压差 MPa
1981	0.8	0.94	11.85	0.73	0.89	0.89	—	—
1982	1.07	0.95	12.09	0.97	0.67	0.72	—	—
1983	1.06	0.97	12.15	1.03	1.03	0.90	10.92	−0.25
1984	1.04	0.97	12.54	1.41	1.26	1.05	11.51	0.27
1985	0.91	0.97	12.16	1.03	1.33	1.14	10.94	−0.29
1986	0.88	0.96	12.25	0.93	1.68	1.29	10.55	−0.98
1987	0.84	0.95	11.97	0.48	1.77	1.39	10.78	−0.99
1988	0.86	0.94	11.90	0.43	1.81	1.47	10.70	−1.07

初步分析,主要有以下几方面因素:

(1)低渗透油层孔喉细小,渗流阻力大,能量消耗快,传导速度慢,滞后现象严重。

(2)低渗透层普遍采用压裂措施,且一般注水压力较高,可能使油层与非油层串通,形成泥岩隔层甚至顶底盖层吸水,形成无效注水,实际注采比低。

(3)低渗透储层本身泥质含量较高,储层岩石骨架吸水,而未占据岩石中的连通孔隙空间。据吉林新立油田吸水剖面统计,泥岩层吸水量可占总吸水量的20%~30%。

(4)由于低渗透油藏中的压力变化规律,难以提出明确的技术界限。从宏观上可以看出,对低渗透油藏适当提高阶段(月或年)注采比,有利于缩短油井见效时间,累积注采比达到1左右,油井地层压力可逐步回升。如井网部署合理,同样能够建立有效的驱动体系。

4) 裂缝性低渗透油藏注水方式

对于带裂缝的低渗透油藏,裂缝在地下一般呈闭合状态,属于潜在缝,在外力作用下可以张开。裂缝性低渗透砂岩油藏注水井的指示曲线普遍存在拐点现象,注水压力在拐点之前,吸水指数较低,注水压力超过拐点,吸水指数大幅度增加,拐点压力即为地层破裂或裂缝张开和延伸的压力。

裂缝性砂岩油藏注水后,注入水很容易沿裂缝窜进,使得沿裂缝方向上的油井产生暴性水淹,这是裂缝性砂岩油藏注水开发的普遍特征。

大量研究和试验表明,低渗透油藏开发井网布置的主要原则是平行裂缝方向布井和注水,采用线状注水方式,井距可以加大,排距需要缩小。这样的井网部署比较科学合理,而且总井数还可以相对减少一些。这种带裂缝砂岩油藏的井距应大于排距,井距可以为排距的2~3倍,甚至4倍。应该根据基质岩块渗透率和裂缝密度确定。一般基岩渗透率越低,裂缝越少,排距应该越小,反之可以加大。

井距主要根据裂缝的规模和渗透率的大小确定。一般来说,裂缝渗透率越高,井距应该越大,在开始阶段,生产井井距可以和注水井井距相同,到中后期,可根据需要考虑调整加密,如图 1-2-5 所示。

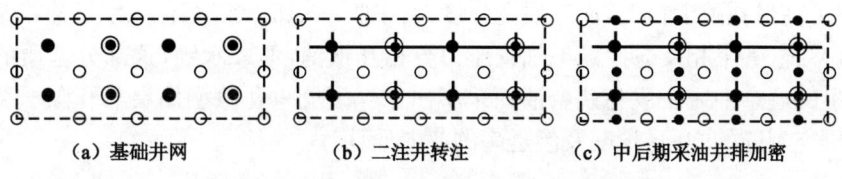

图 1-2-5　平行于裂缝方向注采井排布井

●—注井;⊙—二注井;○—生产井;•—加密井

5)低渗透油藏酸化或压裂措施

低渗或特低渗透性储层通常要通过酸化或压裂等增产措施来提高油气田开发的经济效益,需要研究胶结物和黏土矿物。碳酸盐类胶结物特别是碳酸钙一般适合酸化。同时,要研究酸液和压裂液与黏土矿物及共生水的配伍性。低渗或特低渗透性孔隙性储层在水力压裂后具有一定双重介质特性,特别是大型压裂之后,储层渗流条件有很大变化。压裂裂缝包括水平缝和垂直缝两大类。储层埋藏较浅时(一般在 1000m 以内,少数稍深),垂向地应力是最小地应力,形成水平缝,储层埋藏较深时,则形成垂直缝,垂直缝走向都平行于最大地应力方向,油田开发井网必须顺应这种储层渗流率的各向异性。一般采用沿裂缝方向线状注水的方式,井网可采用井距大于排距的等边或不等边三角形井网。井网对于消耗天然能量开采方式或人工注水都是适合的。对于有边水的低渗透油藏,压裂裂缝可能与边水窜通的部位不宜压裂,以防止边水窜进。

2. 裂缝(洞)型储层油藏开发特征

无论是变质岩类型的纯裂缝型油藏,还是碳酸盐岩类型的裂缝(洞)型油藏,都可以近似处理成双重介质储层,双重介质储层的基质和裂缝都有孔隙性和渗透性。基质有可流动孔隙,是储集空间的主要部分,较发育的裂缝是渗流的主要通道。

对于变质岩纯裂缝型油藏中发育的微缝,可以近似为双重介质中的基质,而碳酸盐岩油藏中发育的溶蚀孔隙则近似为双重介质中的基质。双重介质储层又可分为两大类,一类是基质的渗流性能仍然较好,裂缝只起到增加方向渗透率和产能的作用,在试井压力恢复曲线解释上双重介质特征不很明显,井间干扰试井则可看出明显的渗透率方向性,这类储层称裂缝—孔隙型储层;另一种是裂缝渗透率很高,基质渗透率很低,显示出强烈的裂缝性储层特征,称为孔隙—裂缝型储层。

如果总渗透率与基质空气渗透率之比在 10 以上,即有数量级的差别,则应属孔隙—裂缝型储层;如果总渗透率与基质渗透率属同一数量级,则属裂缝—孔隙型。裂缝—孔隙型储层如果井网排列方向合适,孔隙驱油过程仍与孔隙型储层近似,裂缝只起到增加产能的作用。孔隙—裂缝型储层则基质孔隙驱动所需压差非常大,在降压采油时,可以很缓慢地向裂缝排油,然后再从裂缝流向井底采出。在注水采油时,由于毛细管压力的作用,基质孔隙中的油与裂缝中的水发生油水交换,常称吮吸作用。由于上述作用过程都非常缓慢,所以孔隙—裂缝型储层的采收率与采油速度有较密切的关系。采油速度的高低与裂缝部分的采收率无关,但对基质部分来说,采油速度越高,采收率就越低,降低采油速度就可以增加基质采收率和总采收率。

但绝大部分这类储层基质的吮吸作用非常慢,从油田开发的经济条件分析,提高单井产量与提高采收率有矛盾,需要优选最经济的采油速度。选择合适的采油速度还要研究基质孔隙度和裂缝孔隙度的比例,并获取吮吸曲线。一般孔隙—裂缝型储层的采收率都相当低,主要原因是裂缝采收率虽高但孔隙度很低,而基质孔隙度大,采收率却很低。当注入水已淹没某部分基质的整个裂缝系统,各个相反方向的毛细管压力会相互抵消,形成水锁,这部分基质的吮吸作用停止,基质中的剩余油完全成为残余油而采不出来。裂缝—孔隙型储层与孔隙—裂缝型储层一样,需要研究裂缝的方向、长度及渗透率的各向异性。

1) 裂缝性油藏开发方式

裂缝性油藏的渗透率都相当高,初期产量也高,而且采收率较高,如果是天然水驱油,裂缝中原油采收率可达 70%~80%,即使采用弹性和溶解气驱开发方式,采收率也比孔隙性油藏相同开发方式成倍提高。裂缝性油藏一般初期产量高,递减很快,影响油田开发经济效益最主要的因素是钻遇裂缝发育带的成功率,因此对这类油藏需先搞清裂缝走向,之后垂直于裂缝走向钻水平井,从而使钻遇裂缝的成功率大大提高。裂缝性油藏一般不采用人工内部注水方式开发,若存在天然边底水驱但能量不足时,部分油田可以在边底水部位补充能量。人工注水容易使水沿一条主裂缝突进,造成油井迅速水淹,且由于水锁作用,其他小裂缝的油很难再采出。天然能量开发裂缝性油田,对于裂缝宽的系统,由于产量高、储量少,一个裂缝系统只需一口井,如果是裂缝性气田更是如此。裂缝的长度与宽度往往成正比,因而在高产井附近一般不宜加密钻井。

除适用于降压开发的气藏外,一般裂缝—孔隙型油藏可采用沿裂缝线状注水方式开发。注水井距可以大于生产井距,注水井底压力稍高于油藏最小地应力,使裂缝宽度增大,而生产井底压力低于油藏原始压力并比油藏最小地应力低得多,裂缝会受压而局部闭合,所以一般吸水能力均超过产油能力。而注采井之间的排距则要适应最小方向渗透率,因此排距应小于井距,油田的合理井网应该由实际资料确定。

裂缝性油藏的裂缝常以中、高角度裂缝为主,油层巨厚,可以采用立体开发方式,充分发挥流体的重力效应,因此潜山油藏顶部注气或底部注水的机理主要是多孔介质辅助重力泄油。立体开发的三维渗流场的描述和单井产能模型,立体开发油藏的适应性以及立体开发油藏工程设计等都是裂缝性油藏研究的重点内容。

2) 裂缝系统的水驱油特征

注水开发时,裂缝系统主要依靠注入水的压力梯度来排油;如果油藏中发育高角度裂缝,则重力驱油的作用也是不可忽略的。

由理想裂缝系统中的水驱实验表明,裂缝的原始含油饱和度高,在注水过程中主要依靠注水压力梯度驱油,其流动条件满足达西定律。由于裂缝尺寸远大于一般孔隙尺寸,毛细管压力较小或毛细管压力可以忽略;裂缝系统的油水相渗曲线并非完全呈线性关系,但与基质孔隙的油水相渗曲线有明显的不同;水驱油的过程接近于活塞式驱油,其束缚水和残余油饱和度都很低,驱油效率很高,一般可达到 95% 以上。

油藏中发育高角度裂缝,如果基质岩块的垂直高度很大或者油水密度差较大,驱油速度控制在合理的范围内,则重力驱油也是非常重要的。在水驱开发的油藏中,注入水的波及体积和重力驱油都受到驱替速度的影响,所以即使只考虑裂缝系统中的原油,把注水和采油速度控制在合理的范围内也是非常重要的。油藏中缝宽、裂缝密度及其相互连通状况等非均匀性对水驱油过程极为不利,如果适当选择比较低的注水速度,则有利于扩大注入水对裂缝系统的波及体积,有利于提高裂缝的最终采收率。

3) 基质系统的水驱油特征

注水开发时,注入水首先进入裂缝中进行驱油,而基质系统则主要依靠毛细管压力的渗吸驱油作用来采油;同时,裂缝和基质之间的压力梯度也是基质中水驱油的重要机理。此外,重力驱油作用的大小,要根据基质岩块的大小而定,若基质岩块很大,则不可忽略重力作用,若基质岩块很小,则重力作用可以忽略。

(1) 驱动压力与毛细管压力的关系。

在注水开发的实际油田中,裂缝的水驱油过程需要很小的压力梯度,而基质则需要很大的压力梯度。在裂缝和基质共存的系统中,裂缝具有主导地位,如果只有在水力压力梯度存在,则基质中水驱油的过程是很难发生的,其主要依靠毛细管压力渗吸驱油。因此,水驱开发的裂缝性油藏,毛细管压力的渗吸驱油是基质系统的重要驱油机理。裂缝发育程度越大,岩块尺寸越小,所以基质与裂缝的接触面会越大,进而渗吸驱油作用越强。

(2) 重力与毛细管压力的关系。

在水驱过程中,基质岩块主要依靠毛细管压力作用还是重力作用采油,主要取决于基质岩块高度的大小,岩块高度越大,重力作用控制驱油过程;岩块高度小,毛细管压力渗吸作用控制驱油过程。

重力与毛细管压力的关系可以通过渗吸量来解释。假设岩块两个侧面是不渗透的,顶面和底面则可以渗透;岩块的润湿性为亲水型;岩块内饱含油,而岩块周围的裂缝充满水,进入岩块底部的水驱替原油,而油从顶部出来。渗吸量可由式(1-2-7)表示:

$$u = \frac{p_c + (L-Z)\Delta\gamma}{\frac{\mu_w}{KK_{rw}}[ML+(1-M)Z]} \quad (1-2-7)$$

式中 u——渗吸量;

p_c——毛细管压力;

L——岩心长度;

Z——岩心中驱替前沿高度;

M——油水流度比;

$\Delta\gamma$——油水重度差。

在岩块高度比较大、毛细管压力小的情况下,则重力处于支配地位,渗吸量方程可改写为:

$$u = \frac{(L-Z)\Delta\gamma}{\frac{\mu_w}{KK_{rw}}[ML+(1-M)Z]} \quad (1-2-8)$$

在岩块高度很小的情况下,毛细管压力处于支配地位,渗吸量方程可改写为:

$$u = \frac{p_c}{\frac{\mu_w}{KK_{rw}}[ML+(1-M)Z]} \quad (1-2-9)$$

由以上分析可以看出,基质岩块尺寸的大小影响裂缝性油藏毛细管压力和重力驱替的效果。岩块尺寸较大,则重力驱替机理占优势;岩块尺寸较小,重力驱替作用弱,毛细管压力渗吸作用是主要的采油机理。

(3) 基质渗吸特征。

在裂缝性油藏开发中,基质岩块的渗吸采油是一项非常重要的采油机理。注水开发时,在水力压力梯度作用下,注入水首先进入裂缝中驱替原油,同时进入裂缝系统的水在毛细管压力的作用下进入基质岩块,并从基质岩块中置换出原油,由此可见,毛细管压力是渗吸驱油的主要动力。由毛细管压力的表达式可以知道,毛细管压力与岩块的孔道半径成反比,所以孔道半径越小,则渗吸驱油的毛细管压力就越大,驱油效果也就越好。但在实际油藏中,如果渗吸驱油能够发生,则基质岩块的孔道半径必须大于岩块表面吸附液膜的厚度,因为如果岩块孔道半径等于或小于吸附层厚度,则这样的空间被束缚水液膜占满,不会有原油存在,所以这样的储层也没有任何开采价值。

岩石渗吸作用的影响因素有很多,但主要因素包含以下几个方面:

①基质岩块的润湿性。岩块的润湿性对渗吸作用的发挥有很大的影响。一般强水湿的岩块渗吸程度要大于中等水湿的岩块渗吸程度,而中等水湿的岩块渗吸程度又要大于弱水湿岩块的渗吸程度,亲油岩块不发生渗吸作用。

②基质岩块的长度。岩块长度对渗吸程度没有影响,即不影响最终采收率,但其影响岩块的渗吸速度,岩块的渗吸速度随岩块长度的增加而降低,即小岩块的渗吸速度要大于大岩块的渗吸速度。这说明,在裂缝性油藏中,裂缝系统很发育时,裂缝把基质切割成小岩块,这样的储层渗吸速度就会很快,有利于渗吸驱油的发挥。

③流体温度。当裂缝中充满了高温流体时,会使基质岩块的温度升高,从而降低基质中原油的黏度,增加储层的弹性能量,改善基质表面的润湿性,有利于渗吸作用的发挥。但是温度的升高,会使油水界面张力下降,从而降低了毛细管压力,不利于渗吸作用的发挥。所以,在考虑渗吸作用的强弱随温度变化的规律时,应该根据实际情况综合分析。

④岩块接触面积的大小。实验表明,岩块与水接触的面积越大,则渗吸速度就也大。这表明,在裂缝性油藏中,当裂缝系统很发育时,裂缝与基质岩块的接触面积比较大,这样的储层渗吸速度就会很快,有利于渗吸驱油的发挥。

⑤基质岩块初始含水饱和度。当岩块初始含水饱和度较小时,渗吸最终采收率则较大,反之也成立。渗吸是裂缝中的水置换基质中的油,当基质岩块原始含油饱和度较高时,油水交换效率就越大,裂缝中的水将会有更大的空间进入。比较小的束缚水饱和度有利于渗吸作用的发挥。

基质岩心自吸的相似准数为:

$$\left(t\sqrt{\frac{K}{\phi}}\frac{\sigma\cos\theta}{\mu_w LD}\right)_{模型} = \left(t\sqrt{\frac{K}{\phi}}\frac{\sigma\cos\theta}{\mu_w LD}\right)_{原型} \tag{1-2-10}$$

式中 t——时间,h;

K——岩块渗透率,$10^{-3}\mu m^2$;

ϕ——岩块孔隙度,小数;

μ_w——水黏度,mPa·s;

σ——油水界面张力,dyn/cm;

θ——润湿角,(°);

L——岩块长度,cm;

D——岩块直径,cm。

若采用油层岩心进行实验,模型与原型的孔渗参数相等,几何形状相似。一般裂缝性油藏以高角度倾斜裂缝为主,占总裂缝数的70%以上,并考虑岩心裂缝开启和裂缝充填,取实际岩块体积为2m³,长宽均为1m,高度为2m,根据相似准数计算出开发时间折算系数,则实验时间1d相当于油田矿场时间为0.8a。

利用岩心和水的接触面积与岩心外表面积的比值定义为裂缝发育系数。显然,该系数越大,表明裂缝发育程度越好,反之,表明裂缝越不发育。还可以通过遮蔽方形岩心的不同侧面测试不同裂缝发育程度的渗吸特征:

$$\Omega = \frac{S_{ba}}{S_t} \tag{1-2-11}$$

式中 Ω——裂缝发育系数;
S_{ba}——方形岩心裸露表面积;
S_t——方形岩心总表面积。

三、不同形态油藏开发特征

1. 块状油藏开发特征

块状油藏的重要特征是存在底水,因而底水能量的大小和底水锥进的控制就成为块状油藏开发决策的关键问题。

1)底水和气顶能量与开发方式

底水能量主要指底水的水体体积与油藏体积之比以及底水是否有补给来源。由于岩石和水的弹性压缩系数很小,因而水体体积比含油体积大几十倍以上,底水驱动才成为独立或主导的驱动类型。

块状油藏如果有气顶,且气顶为干气,原油一般为黑油,则其作用与底水相似;如果气顶是湿气或凝析气,原油很轻或为挥发性原油,则还有相平衡、体积收缩问题。干气气顶在开发中与底水一样具有驱动能量和气顶锥进两方面的作用。气顶指数是气顶能量大小的指标,即气顶体积与油藏体积之比。由于气体的弹性压缩系数很大,所以虽然气顶体积比底水体积小得多,但其驱动能量却往往相对较大,而且有气顶的油田在油气界面处的地层压力等于饱和压力,在降压开采初期,溶解气不断脱出而补充到气顶,使得气顶的弹性驱动能量增大。

油区和水区之间的压力传导能力也是底水能量的重要的组成部分,油区的油层渗透率与水区渗透率不同,储层储油后处于还原环境,次生成岩作用大大减弱,渗流性质相对较好;而水区次生成岩作用一直继续进行。

压力传导中影响最大的是油水过渡段,一部分油田由于过渡带内原油与水长期接触而被氧化,胶质和沥青质含量急剧增加,原油黏度也急剧增加,形成稠油带,甚至成为不能流动的沥青带。油水区的压力传导能力大大下降,底水基本上不起作用,油藏变成一个封闭的定容系统。

2)气顶锥进特征

气顶锥进问题同样要研究油藏的垂直渗透率和水平渗透率的比值及夹层的分布状况。在干气与黑油组成的气顶油藏,则地下油气之间的物性比油水之间差异更大,对气锥形成的作用影响较大。气锥对同一油藏开发效果的影响比水锥更严重,这不仅是由于天然气黏度低,气锥形成之后气油比上升比含水率上升要快得多,而且气顶气的采出会使气顶压力迅速下降,气顶驱油能量将会大幅度下降,甚至消失。除气锥井以外,油气界面将上移,原油会进入气顶,被储层表面吸附而降低采收率。大部分有气顶的块状油藏也有底水,要研究底水和气顶的总能量及相对比例关系、不同生产压差下形成水锥及气锥的状况、水驱和气驱油的波及体积及驱油效率的差异等。通常,水驱的波及体积会超过气驱。如果气顶和底水都有足够的驱油能量,在利用天然能量开发实施中,要逐井根据油层内渗透率的分布情况确定射孔层位,为求在达到一定产能下,气和水不会严重锥进,并能在射孔段汇合,以提高总的采收率。如果气顶和底水能量不足或原油体积系数很大,降压会大幅度降低采收率,需要比较注气或注水补充能量的经济可行性。

在气顶油藏注水保持压力开发时,因为降压会造成气顶膨胀容易发生气窜,升压则气顶收缩,原油被驱入气顶成为残余油而降低采收率,所以需要注水的气顶油藏采用早期注水保持压力,如果注水时间延迟,油井已经出现过气油比上升的历史,则一般应将压力保持在开始注水时的压力附近,不宜再把压力恢复到原始压力(气顶油藏在油气界面处原始压力等于饱和压力,压力下降后饱和压力也随之下降)。

3)底水锥进与水淹特征

底水除了补给油藏能量外,还要产生锥进,会对开发效果产生不利影响。影响底水锥进的最主要因素是油藏的垂直渗透率与水平渗透率的比值。垂直渗透率大于或接近水平渗透率,则水锥很严重。若存在垂直裂缝的裂缝性块状油藏,则水锥最难控制。大多数砂岩储层由于层理作用,垂直渗透率都小于水平渗透率几倍,底水锥进相对较轻。

一般情况下,储层平面上渗透率变化相对较小,纵向上的变化较大,层理及韵律性往往使得变化频率很高。由于油藏的垂直渗透率是由差别很大的阻力串联而成,渗透率很低的岩性和物性薄夹层的存在大大降低了油藏的垂直渗透率。这类夹层对水锥的控制作用,主要取决于分布面积。

如果底水油藏的水平渗透率比垂直渗透率大得多,主要产层中的夹层过多,底水将不再锥进,而仍将沿高渗透带侧向推进,重力作用不足以将高渗透带推进的水与夹层以下的油进行交换,这时的底水块状油藏具有层状油藏的特征。

除了油藏垂直渗透率与水平渗透率的比值外,影响底水锥进的因素还有油水黏度比和密度比,地下原油密度和黏度越大,底水锥进也越严重,但其影响比油藏的垂直渗透率与水平渗透率的比值小。

(1)底水油藏直井水淹特征。

随着地下原油的不断采出,由于油水密度差异,底水会向上凸起,形成底水锥进的状态。当油水接触面的最高点恰好与井筒接触时,此时油井的产量称为临界产量。当油井产量大于临界产量生产时,油井就会见水。直井与油层之间的接触方式为点接触,井底附近的压降漏斗呈对数分布;底水的油水界面会呈现锥形突进。

(2)底水油藏水平井水淹特征。

水平井井底附近的压降将远远小于直井井底,因此采用水平井来抑制水锥更为有效。水平井开发底水油藏的临界产量明显大于直井的临界产量。对于水平井会形成脊形突进。水平井水平段控制的储量和底水上升波及的体积,将远远大于直井垂直段控制的储量和底水上升波及的体积,从而可以提高无水累积采出量。所以,与直井相比,水平井能够延长油井见水时间,提高油藏的最终采收率。

①水平井无限导流水淹特征。

无限大底水砂岩油藏的储层内部钻完一定长度的常规水平井后,水平井避水高度为h_D,假定水平井钻穿非均质储层,沿程渗透率变异系数为V_k,构造不同非均质程度下的渗透率分布。

图1-2-6为不同渗透率下水平井沿程水淹程度的变化,可以看出,水淹程度与渗透率分布完全对应,即渗透率越大,水淹程度越大,且变异系数越大或非均质越大,水淹程度差异性也大。

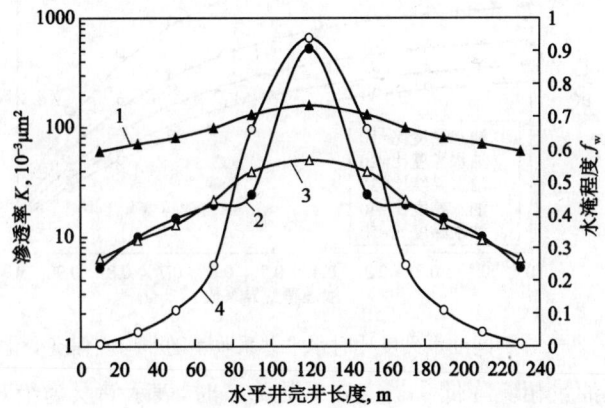

图1-2-6 采出程度10%时水淹剖面与渗透率剖面对比
1—$V_k=0.2$时渗透率K的分布曲线;2—$V_k=0.8$时渗透率K的分布曲线;
3—$V_k=0.2$时水淹程度f_w的分布曲线;4—$V_k=0.8$时水淹程度f_w的分布曲线

图1-2-7为渗透率变异系数为0.8时不同阶段的水平井沿程水淹程度,可以看出,随着采出程度的增加,水淹程度逐渐增加,且生产初始阶段(采出程度小于10%)高渗透段的水淹程度处于高水淹阶段。

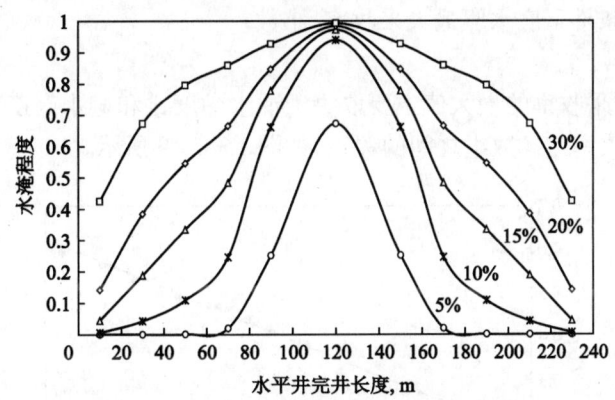

图1-2-7 $V_k=0.8$时不同采出程度下水淹分布

影响底水油藏水平井沿程水淹程度的因素很多,包括油储层特征、流体特征和布井因素。储层特征主要是岩石非均质性,流体特征主要是油水黏度的差异性,布井因素则主要是水平井避水高度。图1-2-8为不同油水黏度比时,水平井采收率随非均质程度的变化曲线。

可以看出,对于同一渗透率变异系数,随着油水黏度比的增加,采收率降低,主要原因是底水脊进前缘饱和度降低,水平井见水时间随着油水黏度比的增加而缩短,因此水平井达到极限含水率的采油量相应降低,这与常规注水开发的特征是相同的。

对于相同油水黏度比,随着渗透率变异系数的增加,采收率逐渐降低,且当变异系数小于0.4时,非均质性对采收率的影响较小;当变异系数大于0.4,特别是当变异系数大于0.7后,采收率急剧降低,表明渗透率差异较小时,水平井沿程水淹程度差异较小,底水基本上均匀脊进。当渗透率差异较大时,渗透率的干扰程度增加,水平井沿程底水脊进水淹程度差异很大,

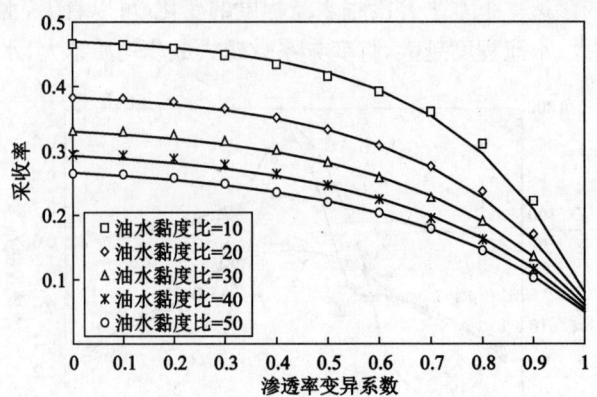

图1-2-8 不同油水黏度比时水平井采收率随非均质程度变化曲线

达到极限含水率的采油量相应降低。当变异系数为0时,表示储层为绝对均质,采收率为最大值;当变异系数为1时,表示储层为绝对非均质,理论上采收率值趋于零。改变避水高度,上述特征是相同的。

在不同油水黏度比下,各自采收率随变异系数的变化特征基本相同,利用采收率最大值不同变化因素下的采收率计算结果进行归一化处理,并建立同一关系式:

$$\frac{R_E}{R_{Em}} = 1 - \exp\left(\frac{V_k - 1}{\alpha}\right) \tag{1-2-12}$$

式中　R_E——不同非均质条件下底水驱采收率,小数;

　　　R_{Em}——均质条件下底水驱最大采收率,小数;

　　　α——修正系数。

由于均质条件下采收率的最大值主要取决于油水黏度比和避水高度,通过单因素递变特征分析,构造最大采收率与参数组之间的关系,如图1-2-9所示。

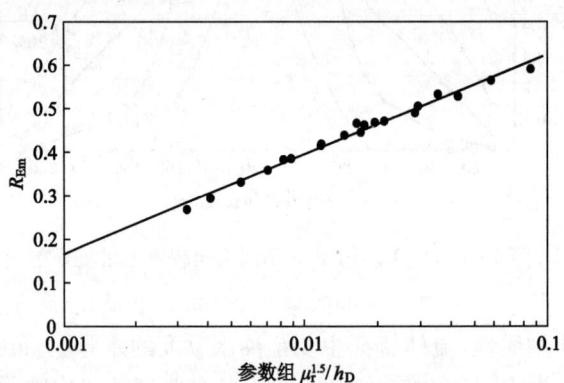

图1-2-9 最大采收率与参数组间的变化关系
μ_r—油水黏度比;h_D—避水高度

通过非线性回归得到:

$$R_{Em} = 0.2286 \lg \frac{\mu_r^{1.5}}{h_D} + 0.8524 \tag{1-2-13}$$

$$\alpha = 0.1743 \lg \frac{\mu_r}{\sqrt{h_D}} + 0.0343 \tag{1-2-14}$$

水平井含水率为水平井沿程水淹程度的综合效应,图1-2-10为不同非均质条件下的含水率特征。

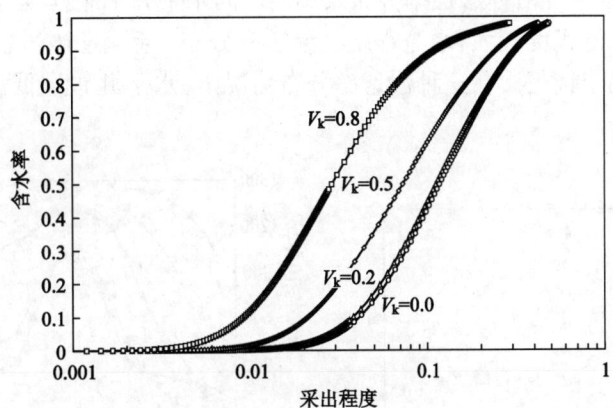

图1-2-10 不同非均质下水平井含水率随采出程度的变化

由图1-2-10可以看出,不同非均质下水平井含水率随采出程度的变化具有相似特征,形状变化趋势取决于渗透率非均质变异系数,为此建立水平井含水率多元变化关系:

$$f_w = \frac{49}{50} \frac{R_E^{d-1} R + cR^d}{R_E^d + cR^d} \qquad (1-2-15)$$

式中 R_E——采收率,小数;

R——采出程度,小数;

c,d——与变异系数有关的常数,如图1-2-11所示。

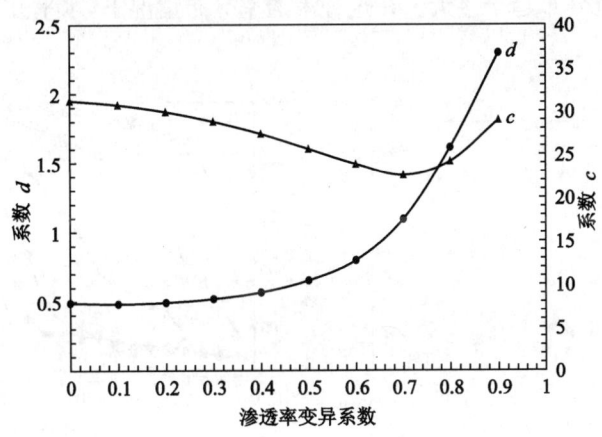

图1-2-11 常数 c、d 与变异系数的关系

②水平井有限导流水淹特征。

对于有限底水砂岩油藏,采用直井注水水平井采油的注采方式,纵向上注采结构为注水井段位于水平井下部(95°),平面上水平井井身方向与直井水平井中心连线成45°。在水平井的水平段沿程设计不同的渗透率分布方式,利用油藏数值模拟方法计算底水油藏水驱开发效果和水淹特征。

中间高两端低渗透率分布模式Ⅰ。水平井段沿程的渗透率分布如图1-2-12所示。开始生产后,底水主要沿高渗层向上脊进,生产后期,注入水逐渐影响水平井段指端的剩余油分布。虽然水平井中端的渗透率较高,但水平井的指端受注水井的影响较大,剩余油主要分布在水平井的跟段附近。

图1-2-13为水平井沿程渗透率分布及不同时间水平井水淹程度分布。开发生产初期,水平井高渗带处的水淹程度较大,水淹程度与渗透率分布一致,随着直井不断地注水,水平井沿程的含水率分布趋于接近。在这种渗透率分布情况下,水平井跟端低渗透区域的水淹程度较低。

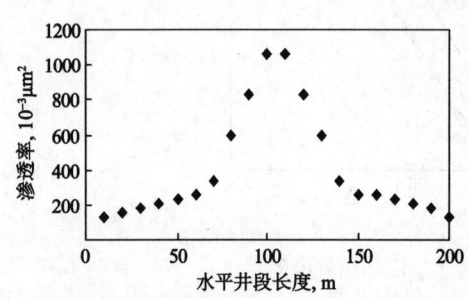

图1-2-12 水平井沿程渗透率分布

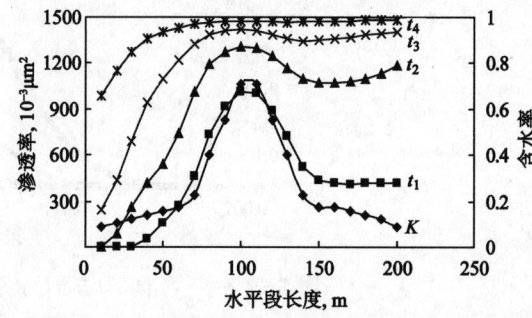

图1-2-13 水平井沿程渗透率及含水率分布

指端高跟端低渗透率渐变分布模式Ⅱ。水平井段沿程渗透率分布如图1-2-14所示。开始生产后,底水主要沿高渗层向上脊进,注入井在生产后期对水平井的指端剩余油分布改善程度较小,剩余油主要分布在水平井的跟段附近。

图1-2-15为水平井沿程渗透率分布及不同时间水平井水淹程度分布。水平井开发初期,水平井高渗带的含水率较大,水平井沿程水淹程度与渗透率分布一致,随着直井不断地注水,水平井沿程的水淹分布趋于接近。在这种渗透率分布情况下,水平井跟端低渗透区域的水淹程度最低。

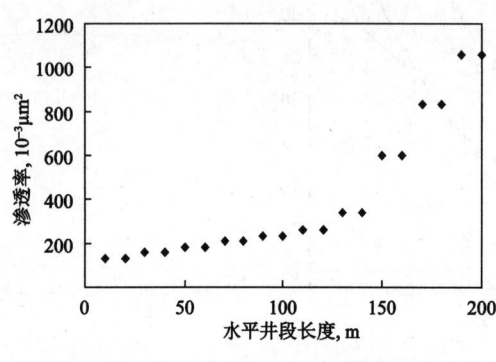

图1-2-14 水平井沿程渗透率分布

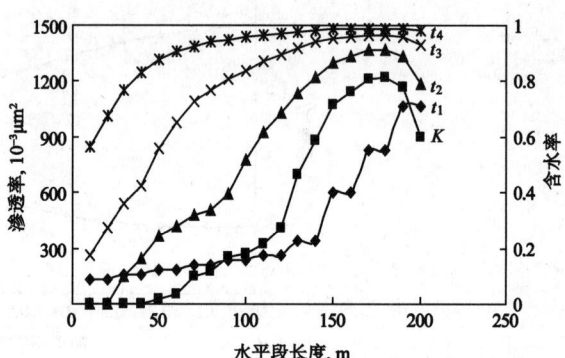

图1-2-15 水平井沿程渗透率及含水率分布

指端低跟端高渗透率渐变分布模式Ⅲ。图1-2-16为水平井段沿程渗透率分布。开始生产后,底水主要沿高渗层向上脊进。注水后期,注入水逐渐改善水平井指端剩余油,水平井附近沿程剩余油饱和度分布较为均匀,整体剩余油范围较小。

图1-2-17为水平井沿程渗透率分布及不同时间水平井沿程水淹程度分布。开发初期,水平井高渗带和指端低渗带的水淹程度较大,中间段水淹程度较小,表现出直井注水对低渗带的效应,随着直井不断地注水,水平井沿程的含水率分布趋于接近,全区未波及的范围较小。在这种渗透率分布情况下,直井的水驱效果较好,开发后期水淹程度沿程分布较为均匀。

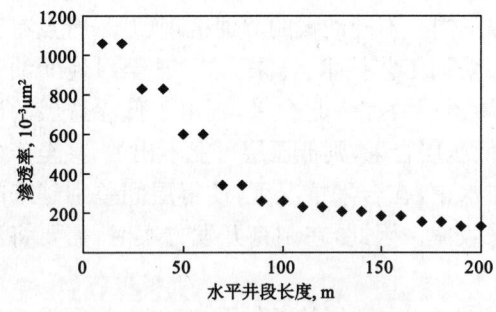
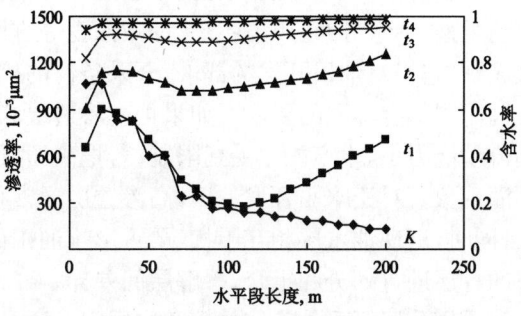

图 1-2-16 水平井沿程渗透率分布　　图 1-2-17 水平井沿程渗透率及含水率分布

中间低两端高渗透率分布模式Ⅳ。水平井段沿程的渗透率分布如图 1-2-18 所示。开始生产后,底水沿高渗层向上脊进,注入水同时影响水平井指端的水淹程度,使得指端水淹程度增加。水平井沿程水淹程度分布较为均匀,剩余油分布范围较小。

图 1-2-19 为水平井沿程渗透率分布及不同时间水平井水淹程度沿程分布。水平井开发初期,水平井高渗带的含水率较大,距离注水井较近的指端的含水率较大,随着直井不断地注水,水平井沿程的水淹程度分布趋于接近。在这种渗透率分布情况下,直井的水驱效果较好,开发后期含水率沿程水淹分布较为均匀。

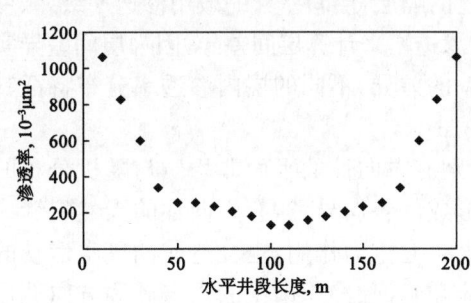
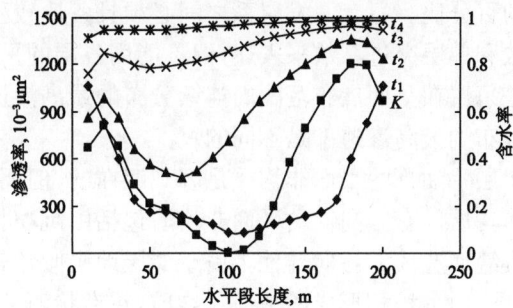

图 1-2-18 水平井沿程渗透率分布　　图 1-2-19 水平井沿程渗透率及含水率分布

通过对比可以看出,模式Ⅲ的渗透率分布为靠近水平井跟端的渗透率较高,指端的渗透率低,注水井可以有效地驱替低渗透率部分的原油。模式Ⅲ中水平井最终沿程的水淹程度分布最均匀,即油水界面推进很均匀。因此,对于具有沿程非均质性水平井生产井,当注入井远离高渗带端注水时,开采效果最好。

2. 层状油藏开发特征

层状油藏的储层展布面积应该是比较大的,但由于我国以陆相沉积形成的储层为主,在整个油田(中等以上油田)全面分布的层状储层为数不多,如果在经济极限井距下,能形成较完整的注采井组。

1) 油藏天然能量与驱动方式

层状油藏也可能存在边水和气顶,能量与底水体积或气顶体积与油藏体积之比有关。层状油气藏的油水或油气接触面积比相同规模的块状油藏要小得多,边水和气顶的能量一般不易传递到整个油藏。对于纯油区面积很大的大型层状油田,则天然能量很难补充到远离油水(油气)边界的中心部位。如需补充能量开发,仍需在油田内部注水或注气。

层状油藏大多数是多层的,单层极少,而组成油田的各个油层(藏)在油层性质、圈闭条件、驱动类型、油水分布、压力系统、埋藏深度等方面都不同。不同油藏的驱油机理、开采特点有很大区别,它们对油田开发的部署、开采条件的控制、采油工艺技术、开采方式,甚至对地面油气集输流程都有不同的要求。如果把高渗透层和低渗透层放在一起合采,则由于低渗透层的原油流动能力小,生产能力受到限制;若把高压层和低压层合采,则低压层可能不出油,甚至产生倒灌现象。对于水驱开发油田,高渗透层通常很快水窜,在合采情况下,使得层间差别越来越大;同时,出现油水层相互干扰,严重影响油田的采收率。因此,在制订开发方案时,需要将油田的各层进行划分和组合,缓解层间差异。

采用分层开采的工艺技术解决层间矛盾是有条件的,在适用的条件下,其调整层间渗透率级差也是有限的(一般只有2~5倍),所以不仅要描述层间差异的大小,还要描述影响各种分层开采技术应用的条件及采用何种技术可以解决层间矛盾的程度。

2)多层油藏注水开发产状特征

如果油藏存在边水,边水的推进一般要比注入水推进均匀,波及体积大,许多单侧边水的断块油藏依靠边水能量的采收率比人工注水高。但如果油藏平面上各向异性严重或存在裂缝,也会形成边水舌进。

层数多、单层厚度较小时,一般采用一套层系开采多个油层,层间差异是不可避免的。层间差异主要是层间渗透率的差异,还有各层展布面积大小及平面非均质性、储量多少及占总储量的百分比。每套开发层系之间必须具备比较稳定的隔层,层间差异一般用渗透率级差、变异系数和单层突进系数来表述,但不能用各层的平均渗透率来计算层间差异,因为层间差异实质上是每层在平面展布范围内连续分布的最高渗透率的差异,不同的层内渗透率分布特征其连续分布的最高渗透率是不同的。

层状油藏的平面非均质是客观存在的,但要区别有方向性的平面非均质与随机分布的平面非均质。有方向性的平面非均质包括由沉积相形成的各向异性,有方向性的天然裂缝或人工裂缝而造成的各向异性。由于储层地层倾角较大引起重力作用,也会造成油气水运动的方向性。由沉积相形成的平面非均质,在辫状河、分流顺直河、冲积扇中的水道砂等方向性比较明显,且大部分表现为砂体或高渗透带呈长条状分布。这类有方向性的储层的开发部署首先要让井网及注采系统能够控制整个砂体,并力求顺河流走向的注采井距大于垂直河流走向的注采井距。有些储层的平面非均质的方向性不明显,但中心部位向边缘方向厚度和渗透率均呈下降趋势,注水开发应从中心向边缘扩展。有方向性的天然裂缝或人工裂缝则裂缝渗透率成数量级倍高于基质渗透率,而裂缝容积(储量)只占很小的部分,如果井网注采系统不适应,则开发效果很差。

地层倾角如果超过10°,重力开始起作用。如果地层倾角大于30°,则重力将起很大作用,人工气顶驱、重力驱等都会有较好的效果。如果油藏面积大,需要注水开发则必须使上倾与下倾方向的井排距不一样,才会获得好的开发效果。

(1)层间油水运动特征。

层间差异是注水开发油藏最普遍、最主要的差异。一套开发层系要开采几个甚至更多的油层,各个油层的性质不同,就形成了层间差异。

①注水井中的层间差异和干扰。

注水井中的层间差异的主要表现是,在同一压力笼统合注条件下,由于各油层的性质不同,其吸水能力相差悬殊。如图1-2-20所示,130-32井共射开31个层段,吸水剖面显示,吸水能力强的有 11 个层,微弱吸水的 5 个小层,另外有 11 个层根本不吸水。

注水井中单层吸水状况不同的原因,除油层本身性质差异外,还有在笼统注水条件下层间干扰的影响。注水井的层间干扰也是压力干扰,压力干扰与管道摩阻有密切关系,注水井管道摩阻的大小,在一定管径和长度的油管及配水设备条件下,与流量的平方成正比,也就是随着井口压力的提高、注水量的增加,管道摩阻呈平方关系增加。根据以上分析和现场试验,日注水量在 200m³ 以下的井,层间干扰现象不明显,超过 300m³ 后,层间干扰明显增大。

在油层性质不同和层间干扰的双重影响下,注水井中层间吸水差异悬殊,甚至有相当数量的油层不吸水。根据濮城油田和文留油田 130 口井的实际资料统计,一口注水井中随着射开层数的增多,其吸水厚度百分比显著下降,见表 1-2-2。

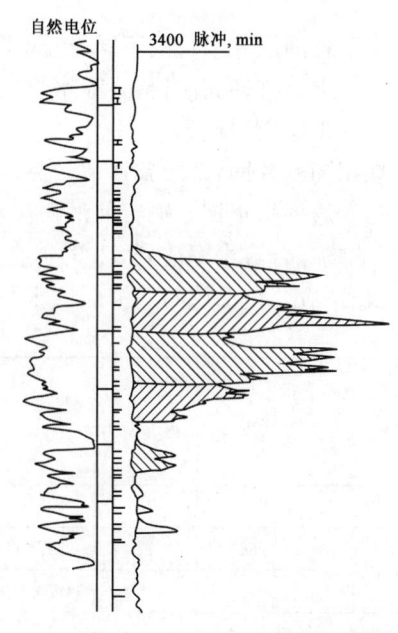

图 1-2-20 130-32 井笼统注水吸水剖面

表 1-2-2 注水层数和剖面吸水程度统计表

注水层数	统计井数	射开		吸水层		不吸水层			
		层数	厚度,m	层数	厚度,m	层数	比例,%	厚度,m	比例,%
2～3	14	38	127.1	36	101.7	2	5.3	15.4	20.0
4～5	16	67	197.9	47	127.2	20	29.9	70.0	35.6
10～11	23	241	514.2	125	295.9	116	47.9	208.3	42.5
16～17	10	104	332.2	65	139.2	99	60.4	193.0	58.1
18～20	9	168	296.4	50	115.0	118	70.2	181.4	61.2
合计	130	1261	2679.5	615	1511.1	616	51.2	1168.4	43.6

随着开采时间延长,高渗透层吸水量越来越多,水淹区越来越大,其阻力越来越小,使得层间干扰和差异越来越严重。例如,大庆萨中 3-25 井,1962 年葡Ⅰ2 层比葡Ⅰ6 层的吸水百分数高 44%;到 1972 年,高达 198%,10 年间增大了近两倍。

文明寨油田注水井吸水剖面资料比较典型,1986 年至 1992 年吸水层厚度比例从 75.2% 下降至 41.6%,而不吸水层的厚度百分比由 24.8% 上升到 58.4%,表明该油田注水井中的层间差异和干扰越来越严重,见表 1-2-3。

表 1-2-3 文明寨油田注水井吸水剖面变化表

年份	统计井数	注水井平均		吸水层				不吸水层		
		层数	厚度,m	层数	比例,%	厚度,m	比例,%	层数	比例,%	厚度,m	比例,%
1986	12	18	41.2	11	61.11	31.0	75.24	7	28.7	10.2	24.8
1988	31	18	46.9	8	44.44	24.7	52.67	10	55.6	22.2	47.5
1990	16	22	48.0	8	36.36	20.2	42.08	14	63.6	27.8	58.8
1992	30	17	39.3	6	35.29	16.4	41.73	11	65.2	22.9	58.4

由于各油层注水量的不同，造成了油水接触前沿（简称水线）推进状况的差异，表现为水线不均匀推进。许多高渗透、高吸水量层的水线推进速度要比低渗透层快几倍甚至几十倍，形成了严重的单层突进现象。

在相同的井网、井距条件下，水线推进速度与油层单位厚度注水量呈正比，单位厚度吸水量又与渗透率呈正比。喇嘛甸油藏注水开发7年后，绝大部分油井（井距300～600m）已经见水，全油藏综合含水率达到52.9%，在距注水井30m左右完钻10口调整井，还有25%的油层厚度没有见水，差油层与好油层的水线推进距离相差10～20倍，见表1-2-4。

表1-2-4 喇嘛甸油藏油层动用状况表

阶段	年份	统计井数	统计厚度 m	产液强度分级，$m^3/(d \cdot m)$					
				不产液		0.1～4		>4	
				厚度,m	%	厚度,m	%	厚度,m	%
分注前	1980	20	197.6	131.5	66.6	33.4	16.9	32.7	16.5
分注后	1981	17	167.0	97.6	58.4	68.3	40.9	1.1	0.7
	1982	16	170.8	75.3	44.1	93.4	55.3	1.2	0.7
层系调整	1983后	—	170.2	54.8	32.2				

② 生产井中的差异和干扰。

由于储层性质和注采条件的影响，生产井中层间差异和干扰也比较突出，往往有20%～30%的油层不能生产，有的油藏不产液层厚度达到40%～50%。

一口井中开采层数越多，不出液层比例就越大。多数油藏的产液剖面情况是，主产液层、次产液层和不产液层厚度各占1/3左右，而1/3的主产液层的产量比例占80%以上。

多层合采产量小于分单层开采产量之和。很多井的实际生产资料显示，多层合采产量往往小于分单层开采产量之和，如胜坨油田3-10-17井，见表1-2-5。

表1-2-5 胜坨油田3-10-17井层间干扰实例

时间	层位	有效厚度,m	岩石渗透率,$10^{-3}\mu m^2$	产油量,t/d	生产压差,MPa	相对密度	原油黏度,$mPa \cdot s$
1968.4	沙二 1-6	17.1	—	47	0.89	0.902	79.9
1969.5	沙二 1^{4-5}	3.8	6000	47	0.47	0.899	59.9
1969.7	沙二 2^{2-6}	7.3	3500	46	0.29	0.910	108
1969.7	沙二 3^{4-6}	6.0	2000	29	1.55	0.912	124

生产井的流动压力越高，层间干扰越严重。油井见水后，随着含水率上升，井筒液柱密度不断加大，在不改变油井生产制度的条件下，流压不断上升，层间干扰随之增大。根据大庆萨中地区的统计资料，压力特高井的平均单井产量要比全区低26%，采油指数小32%，见表1-2-6。

表1-2-6 大庆萨中地区高压井与相同含水井开采状况对比表

类 型	总压差,MPa	采油指数,$t/(MPa \cdot d)$	单井产油量,t/d	含水率,%
高压井平均	17.2	1.10	29.0	67.4
相同含水井平均	9.4	1.62	39.0	—

在油藏高含水期,层间干扰更为严重,很多油田的实际生产资料证明了这一现象。干扰系数定义为卡堵后产油量和卡堵前产油量之差与卡堵后产油量的比值,而含水率差值定义为卡堵后含水率和卡堵前含水率之差。如胜利胜坨油田2-0-326井,不同油层的含水差别越大,干扰越严重,如含水率相差40%时,干扰系数达到60%,如图1-2-21所示。

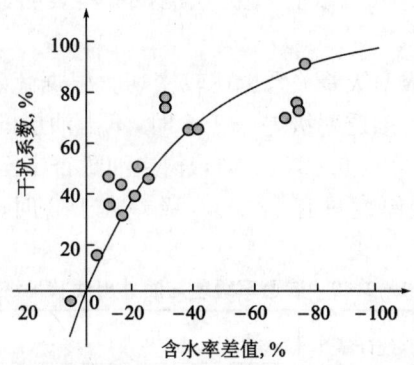

图1-2-21 胜坨油田2-0-326井层间干扰程度曲线

许多油藏都程度不同地存在高含水层对低含水层的干扰和抑制现象。当解除这种干扰(即卡堵高压、高含水层)后,油井含水率可以大幅度下降,甚至不含水,产油量可以成倍、甚至十几倍地增长,见表1-2-7和表1-2-8。

表1-2-7 胜坨油田层间干扰数据

分 区	统计井数	生产层厚度 m	动用层		被干扰层		含水率,%
			厚度,m	厚度比例,%	厚度,m	厚度比例,%	
胜一区	20	362.7	120.1	33.1	242.6	66.9	93.5
胜二区	44	666.0	378.2	56.8	287.8	43.2	91.7
胜三区	53	871.9	414.8	47.6	457.1	52.4	92.8
合计	117	1900.6	913.1	48.0	987.5	52.0	92.5

表1-2-8 孤岛油田层间干扰数据

井 号	卡堵前			卡堵		卡堵后		
	层位	产油量,t/d	含水率,%	时间	层位	层位	产油量,t/d	含水率,%
中9-上16	3^4-4^4	4.2	91.1	1979.7	3^4-5	4^{2-4}	49.4	0.2
中3-上11	3^5-4^4	2.7	95.5	1980.8	3^5-4^2	4^4	44.5	4.6
中9-71	5^3-6^3	14.0	90.6	1981.7	6^3	5^{3-4}	40.0	0.0
中下71	5^4-6^3	5.3	84.0	1978.6	5^3	6^3	85.0	19.0

合采时会出现倒灌现象。油藏注水开发中,用涡轮流量计测分层产量时,有少数测点出现负值,说明存在倒灌现象;测分层压力时,发现有些层的地层压力比全井流压还低,有些高压水层倒灌入低压的油层。

③层间差异对开发效果的影响。

层间差异对油田注水开发最严重的影响是降低油层动用层数和水淹厚度。通常以层间干扰程度来表述这种影响的大小。

注采井网与油层的匹配程度表示为水驱控制程度A,油层实际动用程度为ξ,则层间干扰

程度 $\Delta=A-\xi$,表示除注采井网因素影响外,层间干扰对水驱开发效果的影响。

例如,喇嘛甸油藏由萨尔图、葡萄花和高台子三套油层组成,共100多个单油层。初期开发方案确定,除特高渗透的葡Ⅰ1-2层单独注水外,其他油层全部合采合注。采用反九点法井网,井距300m。投产8年后,采出程度仅为10.08%,含水率高达60.7%,开发效果较差。该油藏油层水驱控制程度达到80%以上,但分层测试资料表明,油层实际动用程度只有40%左右,层间干扰程度高达40%。

层间干扰程度与油层渗透率级差关系也比较密切。根据萨尔图油藏南二、三区面积注水井网中38口井实际资料统计,渗透率级差小于5时,不出油层的厚度只占13.5%,但当级差大于5时,则不出油层厚度就可达61.2%。据杏树岗油藏杏十至十二区51口井资料统计,渗透率级差小于3时,不出油层厚度只有12.0%,级差大于3时,不出油层厚度增到86.2%,见表1-2-9。

表1-2-9 渗透率级差与油井出油状况统计

地区	渗透率级差	统计层数	统计厚度 m	出油			不出油		
				层数	厚度,m	比例,%	层数	厚度,m	比例,%
南二、三区	<5	195	289.2	155	250.3	86.5	40	38.9	13.5
	>5	103	60.9	26	23.6	38.8	77	37.3	61.2
杏十至十二区	<3	196	559.5	142	492.4	89.0	54	67.1	12.0
	>3	643	392.8	28	84.3	13.8	615	338.5	86.2

根据油藏注水开发实践经验,初步认为,在一套开发层系中,油层渗透率级差控制在5左右比较恰当。

(2)平面差异油水运动特征。

陆相沉积储层的非均质性不仅表现在纵向上的上下层位之间,即使同一层位,平面上不同方向、不同部位的非均质性也很严重。在油藏注水开发中,表现为平面差异。其主要特征如下:

①注入水沿高渗透条带突进形成局部舌进。储层为河流相沉积的河道砂体,特别是河流下切带物性较好,渗透率较高,一般水总是首先沿河道砂体突进。油藏注水实践表明,水受储层沉积相带和非均质性的控制极其强烈,目前无论是在注水井控制注水量或是在生产井控制采油量,甚至关井,一般都不能改变河道砂体下切带上油井先见水、先水淹的特点。

②双重渗透率方向性加剧了平面差异。双重渗透率方向性是指砂体内高能条带状展布所引起的方向性渗透,以及由于层理倾向和颗粒排列等组构引起的渗透率各向异性。两者同方向的重合即形成双重渗透率方向性,从而加剧了储层的平面非均质性。这种现象在河道砂体中相当普遍,不同方向储层物性和渗流特性显著不同,使平面差异和矛盾更加突出。

大庆喇萨杏油田储层是自北向南的河流沉积砂岩体,双重渗透率方向性明显。开发初期采取横切割(东西向)行列注水,南北向驱油方式。这样平面方向性差异和矛盾十分突出,从注水井排向南面的生产井排是顺沉积方向驱油,水线推进和含水率上升速度快,效果较差;面向北面的生产井排是逆沉积方向驱油,水线推进和含水率上升速度较慢,效果较好,见表1-2-10。

表 1-2-10 喇萨杏油田北部注水井排两侧生产状况对比表

组序	注水井北面生产井排			注水井南面生产井排		
	无水采收率,%	相近含水阶段		无水采收率,%	相近含水阶段	
		含水率,%	采出程度,%		含水率,%	采出程度,%
1	2.41	4.12	9.80	5.37	4.14	7.28
2	5.48	9.61	8.26	4.55	9.45	6.60
3	7.03	21.1	14.47	4.63	21.41	9.70
4	8.16	21.3	15.81	5.70	20.21	11.60

从表 1-2-10 可以看出,注水井北面的生产井排的无水采收率大都比南面的相近含水条件下的采出程度高 36%,因而对同一排注水井,南面的生产井因含水率上升快,要求控制注水,而北面的生产井排由于注水见效慢,需要加强注水。

由于储层的平面差异,处于不同位置的生产井经常会出现井间干扰现象,主要表现在三个方面:同一注水井组中,有一口油井见水,产液量上升,其他油井产液量则会下降;油井调整生产压差,相邻井将受到影响,当油井从自喷转抽或由普通抽油转为电泵举升时表现得最为明显;油井见水后,见水方向水线推进速度加快,平面舌进现象加剧。

③断层遮挡和井网控制程度差,增加了平面差异性。受断层遮挡和井网控制程度差的影响,平面差异性更加突出,油藏开发即使到高含水期,水淹体积已经很大,但水淹程度还是不均匀,仍有剩余油比较富集的地区。

例如,胜坨油田 1983 年综合含水率达到 70% 以上,但根据三个区块的 176 口井统计,初期含水率小于 60% 的中低含水井有 96 口,占总井数的 54.6%,其中含水率很低、日产油量达到 30t/d 的高产井还有 71 口,占总井数的 40%。通过对 71 口高产井所处位置的分析,可以归纳出含水率较低、剩余油相对富集的五种情况,见表 1-2-11。

表 1-2-11 胜坨油田高产井情况分类

项目	断层和尖灭线附近	无井控制动用差	非主流线区	局部构造高部位	注水二线位置	其他	合计
井数	21	25	12	5	5	3	71
比例,%	29.6	35.3	16.9	7.0	7.0	4.2	100

(3)层内油水运动特征。

层内差异是指一个单油层内部由于纵向上的非均质而形成的油水渗流的差异性。

①层内差异的开采动态反映。

层内差异在厚油层内表现比较突出。根据中国陆相油藏的实际,一般把有效厚度大于 4m 的油层称为厚油层。厚油层内不同部位在开采中吸水、产液等情况差异十分明显。

不同部位吸水强度不同。注水井吸水剖面的实测资料证明,厚油层内的不同部位吸水状况差别很大。例如,杏 7-2-21 井葡 I 3 层的吸水剖面,这是一个比较均匀的油层,从吸水剖面可以看出,不同部位的吸水能力差别很大。在油田开发实践中,这样的井、层很多,只是程度不同。

不同部位产液情况差别很大。一个厚油层内,往往高产液段只是一小部分,其他段产量较低,甚至不产液,这可以从许多产液剖面测试得到证实。

②不同韵律性油层的水驱油特征。

正韵律沉积的油层底部水驱油效率高,但波及体积增长慢,总的开采效果差,正韵律油层底部渗透率高,油水重力分异作用,使得油层底部进水多、水线推进快、水驱油效率高,但水驱波及体积增长慢、比例小,总的来看水驱效果较差。

如图1-2-22所示,由大庆萨中检4-4井密闭取心资料可知,葡Ⅰ2+3层是正韵律油层,底部水驱油效率已高达80%,而顶部尚未见到注入水。

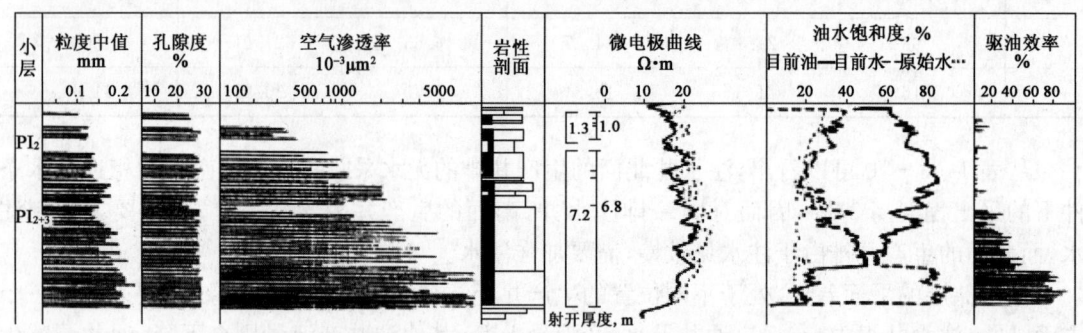

图1-2-22　萨中检4-4井葡Ⅰ2+3层正韵律油层

根据大庆油区实际资料分析得出,正韵律层水淹段驱油效率较高。如40口检查井密闭取心资料,葡Ⅰ2层共有47个见水层段,其中正韵律层8个,平均驱油效率57.3%,复合韵律层17个,驱油效率50.9%,多韵律层22个,驱油效率48.0%。但在注水倍数相同的条件下,正韵律油层水洗厚度小,如图1-2-23所示。

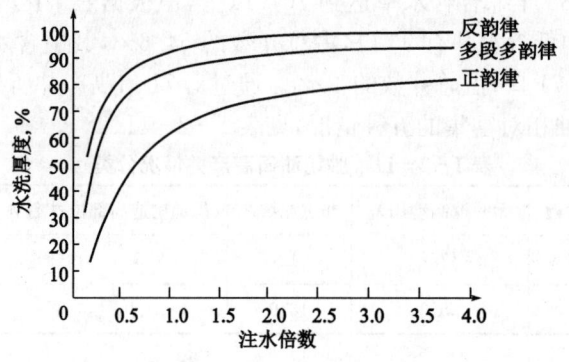

图1-2-23　不同类型油层水洗厚度与注水倍数关系

据上述情况综合分析,当注水1.5倍孔隙体积时,正韵律油层采出程度只有43.8%,反韵律层达到57.2%,见表1-2-12。

表1-2-12　不同类型厚油层开采效果对比

类　型	无水期		注水0.6PV		注水1.0PV		注水1.5PV	
	注水,PV	采出程度,%	含水率,%	采出程度,%	含水率,%	采出程度,%	含水率,%	采出程度,%
正韵律	0.130	15.5	83.8	32.9	90.5	33.9	93.4	43.8
多段多韵律	0.156	18.6	82.6	36.9	90.0	43.1	94.1	47.7
反韵律	0.263	31.5	83.7	46.2	92.7	51.3	96.6	57.2

大庆油区曾沿油层横剖面打检查井,从密闭取心资料看出,稳定正韵律的葡Ⅰ1-2层,在注水井附近水淹厚度达90%以上(3-检7井),到生产井附近,水淹厚度只有23%(中4检7井)。

反韵律沉积的油层水驱波及体积大,反韵律油层上部渗透率高,自然吸水量多,水线推进速度快,但由于油水重力分异作用,特别是在岩石偏亲水条件下,使水下沉,可减缓上部的推进速度和水淹程度,扩大和加快下部的水淹厚度,可提高波及体积,改善开采效果。

胜坨油田三角洲前缘相沉积的偏亲水反韵律油层,如沙二 8^3 油层,水淹特征如图1-2-24所示。

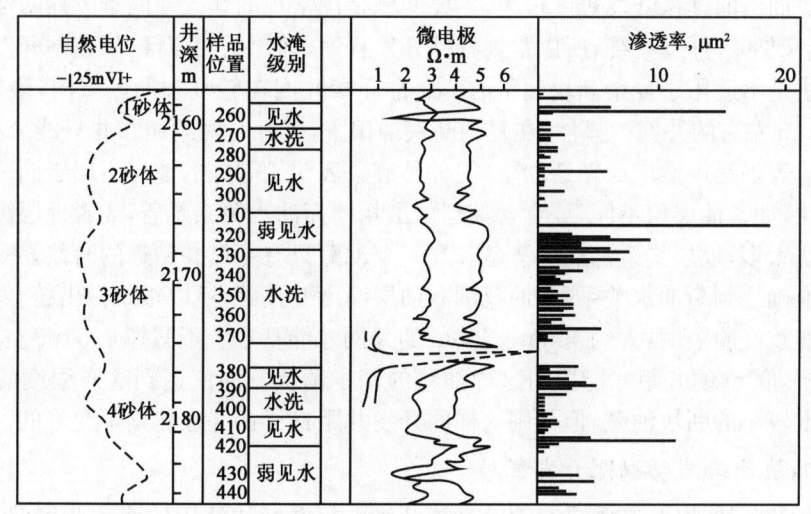

图1-2-24 胜坨油田沙二 8^3 油层水淹剖面

反韵律油层如果上部渗透率比下部高出不多,仍然会出现底部先见水的情况。复合韵律沉积的油层,其不同层段有不同的水淹特征。其总的驱油效率和开采效果介于正、反韵律油层之间。

3. 透镜体状油藏开发特征

透镜体状油藏储层分布不连续、单个储集体分布面积小,在经济极限井距下不能形成完整的注采井组。这类油藏的大部分储量只能依靠弹性、溶解气驱和重力驱等天然能量开采,因而产量递减快、采收率低。

小透镜体状油藏由于储层面积小,前期只能采用天然能量开采,不注水或较晚期注水。注水阶段由于注采层对应率低,采收率也不会太高。在降压情况下开发,层间差异包括渗透率差异和天然能量大小差异,但与注水开发相比,层间差异对开发效果的影响较小,主要是各储集体的边水和气顶窜入。透镜体状油藏在纵剖面上往往泥多砂少,含油井段相当长,所以需要自下而上分段射开,逐层段上返式投入开发。透镜体状油藏一般高产期很短,随着弹性能量的耗尽,进入高气油比溶解气驱低产生产阶段,注水连通厚度比例小,连通方向少,而很快见水和进入高含水采油。当产量低于经济极限后就上返开采新层,总的采收率一般只有10%~20%。

4. 小断块油藏开发特征

断块油田中的大而较完整的断块(单块含油面积大于1km²),其开发特征与层状油藏类似。小断块油藏是指因单个断块面积过小,在评价阶段,断块情况难以搞清,而且无法在经济极限井距下形成完整的注采井组,其开发动态特征与透镜状油藏有相似之处。

复杂断块油藏由于每一块的含油体积小,油藏可能存在边水而形成较充足的天然能量,许多复杂断块油藏的单层含油宽度只有200~300m,如果在油水边界之外存在较大的水体,可以形成充足的天然能量,如果储层的渗透率高,且原油黏度较低,可以形成天然能量驱动方式。但大多数复杂断块四面被断层封闭,无边水或边水能量很弱,只能采用低部位点状注水高部位采油,或注水采油井间隔布置方式。

复杂断块油田采用滚动开发,部分井先投产,在新井中应用重复地层测试分层压力,准确判断小断层的密封性及串通层位,确定注采系统及将来的动态分析及开发调整。

复杂断块油田的勘探开发难度很大,主要问题是用常规的详探井网难以探明油藏情况,无法针对油藏情况部署开发系统,所以常规勘探开发程序,即探明油藏情况,编制开发方案,按方案实施的方法是不适用于复杂断块油田的。通常详探井网在较复杂的区域内,最密只能打到5000m×1000m左右的井网。显然,在复杂断块油田上,这种井网的相邻井只能分别打在不同的油藏里。其表现是虽然广泛钻遇油层,但种种迹象表明相邻井的油层不属于同一油藏,也不属于同一断块,如含油层位不同,或者含油层位虽相同而油水关系矛盾,或者地层高差很大等,甚至由于断块太多,地层构造都搞不清楚。当一个油藏只有一口井钻遇的时候,一般是难以利用油藏概念准确地判断油水关系、含油范围和油层厚度变化等,所以很难做出符合油藏情况的开发部署。实践经验表明,大约400m×400m的井网才能基本上不漏掉0.5km^{2}左右的断块油藏;大约250~300m的井距才能探明这种油藏的基本情况。即使达到这样程度的井网,还会遗漏相当一批较小的断块油藏,但是用这样的开发井距打详探井显然是不允许的。

1)复杂断块油田滚动勘探开发程序

对于复杂的断块油田,必须进行滚动勘探开发。复杂断块油田的滚动开发就是在复杂断块油田上,重点对油气富集区采取与详探紧密结合的、在实践与认识上多次反复、逐步发展的开发方法。

断块油田由于地质结构的复杂性,不同部位存在着较大差异,因此不可能对油田各部分同时进行细致的油藏工程设计,只能对那些油藏描述得比较清楚、能够建立地质模型的断块区进行油藏工程设计。

(1)滚动开发的设计原则。

根据油田油气富集区分布情况及地质条件,按先富后贫、先高产后低产、先简单后复杂的原则,分批实施滚动开发,并严格遵循复杂断块油田详探开发工作程序,以油气富集区为重点,以控制主力含油断块并形成初期开发系统,迅速建成生产能力为目标。

(2)滚动开发的工作要求。

要处理好勘探与开发的衔接,把详探和开发工作紧密地结合在一起,并以富集区为开发单元整体部署详探开发井网,开发井通常带有详探的任务。在勘探与开发的结合中,开发井也存在风险性,但滚动开发要求在高经济效益前提下,达到高速度与低风险两者的综合平衡。

滚动开发要查明油气富集在断块区的具体部位、边界的确切位置、内部结构、分界断层确切位置、油气水层关系和估算的探明储量,依靠详探工作的开展和综合评价,为开发决策提供所需资料。工作包括三维地震、钻井、取心、试油试采、综合地质研究。

(3)滚动开发的基本程序。

以富集区为开发单元的滚动开发的基本程序为:整体部署、分步实施、及时调整和逐步完善,力争用少量的井既能探明含油断块,又能形成较好的开发井网。

①整体部署。根据断块区钻探资料并结合地震细测资料,从认识主力断块与开发主力断块的需要出发,以该断块主力含油层系为对象,初步设计一套开发井网,作为钻井实施基础。

②分步实施。在初步设计的这套井网的基础上,先打关键井,后打一般开发井,根据断块区存在的地质问题,分批逐步加以解决。

③及时调整。根据关键井的资料进行研究,按新的认识及时调整原来设计井网的部署,确定下一批井位,以适应该断块区的特点。

④逐步完善。一般要经过多次设计调整、多次评价决策、多次部署实施,才能较好地控制主力含油断块,逐步形成开发井网。

对于断块油气田,滚动开发的核心是勘探与开发交叉进行,详探和开发紧密结合,用少量的井既能探明含油断块,又能形成较好的开发井网。不同井网对断块油田的控制程度体现在对断块油藏的控制上。因此,各级断块油藏对不同井网的适应性具有一定的界限。断块油藏大小分级对井网的适应界限汇总见表1-2-13。

表1-2-13 断块油藏的大小分级对井网的适应界限

断块级别	井距与井网			
	井距500~1000m,详探井网	500m井距,三角形井网	300m井距,三角形井网	300m井距,井网局部加密
大断块油藏	能够基本探明,不会漏掉	可形成较好的开发井网	可形成较好的开发井网	可形成较好的开发井网
较大断块油藏	很难探明,一般不会漏掉	不会漏掉,可基本探明地质情况,不能形成良好的注采关系	可形成较好的开发井网,需考虑开发层系划分问题	可形成较好的开发井网,需考虑开发层系划分问题
中断块油藏	不能探明,易漏掉	不能探明,一般不易漏掉	不会漏掉,能形成不完善的注采系统,开发层系自然形成	可形成较好的注采井网
小断块油藏	不能探明,易漏掉	不能探明,易漏掉	不易漏掉,但有可能漏掉,一般不能形成一注一采关系	一般可形成一注一采关系
碎断块油藏	不能探明,易漏掉	不能探明,易漏掉	不能探明,易漏掉	少数能形成一注一采关系

2)复杂断块油藏水驱动用影响因素

对于注水开发的复杂断块油田,储层、流体性质以及开发层系划分、井网对储量的控制程度均能影响水驱波及系数和开发效果,注水开发过程中的井网部署及调整,都是为了提高平面水驱波及与驱油效率来改善注水开发效果。因此,研究复杂断块油藏合理井网,首先需要分析影响复杂断块油藏平面水驱动用的地质、开发因素。地质因素除了储层物性、流体性质等中高渗砂岩的共性因素外,还有复杂断块油藏特有的地层倾角、断层夹角、断块面积、几何形态、天然能量等特色因素。开发因素包括层系、井网、注采强度、注入倍数等。

(1)地层倾角。

断块油藏一般地层倾角较大,在不同的地层倾角情况下,重力作用对含水的影响可以通过计算得到。在高地层倾角下,油水运移一方面受到注入水或边水驱动力的影响,另一方面也受到重力作用的影响。

可以看出,上倾方向驱油时,重力作用抑制了水的流量,地层倾角越大,油井见水时间越晚,相同含水条件下,采出程度越高,腰部水驱波及面积越大,如图1-2-25所示。在相同井网形式下,地层倾角越大,油井见水时间越晚,采收率越高,开发效果越好。

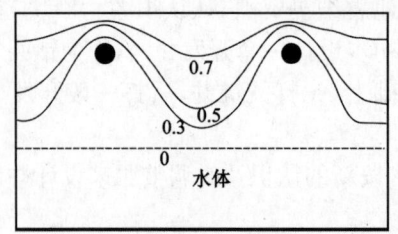 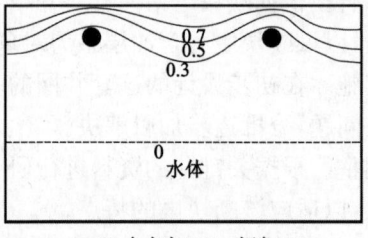

(a) 含水率90%，倾角5°　　　　　(b) 含水率90%，倾角15°

图 1-2-25　不同地层倾角含油饱和度分布

●—采油井

(2) 断层夹角。

在部署井位时，由于井位不能无限靠近断层，一般井位与断层之间有一定的距离，夹角处储量难以控制和动用，在整装及较大面积的简单断块油藏中可以忽略不计断层夹角因素，但复杂断块含油面积小，断层夹角多（三个以上），夹角效应不可忽视。数模研究表明，在距断层相等距离条件部署油井条件下，夹角越小，夹角处未动用、难动用的面积和储量越大，如油井距断层 30m 条件下，45°夹角下采收率为 34.36%，90°夹角下采收率为 35.7%，而 135°夹角下采收率为 36.88%。相同夹角下，未（难）动用面积及储量随着油井距断层的距离增大而递增。不同断层夹角下含油饱和度分布如图 1-2-26 所示。

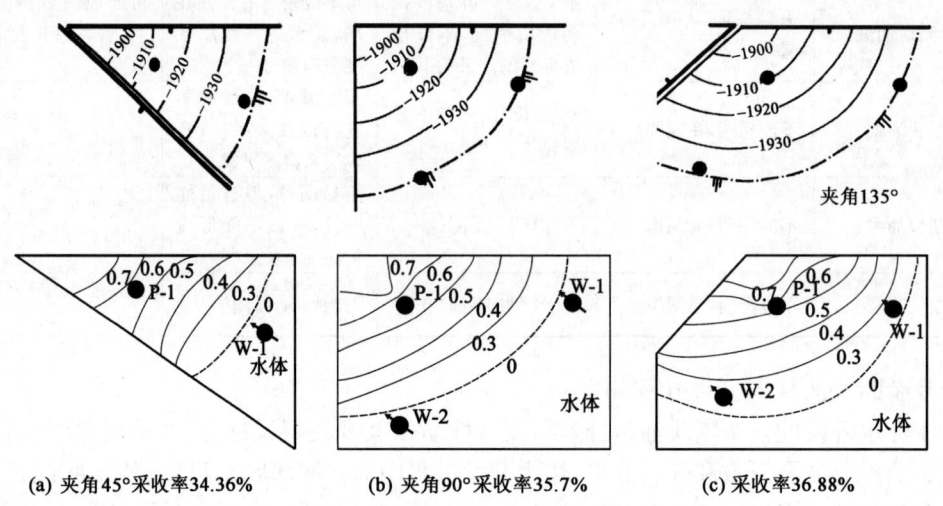

(a) 夹角45°采收率34.36%　　(b) 夹角90°采收率35.7%　　(c) 采收率36.88%

图 1-2-26　不同断层夹角下含油饱和度分布

●—采油井；●—注水井

(3) 断块面积。

从含油面积大小方面分析，要形成注采关系需要有一定的含油面积，保持合理的注采井距。根据实际矿场实际布井资料，油井距断层为 30m，注采井距 250m 条件下，三角形断块形成一注一采注采井对的最小含油面积为 0.039km²，四边形形成注采井对的最小含油面积为 0.028km²。因此，小面积断块只能单井弹性开发或单井吞吐，采收率低；面积越大，可部署的油水井数越多，注采对应率特别是多向注采对应率高，水驱开发效果越好。

在断块油藏开发层系储量丰度一定的条件下，面积越大，储量规模越大。建立注采井对的经济极限储量规模随着油价的上升而下降、随着油藏埋深（钻井成本）的增加而上升。因此，在相同储量丰度条件下,断块面积越小,储量规模较小时,应考虑经济条件,不能形成注采井网,只能与其他断块组合实现经济有效开发;当储量规模较大后,才能建立注采井对,甚至采用相对规则的面积井网进行开发。对于不同面积下,储量规模差异大,合理注采井数、布井方式不同,需要优化研究。

(4)几何形态。

复杂断块油藏断块形状多样,按照形态分类,既有近似三角形、矩形、梯形,也有狭长的条带形。为了研究几何形态对平面水驱波及的影响,建立了含油面积均为 $0.1km^2$、地质储量 $15×10^4t$ 的三角形、正方形及梯形断块模型,地层倾角同为 $15°$,部署相同形式的低注高采、注采交错对应的一注两采的开发井网,其他储层及生产参数均相同。注水开发到油井含水率为 90% 时,由图 1-2-27 和表 1-2-14 可以看出,不同形态的断块采用相同形式的井网,开发效果差异明显。其中,三角形断块形态与三角形井网匹配关系好,含水率 90% 时采出程度为 32.1%,平面水驱波及系数 95.9%,由含油饱和度图看,剩余油主要沿构造高部位一线富集,腰部、低部位饱和度低,水驱均匀;正方形断块采出程度 27.6%,平面水驱波及系数 85.2%,构造高部位、两侧断边带剩余油富集;梯形断块,特别是高部位为断边,低部位为长边的梯形断块,井网形式与断块形态匹配差,采出程度 24.9%,平面水驱波及系数 81.9%,且剩余油在两侧断边带富集面积大,含油饱和度高,动用差。

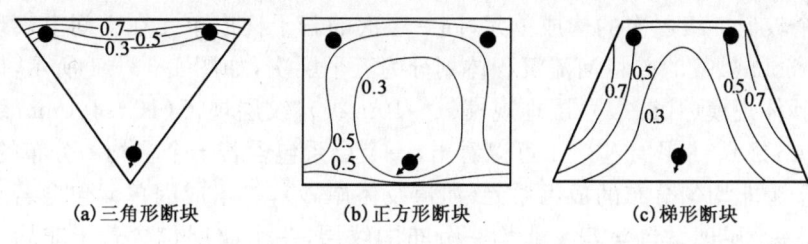

(a)三角形断块   (b)正方形断块   (c)梯形断块

图 1-2-27 相同井网形式下不同几何形态断块剩余油饱和度分布图

●—生产井;◐—注水井

表 1-2-14 相同井网形式下不同几何形态断块开发效果对比表

几何形态	面积,km^2	井数	井网形式	平面水驱波及系数,%	采出程度,%
三角形	0.1	一注两采	三角形	95.5	32.1
正方形	0.1	一注两采	三角形	85.2	27.6
梯形	0.1	一注两采	三角形	81.9	24.9

(5)水体大小。

经矿场实践,边水的强弱决定了是否采用注水开发,强边水断块可以利用天然能量开采,油水体积比小及封闭断块没有水体的需要注水开发。

不同水体倍数下天然能量开发的地层压力变化表明,当水体倍数较小(小于50倍)时,地层压力下降速度很快,产液量下降,不能满足开发后期产液量的要求,后期需要转入注水开发。当水体倍数较大时,地层压力下降缓慢,产液量在油井生产20多年后和初期相差不大,可一直采用天然能量开发,由此可知,当水体倍数大于20后可以采用天然能量开发,不需要再钻注水井。

对于面积较小的复杂断块,在断块整体封闭、满足边水能量充足的条件下,多为含油面积非常小的窄条带断块,多在高部位部署1~2口控制井天然能量开发。大部分复杂断块边底水能量不足或微弱。

第三节 油藏储层非均质性

储层非均质性是指表征储层的特征在空间上的不均匀性。虽然储层的许多性质（如孔隙度、渗透率、孔隙结构、岩性和流体分布等）都是非均质的，但是在油田开发研究中通常把渗透率视为非均质性的集中表现，主要表现在岩石物质组成的非均质和孔隙空间的非均质。碎屑岩储层由于沉积和成岩后生作用的差异，其岩石矿物组成、基质含量、胶结物含量均不相同，影响到孔隙形状和大小及储层物性的变化，形成储层层内、平面和层间的非均质性。

一、储层非均质程度

1. 储层非均质规模

一套储层包含多个层次，不同层次具有各自不同的构成单元，较高一级层次的构成单元包含若干个较低一级层次的构成单元，同一层次的若干构成单元在空间上表现为不均一的变化。Pettijohn(1973)曾将河流沉积体划分为五个层次，如图1-3-1所示，即层系规模（100m级）、砂体规模（10m级）、层理规模（1～10m级）、纹层规模（10～100mm级）、孔隙规模（10～100μm级）。从图1-3-1可以看出，一个层系包含若干个非均一分布的砂体，一个砂体包含若干个非均匀分布的成因单元（河道及溢岸砂），一个成因单元包含若干非均一分布的层理系，一个层理系包含若干非均一分布的纹层，一个纹层包含若干非均一分布的颗粒、孔隙、喉道等。

(1)层系规模。在一套地层内，纵向上一般发育多套砂层与泥岩的组合，即为一套层系。实际上，根据层序地层学的概念，层系规模还可进一步分为1～6级层序单元；按油层对比单元考虑，层系规模可进一步分为含油层系、油层组、砂层组、小层、单层等级次。

(2)砂体规模。广义的砂体泛指具有一定形态和规模的粗碎屑岩体（一般为粗粉砂级以上）。在其名称前冠以成因术语时，称为成因砂体，如河流砂体（河流成因的不同类型砂体的总称）、曲流河砂体（曲流河相的不同亚相及微相砂体的总称）、河道砂体（河道内不同微相砂体的总称）、点坝砂体（点坝微相成因的砂体）、侧积体（点坝内部的增生体）（图1-3-2）。通常将一个单一微相成因的砂体称为单一成因砂体，简称单砂体，如单一分流河道砂体、单一河口坝砂体、单一席状砂体、单一决口扇砂体等。单砂体的单一概念是相对的，如单一河道砂体，虽然为亚相，包含点坝、心滩坝等微相，也称为单砂体。由多个单砂体侧向或垂向叠置而形成的砂体，称为复合砂体。

(3)层理规模。层理规模包括层理系和层理组两个层次规模。层理系由许多在成分、结构、厚度和产状近似的同类型纹层组成；层理组由两个或两个以上岩性基本一致的相似层理系或性质不同但成因上有联系的层理系叠覆而成，没有间断。

(4)纹层规模。纹层为组成层理的最基本的单元，其内部没有任何肉眼可见的层，一个纹层包含若干非均一的颗粒、孔隙及喉道等。

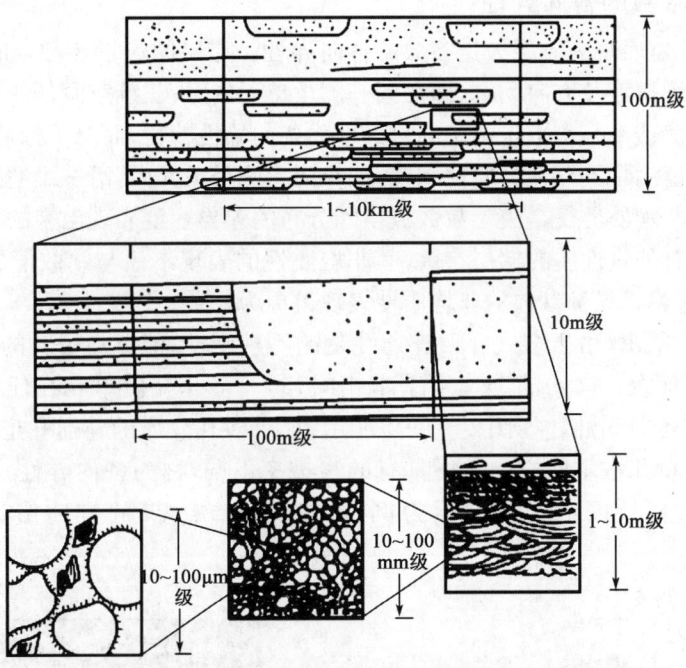

图 1-3-1 Pettijohn 储层非均质分类规模尺度

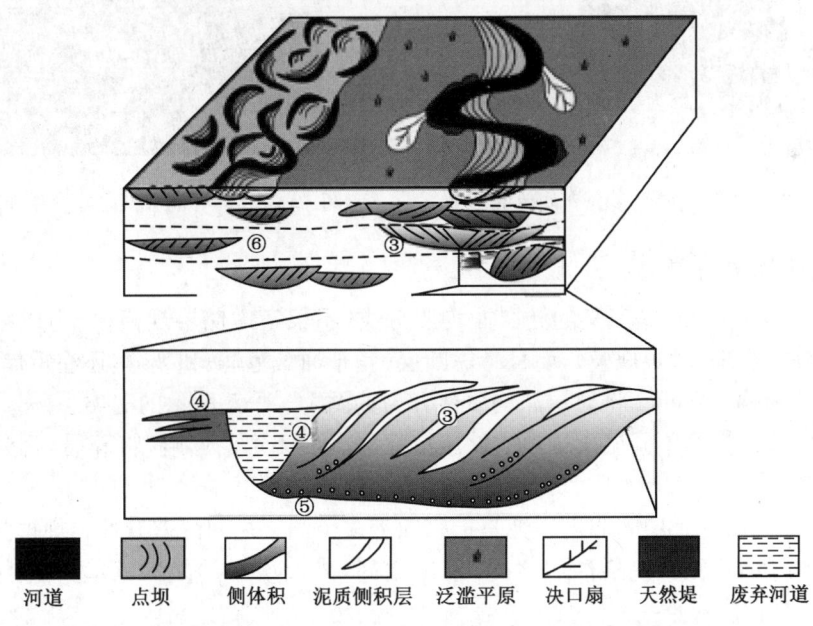

图 1-3-2 Ambrose 曲流河沉积储层构型模式
③、④、⑤、⑥—界面

(5)孔隙规模。孔隙规模为颗粒组合或孔隙组合规模。颗粒非均质性指岩石碎屑结构(包括砂粒排列的方向性)及岩石矿物学特征。孔隙非均质性包括储层孔隙、喉道大小及其均匀程度与孔隙喉道的配置关系及连通程度,属于微观非均质性范畴。

2. 储层矢量参数的各向异性

储层非均质性还表现为储层矢量参数的各向异性。储层的矢量参数,如储层渗透率和导热系数等,其数值测量涉及方向问题,即在同一测量单元内,沿三维空间任一方向测量,其数值大小不等,如垂直渗透率与水平渗透率的差别即为各向异性特征;而对于标量参数,如孔隙度、含油饱和度,其数值测量不存在方向性问题,即在同一测量单元内,沿三维空间任一方向测量,其数值大小相等,非均质性仅是由参数数值空间分布的差异程度表现出来的,而与测量方向无关。因此,对于具有矢量性质的储层参数,其非均质性的表现不仅与参数值的空间分布有关,而且与测量方向有关。矢量参数的非均质性表现得更为复杂。

如图1-3-3所示,由于多孔介质连通孔道的不规则性,流体通过时的流动方向并不具有明显的方向性,任意方向的流动速度基本相同,同一多孔介质单元在任意方向所具有的渗透率相同,称为各向同性。如图1-3-4所示,如果多孔介质的连通孔道具有一定的方向性,同一多孔介质单元在不同方向上所具有的渗透率不同,称为各向异性。例如,对于三维空间中各向异性地层,以笛卡儿坐标为例,沿坐标轴x、y、z的方向渗透率分别为K_x、K_y、K_z。

图1-3-3 各向同性多孔介质单元

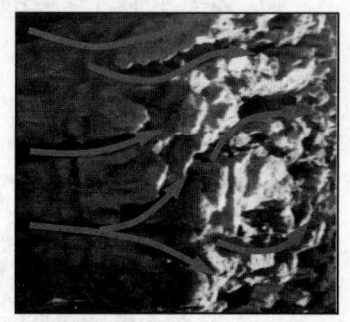
图1-3-4 各向异性多孔介质单元

3. 储层非均质性类型

Weber(1986)的分类是广义的储层非均质分类,不仅考虑储层规模(分为成因单元边界、渗透层、隔夹层、层理、微观规模),而且考虑断层(属于油藏范畴)和裂缝,还注重储层地质特征对流体渗流的影响。Weber将储层非均质性分为如图1-3-5所示的七类。

裘怿楠(1992)按照不同层次规模的储层特征对开发生产的影响,将碎屑岩储层非均质性分为以下四类:

(1)层间非均质性。层间非均质性是指纵向上多个油层之间的差异性。规模为层系规模,可进一步分为多个层次,包括油组之间、砂组之间、砂层(油层)之间,其垂向测量单元为单砂体。

(2)平面非均质性。平面非均质性是指单一油层的平面差异性,规模为砂体规模,侧重于砂体的横向变化,垂向测量单元为单砂体。

(3)层内非均质性。层内非均质性是指单一油层内部的差异性,侧重于单砂体(主要是厚砂体)内部的差异,垂向测量单元为cm级至dm级的样品或测井解释的8点/m的数据。

(4)微观非均质性。微观非均质性是指微观规模储层性质的差异性,研究单元在现阶段最大只能达到样品规模,测量单元为一个或几个孔隙大小。

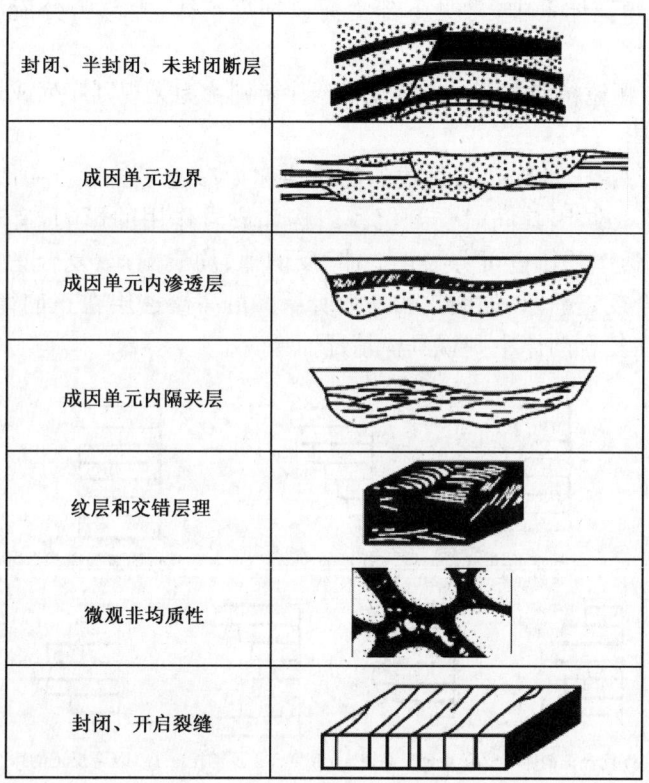

图1-3-5 Weber储层非均质分类

Haldorsen(1983年)在进行剩余油分布研究时,将储层划分为四个级别非均质性,包括微观非均质性(孔隙和砂粒规模)、宏观非均质性(一般岩心规模)、大型非均质性(模拟网格规模)、巨型非均质性(地层或区域规模),如图1-3-6所示。

4. 储层物性差异分布

1) 储层物性垂向韵律

储层物性垂向韵律为砂体垂向上粒度及物性(特别是渗透率)的变化。

单砂层内碎屑颗粒的粒度大小在垂向上的变化称为粒度韵律,它受沉积环境和沉积方式的控制。粒度韵律对渗透率的垂向变化有很大的影响。在成岩变化小的储层中,剖面上粒度的韵律性直接控制着渗透率的韵律性。韵律大体可分为正韵律、反韵律、复合韵律和均质韵律四类:

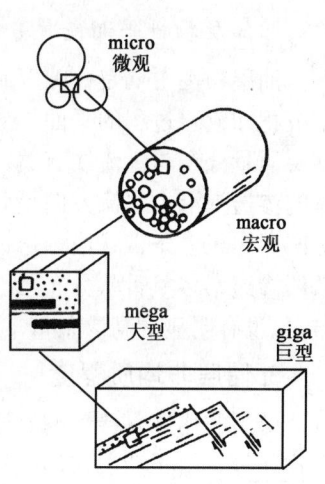

图1-3-6 Haldorsen储层非均质分类规模尺度

(1)正韵律。颗粒粒度自下而上变细者称为正韵律。正韵律往往导致岩石物性自下而上变差。曲流河点坝、三角洲分流河道、浊积岩可形成典型的正韵律。

(2)反韵律。颗粒粒度自下而上变粗者称为反韵律。反韵律往往导致岩石物性自下而上变好。三角洲前缘河口沙坝、湖相滩坝可形成典型的反韵律。

(3)复合韵律。复合韵律即正韵律与反韵律的组合。正韵律的叠置称为复合正韵律,反韵律的叠置称为复合反韵律,上下细中间粗者为反正复合韵律,上下粗中间细者为正反复合韵律。如在三角洲体系中,常见下部为河口坝反韵律、上部为分流河道正韵律的复合反正韵律。

(4)均质韵律。颗粒粒度在垂向上变化无韵律者则称为无规则序列或均质韵律,如辫状河心滩坝常呈这种韵律。

渗透率大小在纵向上的变化所构成的韵律性称为渗透率韵律。一般情况下,渗透率韵律与粒度韵律基本一致,因其同时受到沉积组构和成岩作用的影响,有时渗透率与粒度韵律可能不一致。渗透率韵律也可分为正韵律、反韵律、均质韵律、复合正韵律、复合反韵律、复合正反韵律、复合反正韵律,如图1-3-7所示。最高渗透层在正韵律中位于底部,在反韵律中位于顶部,在复合韵律中则视具体情况而定。

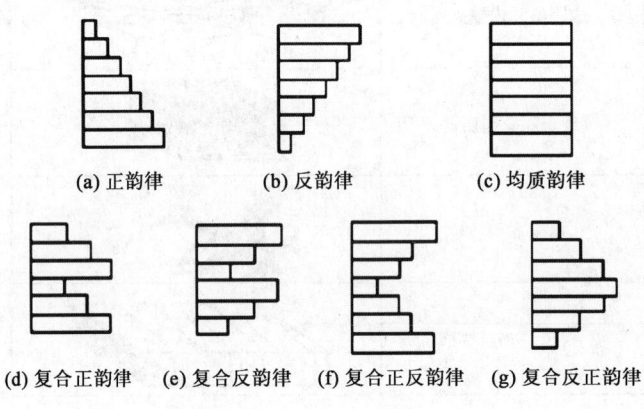

图1-3-7 渗透率韵律模式

2)储层物性平面差异分布特征

油层物性主要是孔隙度和渗透率,特别是渗透率,在平面上大都具有变化性。其主要受控于沉积和成岩过程的平面差异性;对于裂缝性储层,还受到裂缝分布的影响。不同微相砂体的储层质量分布与主流线有关,如各种河道沉积(河流相河道、三角洲分流河道、浊积水道等)砂体的渗透率沿古水流方向呈条带状分布,多形成高渗带;天然堤砂体渗透率相对较低,在河道凹岸边缘呈条带状或窄透镜状分布;决口扇砂体渗透率也较低,呈放射—扇状分布;河口坝砂体渗透率多呈舌状分布,无明显的高渗条带;滩坝砂体特别是海相滩坝砂体渗透率呈席状分布,也没有明显的高渗条带。

5. 储层非均质程度

储层非均质直接影响储层储集流体的渗流能力,可以用储层质量表达,包括孔隙结构和岩石物性等。由于储层在形成和发育过程中受到沉积作用、成岩作用和构造作用等多种因素的控制和影响,从而导致储层质量在空间上具有不均一性。

1)层间渗透率非均质程度

在一套储层内,由于砂体沉积环境和成岩变化的差异,可能导致不同砂体渗透率的较大差异。如图1-3-8所示,垂向上河道(CH)、天然堤(LV)、决口扇砂体(CS)与泛滥平原泥岩(FF)发生垂向相变,由于河道与溢岸砂体的渗透率不同,导致砂层间渗透率的垂向差异。这一差异影响着油水井的开发生产。例如,若对几个渗透性差异较大的油层采用合层注水开发,注入水会优先进入高渗透层驱油,而较低渗透层则动用较差。

层间渗透率非均质程度通常应用以下统计关系来表达:

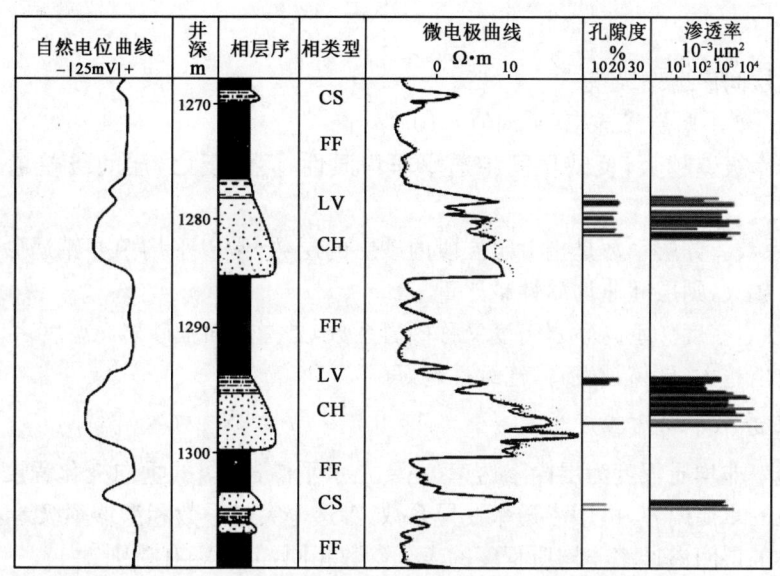

图1-3-8 渤106井馆5砂组垂向相序及物性剖面

(1)层间渗透率变异系数。变异系数是一统计概念,指用于统计的若干数值相对于其平均值的分散程度或变化程度。渗透率变异系数是对层间渗透率非均质程度的一种度量:

$$V_{\mathrm{k}}=\sqrt{\frac{\sum_{i=1}^{n}(K_{i}-\bar{K})^{2}}{n\bar{K}}} \qquad (1-3-1)$$

式中 V_{k}——层间渗透率变异系数;

K_i——第 i 层渗透率(第 i 层平均值),$10^{-3}\mu m^2$;

$\bar{K}$——渗透率总平均值,为各砂层平均渗透率的厚度加权平均值,$10^{-3}\mu m^2$;

n——砂层总层数。

一般当 $V_{\mathrm{k}}<0.5$ 时,反映层间渗透率非均质程度弱;当 $V_{\mathrm{k}}=0.5\sim 0.7$ 时,反映层间渗透率非均质程度中等;当 $V_{\mathrm{k}}>0.7$ 时,反映层间渗透率非均质程度强。在实际工作中,需结合流体性质等条件做出确切的评价标准。

(2)层间渗透率突进系数。层间渗透率突进系数为纵向上最高渗砂层的渗透率与各砂层总平均渗透率的比值:

$$T_{\mathrm{k}}=\frac{K_{\max}}{\bar{K}} \qquad (1-3-2)$$

式中 T_{k}——层间渗透率突进系数;

$K_{\max}$——最大单层渗透率(平均值),$10^{-3}\mu m^2$。

一般地,当 $T_{\mathrm{k}}<2$ 时,表示层间渗透率非均质程度弱;当 $T_{\mathrm{k}}=2\sim 3$ 时,表示层间渗透率非均质程度中等;当 $T_{\mathrm{k}}>3$ 时,表示层间渗透率非均质程度强。在油田开发时,高渗层段易发生单层突进,从而影响油田总体开发效果。

(3)层间渗透率级差。层间渗透率级差为纵向上最高渗砂层的渗透率与最低渗砂层的渗透率的比值:

$$J_k = \frac{K_{\max}}{K_{\min}} \tag{1-3-3}$$

式中　J_k——层间渗透率级差；

　　　$K_{\min}$——最小单层渗透率(平均值)，$10^{-3}\mu m^2$。

层间渗透率级差越大，反映层间渗透率非均质性越强；反之，层间级差越小，非均质性越弱。

(4)分层系数。分层系数是指一定层段内砂层的层数，常以平均单井钻遇砂层层数表示。一般分层系数越大，则层间非均质性越严重。

(5)垂向砂岩密度。垂向砂岩密度又称砂岩系数，是指剖面上砂岩总厚度占地层总厚度的百分数。其数值越大，砂体越发育，连续性越好。

2)层内渗透率非均质程度

层内渗透率非均质程度为层内渗透率(主要是水平渗透率)的垂向变化程度，是定量描述层内非均质性的重要内容，可用渗透率变异系数、渗透率突进系数和渗透率级差表示。计算公式形式与前述的层间渗透率非均质程度的表征参数相同，但内涵有差别。

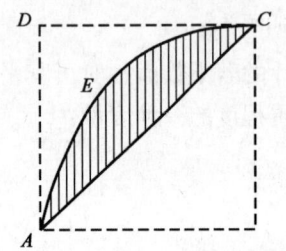

图1-3-9　洛伦兹曲线示意图

无论层内还是层间渗透率的差异都可以采用洛伦兹方法评价其分化程度。用洛伦兹曲线评价油藏整体非均质性的原理是，以岩样块数百分比为横轴，以渗透率百分比为纵轴，画出图形，如图1-3-9所示。对角线 AC 称为完全均质线。在对角线上的任何一点都满足岩样块数密度等于渗透率密度，这说明所有岩样的渗透率都是相等的。直角折线 ADC 称为完全非均质线，它表示全部渗透率都集中在一块岩样上，其他岩样的渗透率均为0。一般情况下，实际渗透率分配曲线 AEC 总是处在完全均质线与极端非均质线之间，曲线上除两个端点 A 和 C 以外，任何一点到两轴的距离都不相等，每一点所表示的物理意义是占岩样总数一定百分比的岩样所累加的渗透率之和在全部岩样的渗透率之和中所占的比重。实际渗透率分配曲线越接近完全均质线，表明油藏非均质性越弱；反之，则非均质性越强。

渗透率洛伦兹曲线的制作方法是：将取心岩样(n 块)的渗透率值从大到小排成一序列，并分别从1到 n 编号，则该曲线(包括 A 点)由 $n+1$ 个点组成，其中第 m 个点的坐标 (x_m,y_m) 定义为：

$$x_m = \frac{m}{n} \tag{1-3-4}$$

$$y_m = \frac{\sum_{i=1}^{m} K_i}{\sum_{i=1}^{n} K_i} \tag{1-3-5}$$

实际上，洛伦兹曲线并不仅仅局限于按照上述方法制作，根据达西定律可知，单相流体的流动速度与渗透率和孔隙度的比值(K/ϕ)成正比，因此考虑储层的过流断面和储存状况时，对于 n 个取样点，对其地层系数值从大到小排成一序列，并分别从1到 n 编号。曲线由 $n+1$ 个点组成，其中第 m 个点的坐标 (x_m,y_m) 可以表示为：

$$x_m = \frac{\sum_{i=1}^{m} \phi_i h_i}{\sum_{i=1}^{n} \phi_i h_i} \tag{1-3-6}$$

$$y_m = \frac{\sum_{i=1}^{m} K_i h_i}{\sum_{i=1}^{n} K_i h_i} \tag{1-3-7}$$

渗透率分化基尼系数 V_k 定义为洛伦兹曲线和完全均质线围成的弓形面积 $AECA$ 与直角折线围成的三角形的面积 $ADCA$ 之比：

$$V_k = \frac{S_{AECA}}{S_{ADCA}} = \frac{\int_0^1 y \mathrm{d}x - 0.5}{0.5} = 2\int_0^1 y \mathrm{d}x - 1 \tag{1-3-8}$$

渗透率分化基尼系数可以直观描述和定量测定研究对象的差异程度。该方法适用于任何渗透率分布类型油藏，而基尼系数在 0 与 1 之间，从而能够直观描述油藏的非均质程度。

洛伦兹系数可以直观描述和定量测定研究对象的分化程度，该方法适用于任何评价参数，洛伦兹系数在 0 与 1 之间，从而能够直观描述评价参数的分化程度。分化系数低于 0.3，表示差异较小；分化系数为 0.3~0.4，表示差异中等；分化系数为 0.4~0.5，表示差距较大；分化系数为 0.5 以上，表示差距悬殊。通常把 0.4 作为差距"警戒线"。

3) 渗透率各向异性

(1) 平面渗透率的方向性。

渗透率为矢量，其数值与测量方向有关。在平面上，渗透率的方向性受砂体沉积的古水流方向的影响。如沿古河道水流方向，颗粒排列和交错层理纹层具有方向性，其中，一些长形颗粒定向排列，斜层理倾向下游，因而沿古水流方向的渗透率比逆古水流方向的渗透率要大。在注水开发时，注入水沿古河道下游方向的推进速度快，向上游方向的推进速度慢，驱油效果也有差别。

(2) 层内渗透率的各向异性。

由于层理及夹层的影响，砂体垂直方向的渗透率与水平方向的渗透率有一定的差异，其比值对流体垂向和横向渗流速度的差异性有较大的影响。

①层理构造及渗透率各向异性。在碎屑岩储层中，大都具有不同类型的层理构造。常见的层理有平行层理、斜层理、交错层理、块状层理、波状层理、水平层理等。层理类型受沉积环境和水流条件的控制。层理的构成主要表现在粒度、成分、颗粒排列组合的差异，这种差异导致了渗透率的各向异性。不同的层理类型对渗透率方向性的影响不同，层理构造的垂向演变导致了渗透率的垂向变化，层理构造的侧向延伸和演变导致了渗透率在平面上的方向性。层理构造形成的非均质规模介于砂体规模与微观规模之间。通过岩心实验室分析，可直接测量垂直渗透率与水平渗透率的比值。

在不同的层理构造中，渗透率的各向异性有所差别。平行层理的渗透率各向异性主要表现在水平渗透率和垂直渗透率的差异，一般水平渗透率比垂直渗透率大得多。平行层理的方向为古水流方向，长轴颗粒也顺此方向排列，从而造成该方向的渗透率较大。高流态水流作用形成的平行层理具有剥离线,其纹层呈数毫米至数厘米级的薄板状,薄板间为空隙(即所谓沉积成因的层间缝),很容易剥离,在注水压力作用下则呈开启状态,形成"大孔道",易发生水窜。斜层理的渗透率各向异性表现在顺层理倾向、逆层理倾向和平行纹层走向的渗透率的差异。顺层理倾向的渗透率最大,而逆层理倾向的渗透率最小,平行纹层走向的渗透率介于两者之间。交错层理的渗透率各向异性最强,且交错纹层的组合越复杂,各向异性程度越高。在未固结层中,平行纹层方向的渗透率与垂直纹层方向的渗透率之比可达 3;而在固结的砂岩中,这个比值更大。

②夹层对砂体垂直渗透率的影响。层内夹层一般不稳定,对流体的垂向渗流不能起完全的封隔作用,但会降低垂向渗流性能。Haldorsen 等人(1984,1986)提出了一个在二维剖面情况下应用夹层频率和密度计算砂体垂向渗透率的简化公式:

$$K_{ve}=K\frac{1-F_s}{(1+0.5SL_{av})^2} \qquad (1-3-9)$$

式中　K_{ve}——有效垂直渗透率,$10^{-3}\mu m^2$;

　　　K——均质砂体垂直渗透率,$10^{-3}\mu m^2$;

　　　F_s——夹层密度,小数;

　　　S——夹层频率,层数/m;

　　　L_{av}——夹层延伸长度,m。

另外,对于含裂缝的储层,尚需考虑层内裂缝及其对层内渗透率的影响。

4)储层物性非均质的相对性

储层非均质性是绝对的,而均质性则是相对的。

对于高一级层次而言,一个层次的某一个构成单元可视为相对均质体,但对于低一级层次则为非均质体。如对于单一河道砂体,在研究某一层系内不同河道与溢岸砂体的层间渗透率差异时,可将该河道砂体作为一个相对均质体,只考虑该砂体的平均渗透率;而在研究该河道砂体内的垂向渗透率差异时,则视为非均质体,需要测量该砂体内垂向上不同部位的渗透率值,此时将每一个小测量单位(如岩心柱)视为均质体。实际上,岩心柱也不是均质体,它是由不同的颗粒和孔隙组成的。

岩石渗透率非均质程度与所表征的多孔介质单元尺度关联,而多孔介质单元又与研究者的目的性和精度要求有关。对于砂岩油藏,一般将 1 in×(5~7)cm 的小岩心柱视为均质体,而对于裂缝性或缝洞型油藏,如果仍然采用小岩心柱作为一个测量单位,则很难涵盖这种油层的介质孔隙类型和孔隙大小分布,因此一般将全直径岩心柱视为均质体,作为一个测量单位。

二、水驱储层动态非均质

大量的油田开发实践证实,特别是长期注水开发的油田,油藏开发流体动力地质作用是在不停地发生和演变的,注入水对地下储层进行多种方式的动力地质作用,这些油藏动力地质作用对储层的改造和破坏是在不停地演变中,从而致使油藏开发流体动力地质作用影响的储层骨架、网络、渗流、地应力、物理化学场和流体场等各种参数也在不断变化。这种变化造成地下储层结构和储层性质都发生了复杂的变化,增强了储层的非均质性,从而使特高含水期剩余油宏观和微观形成分布进一步复杂化。

在油藏开发过程中,储层岩石和流体与外来流体(注入剂)接触,发生各种物理或化学作用,使原始油藏的储层性质和流体性质发生动态变化,这种变化又反过来对开发过程中的油水运动产生一定的影响。中国大多数注水开发油田都进入了高含水或特高含水开发阶段,储层与流体性质的动态变化不可忽视。

1. 储层性质的变化特征

1) 岩性参数的变化

注入水对储层内部黏土矿物有水化作用和机械搬运—聚积作用,对造岩矿物也有溶蚀作用,通常采出水的矿化度总是高于注入水,说明水在驱油过程中溶解了一部分盐类,并把它带出地面。一些胶结疏松的油藏生产井出砂严重,说明流体流动已将岩石颗粒直接带出地面。这些都说明在长期的注水开发过程中,随着注入水的大量冲刷和油层压力的变化,储层岩石结构发生了变化。这种变化在埋藏浅、胶结疏松的高孔高渗油藏最为常见。

以胜利油区新近系馆上段油藏为例,其油层属河流相正韵律沉积,为高渗透率、高孔隙度、高饱和度的疏松砂岩,岩性以粉细砂岩、粉砂岩、细砂岩为主。利用孤岛油田三个不同时期几十口取心井的粒度分析资料,选择泥质含量按实验室粒度分析小于 0.01mm 的质量百分比计算,见表 1-3-1。

表 1-3-1 孤岛油田不同开发时期馆陶组储层岩性参数变化

岩 性	低含水开发期		中高含水开发期		特高含水开发期	
	V_{sh},%	M_d,mm	V_{sh},%	M_d,mm	V_{sh},%	M_d,mm
粉砂岩,细粉砂岩	10~20	0.1~0.14	8~12	0.11~0.15	<5	0.14~0.18
细砂岩,中细砂岩	8~12	0.13~0.16	5~8	0.14~0.21	<5	0.16~0.25

注:V_{sh}—泥质含量;M_d—粒度中值。

根据泥质含量与粒度中值的回归分析,发现三个不同开发时期之间均具有良好的负相关性。随着注水开发,泥质含量有所降低,粒度中值相对增大。

经岩石薄片观察,馆陶组砂岩的胶结类型为孔隙式和孔隙接触式,以原生粒间孔为主,孔隙内主要为黏土矿物充填。扫描电镜观察,黏土矿物多呈小鳞片集合体,鳞片直径比孔喉小,因此,长期的注水开发破坏了孔隙内原有的黏土矿物结构,使小粒径的泥质随水洗而被带走,使岩石粒度中值提高。

泥质含量的变化是由于储层中黏土矿物在注水过程中的变化造成的。在水驱油过程中,注入水的酸碱度与地层水总是有差别的,对黏土物质发生物理、化学作用,可以改变黏土矿物的结晶格架,有的黏土矿物会分解被水冲刷而移位,有的黏土矿物如蒙脱石类遇水易膨胀并堵塞孔喉,这些因素致使储层的孔喉网络发生改变。

表 1-3-2 是胜坨油田二区黏土矿物成分及含量变化统计表。随着含水阶段的提高,高岭石相对含量减少,伊利石含量相对增加。高岭石是片状晶体集合体,一般呈蠕虫状,在注水驱动力作用下,尤其是在注水强度大、长时期受注入水浸泡的情况下,这种集合体晶体格架遭到破坏,从而形成细小的微粒,这些微粒容易随采出液带出油层。而绿泥石、伊利石一般呈膜状附贴于颗粒表面或环绕颗粒,结晶格架较紧密,不易遭到破坏,因此随着开发程度的加深,这些黏土矿物的相对含量增高。该工区中,蒙脱石含量并不高,只占伊蒙混层的 1/4~1/2。电镜下还未见到蒙脱石堵塞孔喉的图像。

表1-3-2 胜坨油田二区黏土矿物成分及含量变化统计表

层位	含水阶段	流动单元	黏土含量平均值,%	黏土矿物组分相对含量,%					
				伊蒙混层	蒙脱石	伊利石	高岭石	绿泥石	伊蒙混层比
1^2	初	2	7.1						
	中	2	7.0	12	6	4.5	74	5	50
	高	2	2.5	14	5.8	7.5	65	8.5	42
	特高		3.2	2	0.4	17	67	14	20
8^3	初	2	8.3	10	5.5	2.8	82	5	55
		3	7.8	4.2	1.2	2	88	5	30
	中	2	6	6.8	2.5	2	87	5	38
		3							
	高	2	7.5	22.7	10.6	6.3	65	6	46.7
		3	6.0	6	1.5	1.7	87	3.7	25
	特高	2	5.4	16.3	4.1	5.6	73	4.7	25
		3		21	4.6	5.5	69	4.5	22

2)储层孔隙度和渗透率的变化

油层经过注入水长期冲洗后,孔隙度和渗透率都会发生变化。一般孔隙度变化幅度较小,渗透率变化显著。

根据胜利孤岛油田中一区8个井组16口加密调整井的测井解释资料与邻井对比的结果,与开发初期相比,含水率为88%时,孔隙度相对值平均增大5.3%,渗透率平均提高1343%,见表1-3-3。

表1-3-3 孤岛油田中一区储层参数变化统计表

储层参数	开发初期		高含水期(88%)		增大或减小平均值		增大或减小百分数	
	Ng3	Ng4	Ng3	Ng4	Ng3	Ng4	Ng3	Ng4
孔隙度,%	34.63	34.43	36.52	36.24	1.89	1.81	5.46	5.26
粒度中值,mm	0.1505	0.1500	0.1595	0.1557	0.009	0.0057	5.98	3.8
渗透率,$10^{-3}\mu m^2$	1111	1085	16078	15645	14966	14559	1346	1341
泥质含量,%	7.97	8.01	1.40	1.44	-6.57	-6.57	-82.4	-82.0

对胜利胜坨油田14口正韵律沉积储层(沙二3^4)和15口反韵律沉积储层(沙二8^3)的岩心分析资料进行分类统计。从表1-3-4可以看出,特高渗透层(沙二3^4)的渗透率明显增大,提高20%~80%;而较差的层(沙二8^3)渗透率为下降趋势,减小33%。

表1-3-4 胜坨油田沙二段不同含水阶段储层物性参数统计表

层位	能量带	含水阶段	孔隙度,%		渗透率,$10^{-3}\mu m^2$		泥质含量,%		粒度中值,mm	
			块数	平均	块数	平均	块数	平均	块数	平均
沙二3^4	特高渗透层	开发初期	42	31.0	43	3539	44	5.7	44	0.11
		中含水期	58	31.6	57	4440	79	2.9	79	0.22
		高含水期	75	31.2	64	5554	81	3.3	81	0.26
		特高含水期	10	30.9	8	6652	4	1.1	4	0.33

续表

层 位	能量带	含水阶段	孔隙度,%		渗透率,$10^{-3}\mu m^2$		泥质含量,%		粒度中值,mm	
			块数	平均	块数	平均	块数	平均	块数	平均
沙二 8^3	中渗透层	开发初期	72	27.5	72	291	50	7.5	50	0.09
		中含水期	114	29.1	125	257	128	7.5	128	0.09
		高含水期	72	29.0	76	237	76	6.7	76	0.08
		特高含水期	24	28.7	22	194	15	5.9	15	0.11

大孔道是指高渗透油层经过注入水长期冲刷而形成的孔隙度特别大、渗透率特别高的薄层条带,其对油藏开采影响非常大。

油层内部产生大孔道的现象在各油区均有所发现,胜利油区更为明显。如孤岛油田中一区馆 3 组油层原始空气渗透率为 $1.1\mu m^2$,含水率为 88% 时,密闭取心分析渗透率为 $13\mu m^2$,增大了十几倍。

大孔道现象在生产中的表现十分突出。如胜利胜坨油田 22179 井注堵剂,4d 后生产井就见到大量堵剂,两井相距 450m,堵剂每天推进 117m。再如,胜利埕东油田 25-12 井注堵剂,相距 360m 外的 25-13 井 7h 后即见到堵剂,堵剂突进 51.4m/h。为了进一步落实地下是否存在大孔道现象,1988 年 7 月 25 日又向 25-12 井注示踪剂,结果 25-13 井 6.5h 后就见到示踪剂,见表 1-3-5。

表 1-3-5　埕东油田示踪剂数值模拟处理结果

注入井号	试验日期	最先见剂井号	见剂时间 h	数值模拟处理		
				大孔道厚度,cm	渗透率,μm^2	平均孔道半径,μm
25-12	1988 年 7 月 25 日	25-13	6.5	2	146	57
23-101	1990 年 8 月 17 日	23-10	1.25	3.5	388	92.5

大庆萨北厚层试验区的一口注水井,在正常注水压力下,连续注入 $4m^3$ 左右粒径为 0.8mm 的压裂砂,另一口注水井注入粒径为 50~100μm 的粉砂 150t,注砂后没有发生明显堵塞现象,测井也证明井底附近没有发生坍塌,说明注水井井底孔道已经很大。

大孔道形成后,注入水沿此方向大量流走,同层位的其他方向很难受效,形成极其严重的平面差异,水淹面积系数也难以提高。地下油层内部存在如此大的孔道,使注入水形成低效甚至无效循环,很难再扩大波及体积、提高驱油效率,对油田稳产和采收率造成严重影响。

3) 油层润湿性的变化

通过对检查井岩心的大量分析发现,油层润湿性随着水洗程度的提高逐渐发生变化,一般是从亲油性向亲水性方向转变。

根据大庆油区密闭取心井的资料看出,当油层含水饱和度大于 40% 时,大部分岩石的润湿性从偏亲油转化为偏亲水;当含水饱和度大于 60% 后,全部转化为亲水,如图 1-3-10 所示。

从胜利油区对不同含水期润湿性对比图(图 1-3-11)可以看出,亲水性增强最明显的是在中含水期之前。在油层平均含油饱和度变化达到 10% 时,油层润湿性已有了明显的变化。

室内水洗实验结果也表明,每次注入水冲刷后,岩样吸水量都有增加,而吸油量下降。冲刷时间增加,亲水表面逐渐增加,亲油表面逐渐减小,岩石润湿性逐渐由亲油向亲水方向转化。

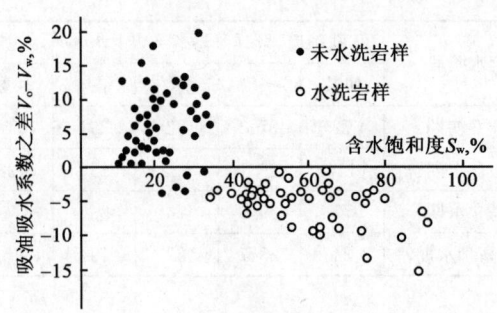

图 1-3-10 润湿性变化与含水饱和度关系图

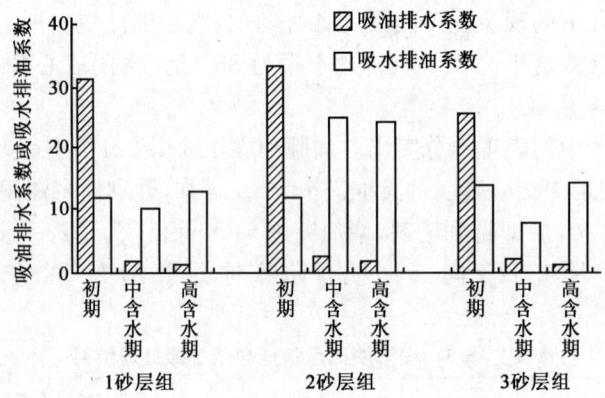

图 1-3-11 胜利油区不同含水时期油层润湿性对比图

油层润湿性变化的主要原因是：注入水的长期冲刷和含水饱和度的增加，使岩石表面上的油膜逐渐变薄或被冲走；同时，岩石表面覆盖的黏土矿物很容易被水流冲走，附在其表面的油膜也会随之被冲走，从而裸露了更多的亲水性岩石表面。此外，大庆油区油层润湿性变化还有一个原因，其注入水是低矿化度的碱性水，水中的氢氧离子与原油中的环烷酸和羧酸等反应生成表面活性物质，可以降低油水间的界面张力，提高洗油能力，使岩石表面上的油膜被剥落，从而增强油层的亲水性。

2. 注水过程中原油性质的动态变化

油藏内流体性质是由油藏的形成条件、构造特征、流场非均质性等因素共同决定的，油田的开发过程对油藏内的流体性质也有一定的影响。在油藏注水开发过程中，由于注入水与地层流体的长期接触，油藏内部各种流体的原始平衡状况被破坏，导致地层内流体性质发生变化，尤其是原油物理性质和化学性质变化较为明显。这种复杂的变化使得油藏内流体的非均相程度增强。流体非均质性对水驱油效率的影响在注水开发初期表现不太明显，但在注水开发中后期表现得越来越明显，成为影响油田水驱油效率和地下剩余油分布十分重要的因素。

在油藏注水开发过程中，储层中原油与注入水长期接触，产生一系列物理、化学反应，使原油性质发生变化。通过大量分析化验资料可以看出，随着含水率的升高，采出原油的密度、黏度、含蜡量、含胶量和凝点都有不同程度的增大，甲烷含量、体积系数和溶解系数明显下降，其中以原油黏度变化幅度最大。

如胜坨油田沙二层含水率上升到 95% 时，原油黏度从 160～190mPa·s 增大到 390～480mPa·s，升高 1 倍多。大庆萨中地区原油黏度的变化趋势也与此类似。造成原油性质变

化的原因,归纳起来主要有以下几点:

(1)原油是烃类物质的复杂混合物,组成液相石油的分子在多孔介质空间中分布不均。渗流流体包括体相流体和边界流体两部分。体相流体是指其性质不受界面现象影响的流体,它分布在多孔介质孔道的中轴部位。边界流体是指其性质受界面现象影响的流体,它紧靠在孔道壁上形成一个边界层。边界流体的性质有其特殊的变化规律,在多孔介质中,流体的某些成分可能与孔道表面的分子产生相互作用,因此在孔道中,流体的成分含量在壁面附近和孔道中部不同,流体成分分布的变化将导致其物理、化学性质的变化;渗流流体性质取决于体相流体的性质、边界流体的性质、多孔介质的性质及流动条件。

(2)原油中轻组分流动性好,优先采出。轻组分由于流动性较重组分好,因而容易从地层深部(或远处)流向井底并优先采出。这导致油田开采越到后期,油藏中的重组分含量越高,原油黏度与密度会逐渐上升。

(3)注入水对原油的氧化。油田注入水一般都含有一定量的溶解氧,大庆油田注入水中溶解氧含量为 3~7mg/L,而采出水中基本不存在溶解氧,说明注入水中的溶解氧已全部消耗在油层中。胜坨油田二区注入的黄河水溶解氧含量为 3~8mg/L,而采出的污水中溶解氧含量仅为 0.01~0.6mg/L,损失的氧与原油发生了氧化作用。大庆油区对检查井不同水洗程度油层的原油进行了详细分析,发现强水洗层原油中的含氧化合物、环烷酸含量和相对分子质量都有较大幅度的增加,说明氧化作用比较明显。氧化作用使原油的相对分子质量增大,胶质含量增加,这显然会使原油密度与黏度上升,使原油的流动性变差,使开发效果受到影响。许多油田都有边底水入侵使油水接触带原油氧化密度增加的实例。例如,美国的堪萨斯油田有油水接触带原油密度增高的报道。注入水显然要比边底水含氧量高,其氧化作用更强烈。

(4)注入水对原油轻组分的溶解。原油中烃类化合物在水中有一定的溶解度,不同烃类在水中的溶解度不同。一般而言,烷烃溶解度最小,芳烃最大,环烷烃居中。各族烃类在水中的溶解度均随相对分子质量的增大而减小。大庆油田通过对采出水中的溶解有机物分析结果发现,采出水有机物含量达 1.388~1.6904g/L,其中除含有 56%~59% 的烷烃化合物外,还含有 23%~26% 的芳烃化合物与 17%~19% 的非烃化合物。由于注入水对原油轻组分的溶解,导致原油平均相对分子质量增大,密度和黏度增加。环烷酸能很好地溶于水,随着注入水对环烷酸的溶解流失,原油中环烷酸含量下降是必然的。

(5)微生物作用。硫酸盐还原菌等微生物的作用也会给原油性质带来一些伤害,因而水质处理特别是除氧工作十分重要。此外,地层压力下降和边部原油向内部渗流也会引起原油性质变差。

三、非均质岩石多相渗流特征

储层非均质性是由于油气储层在形成时受沉积环境、成岩作用及构造作用的影响,在空间分布及内部各种属性上都呈现极不均匀的变化。人们对储层非均质性表征更多地关注渗透率的差异性,而不常重视由渗透率的变异所衍生的流体与岩石相互作用(毛细管压力和相对渗透率关系)的差异性,使得在油气藏开发研究过程中对储层非均质的表征不匹配,对开发指标的预测结果存在较大的不确定性,因此,需要将储层非均质性从对渗透率变异的表征延伸到岩石与流体相互作用关系的表征。

1. 储层岩石孔隙结构分化

由于压汞曲线既能反映岩石的平均物性参数大小,又能反映岩石的孔隙结构的分布特征,其形状的变化受岩石类型、孔隙度和渗透率的影响,因此,储层非均质性不同。

采用压汞法测量岩石的孔径分布时,当所加压力一定时,侵入岩石内部的汞液所能进入的孔隙尺度是一定的。施加于汞的压力与被测岩石孔径之间满足 Washburn 方程:

$$p=\frac{2\sigma_{Hg}\cos\theta}{r} \qquad (1-3-10)$$

式中　p——所施加的压力,MPa;

　　　σ_{Hg}——汞的表面张力,N/m;

　　　θ——汞液与孔壁的接触角;

　　　r——毛细管孔隙半径,m。

采用压汞法测量多孔介质孔隙结构时,施加压力 p 和进汞量 V 可通过压汞过程的热力学关系与孔隙分维数 D 关联,从而可以得到多孔介质分形维数 D 的表达式:

$$\sum_{i=1}^{n}\bar{p}_i\Delta V_i = C'r_n^2\left(\frac{V_n^{1/3}}{r_n}\right)^D \qquad (1-3-11)$$

式中　$\bar{p}_i,\Delta V_i$——第 i 次压汞操作的压力和进汞量;

　　　r_n——第 n 次进汞所对应的孔隙半径;

　　　V_n——总进汞量;

　　　D——孔隙分维数;

　　　C'——常数。

令 $W_n=\sum_{i=1}^{n}\bar{p}_i\Delta V_i$ 和 $Q_n=\dfrac{V_n^{1/3}}{r_n}$,得:

$$\frac{W_n}{r_n^2}=C'Q_n^D \qquad (1-3-12)$$

对式(1-3-12)取对数:

$$\ln\frac{W_n}{r_n^2}=C+D\ln Q_n \qquad (1-3-13)$$

由式(1-3-13)关联压汞过程的施加压力和进汞体积,得到的直线斜率即为该岩石的孔隙分维数 D。图 1-3-12、图 1-3-13 为四块岩心的压汞资料处理。

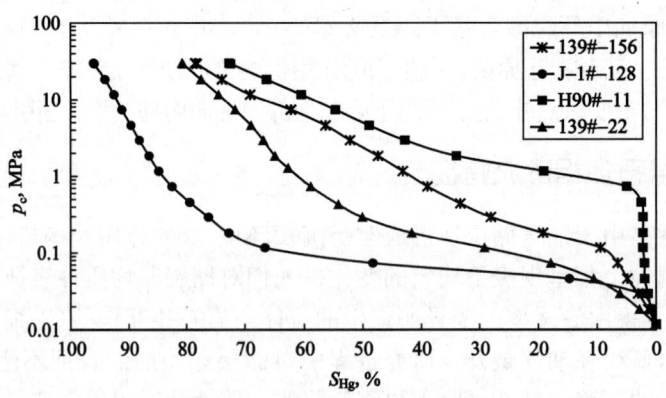

图 1-3-12　四块岩心压汞曲线

可以看出,由于岩石的非均质性差异,不同岩心的孔隙分维数差异较大。

渗透率和孔隙度反映岩石的平均物性大小,而岩石孔隙分维数反映岩石孔隙分布的结构性特征。由于渗透率和孔隙度是储层岩石的常规分析参数,特别是对于岩心来说比较容易获

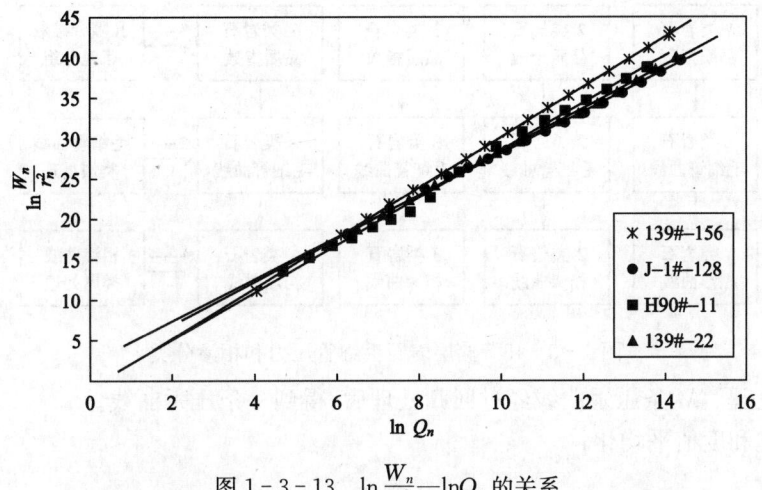

图 1-3-13 $\ln\dfrac{W_n}{r_n^2}$—$\ln Q_n$ 的关系

取,因此,对于特殊岩心分析资料,可以根据储层岩石孔隙结构的分维数与岩心常规测试参数进行相关分析。岩石孔隙分维数 D 与储层岩石品质指数 $\sqrt{K/\phi}$ 的关系如图 1-3-14 所示。

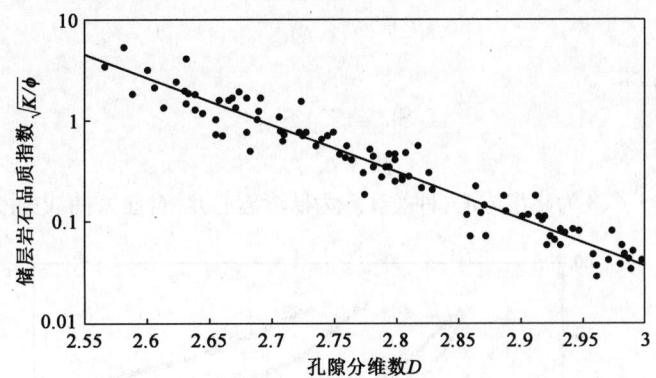

图 1-3-14 岩石孔隙分维数与储层岩石品质指数的关系

可以看出,岩石孔隙分维数与储层岩石品质数呈现指数关系:

$$\ln\sqrt{\dfrac{K}{\phi}}=aD+b \tag{1-3-14}$$

2. 非均质储层渗流特征分化

储层非均质性除对渗透率变异性进行表征外,还需要将储层非均质性从对渗透率变异表征延伸到岩石与流体相互作用关系——相对渗透率和毛细管压力关系的表征。可以根据储层品质指数或渗透率的等差变化进行分类,也可以根据岩石孔隙分维数的等差变化进行分组。具体处理方法如图 1-3-15 所示。

1)毛细管压力特征分化

(1)将各类岩石压汞曲线归一化。若某类岩石中有 M 条压汞曲线,对于第 i 条压汞曲线归一化处理,其中第 k 点饱和度 $S_{n\mathrm{Hg}}(k)$ 与毛细管压力 $p_{nc}(k)$ 归一化值为:

$$S_{n\mathrm{Hg}}(k)=\dfrac{S_{\mathrm{Hg}}(k)}{S_{\mathrm{Hg}m}(i)} \tag{1-3-15}$$

$$p_{nc}(k)=\dfrac{p_{c}(k)}{p_{cm}(i)} \tag{1-3-16}$$

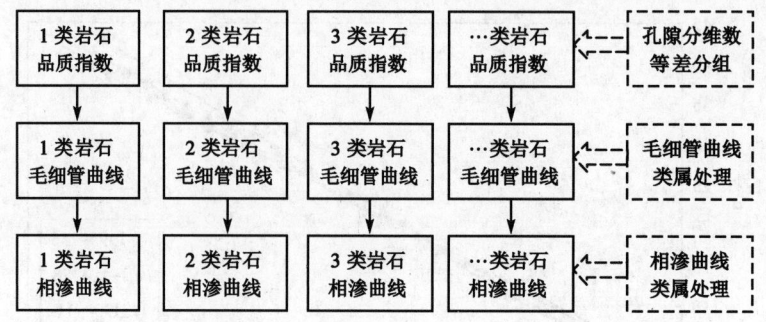

图1-3-15 储层岩石毛细管压力和相渗分类

(2)回归处理。M条压汞曲线经过回归处理后,得到一条压汞曲线。

(3)端点饱和度值平均化:

$$S_{Hgm}^{*}=\frac{\sum\limits_{i=1}^{M}S_{Hgm}(i)}{M} \tag{1-3-17}$$

$$p_{cm}^{*}=\frac{\sum\limits_{i=1}^{M}p_{cm}(i)}{M} \tag{1-3-18}$$

(4)非归一化计算:

$$S_{Hg}=S_{Hgm}^{*}S_{nHg} \tag{1-3-19}$$

$$p_{c}=p_{cm}^{*}p_{nc} \tag{1-3-20}$$

五组岩心(种类1、2、3为高渗岩心,种类4、5为低渗岩心)综合压汞曲线如图1-3-16所示。

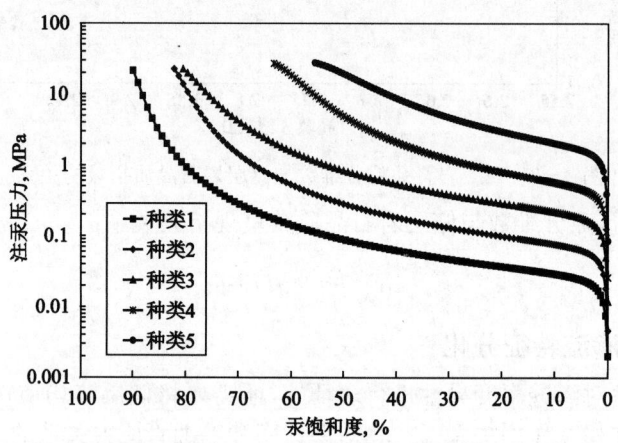

图1-3-16 五种类型岩心综合压汞曲线

对比五种类型岩心综合压汞曲线可以看出,低渗透油层中油水等流体赖以流动的孔隙系统具有与中高渗透性地层中孔隙系统不同的特性。中高渗岩心的阈压较小,非湿相饱和度比较低,进汞曲线的平缓段较长,表明孔隙分布比较均匀。而低渗透岩心的压汞曲线特征正好相反,表明其孔隙系统的微细孔道占孔隙体积的比例很大,孔隙类型属小孔细喉型,这种孔隙结构的退汞曲线表明,早期无退汞或退汞很少,当压力降到很低时才开始退汞,退汞率很低。大庆的榆树林、朝阳沟油田,吉林的新立、扶余油田,大港的马西油藏等许多低渗透油层都具有这类孔隙结构。

2)相对渗透率关系分化

在上述岩石分组基础上,对相渗关系类属表征处理:

(1)将所有相渗曲线进行归一化。若某类岩石中有 M 条相渗关系,对于第 i 条相渗曲线进行归一化处理,其中,第 l 点饱和度与油水相渗归一化值为:

$$S_{wn}(l)=\frac{S_w(l)-S_{wc}(i)}{1-S_{wc}(i)-S_{or}(i)} \tag{1-3-21}$$

$$K_{rwn}(l)=\frac{K_{rw}(l)}{K_{rwro}(i)} \tag{1-3-22}$$

$$K_{ron}(l)=\frac{K_{ro}(l)}{K_{rocw}(i)} \tag{1-3-23}$$

(2)回归处理。M 条归一化相渗关系经过回归处理后,得到一条相渗曲线。

(3)端点值平均化。

$$S_{wc}^*=\frac{\sum\limits_{i=1}^{M}S_{wc}(i)}{M} \tag{1-3-24}$$

$$S_{or}^*=\frac{\sum\limits_{i=1}^{M}S_{or}(i)}{M} \tag{1-3-25}$$

$$K_{rwro}^*=\frac{\sum\limits_{i=1}^{M}K_{rwro}(i)}{M} \tag{1-3-26}$$

$$K_{rocw}^*=\frac{\sum\limits_{i=1}^{M}K_{rocw}(i)}{M} \tag{1-3-27}$$

(4)非归一化计算。在归一化曲线上取不同 S_{wn} 和对应的 K_{rwn}、K_{ron},然后计算出 S_w、K_{rw} 和 K_{ro}。

$$S_w=S_{wc}^*+S_{wn}(1-S_{wc}^*-S_{or}^*) \tag{1-3-28}$$

$$K_{rw}=K_{rwro}^* K_{rwn} \tag{1-3-29}$$

$$K_{ro}=K_{rocw}^* K_{ron} \tag{1-3-30}$$

三种类型岩心综合油水相渗曲线如图 1-3-17 所示,可以看出,不同类型岩石相对渗透率曲线的束缚水饱和度、残余油饱和度和最大水相相对渗透率不同,且渗透率越小,束缚水和残余油饱和度越高,而最大水相相对渗透率越小。

相对渗透率曲线的特征既取决于流体的饱和度,也取决于各相流体多孔介质中的分布状态,首先与储层的润湿性有关。相对渗透率是在渗流过程中测定的,因而它的特征自然与渗流的三大要素有关:多孔介质的物理和化学性质,流体的物理和化学性质,以及流动状态及环境条件。油水相对渗透率曲线的特征有明显的影响,主要有两个方面:一是在中高渗透性油层中,束缚水饱和度比较低,一般为 20%~30%,但是在低渗透油层中,一般束缚水饱和度为 30%~40%,同时残余油饱和度相对较高,油水两相共渗区的范围很窄;二是对于低渗透油层,随着含水饱和度的增加,油水两相渗流阻力的增大,在相对渗透率曲线的形态上,渗流阻力增大就导致油相相对渗透率急剧下降,而水相相对渗透率升不起来,一般为 0.1~0.2。

事实上,对于相同岩性的储层,即使渗透率差异较大,但由于孔隙结构属于同一类型,孔隙分维数差别并不大,按照孔隙结构分维等差进行分类,各类的分辨程度较低。实际应用中,可以根据岩心的基本渗流参数(渗透率)值,即按照储层特低渗透、低渗透、中渗透、高渗透、特高渗透进行分类,进一步处理不同类型岩心的油水与岩石相互作用的渗流特征,也可以根据岩心

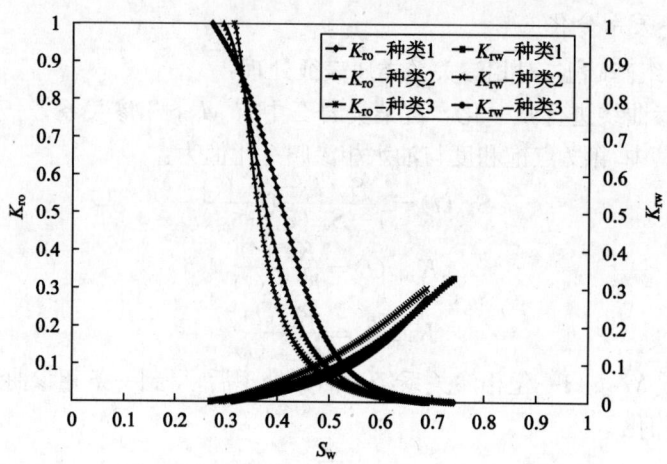

图1-3-17 三种类型岩心综合油水相渗曲线

的基本渗流参数（$\sqrt{K/\phi}$）值进行分类。

储层非均质性表征的开发意义在于认识油水运动规律和剩余油分布，在此基础上进行开发指标计算，预测采收率和开发潜力，以及针对宏观非均质合理、高效的开发调整决策与井网部署、针对微观非均质进行转化学驱等深度开发的决策。

层间非均质性的主要表征内容包括储层纵向分布的复杂性、层间隔层的分布、层间渗透率的差异程度。

各类沉积环境在纵向上形成不同性质的砂体和隔层的分布，使储层在纵向上具有差异性。我国陆相湖盆中大多数沉积体系的流程短、相带窄、相变快，因而层间非均质性一般都比较突出。层间非均质性是划分开发层系、决定开采工艺的依据，也是注水开发过程中层间干扰和水驱差异的重要原因。

层间非均质性对开发层系调整的应用意义在于解决或调整层间非均质，主要是通过层系、井网和采油工艺技术实现，目前一般技术能够达到，主要取决于经济上的可行性。

平面非均质性的主要表征内容包括储层的平面分布、侧向隔挡体分布、储层孔隙度和渗透率的平面变化、储层渗透率的平面方向性。平面非均质性对于井网布置、注入水的平面波及效率及剩余油的平面分布有很大的影响。

根据平面非均质性，对井网方式进行选择性调整。对河流相沉积油藏，在井网方式调整时要考虑主渗透率的方向性；对于裂缝性油藏，在注采方式调整时，也要考虑裂缝的方位。对于油层分布不稳定的油藏，在井网密度上要采取密井网方式，在注水方式和井网形态上也采取灵活的方式。对于平面岩性变化较大的油藏，应采用非均匀的井网方式。

层内非均质性的主要表征内容包括层内夹层；粒度韵律性、渗透率韵律性（高渗段位置）；层内渗透率非均质程度；渗透率各向异性，包括层理构造的渗透率各向异性、全层规模的水平渗透率与垂直渗透率比值等。

在油田开发生产中，注入剂波及体积不仅受控于层间和平面非均质性，而且受控于油层内部的垂向差异性。它直接控制和影响一个单砂层垂向上的注入剂波及厚度。

在一定的地质条件下，可用调剖堵水、改变液流方向等水动力方法解决层内非均质问题，但这些措施有待于进一步提高。

微观非均质性的主要表征内容包括孔隙非均质性；储层孔隙、喉道大小及其均匀程度，孔隙喉道的配置关系和连通程度；岩石碎屑结构(包括砂粒排列的方向性)及岩石矿物学特征等颗粒非均质性；颗粒之间沉积基质(杂基)及胶结物的类型、含量、分布产状等填隙物非均质性，这既是影响孔隙非均质的重要因素，又是储层敏感性的内在原因和物质基础。

这一规模的非均质性直接影响注入剂的微观驱替效率，对于解决或调整孔间、孔道或表面非均匀问题具有重要的指导作用，现在采取的措施主要是堵封大孔道、化学处理及化学驱等。

练 习 题

1. 简述油气藏圈闭类型及其主要特征。
2. 简述陆相沉积油藏的开发地质特征。
3. 试根据同一油水相对渗透率曲线分别画出稠油和稀油含水率曲线：
   (1) 根据原油黏度的大小，分析近似活塞式水驱的特征；
   (2) 分别图解二者水驱见水时的含水率差异，并说明稠油油藏的含水开发特征。
4. 简述对油气藏进行开发分类的主要依据及意义。
5. 简述岩石渗透率的非均质性和各向异性。
6. 油层某一部位取心得到渗透率后，又通过试井解释得到同一部位的渗透率，二者有何本质区别？
7. 简述水驱储层动态非均质特征。
8. 储层沉积韵律模式有哪些？
9. 如图1-4-1所示，不规则注采井组注水井油层厚度为h_0，渗透率为K_0，各生产井点的油层厚度h_i和渗透率K_i不同，各生产井产液量q_i不同，试写出利用洛伦兹方法计算注采井组产液强度差异的基尼系数步骤。
10. 简述储层非均质性表征的开发意义。
11. 简述一般气藏和油藏开发方式的差异性。
12. 简述低渗透油田的分类及界限。
13. 简述低渗透油藏地层压力与注采比变化关系特征并分析其原因。
14. 简述双重介质渗流特点和双重介质渗流场耦合的含义。
15. 简述Warren Root双重介质油藏特征化模型简化条件。
16. 根据变质岩裂缝性储层的裂缝孔隙发育特征，简述其近似为双重介质的合理性。
17. 基质岩心渗吸作用的影响因素是什么？
18. 底水块状油藏主要的开发特征是什么？
19. 层状油藏主要的开发特征是什么？
20. 论述复杂断块油藏的基本特征。

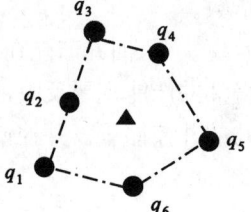

图1-4-1 井网示意图
●—采油井；▲—注水井

第二章 油井产能与井控储量评价

油田在全面投入开发之前,人们只能依靠少数探井的取心和测井资料认识油层,这些资料具有一定的局限性,它只能反映井眼附近油层的情况,依靠这些资料,通过理论计算得到的油井产能则具有不确定性,因此可以通过直接测试的方法获得油井的生产能力。

油井产能是指在现有技术条件下最大可能的产油量,但由于生产事故、停工、操作不当、计划不周、设计不合理等原因,油井实际上没有发挥最大的生产能力,而维持低于最大产能的生产水平。

油井产能是油田开发井网设计的重要依据和基础。已知某一开发层系中的平均单井产能,即可根据层系的地质储量和设定的采油速度计算出生产井的数目,根据选用的注水方式的注采井数比例确定相应注水井数,确定平均井距或井网密度。

油井产能可以通过试油获得,即通过试油工艺技术对油井进行测试,测量油井的油、气、水的产量及压力、流体物性和温度数据。油井的生产能力通常用采油指数表示,即单位生产压差下的日产油量。采油指数反映了油井产能,与油层性质、流体参数、完井条件及泄油面积等有关,一般采用系统试井测得3~5个稳定工作制度下的生产资料,获得油井的指示曲线,求得采油指数。

事实上,油井产能在整个开发过程中是不断变化的,但由于多井间能量传递的屏蔽效应,使得油井产能主要反映油井附近地层能量的供给状况,因此油气田开发设计中同时需要掌握油井的井控储量。井控储量可以通过试井或试采资料解释确定。

第一节 水平井及其适用性

水平井较长的水平井段增加了井筒与油层的直接接触面积,为原油流入井筒或通过井筒把工作流体注入地层提供了有利条件。当油层条件一定时,水平井长度越大,油井增产幅度越大。水平井已广泛用于开发各种类型的油藏,其中包括天然裂缝性油藏、底水或气顶油气藏、薄油层或大倾角油藏、低渗透油藏、稠油或超稠油油藏等。现代科学技术的进步使得各种油气井型在石油开采得到应用,水平井或复杂结构井技术已成为改善油田开发效果和保持原油产量稳定增长的重要因素。

一、水平井井型

钻井进入目的层后,井轨迹斜度超过85°,水平段长度超过目的层厚度10倍以上的特殊油气井称为常规水平井(普通),如图2-1-1所示。

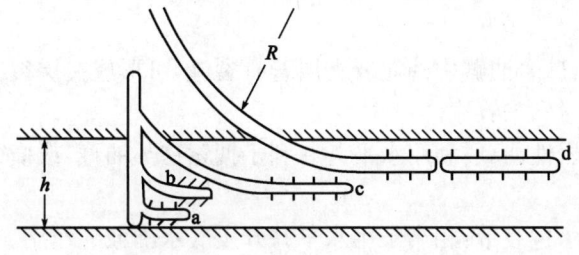

图 2-1-1　不同曲率半径水平井
a—超短曲率半径水平井；b—短曲率半径水平井；
c—中等曲率半径水平井；d—长曲率半径水平井

以同时存在倾斜和分支为主要井眼轨迹特征的特殊油气井称为复杂结构水平井，如图 2-1-2所示。

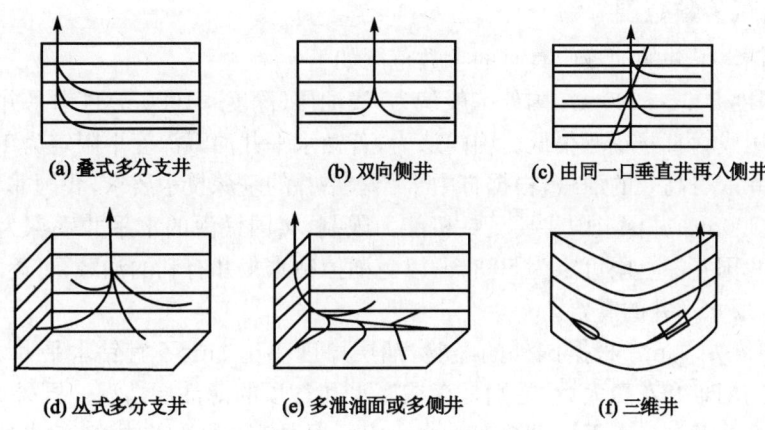

(a) 叠式多分支井　　(b) 双向侧井　　(c) 由同一口垂直井再入侧井

(d) 丛式多分支井　　(e) 多泄油面或多侧井　　(f) 三维井

图 2-1-2　复杂结构水平井

二、水平井适用性

虽然钻水平井的费用高于钻垂直井，但可以明显提高产量和采收率，取得较大的经济效益。应用水平井的油藏具有一定的趋向性；油藏的岩性类型以砂岩和泥质砂岩为主，其次是碳酸盐岩；油藏类型以裂缝和孔洞油藏为主；油藏厚度以薄油层为主；同时，油藏大都具有底水。

1. 候选油藏类型

对于待筛选的目标油藏，通常要按照适宜的油藏类型、适宜的油藏参数范围、候选油藏内的直井具有适宜的开发特征和适宜的经济评价效果四项标准进行筛选，全部符合者为筛选合格油藏。适用于水平井开采的油藏共有 12 种类型。

(1)底水油藏：水平井可控制水脊，与垂直井相比，有较高的临界产量和采收率。

(2)气顶油藏：水平井可控制气沟，与垂直井相比，有较高的临界产量和采收率。

(3)气顶底水油藏：水平井兼具底水油藏和气顶油藏的优点。

(4)断层遮挡油藏：被断层切割的高角度多层油藏，可利用水平井横穿多个油层。

(5)地层遮挡油藏：不整合面遮挡的直交多层油藏，可利用水平井横穿多个油层。

(6)砂岩裂缝油藏：利用水平井横穿砂岩油层中的多条垂直裂缝,可大幅度提高产量,对基质低渗透油藏特别适用。

(7)夹层裂缝油藏：砂岩油藏中的泥岩夹层若有裂缝,可形成夹层裂缝油藏,利用水平井可横穿这些裂缝,提高产量和采收率。

(8)不连续不规则岩性油藏：利用水平井有利于搜索这类油藏,或横穿多个含油单元,提高储量动用程度。

(9)地台型油田油水过渡带：相当于用水平井开发底水油藏的作用。

(10)注水油藏未波及区：对于富含油的注水未波及区,采用水平井开发可扩大波及系数。

(11)需要实施提高采收率技术的油藏：采用点状垂直井与水平井结合的方法,可提高注化学剂等的波及程度。

(12)地表环境复杂(湖泊、海洋或城市)的油藏：由于地面条件无法就近钻井的油藏可用水平井开采。

2. 候选油藏参数范围

确定适宜钻水平井的油藏应具有的参数范围如下：

(1)油藏深度500～5000m。国外一般认为,浅油层(深度<1000m)打水平井不合算,因为对这类油层采用浅垂直井花费很低。国内认为,若钻水平井油藏深度下限定为1000m,将会漏掉一些打水平井取得高效的油藏,根据打中半径水平井的垂深技术要求,我国非稠油油藏埋深深度下限定为500m。井深上限主要受钻机能力限制,美国最深的水平井垂深为4553m,一般小于4200m。我国井深上限可定为5000m,以免漏掉钻水平井有利的油藏,可逐步加大钻井能力,以适应钻深层水平井的需要。

(2)油层厚度$h>3m$。根据国外的经验,油层厚度小于3m,不宜钻水平井。原因是钻水平井准确定向的困难和花费太大,特别是存在底水和气顶的薄油层情况。国外井身轨迹最大控制能力为左右摆动3m,上下摆动0.12m。今后可根据钻井水平的提高,缩小油层厚度下界,但需作工艺和经济评价。

(3)水平渗透率与垂直渗透率比值标准。根据美国经验,油藏参数$h\sqrt{K_H/K_V}>100m$时,水平井生产不理想;而加拿大经验,$h\sqrt{K_H/K_V}>50m$时,水平井生产不理想。为了扩大水平井适用的油藏范围,取较大的油藏参数,$h\sqrt{K_H/K_V}<100m$为适宜钻水平井的油藏参数标准。

(4)地层系数$Kh>20\times10^{-3}\mu m^2\cdot m$。致密厚层砂岩油藏不是水平井开采的理想对象,根据国外经验,$Kh<20\times10^{-3}\mu m^2\cdot m$的油藏不宜用水平井开采。这类油藏可采用斜井或垂直井压裂开采。

3. 候选油藏中垂直井的开发特点

若目标油藏已经钻垂直井,这时若选择水平井开采,垂直井应具有一些开发特点,若不具备这些特点,则不宜采用水平井开采。

(1)垂直井钻井、完井比较顺利的油藏。垂直井有严重的钻井和完井问题的油藏(如含H_2S的油藏、钻井事故频繁的油藏),不适宜应用水平井,因为水平井钻完井时这些问题更严重。

(2)垂直井产量不是特别低的油藏。据国外经验,垂直井产量小于0.5～1.0t/d的油藏不宜钻水平井开发。因此,垂直井的产量大于0.5～1.0t/d的油藏为适宜采用水平井的目标油藏。

(3)垂直井不严重出砂的油藏。水平井与垂直井相比,生产压差较小,可减少出砂。但严重出砂的油藏,由于地层疏松,不利于水平井的钻井、完井和采油。

(4)不是衰竭的低压油藏。垂直井开采后衰竭的低压油藏由于缺乏驱替能量,不利于水平井生产,因此,油层压力高于 0.1～0.2 倍原始油层压力的油藏才适合水平井开采。

4. 水平井适用性的经济评价

具有适于钻水平井的油藏地质及开发特点的油藏称为初步筛选油藏,但是油藏采用水平井开采是否经济和有效,必须用经济评价的方法来检验。经济评价采用的基本原理是投入和产出的平衡。

(1)产出计算包括下列三个关系:

①极限可采储量 N_{Rmax}。对一特定油藏,它是水平井段长度 L 的函数。

②水平井初产 q_i。对一特定油藏,采用某种确定的钻井完井方法,它也是水平井段长度 L 的函数。

③水平井产量递减规律。它是一个关联极限可采储量 N_{Rmax}、初产 q_i、累积产油量 N_p 和生产时间 t 等参数的关系式。累积产油量 N_p 是 N_{Rmax}、q_i、t 的函数,因而也是 L 和 t 的函数。

由上述三个主要关系的计算可得出总的产出价值 S_{ou} 的关系式,显然 S_{ou} 是 L、t 和油价 P 的函数,$S_{ou}=f_1(L,t,P)$。

(2)投入计算包括下列三个关系:

①钻井费 M_1。可表示为水平井段长度 L 的函数。

②设备费 M_2。可表示为初产 q_i 的函数,又因为 q_i 是水平段长度 L 的函数,所以 M_2 也是 L 的函数。

③年操作费 M_3。总费用 $S_{in}=[M_1(L)+M_2(L)](1+C)^t+M_3 t=f_2(L,t)$,其中,$C$ 为年利息。令投入产出平衡,即 $S_{ou}=S_{in}$,可以得到关系式 $f(L,t,P)=0$。根据此关系式,给定一个油价 k,解一个超越方程,可得出一组 $L-t$ 关系。由地质、钻井、经济条件,预先确定油藏允许的最高油价 P_m、允许的最长水平段长 L_m 及允许的最长投资回收期 t_m。将计算的某一油价 P 下的 $L-t$ 关系与 P_m、L_m、t_m 界限对比,若满足 $P \leqslant P_m$,$L \leqslant L_m$,$t \leqslant t_m$,则认为钻水平井在经济上是合理的;反之,是不合理的。

5. 水平井部署

在水平井单井优化设计过程中,主要考虑的地质和开发因素包括储层方向性、油藏含油面积、老井网单井控制面积、与现有注采井网中注水井的垂直距离、与储层边界的位置关系、与油水界面的垂直距离等。

水平井单井优化设计的主要内容包括水平段延伸方位的优化设计、水平段长度设计、水平井在储层中垂直位置的优化和水平井注采单元设计等。在实际设计过程中,针对具体的油藏类型,水平井的设计由某一个或几个主要影响因素决定,而需要设计的参数也随实际油藏类型而有所侧重。

目前,江汉油区的水平井开发主要集中在边底水油藏、小块和一些直井无法动用的薄层,此外,水平井也作为老区挖潜的重要手段。结合整个水平井单井设计内容,可以总结出边水、底水油藏中水平井设计需考虑的主要影响因素和设计参数指导表格,见表 2-1-1,需要考虑的因素和需要设计的参数用"√"标示。

表 2-1-1　几种油藏类型水平井设计因素参考表

油藏类型	考虑因素						设计参数			
	油藏含油面积	老井网单井控制面积	与现有注采井网中注水井的垂直距离	与储层边界的位置关系	储层方向性	与油水界面的垂直距离	水平段方位	水平段长度	储层中部位置	水平井网
边水油藏					√		√	√		
底水油藏						√	√	√	√	
小断块	√			√	√		√			
老油田		√	√				√			
新区设计							√	√		√

水平井设计因素中的储层方向性包括主渗方向;沉积、物源方向;水平主应力方向;裂缝方向;砂体延伸方向;断层走向和倾角;边水入侵方向。水平井水平段方位设计应遵循以下原则:

(1)在低渗透油藏中,为获得更高的单井产能,水平井水平段延伸方向应与主渗方向垂直,横切砂体方向。

(2)在裂缝性油藏中,为了使水平段能连通更多的裂缝,或在后期压裂措施中形成垂直于水平段的压裂缝,水平井水平段延伸方向应与水平主应力方向(和裂缝方向)垂直或成45°角。

(3)在边水油藏中,为延缓水平井见水时间,水平井水平段延伸方向应垂直于边水入侵方向。

(4)在构造倾角较大油藏中,为获得更高的储层钻遇率,水平井水平段延伸方向应与构造线平行。

在水平井水平段长度的设计方面,水平段长度越长,水平井产能越高,但水平段长度并不是越长越好。中高渗透油藏中,由于水平井井筒流动摩阻的影响,水平井产液剖面是不均匀的,越靠近趾端,单位长度产能越低。此外,已开发区块水平井长度设计也受已有注采井网的限制,设计过程中需要考虑水平井与附近注水井的位置关系,应在满足水平井设计产能和经济投入允许的范围内,以获得更高的储层钻遇率为目标进行长度设计,一般采用数值模拟方法优选水平段长度。

第二节　油井产能评价

产能是油气储层动态特征的一个综合指标,它是油气储层生产潜力和各种影响因素在相互制约的过程中达到的某种动态平衡,油气储层产能确定是编制油气田开发方案的重要组成部分。产能确定就是结合油气井的储层和生产资料,分析计算生产井的产量,对未来产量进行较恰当地预测,为油气田开发方案的制定提供基本的参考数据。

产能确定的意义在于,它是反映油田开发水平和状况的综合技术指标,可以确定油井产能效益,深化对油田区块油气富集规律的认识,为下一步注采井网的优化调整和类似油田的经济、有效开发提供理论指导,为油田建设提供依据。

单井产能控制因素包括地质因素和工程因素,地质因素有油藏有效厚度、渗透率、孔隙度、饱和度等，工程因素有油层伤害、不同井网和不同开采方式等。

单井产量的确定方法主要有利用试井资料确定单井产量、利用试采资料确定单井产量、利用物性参数和产量的关系确定单井产量、实际的平均单井产量、利用采油强度(q/h)和产量的关系确定单井产量、视流度法、同类油藏类比单井产能。其中，前三种方法确定的单井产量代表了衰竭式开采的平均单井产量。

一、油井试油

当油井钻完之后，需要把地层中的油气水诱导到地面上，经过专门测试取得各种资料，这个过程称为试油。试油分为稳定试油和不稳定试油。通过油水井测试，可采用仪器设备直接获得反映油水井产量的资料和流体样品，测试方法包括地面常规测试和井下地层测试器测试，获取的资料包括产能资料、压力和温度资料、油气水样品、原油含砂量资料。探井试油还可以确定含油区域内各个不同含油层的面积，并初步估算地下油气的工业储量；试油资料的分析结果可以确定单井生产能力，这些资料对于确定油田开发布置井网、选择采油地面设备、制订油水井措施及制订合理的开发方案提供重要的资料依据。

1. 油井试油工艺

无论自喷井还是低压井，试油时应把井中的钻井液、水及其他堵塞物彻底排净，使井筒中完全充满地层液体。

1）油井诱流

完井之后，井内通常充满钻井液，钻井液柱所造成的压力一般大于或等于地层压力，因此，试油时需要首先设法降低井筒中的液柱压力，使井底压力低于油层压力，在油层与井底之间形成压差，让油气流入井内，这一工作称为诱导油流。降低井筒液柱压力的途径有两种：一种是减小压井液的密度，另一种是降低井筒中的液面高度。

(1) 替喷法。替喷法是用密度较小的液体将井内密度较大的液体替出，从而降低井中液柱的压力。根据实际情况可采用密度小的钻井液替出密度大的钻井液，再用清水替出密度小的钻井液，或者用清水直接替出井中的钻井液。

(2) 抽汲法。抽汲法是通过降低井筒中的液面来达到降低井筒中液柱对油层回压的目的，并增加油层与井底压力差，这种方法多用于低压、低产井。抽汲是利用专门的抽子通过钢丝绳下入井中做上下高速运动，当抽子上提时，抽子上部的液体就能被提出地面，从而降低井中液柱对油层造成的回压，促使油井自喷。

(3) 气举法。气举法是利用压缩机向油管或套管内注入压缩气体，压缩气体在管鞋处与井筒内的液体混合，形成密度较小的气液混合物，使得井中的液体从套管或油管中排出。与气举排液原理相似的方法还有连续油管气举排液、混气水气举排液等。

2）试油工艺

(1) 注水泥塞试油。注水泥塞试油是通过注水泥塞自下而上逐层试油，当最下面一层试完后，从地面将一定数量的水泥浆顶替到已试层段和待试层段间的套管中，待水泥浆凝固后形成水泥塞，然后再射开上面的试油层段，进行诱喷求产等工作。

(2) 封隔器分层试油。封隔器分层试油是下入多级封隔器将测试层分成几个层段，即可以单层单试，也可以多层合试。在测试过程中，若遇到出水层段或油水同层，可以分别测试，也可以不起油管柱，投入堵塞器堵住水层继续对其他层段进行试油。测试方法除地面计量外，还可以在井下管柱内装上分层压力计、流量计和取样器,以便测取分层的地层压力、流动压力、分层产量和分层流体物性。这种试油工艺速度快、灵活性大,是我国石油矿场常用的一种试油工艺。

(3)中途测试试油。中途测试试油是指在钻井过程中遇到油气显示时临时进行测试的工艺技术。中途测试工具有常规支撑式和膨胀式。支撑式是在封隔器的下部安装尾管,依靠钻杆的压重和底部尾管支撑使封隔器座封。在测试过程中,通过钻杆旋转来控制开井流动测试和关井过程,当流动测试完毕后,旋转钻杆将开关阀闭合,测试层压力上升,由井底压力计记录压力恢复资料,同时关闭取样器,并捕获地层流体样品。膨胀式不需要钻具加压和使用尾管,而是依靠钻杆旋转将环空的钻井液泵入封隔器的胶皮筒内,使封隔器座封,这种方法可使用两个封隔器,因此可用于大段裸眼井的选层测试。

2. 油井产能测试

1)油井系统测试方法

系统测试是矿场获取油井产能的常用方法,它是通过改变油井工作制度,在生产稳定时测得各种工作制度下相应的产油量、产气量、产水量、含砂量、流压等。

由于油井的开采方式不同,既可以采用改变产量的方法,也可以采用改变压力的方法进行油井测试。自喷井是通过改变油嘴的大小来改变产量实现测试工作,地面更换油嘴后,待油井生产稳定时测试井底流压和地面产量;而抽油机井主要是通过改变油井抽汲参数(冲程或冲次)或加深泵挂等方法改变井底流压进行测试,油井改变工作制度后,同样待油井生产稳定时测试井底流压和地面产量。

为了准确地确定油井产能,需要建立至少四种间隔比较均匀的稳定的工作制度,系统测试过程中,同一制度下的重复测试要求测试数据没有上升或下降的趋势,而且波动不超过一定范围。

2)试油资料解释

(1)稳定试井曲线。利用系统测试曲线确定油井的合理工作制度。通过对比不同直径油嘴生产条件下的各项生产指标,选择产油量相对较高,气油比、含水量、含砂量相对较小的油嘴作为油井的合理工作制度。

(2)指示曲线。直井和水平井的产量公式都可以表示为:

$$q = J_o(\bar{p} - p_w) = J_o \Delta p \qquad (2-2-1)$$

式中 J_o——采油指数,单位时间单位生产压差下的油井产量;

$\bar{p}$——油藏平均压力,MPa;

p_w——井底流动压力,MPa;

Δp——生产压差,为油层静压与井底流压之差。

可以看出,稳定渗流油井产量与生产压差呈直线关系;油井产量随生产压差变化的曲线称为指示曲线,可以通过油井测试得到,如图2-2-1所示。

油井产量随生产压差变化的关系可以为直线(Ⅰ);也可能为曲线(Ⅱ或Ⅲ),若油层内流体满足稳定渗流时,测得的指示曲线应为直线。

根据所测试的指示曲线,通过回归求得直线的斜率即为采油指数J_o。采油指数表示油井的产能,采油指数越大,油井产能越高,根据油井实测采油指数,即可获得不同生产压差时的产量,或进一步得到单位有效厚度下的产油量,称为采油强度。

二、油井产能测算

1. 直井单井产能

若单井控制储量为 N,控制半径为 r_e,则在定产或定压条件下,均可采用有界封闭地层弹性拟稳定公式确定其产量或井底压力。若油井压力恒定,此时产量随时间逐步减少,因此可用式(2-2-2)计算产量随时间的变化:

$$q(t) = c \frac{2\pi Kh(p_i - p_w)}{\mu_o B_o \left(c \dfrac{2Kt}{\mu_o c_t r_e^2} + \ln \dfrac{r_e}{r_w} - \dfrac{3}{4} \right)} \quad (2-2-2)$$

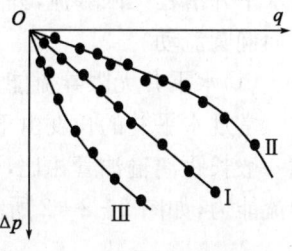

图 2-2-1 油井指示曲线

式中 q——单井产油量,m³/d;

t——时间,d;

c——单位换算系数,$c=0.0864$;

K——束缚水下油相有效渗透率,$10^{-3}\mu m^2$;

h——有效厚度,m;

p_i——原始油层压力,MPa;

p_w——井底流压,MPa;

μ_o——地层原油黏度,mPa·s;

B_o——原油体积系数;

c_t——综合弹性压缩系数,1/MPa;

r_e——单井平均泄油半径,m;

r_w——油井半径,m。

根据弹性拟稳态地层中各点压力下降速度的特征,拟稳态油井产量公式为:

$$q = c \frac{2\pi Kh}{\mu_o B_o \left(\ln \dfrac{r_e}{r_w} - \dfrac{1}{2} \right)} [p_e(t) - p_w(t)] \quad (2-2-3)$$

式中 p_e——油层泄油边界压力,MPa。

通常情况下,泄油区的边界压力不易获得,而平均压力可以通过关井测得,因此实际应用过程中平均压力比较常用。泄油区内的平均地层压力 $\bar{p}$ 为:

$$\bar{p}(t) = p_e(t) - \frac{\mu q}{8\pi Khc} \quad (2-2-4)$$

可得拟稳态油井产量公式另一种表达形式:

$$q = c \frac{2\pi Kh}{\mu_o B_o \left(\ln \dfrac{r_e}{r_w} - \dfrac{3}{4} \right)} [\bar{p}(t) - p_w(t)] \quad (2-2-5)$$

2. 水平井单井产能

1)常规水平井产能

假设油层均质各向同性,水平井位于油层中央,长度为 L,油井半径为 r_w,水平井区供给半径为 r_e,供给边界压力为 p_e,水平井井底压力为 p_w,油层中液体不可压缩,以下介绍几个典型的水平井产能模型。这些模型出现在水平井开发理论研究初期,不考虑水平井筒沿程阻力,称为水平井沿程无限导流,并将三维流动简化为两个相互联系的二维流动——近井径向流动和平面椭圆流动。

(1)水平井无限导流能力产能方程。

常规水平井的长度由于受油藏特征等多种因素的影响,若完井井段较短,流体流量较小,与一般长距离输油管相比,可以忽略流体沿水平井趾端到跟端的压力损失,即水平井称为无限导流能力,如图2-2-2所示。

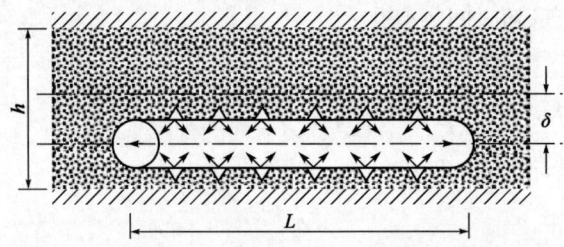

图2-2-2 水平井沿程无限导流能力

Giger产能方程如下:

$$q = c \frac{2\pi Kh}{B_o \mu_o} \frac{p_e - p_w}{\frac{h}{L} \ln \frac{h}{2\pi r_w} + \ln \frac{1 + \sqrt{1 - (L/2r_e)^2}}{L/2r_e}} \tag{2-2-6}$$

式中 L——水平井长度,m。

如果供给半径 r_e 足够大,在 Gier 产能方程推导中的平面椭圆流动阻力式中,开方项可以简化为:

$$\left(\frac{2r_e}{L}\right)^2 - 1 \approx \left(\frac{2r_e}{L}\right)^2$$

则 Borisov 水平井产量方程为:

$$q = c \frac{2\pi Kh}{B_o \mu_o} \frac{p_e - p_w}{\frac{h}{L} \ln \frac{h}{2\pi r_w} + \ln \frac{4r_e}{L}} \tag{2-2-7}$$

如果 $L \gg h$,式(2-2-7)可以简化为:

$$q = c \frac{2\pi Kh}{B_o \mu_o} \frac{p_e - p_w}{\ln \frac{4r_e}{L}} \tag{2-2-8}$$

式(2-2-8)即为压裂直井的产能方程。

Joshi产能方程如下:

$$q = c \frac{2\pi Kh}{B_o \mu_o} \frac{p_e - p_w}{\frac{h}{L} \ln \frac{h}{2\pi r_w} + \ln \frac{a + \sqrt{a^2 - L^2/4}}{L/2}} \tag{2-2-9}$$

其中,水平井椭圆长半轴 a 为:

$$a = \frac{L}{2} \sqrt{\frac{1}{2} + \sqrt{\frac{1}{4} + \left(\frac{2r_e}{L}\right)^4}} \tag{2-2-10}$$

如果 $L \gg h$ 且 $L/2a \ll 1$,则 $a \approx r_e$,式(2-2-9)也可以简化为式(2-2-8)。对于各向异性地层,Joshi对方程式(2-2-9)建立了修正式:

$$q = c\frac{2\pi \bar{K}h}{B_o\mu_o} \frac{p_e - p_w}{\frac{\beta h}{L}\ln\frac{\beta h}{2\pi r_w} + \ln\frac{a + \sqrt{a^2 - L^2/4}}{L/2}} \qquad (2-2-11)$$

其中 $\bar{K} = \sqrt{K_h K_v}, \beta = \sqrt{K_h/K_v}, L > \beta h, L/2 < 0.9 r_e$

式中 K_v, K_h——油层垂向及水平有效渗透率。

(2) 水平井有限导流能力产能方程。

若水平井完井井段较长，由于完井方式不同，管壁可能存在孔眼或割缝槽等，其粗糙度不同于圆管，管内流动摩阻不能忽略；流体从水平井筒趾端到跟端流动时，流体质量流量逐渐增加，井筒内为变质量流，由于变速流动引起加速度产生的动量压降；另外，还可能存在管壁孔眼侧向流动对主流影响等，产生附加阻力，如图 2-2-3 所示。

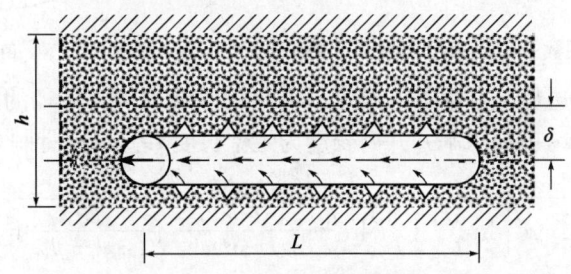

图 2-2-3 水平井沿程变质量流动

油藏外边界定压时，水平井的产量随跟端压力变化。不同水平井长度、水平井管径、不同原油黏度和管粗糙度下产量与跟端压力的关系为：

$$\frac{q}{q_m} = 1 - (1-v)\frac{p_w}{\bar{p}} - v\left(\frac{p_w}{\bar{p}}\right)^2 \qquad (2-2-12)$$

式中 q_m——最大产油量，t/d；
v——非线性系数。

尽管单相油流动，由于沿井筒的流动阻力效应，使得产能关系呈现非线性特征，虽然产能关系特征与直井溶解气驱流入动态关系相似，但水平井沿程流动阻力机理与原油脱气的影响不同。

对不同井段长度、井径、流体黏度及不同相对粗糙度下产能关系进行回归处理，得到非线性系数 v，将影响因素进行组合分析，如图 2-2-4 所示。非线性回归系数关系为：

$$v = 0.65\left[1 - \exp\left(-\frac{3N_{Hv}}{7000}\right)\right] \qquad (2-2-13)$$

$$N_{Hv} = \frac{L_m^{1.8}\varepsilon^{0.9}}{\mu_o r_w^2} \qquad (2-2-14)$$

式中 N_{Hv}——因素组合变量；
ε——水平井粗糙度；
L_m——鱼骨井主干长度，m。

2) 复杂结构井产能

(1) 鱼骨状分支井产能评价模型。

将储层中流体的渗流区域分成两部分：外部渗流和局部渗流，如图 2-2-5 所示。

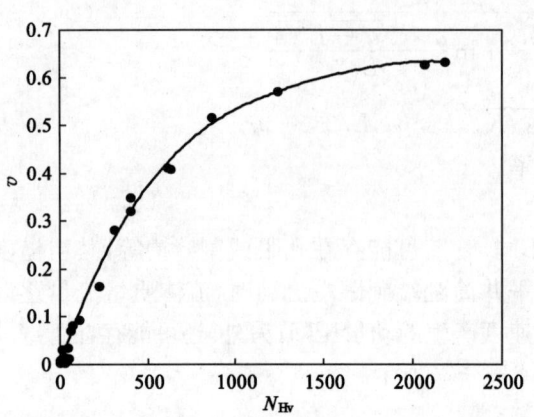
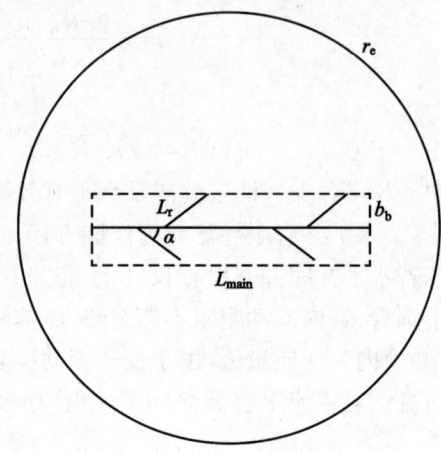

图 2-2-4 非线性系数 v 与因素组合数 N_{Hv} 关系　　图 2-2-5 鱼骨刺井简化模型

外部渗流是从供给边界至井附近的渗流。将鱼骨井看成扩大井径的虚拟水平井,虚拟水平井井筒半径为 $r_b=L_r\sin\alpha$,虚拟水平井井筒长度为主干长度 L_{main}。鱼骨刺井产能计算公式为:

$$q=c\frac{2\pi K_h h\Delta p}{B_o\mu_o\left[\ln\frac{4r_e}{L_m}+\frac{h\beta}{L_m}\ln\frac{h\beta/\sin(\pi a/h)}{2\pi L_r\sin\alpha}+\frac{\beta h}{L_m+n_bL_r}\ln\frac{r_b}{r_w}\right]} \qquad (2-2-15)$$

式中　L_r——鱼骨井分支长度,m;

　　　a——鱼骨刺井垂向位置,即距油层底部的距离,m;

　　　n_b——鱼骨分支数;

　　　α——鱼骨刺井分支与主干的夹角,弧度。

由于分支水平井比常规水平井产量提高,相对较高的采液量增加了摩擦损失,管径和粗糙度的影响程度增加。增加分支数或分支长度,沿井筒的流动阻力效应使得产能所呈现的非线性更强,由于分支是在原主井基础上增加的,产能关系同样具有非线性特征,但增加分支同时增加产量,又强化了非线性项:

$$\frac{q}{q_{Hm}}=J_H\left[1-(1-R_vv)\frac{p_w}{\bar{p}}-R_vv\left(\frac{p_w}{\bar{p}}\right)^2\right] \qquad (2-2-16)$$

式中　q_{Hm}——水平井主井最大产量;

　　　J_H——多分支增产比系数;

　　　R_v——非线性因子增强系数。

非线性系数和分支增产比,将影响因素进行组合分析,如图 2-2-6 和图 2-2-7 所示。分支增产比系数为:

$$J_H=1+29.64N_{HJ}-112.53N_{HJ}^2 \qquad (2-2-17)$$

$$N_{HJ}=\frac{n_bL_b\mu_o^{0.6}r_w^{1.3}}{L_m^{1.7}\varepsilon^{0.25}} \qquad (2-2-18)$$

式中　N_{HJ}——分支井特征组合因素之一。

非线性系数强化因子关系为:

$$R_v=\exp(123.95N_{Hbv}) \qquad (2-2-19)$$

$$N_{Hbv}=\frac{n_b^{0.45}L_b^{1.2}\mu_o^{0.9}r_w^{1.3}}{L_m^2\varepsilon^{0.2}} \qquad (2-2-20)$$

式中　N_{Hbv}——分支井特征组合因素之二。

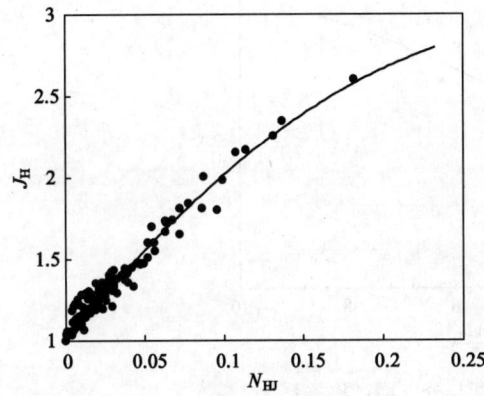

图2-2-6 分支增产比与因素组合关系

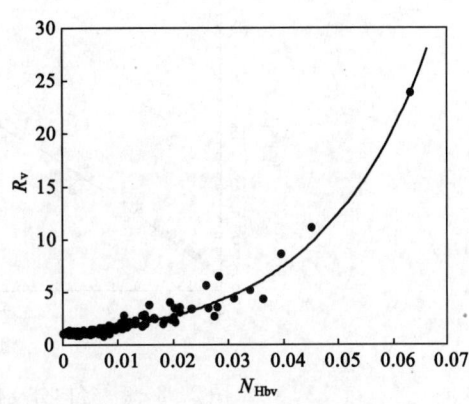

图2-2-7 非线性系数强化因子与因素组合关系

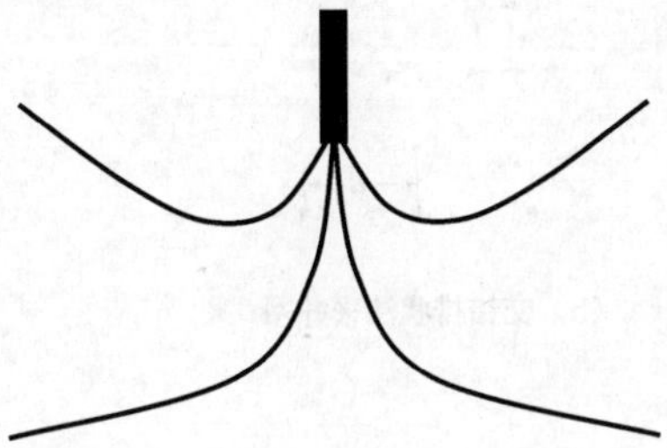

(2)径向分支井产能评价模型。

径向分支水平井如图2-2-8所示。对于一定直井,任何数量的径向分支井均匀分布在直井侧向。

根据径向分支井对称特征,利用叠加原理得:

$$q = c \frac{2\pi \bar{K} h(p_e - p_w)}{B_o \mu_o \left(\ln \frac{4^{\frac{1}{n_r}} r_e}{L_r} + \frac{h\beta}{n_r L_r} \ln \frac{h\beta/\sin\frac{\pi a}{h}}{2\pi r_w} \right)} \quad (2-2-21)$$

图2-2-8 径向分支水平井示意图

式中 n_r——径向井筒个数;
L_r——径向井长度,m。

与常规直井的产能关系相比,增加分支数或分支长度,产能关系的线性特征不变,引入径向分支增产比J:

$$\frac{q}{q_m} = J\left(1 - \frac{p_w}{\bar{p}}\right) \quad (2-2-22)$$

径向分支水平井与原直井相比降低流动阻力,引入组合参数$n_r L_r/r_e$表示在泄油范围r_e内作用程度,分支增产比与组合参数的关系如图2-2-9所示。

分支增产比关系为:

$$J = 1 + 4.0462 \frac{n_r L_r}{r_e} - 0.1667 \left(\frac{n_r L_r}{r_e}\right)^2 \quad (2-2-23)$$

3. 井网系统注采能力

美国学者Muskat等人利用等值渗流阻力方法,假设水油流度比为1,且流体为不可压缩,得出不同直井井网面积注水方式主要开发指标的解析解公式。

1)排状系统

直线排状和交错排状注采井网如图2-2-10所示。当$\frac{d_w}{a} \geqslant 1$时,解析解公式为:

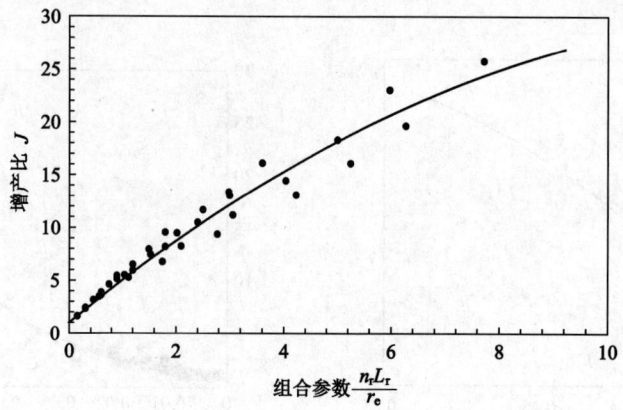

图 2-2-9　径向分支作用程度与分支增产比关系

(a) 直线排状注采井网　　　　　　　　　　(b) 交错排状注采井网

图 2-2-10　排状注采井网

●—生产井；▲—注水井

$$q_i = \frac{0.1178Kh\Delta p}{\mu_o \left(\lg \dfrac{a}{r_w} + 0.682 \dfrac{d_w}{a} - 0.798\right)} \quad (2-2-24)$$

式中　q_i——注入量，m^3/d；

　　　h——油层厚度，m；

　　　d_w, a——排距、井距，m。

2) 反五点系统

反五点系统的注水方式如图 2-2-11 所示。解析解为：

$$q_i = \frac{0.1178Kh\Delta p}{\mu_o \left(\lg \dfrac{d_w}{r_w} - 0.2688\right)} \quad (2-2-25)$$

3) 反七点系统

反七点系统的注水方式如图 2-2-12 所示。解析解为：

$$q_i = \frac{0.1571Kh\Delta p}{\mu_o \left(\lg \dfrac{d_w}{r_w} - 0.2472\right)} \quad (2-2-26)$$

4) 反九点系统

反九点系统的注水方式如图 2-2-13 所示。解析解为：

$$q_i = \frac{0.1178Kh\Delta p_{ic}}{\mu_o \dfrac{1+R}{2+R}\left(\lg \dfrac{d_w}{r_w} - 0.1183\right)} \quad (2-2-27)$$

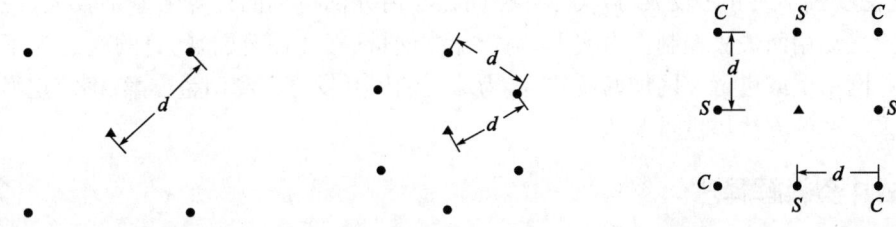

图 2-2-11　反五点井网　　　图 2-2-12　反七点井网　　　图 2-2-13　反九点井网

或

$$q_i = \frac{0.1178Kh\Delta p_{is}}{\mu_o\left[\dfrac{3+R}{2+R}\left(\lg\dfrac{d_w}{r_w}-0.1183\right)-\dfrac{0.301}{2+R}\right]} \qquad (2-2-28)$$

式中　Δp_{ic}——注水井与角井的流压差,MPa;
　　　Δp——注水井与生产井的流压差,MPa;
　　　Δp_{is}——注水井与边井的流压差,MPa;
　　　R——角井与边井的产量比。

当流度比不为 1 时,初始状态可取束缚水饱和度下油相流度计算注水速度。当油井全部水淹后,可取在剩余油饱和度下水相流度计算注水速度。这样计算出的注水速度忽略了实际注水过程中的流度变化,因此可将其视为驱替过程中的极限速度。

如果流度比小于 1,则驱替过程中注入流体的流动能力小于被驱替流体,随着油藏中被注入流体波及体积增加,注水速度降低,最低注入速度为残余油饱和度下的注水速度;当流度比大于 1 时,由于注入流体的流动阻力小于被驱替流体,当注入压差恒定时,注水速度增加,当整个井网被驱至剩余油饱和度时,注水速度最大。

当井筒附近存在污染时,将表皮系数引入方程计算注入速度。假设注水井的表皮系数为 S_i,生产井的表皮系数为 S_p,将表皮系数引入方程(2-2-24)~方程(2-2-28),对于反五点系统,方程(2-2-24)修正为:

$$q = \frac{0.1178Kh\Delta p}{\mu_o\left(\lg\dfrac{d_w}{r_w}+\dfrac{S_i+S_p}{2}-0.2688\right)} \qquad (2-2-29)$$

第三节　井控储量评价

井控储量表明了油井的泄油范围,单井井控储量计算方法可以分为容积法、试采资料解释法和试井资料解释法三种。容积法是在地质模型的基础上,根据不同井网形式确定单井控制含油面积,井间的厚度差异可以采用面积权衡确定,然后计算出单井控制储量;试采资料解释法是直接依据地质储量同动态数据的关系,利用动态数据反推地质储量;试井资料解释法需要利用测试数据(如压力恢复资料)求取泄油面积,然后利用容积法计算井控储量。

由油井生产时油层中的不稳定压力分布特征可以看出,一口油井的泄油范围与其生产操作条件有关,因此油井为合理配产且达到最低流压时的泄油范围内的储量为最佳井控储量。因此,确定井控范围主要应用于依靠天然能量采用衰竭方式开发的油气田。如果油田处于注水开发阶段且井间存在有效的注采关系,可以由井网特征确定井控范围。如果油田处于开发初期,井网密度较小或井距较大时,实际井控面积与由井网得到的计算值差别较大,使远井地带的储量无法动用而失去控制。事实上,确定井控储量(即井控范围)的目的就是为了设计合理的开发井网密度或进行井网加密调整等,为编制油田开发方案和调整方案、确定挖潜治理方向及提高采收率的方法提供重要依据。

一、试井资料解释法

一个正在生产的油田中,当生产稳定的时候,每口井的泄油区域是指处在这个区域内的流体都只流向这口井,这个泄油区域不是一个物理边界,而是井间的生产平衡建立起来的数学边界。当一个井的产量发生变化,泄油区域界限会发生移动,其他泄油区域也会发生变化。因此,在生产阶段,可以把泄油区域当作一个只有一口井的封闭的小油藏,通过油井的压力恢复曲线径向流直线段求出泄油区的平均地层压力,进而求取泄油面积,即可得到油井控制储量。

基于矿场不稳定试井的理论,考虑到不同边界形状和油井所处的位置,可利用压力恢复曲线确定油井控制储量。当油井以恒定产量(设计配产值)生产达到拟稳态时,油井压力的动态用式(2-3-1)表示:

$$\bar{p} = p_w + \alpha \frac{q\mu_o B_o}{4\pi Kh} \left(\ln \frac{2.25A}{C_A r_w^2} + 2S \right) \tag{2-3-1}$$

式中 A——泄油面积;

C_A——形状因子,其大小与边界形状和油井所在位置有关;

S——污染因子;

α——单位换算系数,$\alpha = 1/0.0864$。

当油井以恒定产量生产达到拟稳态之后,若将油井关闭,测试压力恢复曲线,根据井底恢复压力随关井时间的变化规律,当井底压力恢复到边界范围之内的平均地层压力时,可由式(2-3-2)表示:

$$\bar{p} = p_w + \alpha \frac{q\mu_o B_o}{4\pi Kh} \left[\ln \left(\beta \frac{2.25 K t_s}{\mu_o c_t r_w^2} \right) + 2S \right] \tag{2-3-2}$$

式中 t_s——时间,h;

c_t——综合弹性压缩系数,MPa^{-1};

β——单位换算系数,$\beta = 0.0036$。

联立式(2-3-1)和式(2-3-2)得:

$$A = \beta \frac{C_A t_s}{c_t} \frac{K}{\mu_o} \tag{2-3-3}$$

根据容积法计算地质储量:

$$N = Ah \frac{\phi S_o \rho_{osc}}{B_o} = \beta \frac{C_A t_s}{c_t} \frac{Kh}{\mu_o} \frac{\phi S_o \rho_{osc}}{B_o} \tag{2-3-4}$$

式中 ϕ——孔隙度,小数;

S_o——含油饱和度,小数;

ρ_{osc}——地面原油密度,t/m^3。

也可以将式(2-3-4)中的 Kh/μ_o 转化为压力恢复半对数曲线上直线段斜率值的表达形式。

应用该方法要求油井关闭之前的生产动态必须达到稳定或拟稳定状态,达到这一条件所需要油井生产的时间由式(2-3-5)确定:

$$t_{DA} = \beta \frac{Kt_p}{\mu_o c_t A} \qquad (2-3-5)$$

式中 t_{DA}——无因次时间,其大小与边界形状和油井所在位置有关,可查图表得到;

t_p——达到稳定或拟稳定状态时间,h。

若油井生产时间较长,即 $t_p \gg t_s$,根据油井关井压力恢复的 Horner 方程,当压力恢复到平均地层压力时:

$$\frac{t_s}{t_p + t_s} \approx \frac{t_s}{t_p} = \frac{\mu_o c_t}{\beta t_p C_A K} A = \frac{1}{\beta C_A \frac{Kt_p}{\mu_o c_t} \frac{1}{A}} \qquad (2-3-6)$$

或

$$\frac{t_s}{t_p + t_s} \approx \frac{1}{C_A t_{DA}} \qquad (2-3-7)$$

由式(2-3-7)可以近似求得油井压力恢复到平均压力时的时间 t_s。

二、试采资料解释法

理论上讲,对于常规油气藏,只要井点存在扰动,油层内压力可以传播到无限远处,但从生产上讲,正常油井生产存在一定的产量和流压界限,油井达到界限值的压力传播范围即为合理井控范围。在油田正式开发前的试采阶段,油井主要依靠天然能量维持生产,对于不稳定渗流状况,随着时间的增加,渗流阻力增加,当维持产量不变时,流压将持续降低,当流压降至极限值而不能维持举升时,油井停产;而当流压一定时,产量将持续降低,显然当产量达到极限值时,油井也将停产。因此,通过分析油田正式开发前的油井试采资料,也可以进行一步获得油井的合理井控范围或井控储量。

试采是油田正式开发前必不可少的一个步骤,它为确定开发方案中的井控范围或井控储量提供最直接的测试资料。因此,通过分析试采动态资料,将为合理布井和确定注采系统提供依据。试采的期限视油田大小而有所不同,通过试采可进一步确定油井生产能力,特别是分布稳定的好油层的生产能力以及产量递减情况;油层天然能量的大小及驱动类型和驱动能量的转化,如边水和底水活跃程度等;油层的连通情况和层间干扰情况;生产井的合理工艺技术和油层改造措施等。

油井产量在试采期和正常生产阶段都可能出现不同程度的递减。产量递减的原因有很多因素,包括油气藏的储集类型、驱动类型等,不同油田的驱动类型不同,同一个油田的不同阶段开发调整和强化开采工艺技术措施不同,递减特征也可能不同。从生产的角度来看,油田产量的变化与油相渗流能力和油藏能量条件有关,即油田产量降低可能是能量不足,如油井试采阶段或呈现封闭型弹性驱的油藏,表现出衰竭式开采方式特征;也可能是油相渗流能力降低,如溶解气驱和水驱油藏。

Fetkovich 等学者以有界均质地层不稳定渗流为基础,将试井分析中的不稳定流动特征引入产量递减分析,并与 Arps 产量递减图版组合,建立一套类似于试井分析的双对数产量递减曲线图版拟合分析方法,可以解释油井的特征以及井控范围。

无因次变量定义如下:

$$t_D = \frac{Kt}{\mu c_t r_{ws}^2} \ ; \ r_{eD} = \frac{r_e}{r_{ws}} \ ; \ q_D = \frac{q\mu_o B_o}{2\pi Kh(p_i - p_w)}$$

对于封闭型油藏,当压力波传播到边界即达到拟稳态,油井处于拟稳态时的初始产量 q_i 为:

$$q_i = \frac{2\pi Kh(p_i - p_w)}{\mu_o B_o (\ln r_{eD} - \frac{1}{2})} \qquad (2-3-8)$$

1. Fetkovich 产量动态分析

根据叠加原理，由封闭边界的定产压力解和定压产量解之间的关系可以得到：

$$q_{\mathrm{D}} \approx \frac{1}{\ln r_{\mathrm{eD}} - \frac{1}{2}} \exp\left[-\frac{2t_{\mathrm{D}}}{r_{\mathrm{eD}}^2\left(\ln r_{\mathrm{eD}} - \frac{1}{2}\right)}\right] \tag{2-3-9}$$

或

$$q_{\mathrm{D}}\left(\ln r_{\mathrm{eD}} - \frac{1}{2}\right) \approx \exp\left[-\frac{2t_{\mathrm{D}}}{r_{\mathrm{eD}}^2\left(\ln r_{\mathrm{eD}} - \frac{1}{2}\right)}\right] \tag{2-3-10}$$

即产量递减符合指数递减规律。

1) Fetkovich-Arps 产量图版变量

由式(2-3-10)定义 Fetkovich-Arps 无因次产量 q_{Dd} 为：

$$q_{\mathrm{Dd}} = q_{\mathrm{D}}\left(\ln r_{\mathrm{eD}} - \frac{1}{2}\right) = \frac{q}{q_{\mathrm{i}}} \tag{2-3-11}$$

由式(2-3-10)定义 Fetkovich-Arps 无因次时间 t_{Dd} 为：

$$t_{\mathrm{Dd}} = \frac{2t_{\mathrm{D}}}{r_{\mathrm{eD}}^2\left(\ln r_{\mathrm{eD}} - \frac{1}{2}\right)} = \frac{1}{r_{\mathrm{eD}}^2\left(\ln r_{\mathrm{eD}} - \frac{1}{2}\right)} \cdot \frac{2K}{\mu_{\mathrm{o}} c_{\mathrm{t}} r_{\mathrm{ws}}^2} t \tag{2-3-12}$$

由式(2-3-12)得 Fetkovich-Arps 方法的递减率 D_{i} 为：

$$D_{\mathrm{i}} = \frac{1}{r_{\mathrm{eD}}^2\left(\ln r_{\mathrm{eD}} - \frac{1}{2}\right)} \cdot \frac{2K}{\mu_{\mathrm{o}} c_{\mathrm{t}} r_{\mathrm{ws}}^2} = \frac{t_{\mathrm{Dd}}}{t} \tag{2-3-13}$$

无因次累积产量 N_{pDd} 为：

$$N_{\mathrm{pDd}} = \int_0^{t_{\mathrm{Dd}}} q_{\mathrm{Dd}}(\tau) d\tau \tag{2-3-14}$$

无因次产量 q_{Dd} 和无因次累积产量 N_{pDd} 复合标准图版如图 2-3-1 所示。

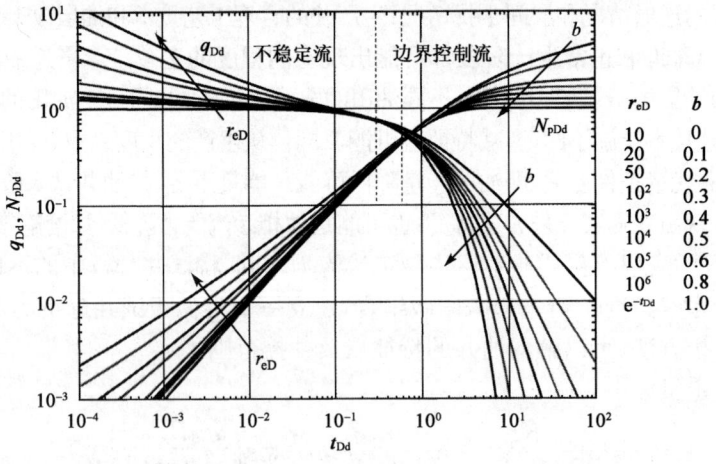

图 2-3-1　Fetkovich-Arps 产量、累积产量复合图版

2) Fetkovich-Arps 复合图版拟合分析方法

Fetkovich-Arps 复合图版常规拟合分析步骤如下：

(1) 绘制产量 q—t 和累积产量 N_{p}—t 的双对数生产动态曲线。

(2)将实际生产动态曲线与理论图版(图 2-3-1)进行拟合。

(3)确定最佳拟合理论线所对应的无因次井控半径 r_{eD} 以及递减指数 b。

(4)选择拟合点 M,记录拟合点上实际产量曲线的值 $(t,q)_M$ 及理论图版曲线的值 $(t_{Dd},q_{Dd})_M$。

(5)根据式(2-3-8)计算储层有效渗透率 K:

$$K=\frac{\mu_o B_o\left(\ln r_{eD}-\frac{1}{2}\right)}{2\pi h(p_i-p_w)}q_i=\frac{\mu_o B_o\left(\ln r_{eD}-\frac{1}{2}\right)}{2\pi h(p_i-p_w)}\left(\frac{q}{q_{Dd}}\right)_M \quad (2-3-15)$$

(5)根据式(2-3-12)计算有效井径 r_{ws} 和表皮因子 S:

$$r_{ws}=\sqrt{\frac{1}{r_{eD}^2\left(\ln r_{eD}-\frac{1}{2}\right)}\cdot\frac{2K}{\mu_o c_t}\left(\frac{t}{t_{Dd}}\right)_M} \quad (2-3-16)$$

$$S=\ln\frac{r_w}{r_{ws}} \quad (2-3-17)$$

(7)确定井控孔隙体积 V_p 和井控范围 r_e,由式(2-3-15)和式(2-3-16)得:

$$\left(\frac{q}{q_{Dd}}\right)_M=\frac{2\pi Kh(p_i-p_w)}{\mu_o B_o\left(\ln r_{eD}-\frac{1}{2}\right)} \quad (2-3-18)$$

$$\left(\frac{t}{t_{Dd}}\right)_M=\frac{r_{eD}^2\left(\ln r_{eD}-\frac{1}{2}\right)\mu_o c_t r_{ws}^2}{2K} \quad (2-3-19)$$

则

$$V_p=\frac{B_o}{(p_i-p_w)c_t}\left(\frac{q}{q_{Dd}}\right)_M\left(\frac{t}{t_{Dd}}\right)_M \quad (2-3-20)$$

$$r_e=\sqrt{\frac{V_p}{\pi h\phi}} \quad (2-3-21)$$

Fetkovich-Arps 复合图版常规拟合分析可以得到初始递减率,预测油井达到废弃时指数递减、双曲递减和调和递减情形下的可采储量与达到废弃时的生产时间。

2. Blasingame 产量动态分析

根据物质守恒关系,则

$$N_p B_o=c_t A h\phi(p_i-\bar{p}) \quad (2-3-22)$$

或

$$\frac{2\pi Kh}{q\mu_o B_o}(p_i-\bar{p})=\frac{2\pi K}{c_t A\mu_o}\frac{N_p}{q} \quad (2-3-23)$$

则定义 Blasingame 无因次物质平衡时间 t_{cD} 为:

$$t_{cD}=\frac{K}{c_t A\mu_o}\frac{N_p}{q}=\frac{K}{c_t A\mu_o}t_c \quad (2-3-24)$$

有界均质地层油井拟稳态产量与生产关系为:

$$\bar{p}-p_w=\frac{q\mu_o B_o}{2\pi Kh}\left(\ln r_{eD}-\frac{3}{4}\right) \quad (2-3-25)$$

由式(2-3-23)和式(2-3-25)得:

$$\frac{2\pi Kh}{qB_o\mu_o}(p_i-p_w)=2\pi t_{cD}+\left(\ln r_{eD}-\frac{3}{4}\right) \quad (2-3-26)$$

或

$$\frac{p_i-p_w}{q}=\frac{\mu_o B_o}{Kh}t_{cD}+\frac{\mu_o B_o}{2\pi Kh}\left(\ln r_{eD}-\frac{3}{4}\right) \quad (2-3-27)$$

令 $m=\dfrac{B_o}{Ahc_t}$，$b_{ps}=\dfrac{\mu_o B_o}{2\pi Kh}\left(\ln r_{eD}-\dfrac{3}{4}\right)$，则式(2-3-27)为：

$$\frac{q}{p_i-p_w}b_{ps}=\frac{1}{1+\dfrac{m}{b_{ps}}t_c} \quad (2-3-28)$$

即产量递减符合调和递减规律。

1）Blasingame 标准图版变量

由式(2-3-28)定义 Blasingame 无因次产量 q_{Dd} 为：

$$q_{Dd}=\frac{q}{p_i-p_w}b_{ps}\approx\frac{q}{p_i-p_w}\frac{\mu_o B_o}{2\pi Kh}\left(\ln r_{eD}-\frac{1}{2}\right)=\frac{q}{q_i} \quad (2-3-29)$$

由式(2-3-28)定义 Blasingame 无因次时间 t_{cDd} 为：

$$t_{cDd}=\frac{m}{b_{ps}}t_c\approx\frac{B_o}{Ahc_t}\frac{2\pi Kh}{\mu_o B_o\left(\ln r_{eD}-\dfrac{1}{2}\right)}t_c=\frac{2t_{cD}}{r_e^2\left(\ln r_{eD}-\dfrac{1}{2}\right)} \quad (2-3-30)$$

Blasingame 无因次产量积分 q_{Ddi} 为：

$$q_{Ddi}=\frac{N_{pDd}}{t_{Dd}}=\frac{1}{t_{Dd}}\int_0^{t_{Dd}}q_{Dd}(\tau)d\tau \quad (2-3-31)$$

Blasingame 无因次产量积分导数 q_{Ddid} 为：

$$q_{Ddid}=-\frac{dq_{Ddi}}{d\ln t_{Dd}}=-t_{Dd}\frac{dq_{Ddi}}{dt_{Dd}}=-t_{Dd}\frac{d(N_{pDd}/t_{Dd})}{dt_{Dd}} \quad (2-3-32)$$

无因次规整化产量 q_{Dd}、无因次规整化产量积分 q_{Ddi} 和无因次规整化产量积分导数 q_{Ddid} 复合标准图版如图 2-3-2 所示。

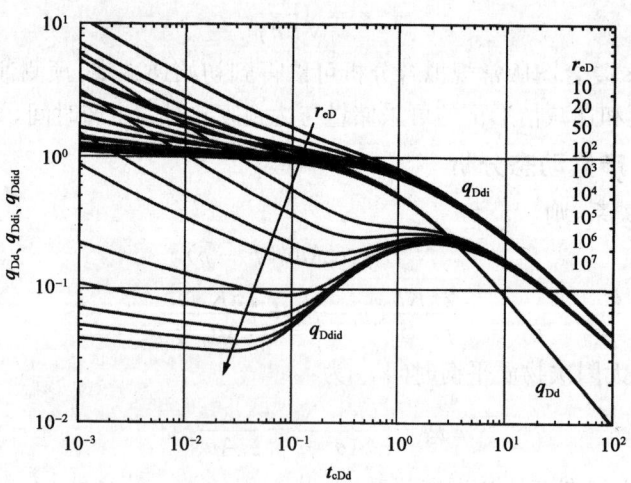

图 2-3-2　Blasingame 标准复合图版

2）Blasingame 复合图版拟合分析方法

Blasingame 复合图版常规拟合分析步骤如下：

（1）计算物质平衡拟时间：

$$t_c = \frac{N_p}{q} \qquad (2-3-33)$$

(2)计算规整化产量、规整化产量积分和规整化产量积分导数:

$$\frac{q}{\Delta p} = \frac{q}{p_i - p_w} \qquad (2-3-34)$$

$$\left(\frac{q}{\Delta p}\right)_i = \frac{1}{t_c}\int_0^{t_c} \frac{q}{p_i - p_w} d\tau \qquad (2-3-35)$$

$$\left(\frac{q}{\Delta p}\right)_{id} = -\frac{d\left(\frac{q}{\Delta p}\right)_i}{d\ln t_c} = -t_c \frac{d\left(\frac{q}{\Delta p}\right)_i}{dt_c} \qquad (2-3-36)$$

(3)绘制 $\frac{q}{\Delta p}$—t_c、$\left(\frac{q}{\Delta p}\right)_i$—$t_c$ 和 $\left(\frac{q}{\Delta p}\right)_{id}$—$t_c$ 的双对数生产动态曲线。

(4)将实际生产动态曲线与理论图版(图2-3-2)进行拟合。

(5)确定最佳拟合理论线所对应的无因次井控半径 r_{eD}。

(6)选择拟合点 M,记录拟合点上实际产量曲线的值 $(t_c, q/\Delta p)_M$ 及理论图版曲线的值 $(t_{cDd}, q_{Dd})_M$。

(7)根据式(2-3-29)计算储层有效渗透率 K:

$$K = \left(\frac{q/\Delta p}{q_{Dd}}\right)_M \frac{\mu_o B_o}{2\pi h}\left(\ln r_{eD} - \frac{1}{2}\right) \qquad (2-3-37)$$

(8)根据式(2-3-30)计算有效井径 r_{ws} 和表皮因子 S:

$$r_{ws} = \sqrt{\frac{1}{r_{eD}^2\left(\ln r_{eD} - \frac{1}{2}\right)}\frac{2K}{\mu_o c_t}\left(\frac{t}{t_{cDd}}\right)_M} \qquad (2-3-38)$$

$$S = \ln \frac{r_w}{r_{ws}} \qquad (2-3-39)$$

(9)确定井控范围 r_e:

由式(2-3-37)和式(2-3-38)得:

$$\left(\frac{t_c}{t_{cDd}}\right)_M = \frac{r_e^2 h c_t \mu_o}{2Kh}\left(\ln r_{eD} - \frac{1}{2}\right) \qquad (2-3-40)$$

$$\left(\frac{q/\Delta p}{q_{Dd}}\right)_M = \frac{2\pi Kh}{\mu_o B_o\left(\ln r_{eD} - \frac{1}{2}\right)} \qquad (2-3-41)$$

则

$$r_e = \sqrt{\frac{B_o \left(\frac{t_c}{t_{cDd}}\right)_M \left(\frac{q/\Delta p}{q_{Dd}}\right)_M}{\pi h c_t}} \qquad (2-3-42)$$

Blasingame方法将定产生产和定压生产统一起来,计算规整化产量积分及其导数使得曲线比较平滑,易于拟合和判断,但是对早期数据点误差非常敏感;Blasingame图版前期无因次产量曲线密集,容易产生多解性。

3. Agarwal-Gargner 产量动态分析

Agarwal等人在Blasingame工作的基础上修改无因次时间变量的定义,解决了图版前期无因次产量曲线密集的问题;为提高分析的可靠程度,Agarwal等人建立了产量规整化压力导数的倒数、压力积分导数的倒数曲线图版。

1) Agarwal-Gargner 标准图版变量

无因次压力 p_D 为：

$$p_D = \frac{2\pi Kh(p_i - p_w)}{q\mu_o B_o} \qquad (2-3-43)$$

Agarwal-Gargner 引入基于井控面积的无因次时间变量 t_{cDA}：

$$t_{cDA} = \frac{r_w^2}{A} \frac{Kt}{\mu_o c_t r_w^2} = \frac{t_D}{\pi r_{eD}^2} \qquad (2-3-44)$$

Agarwal-Gargner 无因次产量递减 q_D 方程为：

$$q_D = \frac{1}{p_D} = \frac{1}{2\pi t_{DA} + \ln r_{eD} - 3/4} \qquad (2-3-45)$$

Agarwal-Gargner 无因次压力导数的倒数为：

$$\frac{1}{DER} = \frac{1}{\frac{\partial p_D}{\partial \ln t_{cDA}}} = \frac{1}{t_{cDA} \frac{\partial p_D}{\partial t_{cDA}}} \qquad (2-3-46)$$

Agarwal-Gargner 无因次压力积分导数的倒数为：

$$p_{Di} = \frac{1}{t_{cDA}} \int_0^{t_{cDA}} p_D(\tau) d\tau \qquad (2-3-47)$$

则

$$\frac{1}{DERI} = \frac{1}{t_{cDA} \frac{\partial p_{Di}}{\partial t_{cDA}}} \qquad (2-3-48)$$

无因次产量 q_D、无因次压力导数的倒数 $1/DER$、无因次压力积分导数的倒数 $1/DERI$ 标准复合图版如图 2-3-3 所示。

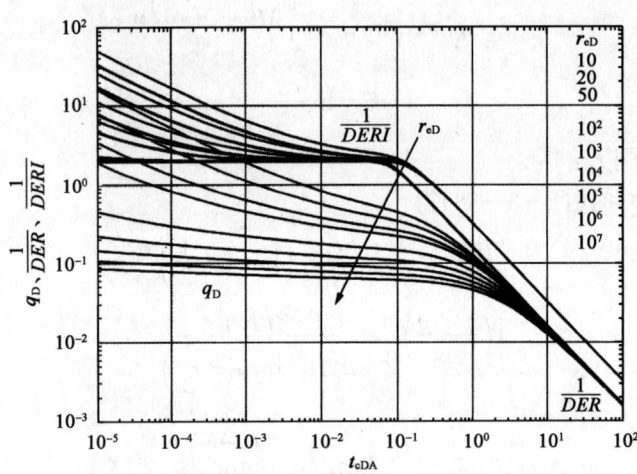

图 2-3-3 Agarwal-Gargner 标准复合图版

2) Agarwal-Gargner 复合图版拟合分析方法

Agarwal-Gargner 复合图版常规拟合分析步骤如下。

(1) 计算物质平衡拟时间 t_c：

$$t_c = \frac{N_p}{q} \qquad (2-3-49)$$

(2) 计算规整化产量、规整化压力积分、规整化压力积分导数、规整化压力导数的倒数和规整化压力积分导数的倒数：

$$\frac{q}{\Delta p} = \frac{q}{p_i - p_w} \tag{2-3-50}$$

$$\left(\frac{\Delta p}{q}\right)_i = \frac{1}{t_c} \int_0^{t_c} \frac{p_i - p_w}{q} d\tau \tag{2-3-51}$$

$$\left(\frac{\Delta p}{q}\right)_{id} = \frac{d\left(\frac{\Delta p}{q}\right)_i}{d\ln t_c} = t_c \frac{d\left(\frac{\Delta p}{q}\right)_i}{dt_c} \tag{2-3-52}$$

$$\frac{1}{DER} = \frac{1}{\dfrac{\partial\left(\dfrac{\Delta p}{q}\right)}{\partial \ln t_c}} = \frac{1}{t_c \dfrac{\partial\left(\dfrac{\Delta p}{q}\right)}{\partial t_c}} \tag{2-3-53}$$

$$\frac{1}{DERI} = \frac{1}{\dfrac{\partial\left(\dfrac{\Delta p}{q}\right)_i}{\partial \ln t_c}} = \frac{1}{t_c \dfrac{\partial\left(\dfrac{\Delta p}{q}\right)_i}{\partial t_c}} \tag{2-3-54}$$

(3)绘制 $\dfrac{q}{\Delta p}-t_c$、$\dfrac{1}{DER}-t_c$ 和 $\left(\dfrac{q}{\Delta p}\right)_{id}-t_c$ 的双对数生产动态曲线。

(4)将实际生产动态曲线与理论图版(图2-3-3)进行拟合。

(5)确定最佳拟合理论线所对应的无因次井控半径 r_{eD}。

(6)选择拟合点 M,记录拟合点上实际产量曲线的值 $(t_c, q/\Delta p)_M$ 及理论图版曲线的值 $(t_{cDA}, q_D)_M$。

(7)根据式(2-3-43)计算油层有效渗透率 K:

$$K = \left(\frac{q/\Delta p}{q_D}\right)_M \frac{\mu_o B_o}{2\pi h} \tag{2-3-55}$$

(8)根据式(2-3-44)计算井控半径 r_e:

$$r_e = \sqrt{\frac{K}{\pi \mu_o c_t} \left(\frac{t_c}{t_{cDA}}\right)_M} \tag{2-3-56}$$

(9)计算有效井径 r_{ws} 和表皮因子 S:

$$r_{ws} = \frac{r_e}{r_{eD}} \tag{2-3-58}$$

$$S = \ln \frac{r_w}{r_{ws}} \tag{2-3-59}$$

在 Agarwal-Gardner 的基础上发展了规整化压力积分 NPI(Normallized Pressure Integral)方法,这种方法利用产量规整化压力的积分形式,不受数据分散影响,分析方法与 Agarwal-Gardner 分析方法相同。

三、低渗透油藏井控范围

1. 低渗透油藏动用程度

在低渗透地层中,原油流动的孔道很小,固液界面的影响增强,需要有大的驱动压力梯度,才能达到拟线性流动、增加产量以及较高的驱油效果。试验观察表明,当驱动压力很小时,只有大孔道中部的原油在流动。其速度以中轴部为最大,向边部逐渐减小,小孔道中的原油和大孔道边部的原油是不流动的。随着驱替压力梯度的逐渐提高,大孔道中流动油的体积增加,流速也不断加大,只有靠边部的部分原油是不流动的,有一部分较小孔道中的原油开始流动。压力梯度进一步提高,大孔道中大部分原油是流动的,只有靠边部的少量油膜不流动,有更多的小孔道中的原油开始流动。因此,可以得到,不同渗流速度下的流动油所占的孔隙度和流动油饱和度是不同的。渗流速度(压力梯度)越小,流动孔隙度和流动油饱和度越小,只有当渗流速度或压力梯度达到一定程度时,才能得到最大的流动孔隙度和流动饱和度。原油动用程度随驱替压力梯度的增大而提高,如图2-3-4所示。因此,只有建立较大的驱替压力梯度,才能增加原油动用程度。在驱替压差一定的情况下,减小注采井距可以增大驱替压力梯度,提高原油动用程度。

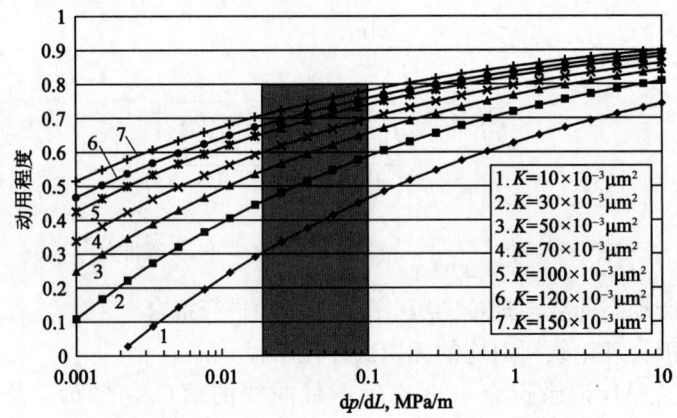

图2-3-4 低渗透储层动用程度随驱替压力梯度的变化

水驱油层动用程度是评价油田开发效果的一项重要指标。目前一般采用式(2-3-60)评价低渗透油田的水驱油层动用程度:

$$\eta = \frac{4r^2}{d^2} \qquad (2\text{-}3\text{-}60)$$

然而,随着注采系统的不同,注采井间的驱替压力梯度分布也是不同的,因此水驱油层动用程度必然随着注采系统的更迭而变化。

由渗流理论可知,在注采平衡、注采压差稳定时,注采井主流线上任一点的驱替压力梯度G_D为:

$$G_D = \frac{p_{\text{inf}} - p_{\text{wf}}}{2\ln\dfrac{d_w}{r_w}} \frac{d_w}{r(d_w - r)} \qquad (2\text{-}3\text{-}61)$$

则整理后可得油层的动用半径r为:

$$r = \frac{d_w}{2} - \sqrt{\frac{d_w^2}{4} - \frac{(p_{\text{inf}} - p_{\text{wf}})d_w}{2G_D \ln(d_w/r_w)}} \qquad (2\text{-}3\text{-}62)$$

式中 p_{inf}——注水井井底流压,MPa;

p_{wf}——生产井井底流压,MPa。

低渗透油田一般都是采用正方形井网进行注水开发,那么设井距为d_w,动用半径为r,每口注水井控制的面积为S,那么不同注水方式下水驱油层动用程度η见表2-3-1。

表 2-3-1 不同注水方式下水驱油层的动用程度

注水方式	井网形式示意图	每口注水井控制面积 F	水驱油层动用程度 η	备注
正五点系统	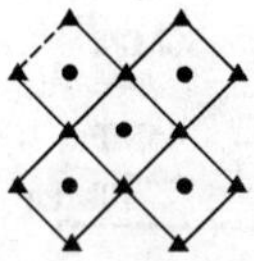	$F=2d_w^2$	$\eta=\dfrac{2r^2}{d_w^2}$	正方形井网
正九点系统	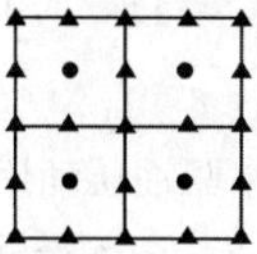	$F=4d_w^2$	$\eta=\dfrac{4r^2}{d_w^2}$	正方形井网
反九点系统	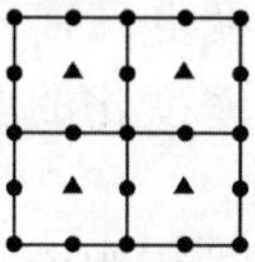	$F=\dfrac{4}{3}d_w^2$	$\eta=\dfrac{4r^2}{3d_w^2}$	正方形井网
正斜七点系统	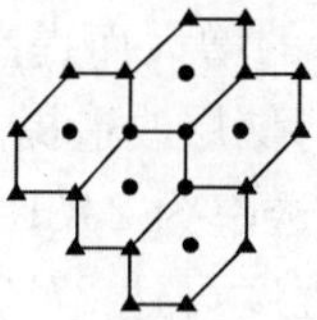	$F=3d_w^2$	$\eta=\dfrac{3r^2}{d_w^2}$	正方形井网
反斜七点系统	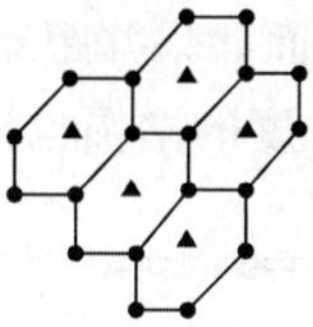	$F=\dfrac{3}{2}d_w^2$	$\eta=\dfrac{3r^2}{2d_w^2}$	正方形井网
反七点系统	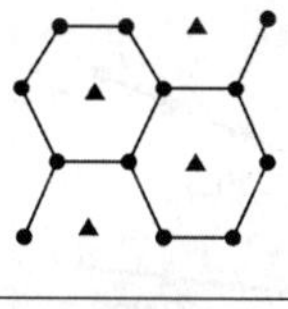	$F=\dfrac{3\sqrt{3}}{2}d_w^2$	$\eta=\dfrac{3\sqrt{3}r^2}{2d_w^2}$	三角形井网
正七点系统	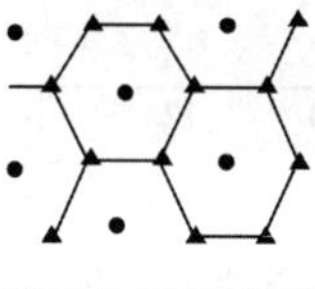	$F=\dfrac{3\sqrt{3}}{4}d_w^2$	$\eta=\dfrac{3\sqrt{3}r^2}{4d_w^2}$	三角形井网

注：▲—注水井；●—采油井。

可以看出，影响水驱油层动用程度的因素有井距 R 和动用半径。而式(2-3-61)和式(2-3-62)表明，动用半径取决于生产流压 p_{wf}、注水井底压力 p_{inf}、启动压力梯度 G_D（主要取决于渗透率 K）和井距 R。

采用 300m×300m 正方形井网反九点法注水开发，不同的注采条件下水驱油层的动用程度如图 2-3-5 所示。在一定的注采井距下，水驱油层动用程度随着注水压力的增大而提高，随着储层渗透率的增大而提高，但是增幅相对前者较缓慢。例如，在渗透率为 $4×10^{-3}\mu m^2$ 时，40MPa 的注水压力下，水驱油层动用程度为 9%，而注水压力如果提高到 55MPa，那么动

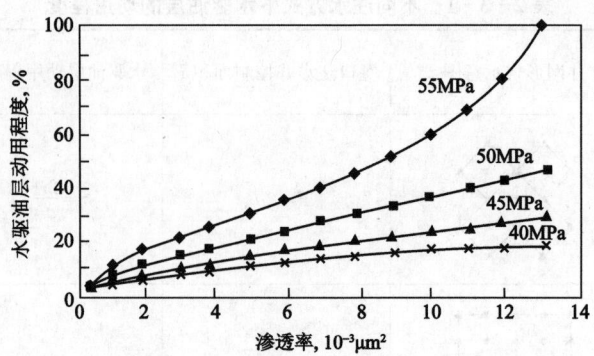

图 2-3-5 300m 注采井距时不同注水压力下水驱油层动用程度

用程度可达 27.4%，提高了整整 3 倍。当注水压力 45MPa 时，在渗透率为 $4\times10^{-3}\mu m^2$ 时，动用程度为 13.6%，而渗透率增加到 $12\times10^{-3}\mu m^2$ 时，动用程度也只有 27.8%。可见水驱油层动用程度随着注水压力和渗透率的提高而增大，不过随渗透率变化的增幅相对于注水压力来说要缓慢一些。

图 2-3-6 为注水压力 45MPa 时不同注采井距下油层动用程度与渗透率的关系。可以看出，在一定的注水压力下，水驱油层动用程度随着渗透率的增大而提高，随着注采井距的缩短而增大。但是当井距缩短到一定程度后，即使进一步进行储层改造提高渗透率，水驱油层动用程度的增幅也相当有限。例如，在 300m 注采井距下，渗透率为 $2\times10^{-3}\mu m^2$ 时的水驱油层动用程度为 14%，而在渗透率为 $12\times10^{-3}\mu m^2$ 时的动用程度可达 27%。对于渗透率为 $5\times10^{-3}\mu m^2$ 的油层，在 300m 注采井距下的动用程度为 15%，而如果井距缩短到 200m，理论上水驱油层动用程度可达 95%，因此进一步提高渗透率、动用程度的增幅也相当有限。

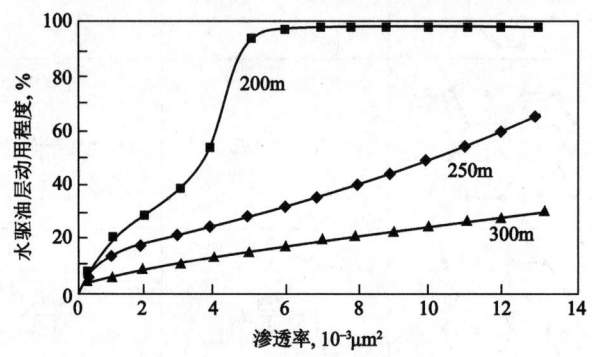

图 2-3-6 45MPa 注水压力时不同注采井距下水驱油层动用程度与渗透率的关系

从图 2-3-7 可以看出，对于同一油层（即渗透率一定），水驱油层动用程度随着注水压力的增大而提高，随着井距的增大而降低。当井网加密到一定程度后，进一步加密井网缩短井距，或者增大注水压力，水驱油层动用程度提高的空间也相当有限。由此可以根据水驱油层动用程度与井距关系曲线的拐点来确定合理的注采井距。

综上所述，水驱油层动用程度的影响因素有储层渗透率、注水压力和注采井距。提高储层渗透率、增大注水压力以及缩短井距均可以提高低渗透油层的动用程度。但是对于某一特定的油层来说，即使通过酸化、压裂等技术措施改造，储层渗透率改善的效果也是相当有限的，因此通过提高储层渗透率来提高低渗透油层的动用程度并非是一个最好的途径。

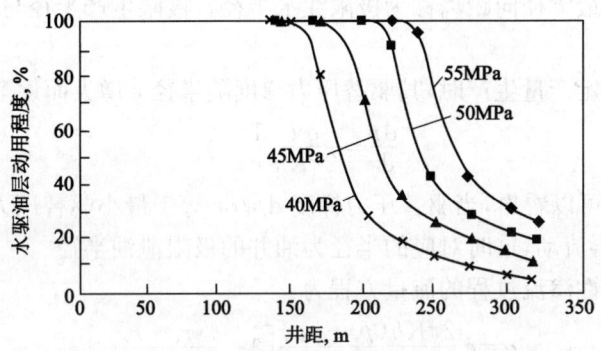

图 2-3-7　$10×10^{-3}\mu m^2$ 时不同注水压力水驱油层动用程度

提高注水压力,增大注采压差,确实可以较好地提高水驱油层动用程度,改善开发效果。但是储层岩石有一个极限承受压力,即破裂压力,注水井底压力不能超过岩石的破裂压力,而且生产现场的注水压力往往调整的余地不是很大,也就是说,不能无限制地通过提高注水压力来提高水驱油层的动用程度。改善低渗透油层动用程度的可控因素主要是注采井距。大多数低渗透油田水驱控制及动用程度低,油水井供液能力、人工水驱状况、油井见效状况差,其主要原因是注采井距偏大。因此,应进行加密调整,适当缩小注采井距,对低产低注井进行整体酸化改造等增产增注措施,对注采能力差的层段进行分层改造或者油套分采,减少层间干扰,提高储量动用程度。

3)低渗透油藏技术极限井网密度

对低渗透油藏来说,技术极限井网密度是依靠现有工艺技术条件,随着井网密度的增加,开始能够使整个油藏注采井间的原油呈拟线性流动时折算的井网密度。也就是说,在技术极限井网密度条件下部署的井网,刚好能够有效地控制井网覆盖范围的所有开发区域。

技术极限井网密度是与油田某个时期的技术发展水平相联系的,也与油层性质有关。而油田的技术极限井网密度是由技术极限井距决定的。

当井网密度小于技术极限井网密度时,低渗透油田部署的井网不能控制所有的开发区域,即注采井间存在着生产井控制不住、注入水波及不到的原油滞留区,有效的注采驱替压力系统无法建立。

当低渗透油藏的井网密度大于技术极限井网密度时,井间控制范围开始交叉,开发井网覆盖范围内的所有含油面积才能有效地启动,注采井单元内形成连续的流场,不留开发"死角"。

低渗透油田由于存在启动压力梯度,注采井间的压力损耗梯度很大,在大井距条件下开发,压力的损耗则更加严重。为了减少压力损耗,最有效的方法是打加密井,缩小井距,但是盲目地加密井网,势必增加投资成本,增加开发的风险。因此,确定注采关系能够建立的极限注采井距,对低渗透油田的经济、有效开发具有重要意义。

通过室内驱替机理研究,得到了最小启动压力梯度与流度的关系式:

$$\left[\frac{\Delta p}{\Delta L}\right]_{min}=1.4378\left(\frac{K}{\mu}\right)^{-0.9444} \qquad (2-3-63)$$

将在一定技术极限条件下(生产压差条件下),流体流动处在非线性达西流状态下的径向距离称为油井极限泄油半径,即当驱替压力梯度等于最小启动压力梯度 $dp/dr=[\Delta p/\Delta L]_{min}$ 时,对应极限泄油半径——技术极限半径。由极限泄油半径可得技术极限注采井距,即在一定注采压差下(工艺技术水平),油井能够控制的最大径向距离称为极限生产半径(油井极限泄油半径);水井能够控制的最大径向距离称为极限注水半径。极限生产半径与极限注水半径之和称为技术极限井距。

当一口油井以一定产量生产时,其驱替压力梯度随半径 r 增大而逐渐减小,公式为:

$$\frac{dp}{dr}=\frac{q\mu}{2\pi Kh}\frac{1}{r}+\gamma \tag{2-3-64}$$

从式(2-3-64)可以看出,当驱替压力梯度 dp/dr 等于最小驱替压力梯度时,油井的产量等于零,液体质点不再流动,这时对应的半径为油井的极限泄油半径。

低渗透油层非线性渗流过程的流量方程为:

$$q=\alpha\frac{2\pi Kh(p_e-p_w)}{\mu\ln\frac{r_e}{r_w}}\left[1-\frac{\gamma(r_e-r_w)}{(p_e-p_w)}\right] \tag{2-3-65}$$

由此得到:

$$\frac{dp}{dr}=\frac{(p_e-p_w)\left[1-\frac{\gamma(r_e-r_w)}{p_e-p_w}\right]}{\ln\frac{r_e}{r_w}}\frac{1}{r}+\gamma \tag{2-3-66}$$

可以看出,当 $dp/dr=\gamma$ 最小时,将室内实验代入式(2-3-66),并考虑到 $r_w\ll r_e$,可以得到极限泄油半径公式:

$$r_{\lim}=0.6955(p_e-p_w)\left(\frac{K}{\mu}\right)^{0.9444} \tag{2-3-67}$$

由式(2-3-67)可以确定,在一定工艺水平下,一定流体在油藏中的最大流动范围或技术合理井距,如图 2-3-8 所示。

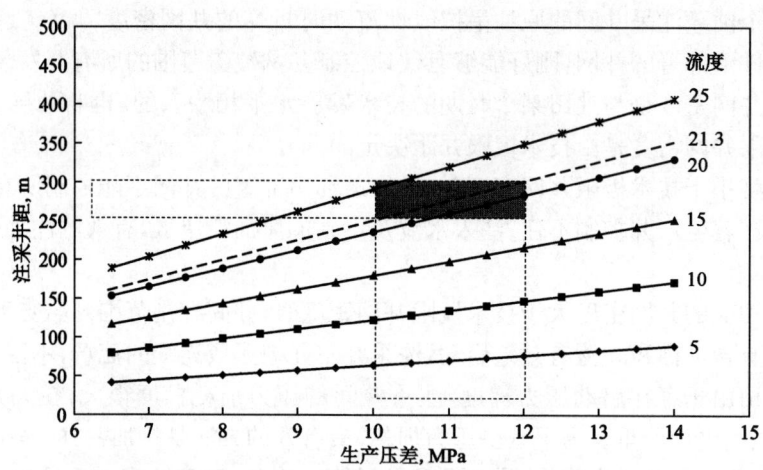

图 2-3-8 含启动压力梯度下的注采井距

注采井间驱替压力梯度表达式为:

$$G_D=\frac{p_e-p_{wf}}{\ln\frac{d_w-r}{r_w}}\frac{1}{d_w-r}+\frac{p_{\inf}-p_e}{\ln\frac{r}{r_w}}\frac{1}{r} \tag{2-3-68}$$

根据图 2-3-9 注采井之间的驱替压力梯度分布曲线示意图可以看出,驱替压力梯度在注水井和生产井附近很大,注采井之间逐渐减弱,在注采平衡点处最小,因此,研究不同注采条件下平衡点处的驱替压力梯度与储层的启动压力梯度就可以确定技术极限井距。

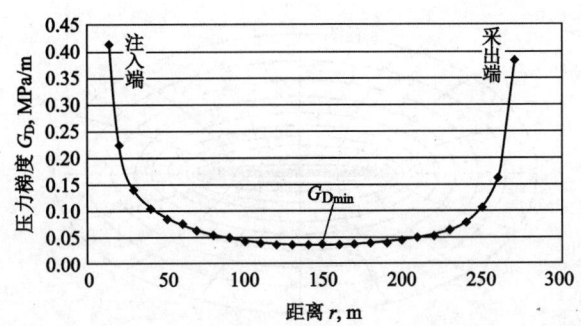

图2-3-9 注采井之间的驱替压力梯度分布曲线示意图

对于低孔低渗砂岩油藏,完全克服低渗透储层启动压力梯度的最小驱动压力梯度所对应的注采井距,即是注采井间能够建立有效驱替的技术极限井距。采用的注采井距过大时,驱替压力梯度无法完全克服启动压力梯度,合理的注采关系无法建立。缩小注采井距条件,最小驱替压力梯度刚好可以克服最大启动压力梯度时,驱动压力梯度曲线恰好均位于启动压力梯度曲线上方,那么该井距就是该区的技术极限井距。同时,如果继续缩短注采井距,水驱动用程度提高,从而大大提高了地质储量的动用程度。

四、水平井井控范围

无限大地层水平井为三维渗流,如图2-3-10(a)所示。若油层存在上下边界或纵向渗透率与横向渗透率的比值较小,水平井近井同样为三维渗流,等势线更扁平一些,如图2-3-10(b)所示。

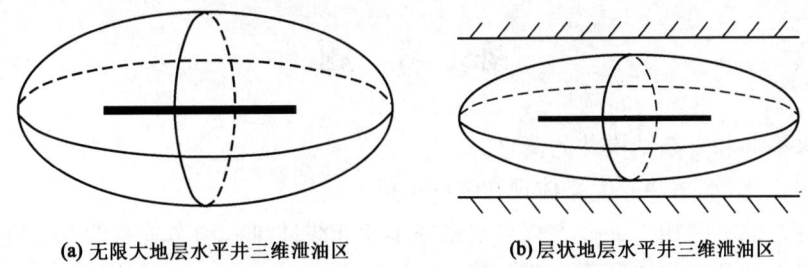

(a) 无限大地层水平井三维泄油区　　　　(b) 层状地层水平井三维泄油区

图2-3-10 水平井三维泄油区

如果不考虑油层纵向流动,水平井流场图与拟径向渗流场相似,可以简化为如图2-3-11所示。假设水平井泄流区域形状为一椭圆,其泄流面积 A 为:

$$A=\pi ab \tag{2-3-69}$$

其中

$$a=\frac{L}{2}+r_{ev};\ b=r_{ev}$$

式中　a——椭圆长轴;

b——椭圆短轴;

L——水平井长度,m;

r_{ev}——水平井区直井的泄油半径,m。

实际应用中,还可以采用如图2-3-12所示的计算方法,其泄油面积为:

$$A=2r_{ev}L+\pi r_{ev}^2 \tag{2-3-70}$$

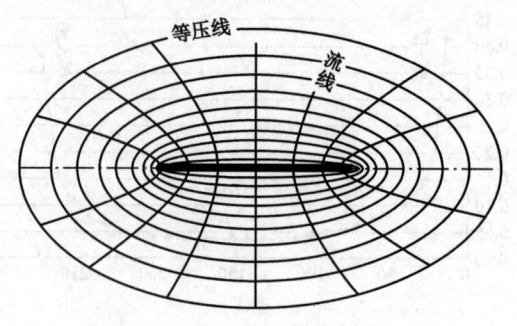

图 2-3-11 水平井平面渗流场

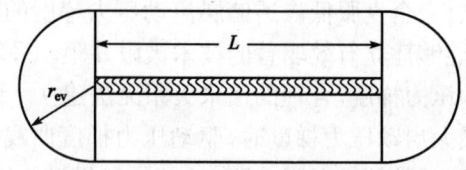

图 2-3-12 水平井泄流面积示意图

水平井区直井的泄油半径可以通过直井试井或试采资料确定。在实际应用过程中,直井还可能为多层合采,层间差异使得各层的泄油范围不同。

事实上,除具有边底水、气顶附近的油井外,一般情况下处于试采阶段的油井,无论直井还是水平井都呈现封闭型弹性驱,表现出衰竭式开采方式;只是基于试采资料确定直井井控范围的理论和方法相对成熟,而确定水平井井控范围的理论和方法还需要进一步深入研究。

练 习 题

1. 简述水平井和复杂结构井的概念。
2. 和直井相比,水平井的优势体现在哪些方面?
3. 简述直井油气两相 Vogel 方程与水平井单相非线性流入动态关系的主要机理。
4. 简述水平井开采候选油藏类型及其适应性。
5. 简述水平井单井优化设计的主要内容及水平井水平段方位设计原则。
6. 试根据复杂结构井的个性化特征,阐述其所适用的个性化油藏类型和剩余油富集类型。
7. 简述底水油藏的主要开发地质特征。
8. 试分析均质底水油藏水平井的水淹特征及水平井沿程渗透率变化对水淹特征的影响。
9. 确定井控储量的方法有哪些?
10. 试分析利用油田开发初期的油井试采资料确定井控储量的合理性。
11. 已知油井关井测试的压力恢复数据,见表 2-4-1。油井关闭之前,该井以 650t/d 的恒定产量生产了 310h。油藏深度为 3194m;有效厚度为 147m;有效孔隙度为 9%;地层含油饱和度为 80%;地层原油黏度为 0.2mPa·s;地面原油相对密度为 0.835;原油体积系数为 1.55;地层总的弹性压缩系数为 41.5×10^{-4} MPa^{-1};油井的圆形供给半径为 800m;井半径为 0.108m;关井前的井底流动压力为 18.78MPa,如何确定油井控制的地质储量?

表 2-4-1　油井关井测试压力恢复数据

序　号	时间, h	压力, MPa	序　号	时间, h	压力, MPa
1	1	20.800	13	13	22.436
2	2	21.589	14	14	22.456
3	3	21.955	15	15	22.456
4	4	22.120	16	17	22.498
5	5	22.212	17	20	22.512
6	6	22.283	18	22	22.540
7	7	22.316	19	24	22.560
8	8	22.352	20	26	22.567
9	9	22.371	21	28	22.593
10	10	22.380	22	30	22.600
11	11	22.411	23	35	22.612
12	12	22.420	24	40	22.618

12. 试根据油井的拟稳态产量表达式和油相相对渗透率呈直线形式 $K_{ro}(S_o)=a+bS_o$，推导溶解气驱或水驱油藏产量递减符合指数递减规律。

13. 试根据油井的拟稳态产量表达式和油相相对渗透率呈幂函数形式 $K_{ro}(S_o)=a(1+S_o)^b$，推导溶解气驱或水驱油藏产量递减规律符合双曲递减规律。

14. 试根据油井的拟稳态产量表达式和油相相对渗透率呈指数函数形式 $K_{ro}(S_o)=ae^{bS_o}$，推导溶解气驱或水驱油藏产量递减符合调和递减规律。

15. 试根据油井的拟稳态产量表达式和封闭弹性驱动油藏物质守恒推导油井产量递减符合指数递减规律。

第三章
复杂油藏开发井网系统设计

随着石油地质理论和勘探技术的进步,人们发现了众多类型的油气藏。

复杂圈闭类型的断块油气藏中,多油层的复杂断块油藏往往是多个油水和压力系统,每个油层组都紧靠断层形成较窄的含油带,而含油段分布较长,即形成牙刷状的油藏分布形式;储层多孔介质类型既有碎屑岩粒间孔隙构成的单一空间系统,也有化学岩中由裂缝、溶洞构成的多种空间系统,显然流体在不同孔隙空间的流动规律各不相同。同为碎屑岩的砂岩油气藏,储层渗透率和孔隙度都受颗粒粒径及圆度、分选系数、泥质及胶结物的含量和胶结类型等因素的影响,岩石渗透率甚至小于 $1 \times 10^{-3} \mu m^2$,而常规开发技术难以开发这部分资源。

石油开采者面对的是各种复杂类型的油气藏,包括多重油藏水动力系统、多孔介质复杂、复杂油藏流体、复杂开发技术条件和渗流方式、储层动态不断变化等,这些复杂特征都将对油藏开采动态产生影响。目前,人们正在不断发展和完善针对不同类型油藏的开发设计理论。

第一节 复杂油藏开发方式

一、油藏开发方式选择

1. 油藏能量特征及分类

1)油藏能量来源

当油井投入生产后,石油就会从油层中流到井底,并在井筒中上升到一定高度,甚至可以沿井筒上升到地面;原因是处于原始状态下的油藏,其内部具有能量,这些能量在开采时成为驱动油层流体流动的动力来源。在天然条件下,油藏的驱油能量主要包括边底水压能、油藏岩石和流体的弹性能量、原油中溶解气的析出膨胀能量、气顶气膨胀压能、流体重力能。

流体在储层中的流动是利用油藏所具有的做功的能力,克服流体黏滞力、毛细管压力和重力等阻力的运动过程。对于等温渗流过程,做功即为建立能量差或释放能量,能量的表现形式可以是位能,也可以是变形能,这种能量可以是天然的,也可以是人工能量。

(1)流体位潜能 E_{pos} 为:

$$E_{pos} = M_L g H \tag{3-1-1}$$

式中 M_L——液体质量;

H——液位高度。

由于 $M_L = V_L \rho_L$,且 $\rho_L g H = p_L$,则:

$$E_{pos} = V_L \rho_L g H = V_L p_L \tag{3-1-2}$$

式中 ρ_L——液体密度；

V_L——液体体积；

p_L——液体压力。

可以看出，流体的质量和高程（压头）或流体体积和其所形成的压力越大，其位潜能也越大。

(2)岩石和流体弹性变形潜能 E_{def} 为：

$$E_{def}=F\Delta l \qquad (3-1-3)$$

式中 F——物体受力；

Δl——物体变形长度。

由于 $F=pA$ 和 $\Delta V=A\Delta l$，则

$$E_{def}=pA\Delta l=p\Delta V \qquad (3-1-4)$$

对于弹性变形物体的体积增量 ΔV 可用弹性系数表示：

$$c=\frac{1}{V}\frac{\Delta V}{\Delta p} \qquad (3-1-5)$$

$$E_{def}=cVp\Delta p \qquad (3-1-6)$$

式中 A——物质受力面积；

p——压力；

c——压缩系数；

Δp——压力差。

可以看出，岩石和流体的体积 V 和弹性系数 c 越大，压力 p 和压差值 Δp 越大，刚弹性变形潜能越大。如果油藏存在边底水、气顶，这些含水区和含气区也存在能量，同样原油中溶解气量越大，原油地下体积越大。由 $V=V_{osc}B_o$，原油在高于泡点时体积系数最大，随着原油脱气，体积系数逐渐降低，地下原油体积减小，原油的变形潜能降低。

在天然条件下油藏能量的主要来源包括地层水体（边水和底水）位能、游离气（气顶气）的膨胀能、溶解气的膨胀能、流体和岩石的弹性能、原油的位能。油藏能量的形式是综合性的，包括容积效应能、弹性效应能、压力及压差效应能，无论哪种效应能都对流体流动发挥作用。

2）油藏天然能量评价

不同的天然能量驱油，开发效果不同，国内外油藏开发的实践证明，天然水驱开发效果最好，采收率高；溶解气驱开发效果差，采收率低。因此，油藏天然能量的早期评价，直接关系到天然能量的合理利用和油藏开发方式的选择。

根据早期油藏试采资料，应用无因次弹性产量比值方法，可对天然能量做出定性评价。若该值大于1，说明实际产量高于封闭弹性产量，存在天然能量补给。该值越大，说明天然能量补给越充分。无因次弹性产量比值 N_{pr} 的表达式为：

$$N_{pr}=\frac{N_p B_o}{NB_{oi}c_t\Delta p} \qquad (3-1-7)$$

式中 N_p——与总压降对应的累积产油量，$10^4 t$；

N——原始原油地质储量，$10^4 t$；

B_{oi}——原始原油体积系数；

B_o——当前压力 p 对应的原油体积系数；

c_t——综合压缩系数，MPa^{-1}；

Δp——总压降，MPa。

应用这种方法时,油藏应采出2%以上的地质储量,且地层压力发生了明显降落,否则影响计算结果。评价天然能量的强弱,除了用 N_{pr} 指标外,还可采用每采出1%地质储量的压降值 $\Delta p/\Delta R$。根据90个油藏资料验证,发现两者之间有很好的相关关系,如图3-1-1所示。天然能量评价指标分为四级,见表3-1-1。

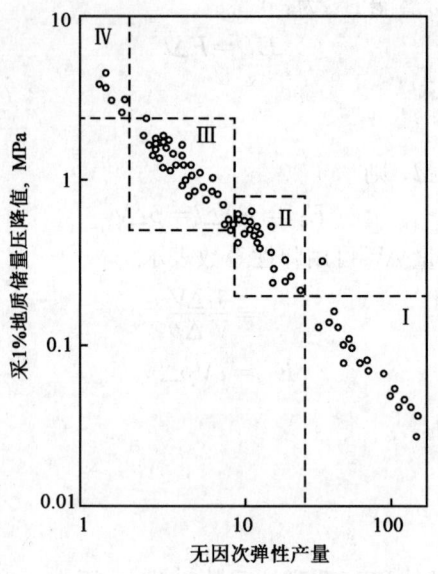

图3-1-1 无因次弹性产量与压降关系图

Ⅰ—天然能量充足油藏;Ⅱ—天然能量较充足油藏;Ⅲ—具有一定天然能量油藏;Ⅳ—天然能量不足油藏

表3-1-1 天然能量评价指标

分级		指标		
		$\Delta p/R$	N_{pr}	V
Ⅰ	天然能量充足	<0.2	>30	>2
Ⅱ	天然能量较充足	0.3~0.8	10~30	2
Ⅲ	具有一定天然能量	0.5~2.5	2~10	1~1.5
Ⅳ	天然能量不足	>2.5	<2	<1

2. 复杂边界油藏(断块)开发方式

断块油藏的开发对策与断块油藏的大小有直接联系。断块油藏的分级是按面积大小划分等级的。在采用静态与动态资料相结合、进行早期判别油藏天然能量大小及驱动类型的基础上,根据不同条件和地质特点确定开发方式。

对于高渗透率、低黏度、高产能、强边(底)水驱的断块油藏,应充分利用天然能量开采。对于以弹性驱动为主,天然能量不充足的封闭或半开启的断块油藏,应采取人工补充能量的注水方式开发。凡具备注水条件的均应采取早期注水开发。

1)初期开发方式选择

对于一个断块油藏开发单元,首先依据油藏天然能量大小选择开发方式,并根据断块大小(或含油面积)选择井网形式。

如图3-1-2所示，依据开发方式，将天然能量充足、利用天然水驱开发的断块单元作为Ⅰ类边底水断块，多为厚层、边底水断块，如辛151、辛1等断块开发单元。将天然能量不足、注水开发的断块再按照含油面积的大小、能否形成注采井网，分成Ⅱ类简单断块、Ⅲ类复杂断块、Ⅳ类极复杂断块。其中，Ⅱ类简单断块为平均自然断块面积大于0.5km²的多油层断块单元，如河50断块、辛11等断块单元；Ⅲ类、Ⅳ类主要是自然断块面积小于0.5km²的复杂小断块单元，如临9、营13等断块单元。

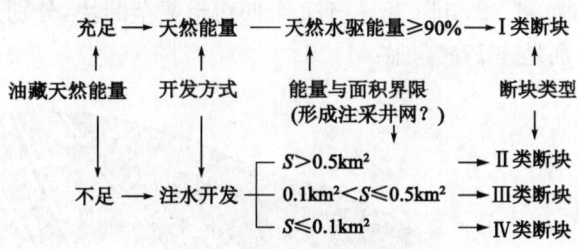

图3-1-2 断块油藏开发设计分类

2）精细开发方式选择

上述以断块油藏为主的断块油田开发单元，是同属于一个断裂带形成的含油气断块油藏的集合群体，目的是为了宏观层面的分析和规划编制。Ⅲ类、Ⅳ复杂断块单元内被断层分割为面积大小不一、形态各异的自然断块，由于断块形态、大小以及地层倾角等因素都将影响平面井网的部署，各自然断块间地质特点和开发特征存在较大差异，不适合采用同一套开发技术政策。

以开发单元为对象的管理分类已不适应精细注水开发的需要，特别是复杂断块平面井网优化设计的研究需要。因此，有必要针对自然断块（层块）进行精细分类，以满足这类断块的合理井网优化与开发调整及综合治理的需要。

统计胜利油区复杂断块油藏（Ⅲ类、Ⅳ类断块）单元292个，动用储量5.2×10^8t，占断块油藏的33.1%。断块断裂系统复杂，内部低序级断层发育，断块含油面积小，平均含油面积小于0.5km²，天然能量弱，多以不规则注采井网+点状注水开发，甚至弹性开采，井网不完善，注采对应率低，平均为65.7%，水驱控制程度仅为56.5%，目前综合含水率为84.5%，采出程度仅为16.6%，预计可采储量1.3×10^8t，采收率低，为25.6%，明显低于Ⅰ类、Ⅱ类断块，见表3-1-2。

表3-1-2 不同类型断块油藏开发现状表

油藏类型	单元个数	动用储量 10^4t	动用储量占比 %	可采储量 10^4t	采收率 %	水驱控制程度 %	年产油量 10^4t	年产油量占比 %	综合含水率 %	采出程度 %
Ⅰ类断块	101	21079	13.8	7795	37.0	73.5	106.3	12.7	96.0	33.3
Ⅱ类断块	298	81351	53.1	25420	31.2	64.8	414.2	48.1	91.7	27.2
Ⅲ类断块	240	43495	28.4	11580	26.6	58.6	229.5	27.4	87.5	18.6
Ⅳ类断块	52	7160	4.7	1639	22.9	52.0	51.5	6.1	81.6	10.8
其他	103						24.4	2.9	77.9	
合计	794	153085	100	46433	30.3	64.1	826.0	100	91.6	26.0

以胜利油区临盘油田临9断块区为例,临9断块区是由同沉积断层临邑大断层及其派生的一系列次生断层所控制,其内部又被一系列小断层复杂化而形成的反向屋脊断块构造。由于断层多且倾向不一,形成一系列小断阶、顺向小断块、反向屋脊、小地堑等多种构造形态,如图3-1-3所示。其共分为11个含油断块,含油面积0.07~1.12km²,除临17含油面积较大(1.12km²)的封闭简单断块、临36-5面积较大的半开启简单断块外,其他均为含油面积小于0.5km²的复杂断块油藏。从断块几何形态分类看,包括5个三角形复杂断块,分别是临17-8、临41-18、临36-31、临36-2与临36-14;2个四边形复杂断块,分别是临17-6、临9-1;以及2个长条形断块,分别是临17-5、临41-5。

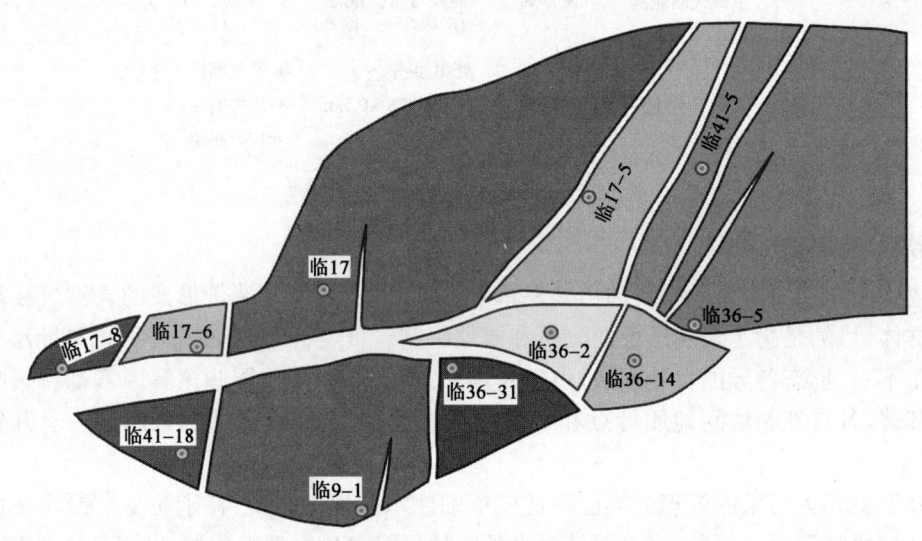

图3-1-3 胜利油区临盘油田临9断块区复杂断块分布

从含油面积与储量规模上考虑能否形成注采井对为条件,将复杂断块油藏划分为小断块与微断块。根据矿场实际布井资料计算,在油井距断层为30m,注采井距250m的条件下,三角形断块形成一注一采注采井对的最小含油面积为0.039km²,四边形形成注采井对最小含油面积为0.028km²。从储量规模上分析,理论计算表明,封闭断块弹性开采采收率低于10%,注水开发可以大幅度提高小面积(储量规模)封闭断块采收率,一注一采单元采收率达25%以上。因此,将含油面积小于0.04km²、储量规模小于$4×10^4$t的断块划分为微断块,含油面积大于0.04km²、小于0.5km²(Ⅱ类简单断块与Ⅲ类复杂断块的界限)、储量规模大于$4×10^4$t的断块划分为小断块。显然,微断块只能单井弹性或吞吐开发。

考虑复杂断块整体上均为封闭断块,一般天然能量不足或无边底水能量。根据断层组合与断块几何形态井网主控因素,总结与归纳复杂断块自然单元几何形态,又将复杂小断块细分为三角形、四边形及长条形三类,如图3-1-4所示。

(1)三角形复杂(小)断块油藏。三角形复杂(小)断块油藏主要是指被三条断层遮挡、封闭形成的三角形复杂断块,断块面积一般在0.04km²<S≤0.5km²,天然能量不足或微弱,开采压力下降快,多采用不规则注采井网或点状注水开发,如临9块临41-18、临36-2等油藏,如图3-1-5所示。

(2)四边形复杂(小)断块油藏。四边形复杂(小)断块油藏主要是指四周被四条及以上断层遮挡、封闭形成的四边形或近似四边形复杂断块,长宽比差异不大,断块面积一般在

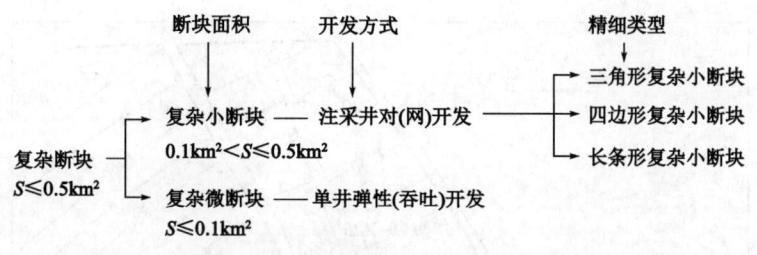

图3-1-4 复杂断块油藏精细开发分类

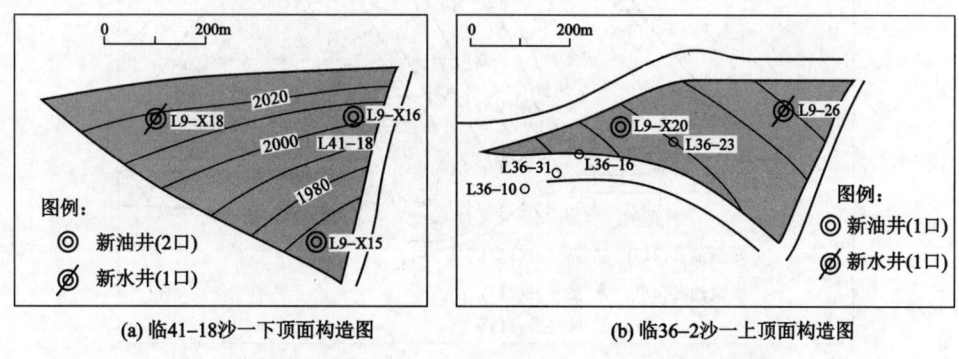

(a) 临41-18沙一下顶面构造图 (b) 临36-2沙一上顶面构造图

图3-1-5 典型三角形复杂断块单元构造图

$0.04km^2 < S \leq 0.5km^2$，天然能量不足或微弱，开采压力下降快，多采用不规则注采井网或点状注水开发，如临13-27断块、盘40-斜93断块等油藏，如图3-1-6所示。

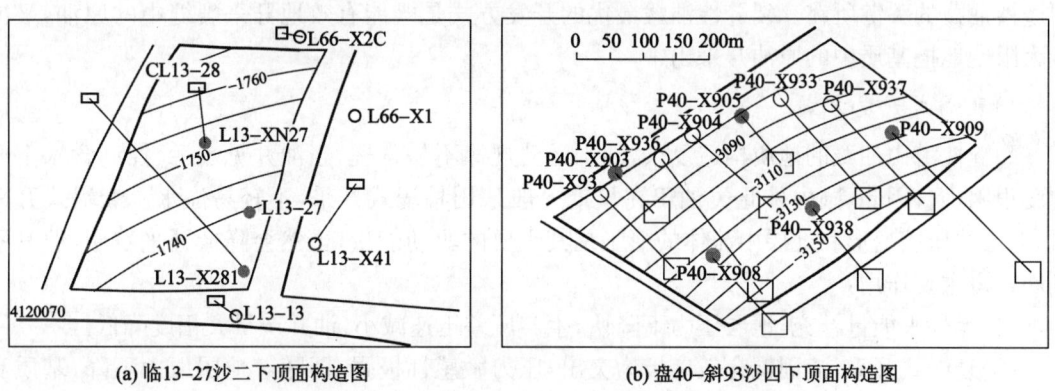

(a) 临13-27沙二下顶面构造图 (b) 盘40-斜93沙四下顶面构造图

图3-1-6 典型四边形复杂断块单元构造图

（3）长条形复杂（小）断块油藏。长条形复杂（小）断块油藏平面受多条断层切割封闭形成的狭长形断块，其主要特点是长宽比大，宽度仅100m左右（低于一个注采井距）。天然能量不足或微弱，不易形成完善的注采井网，如临17-5、临41-5断块等油藏，如图3-1-7所示。

3. 储层岩石应力敏感性油藏开发方式

在开发过程中，如果储集层的物性（孔隙度、渗透率等）随地层压力呈现非常显著的变化，通常称为应力敏感性油藏，例如裂缝性油藏、低渗透油藏或含有裂缝的低渗透油藏。以裂缝性油藏为例，裂缝性油藏为双重介质油藏，裂缝系统一般属于低孔高渗系统，孔隙度较低，储量少，但渗透率和产油能力很高，驱油效率高，采出程度高；基质系统属于较高孔低渗透系统，孔

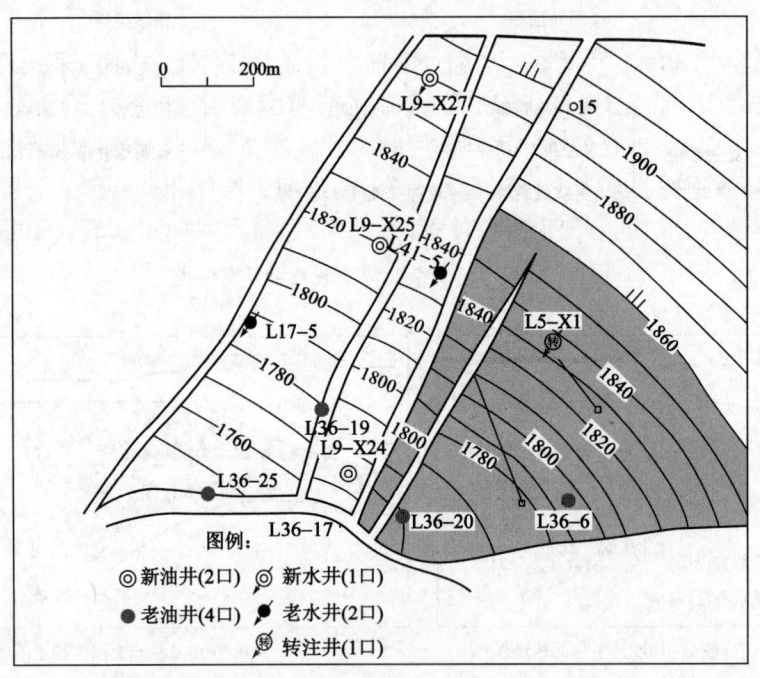

图3-1-7 典型长条形复杂断块单元构造图

隙度大,储量多,但渗透率和产油能力低,采出程度低。一般来讲,裂缝系统储量少,但开采容易;而基质系统储量多,但开采困难。所以,如何有效、经济地开采基质中的原油,是成功开发裂缝性油藏的关键所在。裂缝性油藏最优的开发方式是既能有效地开采裂缝中的原油,又能最大限度地把基质中的原油开采出来。

1)衰竭式开发方式

裂缝性潜山油藏的地质构造复杂,油水运动规律不易掌握,当油井见水后,控制含水上升速度很困难。因此,国内外此类油田在早期一般采用枯竭式开采,不轻易注水。衰竭式开采时,储层的压缩变形和地层中流体的膨胀是其主要的驱动能量,虽然会降低开采费用,但其不利因素占主要作用:

(1)无外来能量补充,地层压力下降快,生产压差迅速减小,油井产量大幅度降低。

(2)衰竭式开采,流固耦合效应极为突出,压力敏感性极强,即随着地层压力下降,基质和裂缝承受的有效压力增加,基质和裂缝发生弹性、塑性变形,使裂缝变形闭合、基质孔隙与喉道缩小,导致孔隙度、渗透率急剧降低,进而使油井产能降低。

(3)衰竭式开采的采收率低。

2)注水开发方式

国外大部分油田在压力下降到80%附近即开始进行注水开发。为控制裂缝渗透率下降,有效延长油井自喷期、防止原油脱气,因此对于潜山裂缝性油藏也应立足于早期注水开发,注水时地层压力下降不要超过原始地层压力的20%。

国内外裂缝性岩石的部分研究资料表明,实际上覆压力变化时,裂缝岩石形变程度比孔隙性储层岩石要高,即裂缝性岩石渗透率随着有效上覆压力的变化比砂岩更严重,且渗透率的变化是部分不可逆的。裂缝性岩石渗透率的不可逆变化高达75%。

国内裂缝性潜山油藏开发方式对比见表3-1-3。

表3-1-3 国内裂缝性潜山油藏开发方式对比表

序号	油田名称	注水状况
1	任丘雾迷山组	早期边底部注水
2	任丘第三系生物灰岩	早期边外注水
3	龙虎庄奥陶系	经历了人工注水、停注试验、间注间采试验
4	河间高于庄组	早期边外底部注水
5	大王庄留70生物灰岩	不规则点状面积注水
6	八里庄雾迷山组	早期边外底部注水
7	留北雾迷山组	早期底部注水
8	静安堡静北潜山油藏	边底水不活跃,稳产期间采取层内低部位的注水
9	塔河油田奥陶系	早期利用天然能量

裂缝性油藏进入开发后期后,水窜和底水锥进问题比较突出,部分油井水锥顶已经到达潜山面,常规的不稳定注水、周期注水效果不明显,油藏开发效果差,因此发展了异步注采的方式。

异步注采是在注水已经发生水窜、基质原油被水封的情况下,为扩大基质岩块的注水波及体积,提高原油采收率而开展的一种周期注水方式。其主要过程是注水井注水时关停油井,地层压力恢复后注水井停注,平衡压力场,使整个区域油水重新分布;油水分异一段时间后油井复产,如图3-1-8所示。其实质是充分发挥裂缝系统作为供水和油流通道的有利因素,利用驱替压差、基质岩块压缩和膨胀、毛细管渗吸作用等,促使原油从基质岩块流向裂缝系统,从而扩大基质岩块的注水波及体积,提高驱油效率。

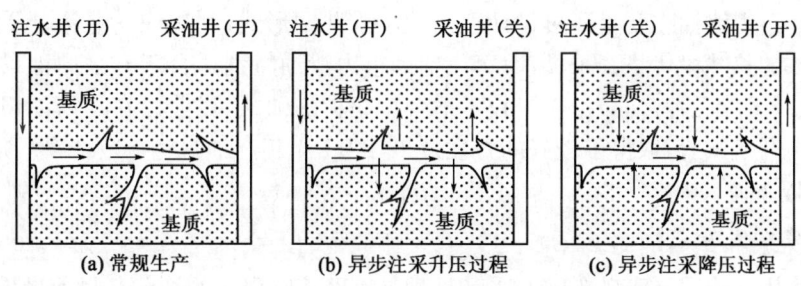

图3-1-8 裂缝性油藏异步注采方式示意图

对于底水油藏,在开发中后期水锥严重,因此在油井关停期间,利用油水密度差使油水进行重新分异,降低水锥高度,实现最终降低油井含水率的目的。

4. 储层流体热力敏感性油藏(稠油)开发方式

稠油开采技术基本包括五种:蒸汽吞吐技术、蒸汽驱技术、火烧油层技术、蒸汽辅助重力泄油(SAGD)技术、露天采矿式开采技术。

1)蒸汽吞吐技术

蒸汽吞吐技术是指在本井中完成注蒸汽、焖井和采油三个过程的稠油开采方法,从注蒸汽开始到油井不能正常生产为止,称为一个吞吐周期。

蒸汽吞吐注汽时间与注汽量、设备、井况与地层条件有关,一般为10~15d。焖井过程是将注入蒸汽的热量充分释放给油层,合理的焖井时间应该满足蒸汽释放完潜热为止,焖井时间过长或过短都将影响注入蒸汽的热效应,焖井时间一般为3~5d;生产阶段是将蒸汽凝结的流体和被加热的油藏流体一起开采到地面上,与常规生产井的过程基本相同,生产时间可长达上百天。该技术投资少,见效快,适应性强,是现阶段中国稠油开发的主要开采方式,其采油速度可达2%~8%。目前蒸汽吞吐产量占稠油总产量的85%左右,但它的采收率相对较低,一般不超过30%。

2)蒸汽驱技术

蒸汽驱技术是指通过适当井网,由注汽井连续注汽,在注入井周围形成蒸汽带。注入的蒸汽将地下原油加热并驱到周围生产井后产出。蒸汽驱的注采形式与常规注水开采相似。

目前蒸汽驱技术已成为开采稠油的最主要的技术之一,该技术在世界上已趋于成熟,且比较广泛地应用于稠油开发。中国稠油蒸汽驱产量仅占5%左右,应用规模较大的稠油油藏包括辽河油田的齐40块近150个蒸汽驱井组,新疆九区浅层也开展了规模性蒸汽驱,并获得较好的效果,蒸汽驱采收率可达50%以上。中深层稠油油藏的蒸汽驱开采仍处于现场试验阶段。

3)火烧油层技术

火烧油层技术是通过注入井向油层注入空气或氧气,将油层点燃,使油层中的一部分原油燃烧而产生热量,加热和驱替未燃烧区的大部分原油,并从生产井中开采出来。这一技术室内实验效果良好,但由于工艺复杂,现场试验时遇到严重窜通、腐蚀、砂堵、乳化及泵注等问题,效果并不理想。这一技术主要针对蒸汽驱技术不适用的油藏,特别是深层稠油油藏。目前辽河油田已在现场开展了火烧油层先导试验,并取得了初步的效果。

4)蒸汽辅助重力泄油技术

蒸汽辅助重力泄油主要是通过设计适当的注采井网形式,利用注入蒸汽与受热原油的密度差及水平井的长井段优势开采稠油,蒸汽辅助重力泄油特别适合于开采原油黏度较高的特稠油或超稠油(天然沥青)油藏。这一技术适合特超稠油油藏,目前已在辽河油田和新疆油田进行了工业性开发试验,取得了较好的开发效果,2011年年产油量达$60×10^4$t,预测最终采收率可达50%以上。

5)露天采矿式开采技术

该方法适用于浅层沥青砂露天开采和处理具有经济吸引力的油藏。目前世界上仅有的两处工业规模的露天采矿厂,在加拿大艾伯塔省阿萨巴斯卡沥青砂矿中。

二、注采结构优化设计

1. 一维多相渗流分流特征

1)油水两相渗流分流量

如图3-1-9所示,倾角为α的均质倾斜油层,驱替方向沿油层倾斜方向,油层渗流面积为A,岩石渗透率为K,原油和水的黏度分别为μ_o、μ_w,流体不可压缩,注水量或地下产液量为q_t。

根据达西定律,油层中油水流量为:

$$q_l = -\frac{AKK_{rl}}{\mu_l}\left(\frac{\mathrm{d}p_l}{\mathrm{d}x}+\rho_l g\sin\alpha\right) \quad (l=\mathrm{w,o}) \tag{3-1-8}$$

令 $\lambda_l = \dfrac{KK_{rl}}{\mu_l}$，则：

$$q_l = -A\lambda_l\left(\frac{\mathrm{d}p_l}{\mathrm{d}x}+\rho_l g\sin\alpha\right) \quad (l=\mathrm{w,o}) \tag{3-1-9}$$

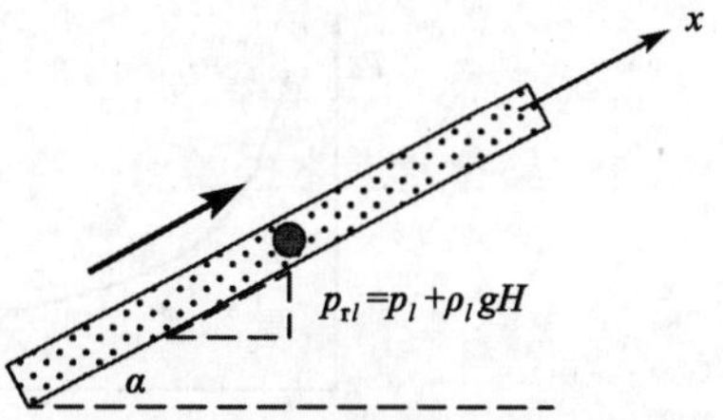

图 3-1-9 倾斜油层驱替示意图

$$\frac{q_l}{A\lambda_l} = -\left(\frac{\mathrm{d}p_l}{\mathrm{d}x}+\rho_l g\sin\alpha\right) \quad (l=\mathrm{w,o}) \tag{3-1-10}$$

$$\frac{q_\mathrm{w}}{A\lambda_\mathrm{w}} - \frac{q_\mathrm{o}}{A\lambda_\mathrm{o}} = -\frac{\mathrm{d}p_\mathrm{w}}{\mathrm{d}x} - \rho_\mathrm{w} g\sin\alpha + \frac{\mathrm{d}p_\mathrm{o}}{\mathrm{d}x} + \rho_\mathrm{o} g\sin\alpha = \frac{\mathrm{d}(p_\mathrm{o}-p_\mathrm{w})}{\mathrm{d}x} - g(\rho_\mathrm{w}-\rho_\mathrm{o})\sin\alpha \tag{3-1-11}$$

由于 $q_\mathrm{o} = q - q_\mathrm{w}$，$p_\mathrm{c} = p_\mathrm{o} - p_\mathrm{w}$，$\Delta\rho = \rho_\mathrm{w} - \rho_\mathrm{o}$，由式(3-1-10)得：

$$\frac{q_\mathrm{w}}{A\lambda_\mathrm{w}} - \frac{q-q_\mathrm{w}}{A\lambda_\mathrm{o}} = \frac{\mathrm{d}p_\mathrm{c}}{\mathrm{d}x} - g\Delta\rho\sin\alpha \tag{3-1-12}$$

$$q_\mathrm{w} = \frac{\lambda_\mathrm{w}}{\lambda_\mathrm{o}+\lambda_\mathrm{w}}\left[q + A\lambda_\mathrm{o}\left(\frac{\mathrm{d}p_\mathrm{c}}{\mathrm{d}x} - g\Delta\rho\sin\alpha\right)\right] \tag{3-1-13}$$

$$f_\mathrm{w} = \frac{q_\mathrm{w}}{q} = \frac{\lambda_\mathrm{w}}{\lambda_\mathrm{w}+\lambda_\mathrm{o}}\left[1 + \frac{A\lambda_\mathrm{o}}{q}\left(\frac{\mathrm{d}p_\mathrm{c}}{\mathrm{d}x} - g\Delta\rho\sin\alpha\right)\right] \tag{3-1-14}$$

油水两相渗流分流量表示地层中油水共渗混合区流动的油水比例，矿场应用中也称为水淹程度，对于生产井点或流出端，分流量即为含水率。

对于倾斜状油藏，若不考虑毛细管压力效应，在不同位置选择注水井和采油井（A 点还是 B 点），虽然注采井距相同，重力效应对生产井处的分流量或含水率的影响不同，如图 3-1-10 所示；若选择 A 点为注入井，B 点为采油井，则 $\sin\alpha > 0$，即重力效应使生产井处的含水率减小；若选择 B 点为注入井，A 点为采油井，则 $\sin\alpha < 0$，即重力效应使生产井处的含

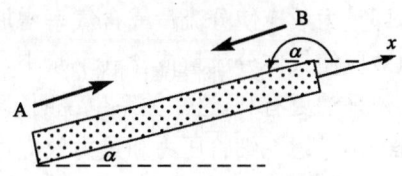

图 3-1-10 倾斜油藏注采井位置

水率增加，因此，倾斜油层中确定注采位置时，选择构造低部位注水高部位采油更有利。

若不考虑毛细管压力和重力效应，式(3-1-9)可以简化为：

$$f_\mathrm{w} = \frac{\lambda_\mathrm{w}}{\lambda_\mathrm{w}+\lambda_\mathrm{o}} = \frac{K_\mathrm{rw}/\mu_\mathrm{w}}{K_\mathrm{rw}/\mu_\mathrm{w}+K_\mathrm{ro}/\mu_\mathrm{o}} \tag{3-1-15}$$

对于任一确定的水驱油藏来说，油藏的油水黏度为一定值，所以，两相区中各渗流截面上产水率或产油率的变化仅取决于该横截面上的油水相渗透率（或相对渗透率），而相渗透率是含水饱和度的函数，因此，利用相对渗透率曲线，可以计算出分流量或产水率和产油率随含水饱和度或采出程度的变化。

如图 3-1-11 所示，由毛细管压力与饱和度的变化特征可以看出，由于 $\mathrm{d}p_\mathrm{c}/\mathrm{d}S_\mathrm{w} < 0$ 和 $\mathrm{d}S_\mathrm{w}/\mathrm{d}x < 0$，因此，$\dfrac{\mathrm{d}p_\mathrm{c}}{\mathrm{d}x} = \dfrac{\mathrm{d}p_\mathrm{c}}{\mathrm{d}S_\mathrm{w}}\dfrac{\mathrm{d}S_\mathrm{w}}{\mathrm{d}x} > 0$，即毛细管压力效应总是使分流量或含水率增加。

2）油气两相渗流分流量

如图 3-1-10 所示，假定在油层底部注气，驱替方向沿油层倾斜方向，气体黏度为 μ_g，流体不可压缩，且忽略气体在油中的溶解（注气保持压力方式），地下注入量 q_t。根据达西定律，

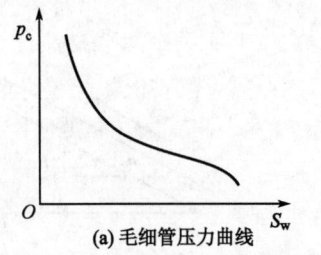
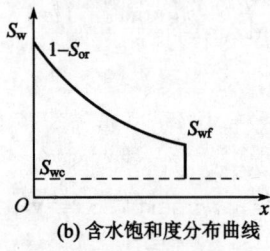

(a) 毛细管压力曲线　　　　　(b) 含水饱和度分布曲线

图 3-1-11　毛细管压力和含水饱和度的变化

S_{or}—水驱残余油饱和度；S_{wf}—水驱前缘饱和度；S_{wc}—束缚水饱和度

油层中油气流量为：

$$q_l = -\frac{AKK_{rl}}{\mu_l}\left(\frac{dp_l}{dx}+\rho_l g\sin\alpha\right) \quad (l=g,o) \tag{3-1-16}$$

由于 $q_o=q_t-q_g$，$p_c=p_g-p_o$，$\Delta\rho=\rho_o-\rho_g$，由上式式可以推导出气体分流量或含气率为：

$$f_g=\frac{q_g}{q_t}=\frac{\lambda_g}{\lambda_o+\lambda_g}\left[1+\frac{A\lambda_o}{q_t}\left(-\frac{dp_c}{dx}+g\Delta\rho\sin\alpha\right)\right] \tag{3-1-17}$$

由毛细管压力与饱和度的变化特征，$dp_c/dS_g>0$ 和 $dS_g/dx<0$，因此 $\dfrac{dp_c}{dx}=\dfrac{dp_c}{dS_g}\dfrac{dS_g}{dx}<0$，即毛细管压力效应总是使气体分流量或含气率增加。

同样对于倾斜状油藏，若不考虑毛细管压力效应，在不同位置选择注气井和采油井（A 点还是 B 点）重力效应对气体分流量的影响不同；若选择 A 点为注气井，B 点为采油井：则 $\sin\alpha>0$，即重力效应使分流量或含气率增加；若选择 B 点为注气井，A 点为采油井，则 $\sin\alpha<0$，即重力效应使气体分流量或含气率减小，因此倾斜油层中确定注采位置时选择构造高部位注气低部位采油更有利，这一关系也说明了气顶驱方式的适应性。

若不考虑毛细管压力和重力效应，式（3-1-17）可以简化为：

$$f_g=\frac{\lambda_g}{\lambda_g+\lambda_o}=\frac{K_{rg}/\mu_g}{K_{rg}/\mu_g+K_{ro}/\mu_o} \tag{3-1-18}$$

总流量中油所占分量为 f_o 称为产油率。产气率和产油率之间的关系为：

$$f_o=1-f_g \tag{3-1-19}$$

利用油气相对渗透率曲线，由式（3-1-19）可以计算出气体分流量或产气率随采出程度的变化。

2. 注水开发单元注采结构

1）油藏注采井组类型

以一注两采为单元划分井组类型，将复杂断块油藏注采井组对应划分为四类。

（1）垂直构造线井组。如图 3-1-12 所示，井组中地层倾角较大，井排方向近垂直地层倾角，腰部注水，高部位、低部位边部存在对应油井，高注低采和低注高采兼备。左右两区的渗透率、厚度不同。确定合理的注采井距比，即确定水井位置，使两侧均衡水驱。

（2）平行构造线井组。如图 3-1-13 所示，井组中井排方向近平行构造线方向，左右近水平驱替。左右两区的渗透率、厚度、地层倾角大小不同。确定合理的注采井距比，即确定水井位置，使两侧均衡水驱。

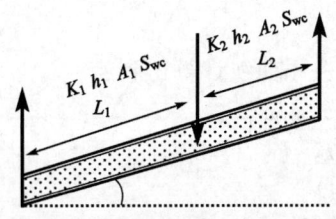 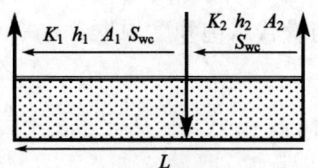

图 3-1-12　垂直构造线井组示意图　　　图 3-1-13　平行构造线井组示意图

(3)低注高采井组。如图 3-3-14 所示,井组中地层倾角较大,低注高采方式,生产井在构造高部位的注水井两侧。左右两区的渗透率、厚度不同、地层倾角不同;确定合理的井距比,当 L_1 固定,如何确定 L_2(油井位置),或者 L_2 固定,确定 L_1,使左右两区均衡水驱。

(4)高注低采井组。如图 3-3-15 所示,井组中地层倾角较大,高注低采方式,生产井在构造低部位的注水井两侧。左右两区的渗透率、厚度不同、地层倾角不同;确定合理的井距比,当 L_1 固定,如何确定 L_2(油井位置),或者 L_2 固定,确定 L_1,使左右两区均衡水驱。

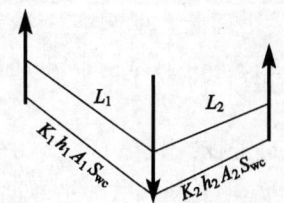 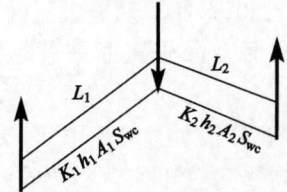

图 3-3-14　低注高采井组示意图　　　图 3-3-15　高注低采井组示意图

2)合理的井距

开发初期即油井见水之前,此阶段达到均衡驱替的计算指标为同一注采系统中各油井同时见水。见水前,井距优化的目标是考虑储层物性非均质和注采井间动用状况(含油饱和度),基于均衡驱替理念,通过优化得到合理井距,使得各井区达到同时见水,均衡动用的目的。

以低注高采井组注采系统的左侧注采单元为例进行说明,油藏为定压生产。

(1)计算初始产量。由达西公式计算初始产量:

$$q_1 = \frac{p_{\text{inj}} - p_1 - L_1 g \Delta \rho \sin\alpha}{\frac{\mu_o}{K_{o1} A} L_1} \tag{3-1-20}$$

式中　q_1——油井 1 初始产量;
　　　p_{inj}——注水井井底压力,MPa;
　　　p_1——油井井底流压,MPa;
　　　g——重力加速度;
　　　$\Delta\rho$——油水密度差;
　　　α——地层驱替方向与水平方向夹角。

(2)计算油水前缘到达不同位置的时间。将注采单元内注采井距 L_1 等分成 N_1 段,每段长 D_1,则 $L_1 = N_1 \times D_1$。x_1 为油水前缘移动距离。假设单位长度 D_1 内产液速度恒定,则油水前缘经过第一个单位长度 $x_1 = D_1 \times 1$ 所需时间为:

$$t_1 = \frac{x_1 \phi_1 A_1}{f'_{w_1}(S_{w_1}) q_1} \tag{3-1-21}$$

油水前缘含水饱和度根据含水率与含水饱和度的关系曲线计算得到：

$$f_w = \frac{\lambda_w}{\lambda_w + \lambda_o} \left(1 - \frac{\lambda_o A \Delta \rho g \sin\alpha}{q}\right) \tag{3-1-22}$$

$$f'_w(S_{wf}) = \frac{f_w(S_{wf})}{S_{wf} - S_{wc}} \tag{3-1-23}$$

其中 $\lambda_w = \frac{K_w}{\mu_w}$；$\lambda_o = \frac{K_o}{\mu_o}$；$\Delta\rho = \rho_o - \rho_w$

式中 λ_w, λ_o——水和油的流度；

A——渗流截面面积；

$\Delta\rho$——油水密度差；

α——地层倾角；

q_1——产液速度。式中重力作用项前符号由具体情况决定。

(3) 计算油水前缘处对应的产液量。根据相渗曲线整理得出 $f_o - S_w$ 关系曲线，含油率 f_o 表达式为：

$$f_o = \frac{\lambda_o}{\lambda_w + \lambda_o} \left(1 + \frac{\lambda_w A \Delta \rho g \sin\alpha}{q}\right) \tag{3-1-24}$$

令

$$\omega_o = \frac{1}{\mu_r K_{rw} + K_{ro}} \left(1 + \frac{K_{rw} A \Delta \rho g \sin\alpha}{\mu_w q}\right)$$

其中，$\mu_r = \frac{\mu_o}{\mu_w}$ 为油水黏度比。

将上式代入式(3-1-24)得：

$$f_o = K_{ro} \omega_o \tag{3-1-25}$$

苏联学者研究表明，在双对数坐标系中，含油率 f_o 和可动油饱和度 z 呈线性关系，即：

$$\lg f_o(S_w) = \lg \frac{a}{\mu_r} + b \lg z \quad 或 \quad f_o(S_w) = \frac{a}{\mu_r} z^b \tag{3-1-26}$$

其中

$$z = 1 - S_w - S_{or}$$

式中 z——可动油饱和度；

a, b——系数。

对 $\lg f_o(S_w)$ 和 $\lg z$ 拟合求出系数 a、b，并将式(3-1-25)代入式(3-1-26)中的指数形式表达式得：

$$\mu_r \omega_o = \frac{a}{K_{ro}} z^b \tag{3-1-27}$$

该式表示了 ω_o 与可动油饱和度 z 之间的关系，可用多项式近似表示为：

$$\mu_r \omega_o = A + Bz + Cz^2 + Dz^3 + Ez^4 \tag{3-1-28}$$

此时，注采井间的油水流动分为纯油流动区 $(L_1 - x_1)$ 和油水两相渗流区 x_1 两个部分，其中纯油流动区流动阻力 Ω_o 为：

$$\Omega_o = \frac{\mu_o}{K_o A (L_1 - x_1)} \tag{3-1-29}$$

对于油水两相渗流区，假设油水两相的压力梯度相等，则任意时刻油水两相渗流总流量 q 为：

$$q = q_\mathrm{o} + q_\mathrm{w} = -KA\left(\frac{K_\mathrm{rw}}{\mu_\mathrm{w}} + \frac{K_\mathrm{ro}}{\mu_\mathrm{o}}\right)\frac{\mathrm{d}p}{\mathrm{d}x} \tag{3-1-30}$$

代入油水黏度比 $\mu_\mathrm{r} = \dfrac{\mu_\mathrm{o}}{\mu_\mathrm{w}}$，得：

$$q = -\frac{KA}{\mu_\mathrm{o}}(\mu_\mathrm{r} K_\mathrm{rw} + K_\mathrm{ro})\frac{\mathrm{d}p}{\mathrm{d}x} \tag{3-1-31}$$

则两相渗流区中的渗流阻力为：

$$\frac{\mu_\mathrm{o}}{KA}\int_0^{L_\mathrm{i}} \frac{\mathrm{d}L}{\mu_\mathrm{r} K_\mathrm{rw} + K_\mathrm{ro}} \tag{3-1-32}$$

由等饱和度面移动方程 $x - x_0 = \dfrac{f'_\mathrm{w}(S_\mathrm{w})}{\phi A}\int_0^t q\mathrm{d}t$，可得：

$$\frac{x - x_0}{x_\mathrm{f} - x_0} = \frac{f'_\mathrm{o}(S_\mathrm{w})}{f'_\mathrm{o}(S_\mathrm{wf})} \tag{3-1-33}$$

式中　x_0——供给边缘至原始油水界面的距离；
　　　x_f——供给边缘至当前油水界面的距离；
　　　S_wf——前缘含水饱和度。

对式(3-1-26)求导得：

$$f'_\mathrm{o}(S_\mathrm{w}) = \frac{\mathrm{d}f_\mathrm{o}(S_\mathrm{w})}{\mathrm{d}S_\mathrm{w}} = -\frac{ab}{\mu_\mathrm{r}}z^{b-1}$$

或

$$f'_\mathrm{o}(S_\mathrm{wf}) = -\frac{ab}{\mu_\mathrm{r}}z_\mathrm{f}^{b-1} \tag{3-1-34}$$

其中

$$z_\mathrm{f} = 1 - S_\mathrm{wf} - S_\mathrm{or}$$

式中　z_f——前缘含水饱和度时的可动油饱和度。

将式(3-1-34)代入式(3-1-33)，并将 x 坐标转化为用 L 表示的距离，则有：

$$\frac{L_\mathrm{f} - L}{L_0 - L_\mathrm{f}} = \left(\frac{z}{z_\mathrm{f}}\right)^{b-1} \tag{3-1-35}$$

求得可动油饱和度 z 为：

$$z = z_\mathrm{f} \sqrt[b-1]{\frac{L_\mathrm{f} - L}{L_0 - L_\mathrm{f}}} \tag{3-1-36}$$

则两相渗流区总渗流阻力 Ω 为：

$$\Omega = \frac{\mu_\mathrm{o}}{\overline{K}A}\int_{L_\mathrm{f}}^{L_0} \omega_\mathrm{o}\mathrm{d}L = \frac{\mu_\mathrm{w}}{\overline{K}A}\int_{L_\mathrm{f}}^{L_0}\mu_\mathrm{r}\omega_\mathrm{o}\mathrm{d}L = \frac{\mu_\mathrm{w}}{\overline{K}A}\int_{L_\mathrm{f}}^{L_0}(A + Bz + Cz^2 + Dz^3 + Ez^4)\mathrm{d}L \tag{3-1-37}$$

其中

$$\overline{K} = \frac{K_\mathrm{pro} + K_\mathrm{inj}}{2}$$

式中　$\overline{K}$——注采井间平均渗透率。

由此可求出此时油水前缘处对应的总产液量。

以垂直构造线井组为例，分析地层倾角和渗透率差异对均衡驱替的影响及最优井距计算。假设断块垂直线方向距离为 600m，即 $L = L_1 + L_2 = 600$m，由于不同的地层倾角主要通过重力作用对油水渗流过程产生影响，因此，考虑不同的油水井相对位置，具体分为注水井上下两端注采井间地层倾角相同和不同两种情况进行研究。

由于重力作用对左右两个注采单元油水渗流过程的影响不同，即对左侧注采单元重力为渗流动力,而对右侧为阻力,因此,随着地层倾角的增大,重力作用增强,其对两端注采单元影响的差异性增强,两端对应的最优井距的比值也逐渐增大。

当注水井上下两端地层倾角相同时,计算结果见表3-1-4,当地层倾角为5°时,合理井距比为1.034,即上、下井距分别为295m、305m;当地层倾角为20°时,合理井距比为1.151,即上、下井距分别为279m、321m。

表3-1-4 上下倾角相同时垂直构造线井组合理井距优化结果表

上端倾角 (°)	下端倾角 (°)	两端倾角比值 $\alpha_1 : \alpha_2$	两端井距比值 $L_1 : L_2$	下端井距 m	上端井距 m
5	5	1.00	1.034	305	295
10	10	1.00	1.076	311	289
15	15	1.00	1.113	316	284
20	20	1.00	1.151	321	279
25	25	1.00	1.190	326	274

当注水井上下两端地层倾角不同时,假设下端地层倾角为25°不变,而上端高部位方向地层倾角变化时,计算结果见表3-1-5,上端地层倾角为5°时,合理井距比为1.105,即上、下井距分别为285m、315m;当上端地层倾角为20°时,合理井距比为1.166,即上、下井距分别为277m、323m。

表3-1-5 上下倾角不同时垂直构造线井组合理井距优化结果表

下端倾角 (°)	上端倾角 (°)	两端倾角比值 $\alpha_1 : \alpha_2$	两端井距比值 $L_1 : L_2$	下端井距 m	上端井距 m
25	5	5.00	1.105	315	285
25	10	2.50	1.128	318	282
25	15	1.67	1.151	321	279
25	20	1.25	1.166	323	277
25	25	1.00	1.190	326	274

当不同方向注采井间渗透率差异较大时,随着注采单元内储层平均渗透率的增大,渗流总阻力减小,油井产液量增大。随着右侧油井处储层渗透率的增大,两侧注采单元间平均渗透率比值减小,渗流阻力差异性减小,所以,两侧最优井距的比值也随之减小。以地层倾角为10°时,水井与高部位油井井间储层渗透率为$800 \times 10^{-3} \mu m^2$,水井与低部位油井井间储层渗透率变化为例,计算结果见表3-1-6。当下端井间储层渗透率为$200 \times 10^{-3} \mu m^2$时,合理井距比为0.85;当井间储层渗透率为$600 \times 10^{-3} \mu m^2$时,合理井距比为1.00。

表3-1-6 不同渗透率下垂直构造线井组合理井距优化结果表

下端油井渗透率 $10^{-3} \mu m^2$	中间水井渗透率 $10^{-3} \mu m^2$	上端油井渗透率 $10^{-3} \mu m^2$	两侧平均渗透率 比值	两侧井距比值 $L_1 : L_2$
200	800	800	0.63	0.85
400	800	800	0.75	0.94
600	800	800	0.88	1.00
800	800	800	1.00	1.07

3. 边底部注水方式

国内外油藏开发实践表明,若油藏构造比较完整,油层分布稳定,边部和内部连通性好,油层流动系数较高,边水比较活跃的中小油田,特别是边缘地区吸水能力好,边缘注水方式可以保证压力有效传播,使油田内部受到良好的注水效果。边缘注水的油水界面比较完整,能够逐步向油藏内部推进,易于控制,无水采收率和低含水采收率比较高,最终采收率也比较高。

以裂缝性潜山油藏为例,如果需要进行注水,不论是块状还是层状潜山油藏,多采用边底部注水方式。一是因为此类油藏裂缝比较发育,是主要的渗流通道;二是因为由于裂缝呈网状,井间层间沟通比较好;三是潜山油藏的油层厚度很大,由于重力作用结果,注入水将优先占据油藏低部位或油层底部。

随着技术手段的进步,目前已经逐渐发展起来许多新型的注水方式,但是各种方式均以边底部注水为基础。

底部注水可形成人造底水,底水渐进,有利于减弱油水窜流和剩余油零散分布。理想的水驱开发模式如图3-1-16所示。注入水形成人工底水,平缓而均衡地向上托进,无注入水窜进及突进现象,渗吸交换瞬间完成,油水界面清晰。

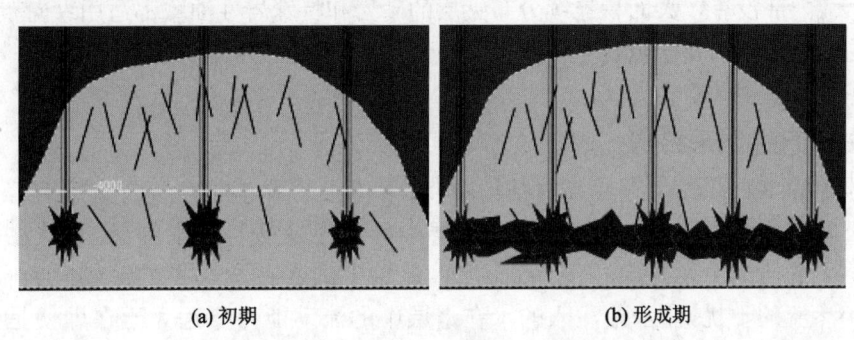

(a) 初期　　　　　　　　　　(b) 形成期

图 3-1-16　人工底水的发育和形成示意图

边底部注水对于裂缝性油藏有以下优点:

(1)单井注水量较大,可以降低注采平衡所需要的注采井数比,从而减少注水井。

(2)可充分发挥重力的有利作用,提高驱油效率,抑制注入水沿裂缝上窜,有效地控制注入水向生产井突进,使油水界面上升比较均匀,有效提高注入水和底水的波及系数,从而延长油井无水采油期和稳产期。

(3)可以利用边底水的部分天然能量,起到补充能量和调节生产过程的作用。图3-1-17为越南白虎油田底部注水开发方式变化情况。

对于裂缝性潜山油藏,注水开发均有效延长了油田稳产期,保持了一定的采油速度。但是问题在于,随着油水界面的上升,会产生水锥和水窜,如果油层较厚,底部注水可能造成上部见效滞后的问题,因此,注水过程中如何合理配产配注、对水锥水窜的处理以及如何解决好水窜和注水见效的矛盾是需要深入研究分析的问题。

三、底水油藏注采结构优化

如果底水能量不可能达到作为主导的驱动类型的规模,油田如需补充能量保持压力开发,可以在底水中人工注水或在气顶中注气。人工底水一般分为三个阶段,注水井底局部水域的

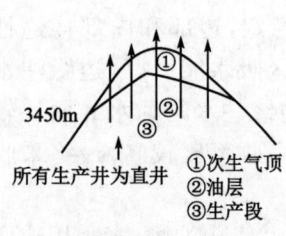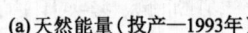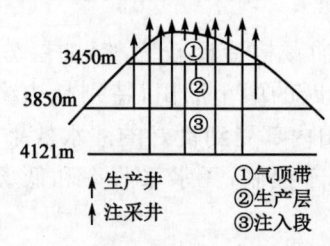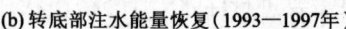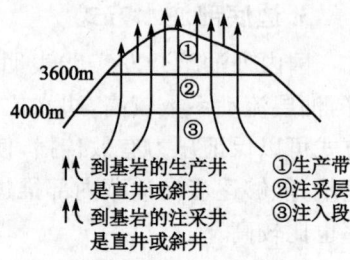

图 3-1-17　越南白虎油田裂缝型油藏开发方式的三个阶段

发育形成、局部水域的连通和人工油水界面的推进。通常油层的水平渗透率大于垂向渗透率，初始注入水在注入压力和重力作用下，由在底部流动向井点两侧流动，在注水井井底聚集，形成局部人工水域。局部水域的形状取决于岩石结构、几何类型和注入区的渗透率。

如果油层较厚或纵向含油层段长，可以采用纵向布井方式，采用针对性的井网和井型，充分利用重力势能，既考虑储层水平方向上的注采压力差、黏滞力等对流体渗流的影响，也考虑了重力、毛细管压力等垂直作用力对流体渗流的影响，最大程度地提高油气采收率。油层纵向连续、厚度大，内部没有较大面积连续分布夹层的砂岩和特殊岩性油藏都适用纵向布井方式。

常见的注采系统的井型组合主要是直井与直井注采系统、水平井直井联合布井，而水平井直井联合布井又有多种组合方式。

1. 直井—直井注采结构

对于传统的一直井注一直井采的结构中，水驱替原油最佳的方向应该是沿着注水井注水的方向。随着注水井不断地注水，注入地层中的水很容易与底水沟通，直井注入地层中的水在水层中的流动主要是单相流动，而注入地层中的水在油层中的流动阻力很大，主要是受到两相渗流的干扰，注水井注入的水在水层中的流动能力要远大于在即便是只有残余油饱和度油层中的流动能力，而且两者的相对渗透率可能相差很大。这表明，注入地层中的水会沿底水推进到油井，剩余油剖面基本成船底状，随着直井注水量的增加，注入水会不断地冲刷和携带剩余油，形成的剩余油船底逐渐上抬，最难被驱替的是井间顶部的剩余油。一旦剩余油分布呈船底形状，也就是注入水与油井的连通通道已经建立，油井的含水率迅速上升将是不可避免的(图 3-1-18)。

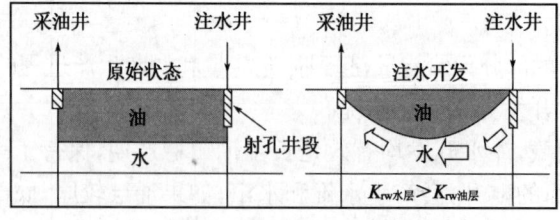

图 3-1-18　底水油藏水驱示意图

对于直井一注一采的结构中，当注采井距确定以后，主要是垂向上注采井注水层位及生产层的位置关系对采出程度影响较大，注入井底部与采油井底部的连线与直井的夹角，反映垂向上不同注采层位对采出程度及含水率的影响。假设注采井距一定，而且射孔段长度是一定的，通过变化注入井的射孔端的位置来研究直井注采的结构的变化。夹角的大小与井距以及油藏厚度有关,取 α 角为 85°、90°、95°和 97°,分析四种角度下,直井注采结构中直井的采出程度及含水率,从而分析该结构下的直井的开发效果,如图 3-1-19 所示。

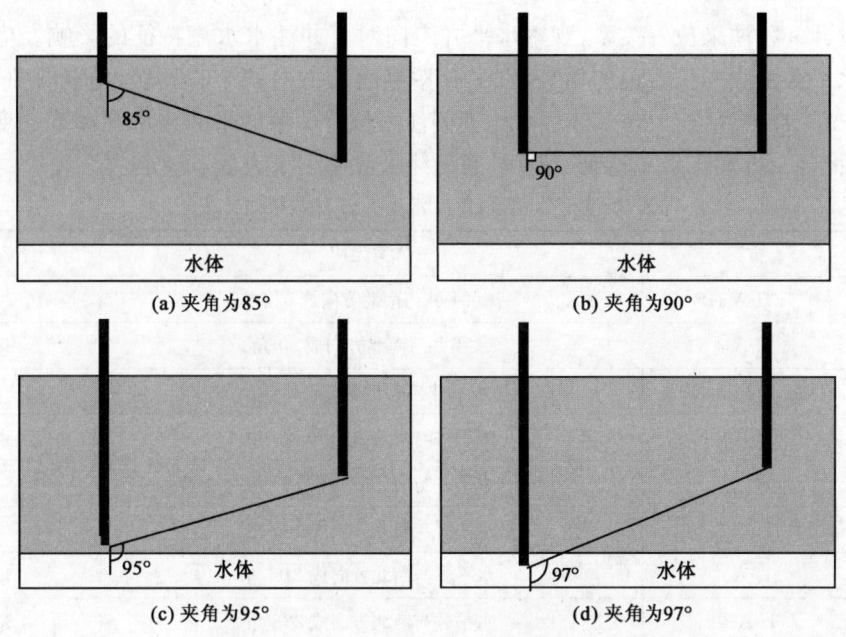

图 3-1-19 注水井位置分布图

通过数值模拟对比不同夹角 α 下的生产井的采出程度和含水率,通过分析四种情况下的剩余油分布发现,底部注水时的水驱效果更好,采出程度更高。当 α 角为 97°左右时,直井在底水注水,注入水补充了底水的能量,使得生产的采出程度最高,含水率上升得最慢,见水时间最长。

不同垂向注水位置剩余油分布如图 3-1-20 所示。

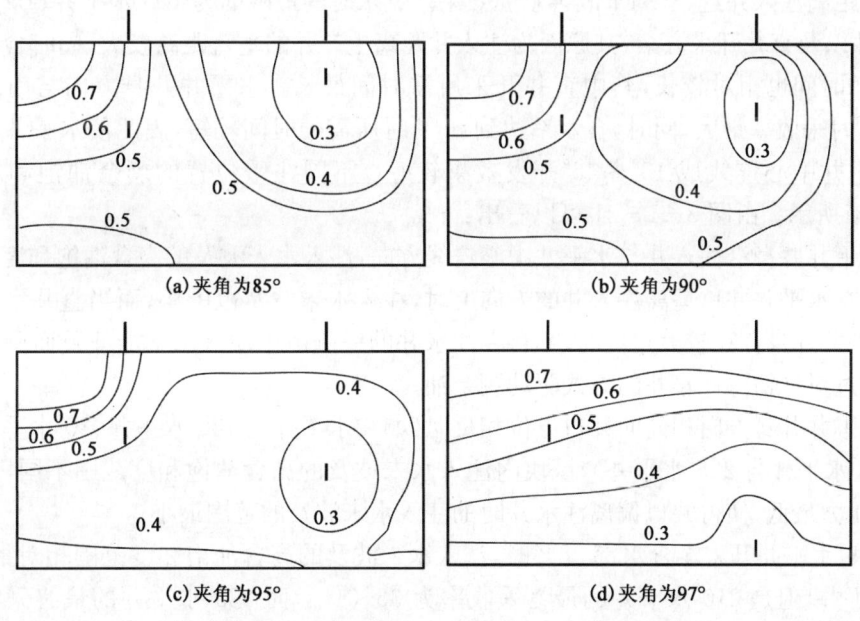

图 3-1-20 不同垂向注水位置剩余油分布图

2. 直井—水平井注采结构

1）直井—水平井注采方位

分别设计9种注采位置关系，观察水平井走向对直井注水水淹特征的影响。应保证直井注水井与水平井的中心位置距离相等，水平井按顺时针方向绕中心旋转，角度分别取0°、30°、45°、120°、150°、180°、210°、225°、315°，对比不同注采位置关系的平面含水饱和度的变化特征和水淹规律，将各个方案含水率达到98%时的最终采收率列于表3-1-7。

表3-1-7 不同角度水平井开发效果对比表

序号	方案	方案说明	采收率,%
1	H-A-1	水平井与南北方向成0°角	34.76
2	H-A-2	水平井与南北方向成30°角	35.17
3	H-A-3	水平井与南北方向成45°角	34.45
4	H-A-6	水平井与南北方向成120°角	34.11
5	H-A-7	水平井与南北方向成150°角	34.78
6	H-A-8	水平井与南北方向成180°角	35.41
7	H-A-9	水平井与南北方向成210°角	35.61
8	H-A-10	水平井与南北方向成225°角	35.17
9	H-A-13	水平井与南北方向成315°角	32.69

由表3-1-7可以看出，水平井与南北方向成45°和225°的水平井见水时间最早，同时含水率达到98%所需的时间也最短，其主要原因为水平井距离注入井距离最近，但是225°水平井的最终采收率比45°水平井高0.75%，其原因为两者的井口一个距离注入井最近一个距离最远，井口距离注入井远，有利于改善水驱效果。见水时间最晚的为120°水平井、150°水平井、315°水平井以及直井开采方案，其原因为注入井距离生产井的垂直距离较大，同时含水率达到98%所需的时间也相对较长，其中直井开采所需时间最长。水平井井身方向与南北方向成180°~210°时采收率最大，同时，含水率达到98%时所需的时间较短，因此使水平井井身方向与直井水平井中心连线成15°~45°开发效果较好。不同注采位置的剩余油饱和度分布如图3-1-21所示。由图3-1-21可以看出：

（1）水平井井身沿注入井与水平井中心连线方向，注入水未波及的高含油饱和度分布范围较小，同时在水平井井口远离注入井的方向上时，注入水未波及范围小；而当直井水平井中心连线与水平井井身存在较大角度时，不存在注水井的一侧由于注入水不能波及而剩余油比较集中，可通过对称钻一口直井的方式驱动剩余油。

（2）水平井井身方向相同而井口方位相反时（如0°水平井与180°水平井、30°水平井与210°水平井、45°水平井与225°水平井），区块内注入水未波及的高含油饱和度范围不同，由于水平井井口处压力最低，使得井口偏离注水井时的注入水未波及的范围最小。

（3）225°水平井开采至含水率98%时，注入水未波及的高含油饱和度范围相对最小，其次为210°水平井，但是210°水平井的最终采收率为35.61%，而225°水平井的最终采收率仅为35.17%，这是因为210°水平井中高含油饱和度的范围明显小于225°水平井，即210°水平井开采过程中注入水的水驱效率更高。

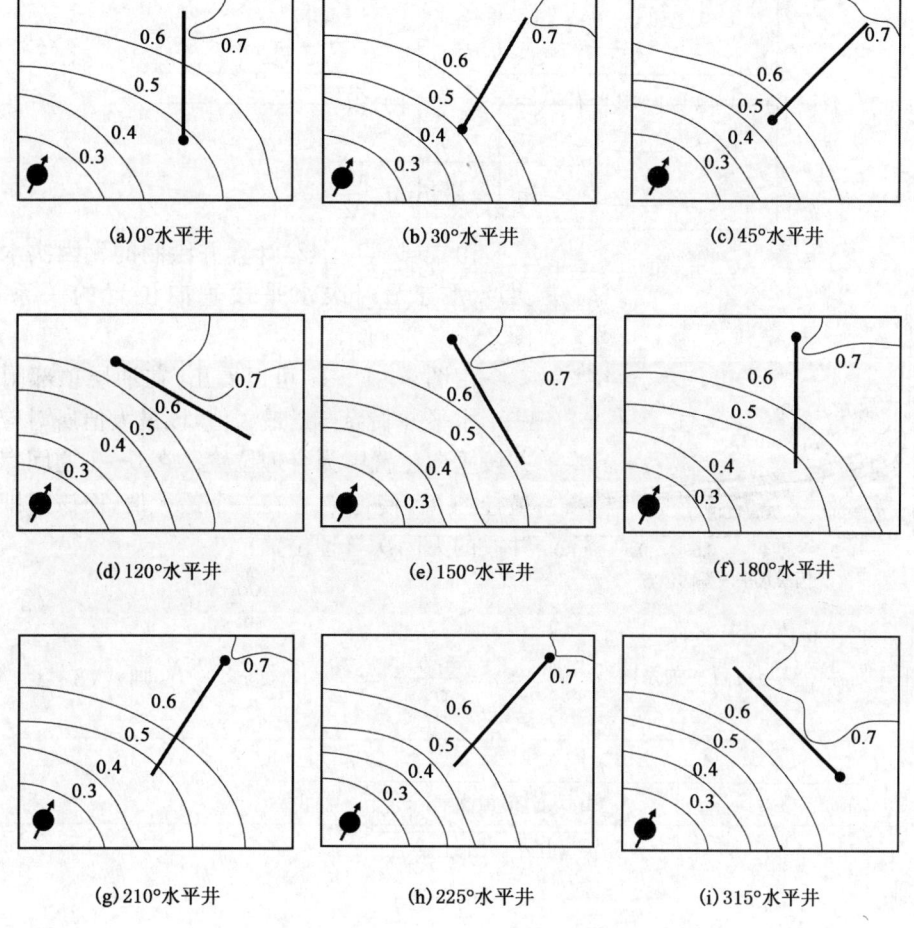

图 3-1-21 不同注采位置含水率 98%时的剩余油饱和度分布图

2）直井—水平井注水井垂向位置

（1）底水油藏水平井垂向位置。

假设地层上面封闭，油水边界为恒压，且供油半径为无限大，如图 3-1-22 所示。

考虑地层水和垂向渗透率差异时，底水油藏水平井的临界产量 q_c 为：

$$q_c = \frac{5.3214 K_e L \Delta \rho h_w}{\mu_o B_o \left(\ln \frac{4\beta h}{\pi r_w} + \ln \tan \frac{\pi h_w}{2h} \right)}$$

(3-1-38)

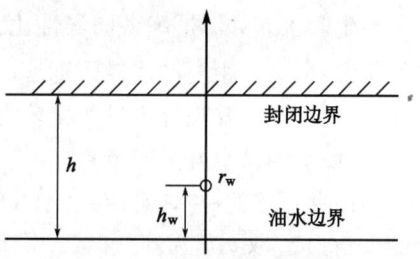

图 3-1-22 底水油藏水平井渗流油层模型
h_w—避水厚度；h—油层高度；r_w—油井半径

其中

$$\beta = \sqrt{\frac{K_h}{K_v}}$$

(3-1-39)

无因次水平井临界产量及无因次水平段垂向位置为：

$$q_D = \frac{q_c \mu_o B_o}{5.3214 \times 10^{-3} \sqrt{K_h K_v} L \Delta \rho h} \tag{3-1-40}$$

其中

$$h_D = \frac{h_w}{h} \tag{3-1-41}$$

将式(3-1-38)、式(3-1-41)代入式(3-1-40)得：

$$q_D = \frac{h_D}{\ln \frac{4\beta h}{\pi r_w} + \ln \tan \frac{\pi h_D}{2}} \tag{3-1-42}$$

由式(3-1-42)计算并绘制的无因次水平井临界产量与无因次水平段垂向位置的关系曲线如图3-1-23所示。

由图3-1-23可以看出，在油层顶部附近存在一个水平井临界产量最大值，该最大值所对应的水平井段垂向位置即为合理位置。在0～1之间存在一个最佳的h_D，使得q_D存在一个最大值，而该解即为水平井段的无因次合理位置：

$$\frac{dq_D}{dh_D} = 0 \tag{3-1-43}$$

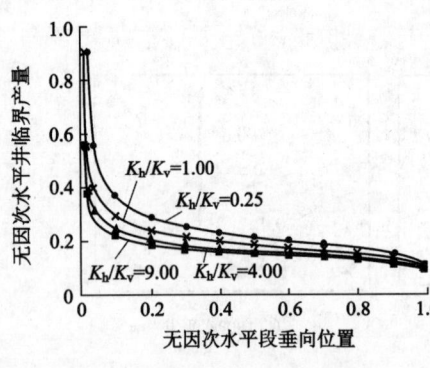

图3-1-23 无因次水平段垂向水平井临界产量与位置的关系曲线

令$a = \frac{4\beta h}{\pi r_w}, x = \frac{\pi h_D}{2} \left(0 < x < \frac{\pi}{2}\right)$，则式(3-1-43)可以转化为：

$$\frac{\ln a + \ln \tan x - \frac{2x}{\sin 2x}}{(\ln a + \ln \tan x)^2} = 0 \tag{3-1-44}$$

可以得到：

$$\ln a + \ln \tan x - \frac{2x}{\sin 2x} = 0 \tag{3-1-45}$$

该方程可采用迭代法求其数值解，其牛顿迭代式为：

$$x_{k+1} = x_k - \frac{\sin^2 2x_k}{4x_k \cos 2x_k}\left(\ln a + \ln \tan x_k - \frac{2x_k}{\sin 2x_k}\right) \tag{3-1-46}$$

当生产压差和渗透率各向异性比β一定时，水平井的产量随油井位置h_D的增加而减小，也就是说，水平井距离油水界面越远，水平井的临界产量越小。当无因次距离h_D在0.2~0.9之间变化时，水平井临界产量变化较为平缓，取水平井纵向上的位置为0.6~0.9h。

(2)底水油藏直井垂向位置。

纵向上直井的注水位置与水平井的位置关系，由注水井底部与水平井组成的平面与水平面的夹角为α，取α角为85°、90°、95°、97°四种角度，计算注入井与采出井垂向位置变化对采出程度的影响，如图3-1-24所示。

通过对比4种注水井位置对水平井采出程度的影响得到，注水井在底部注水时，尤其是当注水注到底水中时，水平井的采出程度最高，底部注水的含水率上升最慢；而在顶部注水的采出程度最低，含水率上升最快，剩余油主要集中在右上角部位；在中部注水的开采效果位于两种情况中间，如图3-1-25所示。

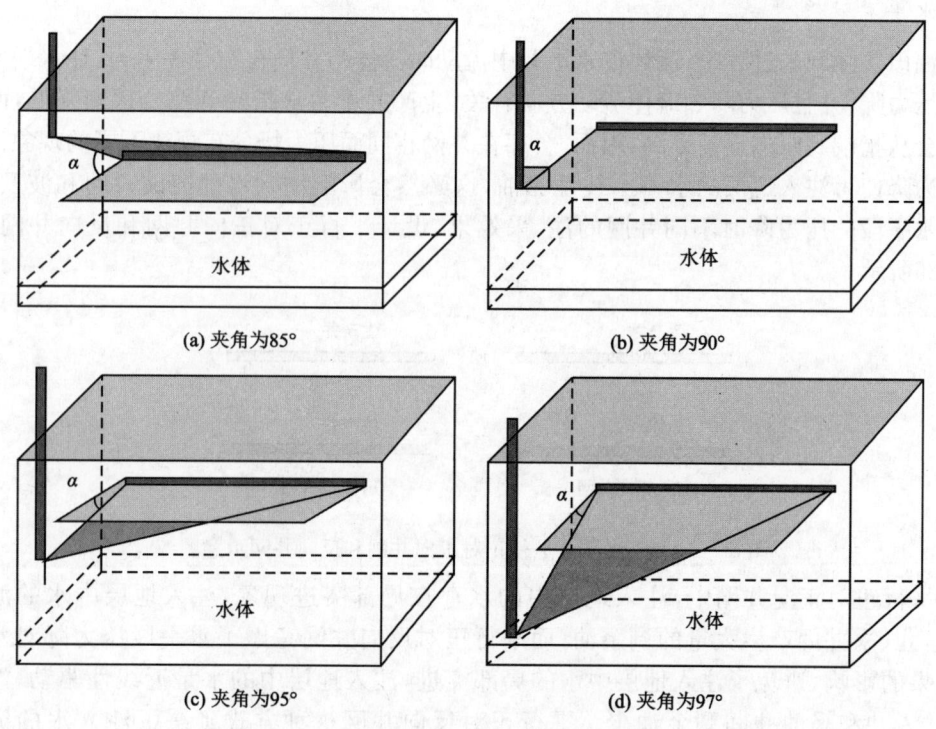

图 3-1-24 不同注水井位置分布图

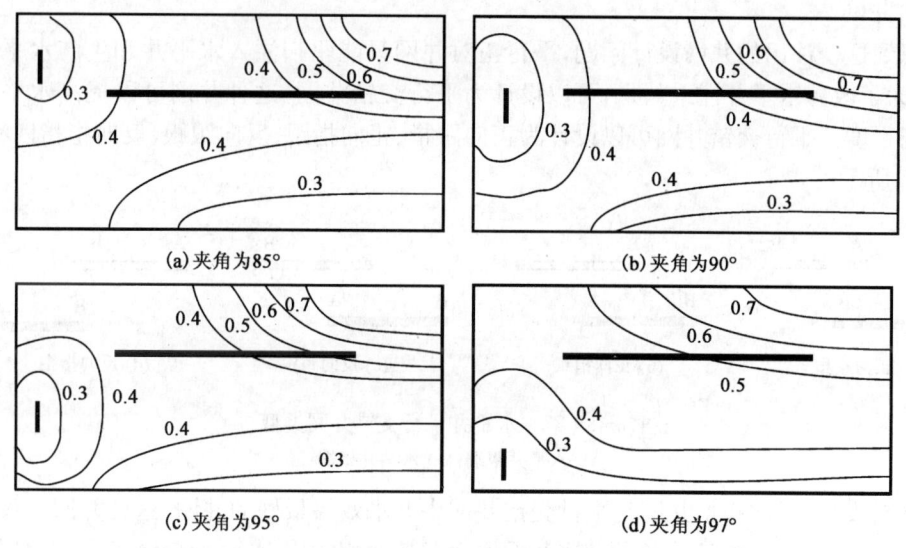

图 3-1-25 不同垂向注水位置剩余油分布

3. 水平井—水平井注采结构

虽然水平井注水开发存在上述优势,但是由于水平井井筒附近的黏滞阻力相对较低,注入量较大,一旦注入地层中的水突破后,水平井注水开发效果很难控制。此外,利用水平井注水时,对储层物性的要求很高,均质性要比较强,如果储层中存在泥岩隔层时,采用单支注水井向油层注水,只会提高单层的采出程度,而整体的采出程度相对较低,不能达到预期的注水效果。

1)水平井注采方向

在油田实际开采过程中,流体在水平井中流动时流体与井筒存在摩擦阻力,使水平井水平段存在压力降,并且压力降和流体流动方向有关,生产井压力从指端到跟端逐渐降低,而注入井压力会从指端到跟端逐渐升高,因而,会存在井网相同而压力场分布规律不同的现象。水平段的压力降使得注入地层的水不会线性驱油,这必然会影响注入水的突破时间和波及效率。为研究水平段的压力降时不同井网的注、采效果,设计平行正对正向井网和反向井网,如图3-1-26所示。

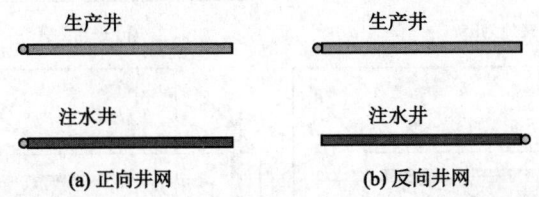

图3-1-26 水平井平行正对正向井网和反向井网示意图

在平行正对正向井网中,注入地层中的水存在局部突进现象,注入地层中水的波及效率较低,注、采井间产生大量的剩余油;而平行正对反向井网考虑了水平段压力降对水平井开采效果的影响,避免了注入地层中水的局部突进,注入地层中的水是近线性驱动,波及效率高,注入井和采油井间剩余油少。平行正对反向井网这种方式延缓了注入水的突破时间,大大提高了注入水突破时的采出程度。因此,平行正对反向井网的开采效果好于平行正对正向井网。

考虑到这个油田的井网设计问题,平行正对井网只能驱扫注入水平井和生产水平井之间的原油,为了改善水平井注采效果,可以设计为平行交错井网,这种井网可以提高水平井注采井网控制程度。平行交错井网可以设计为正向跟指、正向指跟、反向跟跟、反向指指四种,如图3-1-27所示。

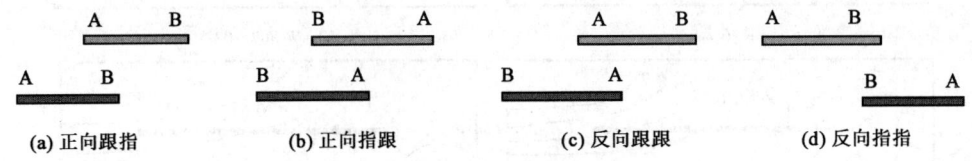

图3-1-27 水平井平行交错井网类型
A—水平井跟端;B—水平井指端

经分析发现,反向指指井网是平行交错井网中开采效果最好的井网,这种井网不仅考虑了水平段压力降的影响,而且具备了交错井网增大井控面积的优点,从而延缓了注入地层中水突破到生产井井底的时间,大大提高了注入水的波及效率;其次是平行交错的正向井网,它包括正向跟指、正向指跟;开采效果最差的是平行交错井网中的反向跟跟井网,虽然这种井网具有交错井网提高井控制面积的特点,但由于水平段压力损失对开发效果的影响,使得注入水过早地突进到井底,波及效率降低。

2)水平井注采垂向结构

平面上,水平井平行交错井网中的反向指指井网为优势井网,采出程度最高,见水最慢。

在底水油藏水平井开采的结构中,确定采油井在油藏中无因次水平段垂向位置 h_D 在 $0.6\sim0.9$ 之间,观察注入水平井的位置,定义两水平井组成的平面与水平面的夹角为 α,夹角的大小与井距以及油藏厚度有关,取 α 角为 $85°$、$90°$、$95°$、$97°$ 四种角度,计算水平井注采结构中水平井的采出程度及含水率,分析水平井的开发效果,如图 3-1-28 所示。

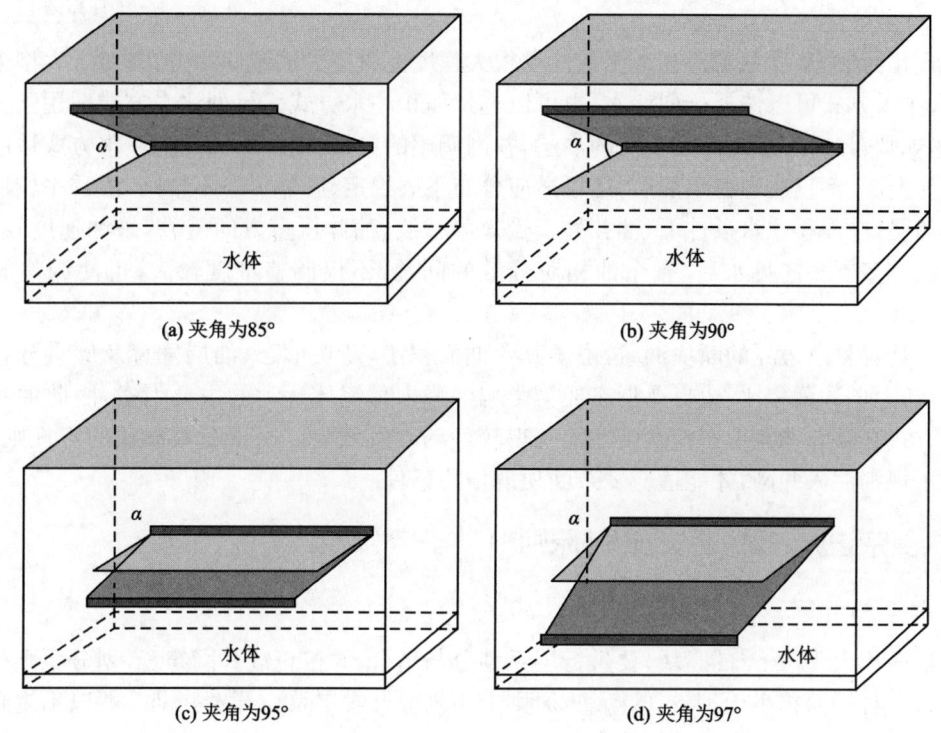

图 3-1-28 不同注水井位置分布图

通过计算可以发现,当水平井在底部注水时,也就是夹角 α 在 $97°$ 左右、注水井注到底水中补充了底水的能量时,水平井的产量达到最大,采出程度最高,含水率上升得最慢。通过分析四种情况下剩余油的分布发现,底部注水时,水平井的水驱效果最好,驱油效率更高一些。

对于底水油藏,不同井型的注采结构对开发效果的影响表现在:

(1)当采用直井注直井采时,因为底水能量不够充足,直井注在底水中可以补充底水能量,使开采效果更好。

(2)当采用直井注水平井采的注采结构时,结合理论和实际经验得到水平井的开采层位初步确定在油藏纵向上的 $0.6\sim0.9h$,水平面上,水平井井身方向与南北方向成 $180°\sim210°$ 时采收率最大,同时,含水率达到 98% 时所需的时间较短,因此,使水平井井身方向与直井水平井中心连线成 $15°\sim45°$ 开发效果较好。

(3)当采用水平井注水平井采,水平井注水位置在底水中时,可以补充底水的能量,使开采效果更好,在平面上水平井采用平行交错井网时,水平井的控制面积更大,采出程度更高。

第二节 复杂边界油藏井网系统设计

油藏几何形态、油藏构造和地质条件在很大程度上决定了油藏注水方式;对于大型多层砂岩油藏,注水方式可以选择行列注水,也可以选择面积注水方式。行列注水方式适用于分布稳定、形态规则、渗透率较高而且均匀的油层,井网调整的灵活性较大,而面积注水方式适应油层条件更为广泛,不仅适应稳定油层,还可适应分布不够稳定、砂体形态不规则、渗透率较低或不均匀的油层;在面积注水条件下,油井处于受效第一线,油井可多方向受效,采油速度较高,但也存在油井多层多向见水后,剩余油相对分散的问题,不仅调整难度较大,也使调整的井数增多。

对于具有复杂边界的断块油藏,由于其含油面积小,断块形态、油层发育及储量分布等变化很大,和大型油藏相比,边界及形态成为影响油藏内部流体运动的主要因素,因此油井分布和注采方式必须与油藏形态相匹配才能获得较好的开发效果。由于断块油藏的不规则性,必然对应不规则注采井网,才能适应复杂断块的地质条件。

一、复杂边界油藏(断块)布井原则

1. 层系与井网

含油面积大于 $1km^2$ 的断块,要进行层系划分与组合,并按正规井网布置,划分原则与整装油田一致。含油面积小于 $1km^2$ 的断块,原则上不划分开发层系。开发井网一般以不规则正四点法(反七点法)或反五点法井网为主。

2. 布井原则

根据复杂断块油藏的地质特点,从提高储量控制及水驱储量的基本原则考虑,复杂断块油藏的合理布井原则为:

(1)贴近断层夹角、断边带部署,可以有效提高储量控制。

复杂断块油藏面积小,断层夹角多,断层夹角、边部储量不容忽视,从前面的影响因素分析也表明,相同夹角下,复杂小断块未(难)动用面积(储量)随着油井距断层的距离增大而递增。对于断层边部,同样是油井越贴近断层,越可进一步提高储量控制。对于地层倾角为 10°的复杂断块,当钻遇油层厚度为 10m 时,油井距断层 10m 比距离断层 30m 布井可增加储量控制 1569t;当钻遇油层厚度为 15m 时,油井距断层 10m 比距离断层 30m 布井可增加储量控制 2473t,见表 3-2-1。因此,在精细描述刻画断层、断棱基础上,油水井应贴近断层夹角、断边带部署,可以有效提高储量控制。

表 3-2-1 油井贴近断层增加控制地质储量表(地层倾角 10°)

钻遇油藏厚度,m	失控的阁楼油地质储量,t				增加控制储量,t
	距断层 10m	距断层 15m	距断层 20m	距断层 30m	
10	196	441	784	1765	1569
15	309	695	1236	2782	2473

(2)存在边水条件下合理注采方式是低注高采、边缘注水。

对于复杂断块油层,虽然四周封闭,但由于存在地层倾角,油水关系复杂,特别是具有一定面积的断块,部分小层存在油水界面,并不是满块含油,存在一定的边水能量情况。相对于无边水条件,存在一定的边水可以改善与提高边部及低部位水驱波及,同时,断块具有高部位油层多、储量大的特点。研究表明,无论是三角形还是四边形及长条形复杂断块,当有边水能量,即存在油水界面条件下,采用低注高采、边缘注水方式最优。

对于四边形断块,无论边内注水还是边外注水,交错注水方式均优于正对注水开发,即沿顶部屋脊一线排状部署油井,最大程度提高储量动用,边部注水井与油井交错布井,可以合理利用边水,减缓舌进,从而有效提高平面波及,改善开发效果。

对于三角形复杂断块,合理注水方式分两种情况:对于含油宽度较小,地质储量10×10^4 t以下断块,仅能部署1~2口生产井条件下,油井控制角部或油井井排平行于断层一侧(有利于提高控制储量一侧)的边缘注水方式最优,如图3-2-1所示;对于含油面积较大,储量较大,能够部署3口油井以上的三角形复杂断块,根据含油断块形态,利用三角形井网控制断层角部、边部有利部位,即油井井排与边水平行、均匀布井的边缘注水方式优于油井井排平行断层、顶密边稀以及垂直油水边界等其他注采方式,如图3-2-2所示。

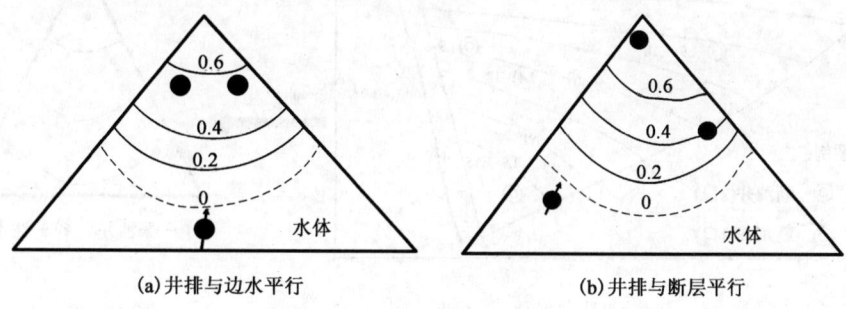

图3-2-1 边水三角形复杂断块不同井网下含水饱和度分布(一注两采)

●—采油井; ✦—注水井

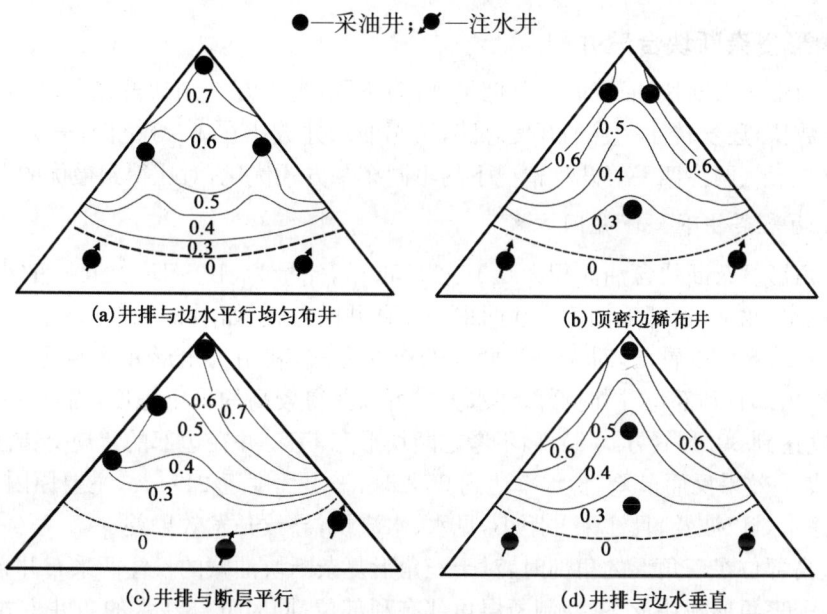

图3-2-2 边水三角形复杂断块不同井网下含水饱和度分布(两注三采)

●—采油井; ✦—注水井

(3)无边水条件下合理注采方式是井网匹配形态,低注高采或点状注水开发。

复杂断块油藏大多开发单元较小,因此很难形成规则井网,且开发单元形状各异,很难形成完善的注采井网,生产实践也表明,复杂断块油田开发不能套用整装油田的开发模式。前面影响因素分析及布井原则的分析表明,根据断块油藏形态布井,可以有效控制边角部位,最大程度地提高储量控制及水驱控制。同时,对于小面积断块,低注高采井网的无水采油期长,采收率高,对于面积较大断块,在注采井距满足合理井距要求的条件下,可结合内部点状注水,增加注水井点,有效补充地层能量,提高多向注采对应率,进一步完善注水。

二、不规则边界油藏井网设计

依托典型单元分类复杂断块油藏为原型,进一步抽象几何形态、面积大小、地层倾角以及构造样式等地质特征,参考实际储层、流体参数、开发动态数据,并建立三角形、四边形和长条形三类复杂断块油藏特征模型,如图3-2-3所示为三角形断块油藏特征模型抽象过程。

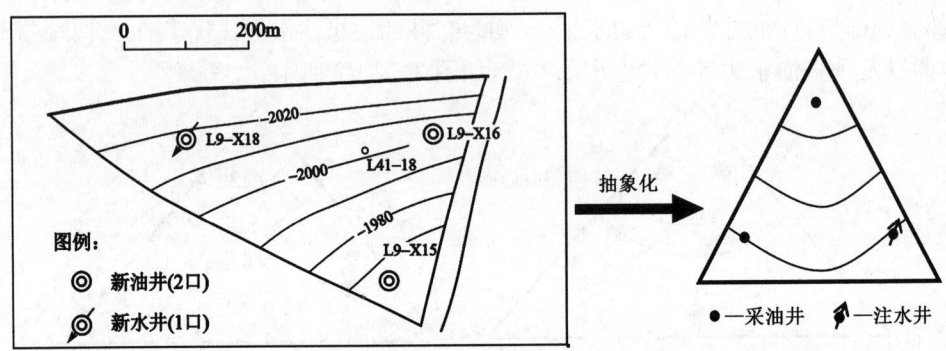

图3-2-3 复杂断块抽象模型示意图

1. 三角形复杂断块合理井网

根据三角形复杂断块油藏的面积(储量规模)不同,考虑复杂断块开发井网初期一般采用较高油水井数比,逐步转注完善的开发思路,按照油水井数比在1～3之间,分为一注两采、一注三采、两注三采、两注四采等几种情况下的不同布井方式优化,对比得到最优的布井方式。

1)一注两采条件下合理井网方式

对于三角形复杂断块含油面积为 $0.1\sim0.15\text{km}^2$,储量为 $(10\sim15)\times10^4\text{t}$ 的小断块,设计低部、腰部注水,角部、边部采油等一注两采的6种井网方式,如图3-2-4所示。

由图3-2-5可以看出,对于一注两采的布井方式,利用三角形井网匹配三角形断块形态,控制断层角部有利部位,同时低部注水方式可以获得较高的采出程度,当含水率达到90%时,采出程度达到30.4%(方式5);而不考虑断块形态,三口井在边部的常规交错注水、低注高采方式(方式3)效果反而最差,含水率达到90%时,采出程度近21.1%,主要原因是角部储量没有控制,注水难以波及,且注采井距小,见水、水淹快,导致开发效果差。

当构造高部位在三角形的角部时,对于三角形复杂断块油藏的一注两采布井方式,采用三角形井网匹配三角形断块形态,控制断层角部有利部位,同时低部注水的布井方式较为合理,可以获得较高的采出程度。

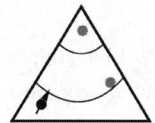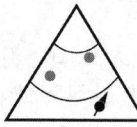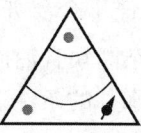

图 3-2-4 三角形复杂断块一注两采井网方式
●—采油井；⌀—注水井

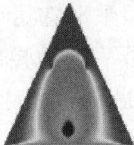

图 3-2-5 三角形复杂断块一注两采布井方式含油饱和度图(含水率90%)

2)一注三采条件下合理井网方式

对于三角形复杂断块含油面积为 0.15～0.20km^2，储量为 $(15～20)×10^4$ t 的小断块，设计高部腰部采油、低部注水，边角部采油、低部位角部注水等一注三采的 6 种井网方式，如图 3-2-6 所示。

由图 3-2-7 可以看出，对于一注三采的布井方式，采用 1 口注水井位于构造低部位角部，3 口油井部署在水井对边的角部、边部的注采方式(方式 2)，采出程度最高，含水率达到 90% 时，采出程度达到 31.2%；采用三口油井控制角部、腰部中间注水的注采方式，(方式 6)油井见水时间早，开发效果较差，含水率达到 90% 时，采出程度为 29.5%；而采用沿一侧构造角部、边部部署油井，但腰部条带边部注水方式(方式 3)开发效果最差，含水率达到 90% 时，采出程度仅为 23.8%。

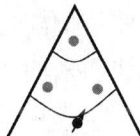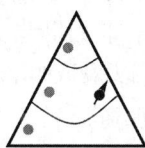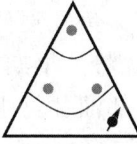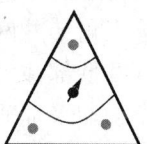

图 3-2-6 三角形复杂断块一注三采井网方式
●—采油井；⌀—注水井

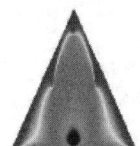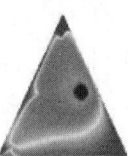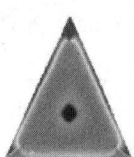

图 3-2-7 三角形复杂断块一注三采布井方式含油饱和度图(含水率90%)

当构造高部位在三角形的角部时，对于三角形复杂断块油藏的一注三采布井方式，采取在构造高部位、低部位条带角部、构造腰部条带边部有利部位部署油井，构造低部位另一侧角部部署注水井的变形的三角形井网匹配三角形形态的注采方式最优，能够最大程度地控制断层边角部位，拉大注采井距，提高储量控制与水驱波及。

3)两注三采条件下合理井网方式

对于三角形复杂断块含油面积为 0.20~0.25km², 储量为 (20~25)×10⁴t 的小断块,理论上可以部署 5 口油水井的条件下,考虑尽可能提高多向水驱储量比例,设计两采三注的 6 种井网方式,如图 3-2-8 所示。

由图 3-2-9 可以看出,对于两注三采的布井方式,常规的构造高部与腰部条带采油、低部条带注水方案(方式 4),或断层夹角采油,腰部条带边部注水方案(方式 2)开发效果并不占优势,分别在中线一带、构造低部位剩余油富集。采取在沿一侧断层的构造高部位、低部位条带角部、构造腰部条带边部有利部位部署油井,另一侧的腰部条带边部、低部位的角部部署注水井的两注三采的注采方式(方式 6),平面水驱波及范围大,采出程度高,含水率达到 90% 时,采出程度为 30.9%。

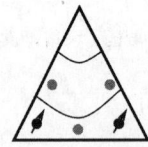

图 3-2-8　三角形复杂断块两注三采井网方式
●—采油井;↓—注水井

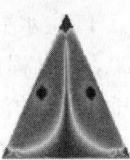

图 3-2-9　三角形复杂断块两注三采布井方式含油饱和度图(含水率 90%)

当构造高部位在三角形的角部时,对于三角形复杂断块油藏的两注三采布井方式,采取整体三角形井网,控制断块断层夹角及腰部条带的断层边部区域,利用同一侧断层的构造腰部及低部注水的布井方式占优势。早期可以采取低部角井注水的一注四采的布井方式提高初期采油速度,近距离的腰部油井见水水淹后转注为目标井网,可进一步提高开发效果和经济效益。

4)两注四采条件下合理井网方式

对于三角形复杂断块含油面积为 0.25~0.30km², 储量为 (25~30)×10⁴t 的小断块,设计两注四采的 6 种井网方式,如图 3-2-10 所示。

由图 3-2-11 可以看出,对于两注四采的布井方式,根据上述布井原则,采用三角形井网,可以有效控制三角形断层夹角、边部有利区带,低部及腰部边井注水可以实现油井全部受效及部分完善水驱,开发效果最优,含水率达到 90% 时,采出程度为 29.4%。而采取如方式 1 的类似均衡布井,低部两侧角部注水方式顶部油井难以注水见效,同时,腰部条带均为单向水驱,开发效果相对较差;方式 6 的一侧采油,另一侧注水的注采方式注采井距差异大,注采见效差异大,进而影响注水效果。

对于三角形复杂断块油藏的两注四采布井方式,采用三角形井网均匀布井,低部及腰部边井注水可以有效控制三角形断层夹角、边部有利区带及尽可能地完善水驱、均衡水驱,开发效果占优。

图 3-2-10 三角形复杂断块两注四采井网方式
●—采油井；▲—注水井

图 3-2-11 三角形复杂断块两注四采布井方式含油饱和度图（含水率 90%）

综上所述，总结形成了构造高部位在三角形复杂断块的角部时，不同面积与油水井数下的合理注采井网模式，见表 3-2-2。

表 3-2-2 三角形复杂断块合理注采井网模式

含油面积与储量规模	注采模式		
	注采井数	构造高部位为上角部	构造高部位为顶边部
含油面积：0.10～0.15km² 储量规模：(10～15)×10⁴t	一注两采		
含油面积：0.15～0.20km² 储量规模：(15～20)×10⁴t	一注三采		
含油面积：0.20～0.25km² 储量规模：(20～25)×10⁴t	两注三采		
含油面积：0.25～0.30km² 储量规模：(25～30)×10⁴t	两注四采		

注：●—采油井；▲—注水井。

2. 四边形复杂断块合理井网

与三角形复杂断块油藏注采井网优化类似，根据四边形复杂断块油藏的面积（储量规模）不同，主要考虑一注两采、一注三采、两注三采、两注四采四种情况下的不同布井方式优化，对比得到最优的布井方式。以构造高部位为四边形边部为例，不同面积下的合理注采井网差异明显。

1）一注两采条件下合理井网方式

对于四边形复杂断块含油面积为 0.1～0.15km²，储量为 (10～15)×10⁴t 的小断块，可设计一注两采的5种井网方式,如图3-2-12所示。

由图3-2-13可以看出,对于一注两采的布井方式,采取构造高部条带角部采油,构造底部条带注水开发,如方式1与方式5,效果好于腰部注水或腰部、底部采油方式,但底部边部注水比角部注水效果占优,含水率达到90%时,前者采出程度达到30.5%,后者为30.3%,主要是底部一侧角部注水导致另一侧角部储量难以动用,影响平面水驱波及范围。

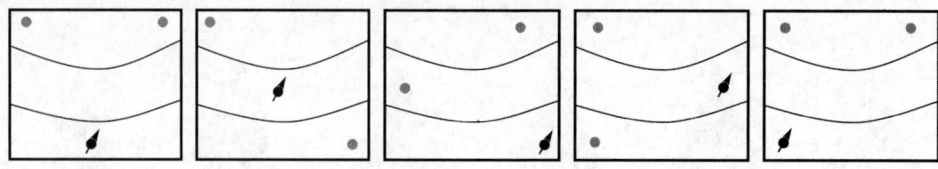

图3-2-12 四边形复杂断块一注两采井网方式
●—采油井;↓—注水井

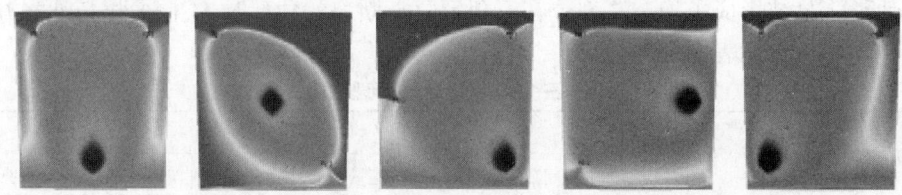

图3-2-13 四边形复杂断块一注两采布井方式含油饱和度图(含水率90%)

当构造高部位在四边形的边部时,对于四边形复杂断块油藏的一注两采合理布井方式是采用三角形井网低注高采的布井方式,即油井控制构造高部条带断层角部有利部位,底部水井边部注水开发。

2)一注三采条件下合理井网方式

对于四边形复杂断块含油面积为0.15~0.20km^2,储量为$(15~20)×10^4$t的小断块,设计不同部位采油、注水方式的一注三采的5种井网方式,如图3-2-14所示。

由图3-2-15可以看出,对于一注三采的布井方式,采用4口油井分别控制四边形的4

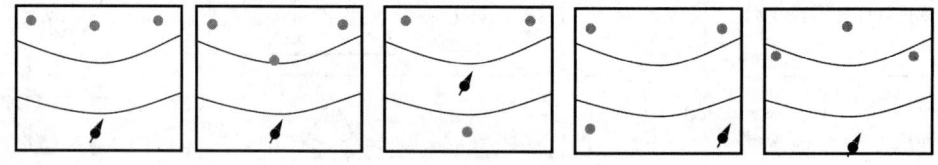

图3-2-14 四边形复杂断块一注三采井网方式
●—采油井;↓—注水井

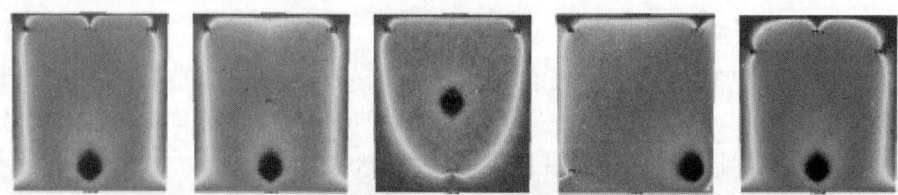

图3-2-15 四边形复杂断块布井方式含油饱和度图(含水率90%)

个角部区域,其中底部角部1口井作为注水井注水开发方式(方式4)采出程度高,含水率达到90%时,采出程度达到31.4%;其次是顶部高部位条带3口油井控制边角部位有利区带,底部边部部署注水井的注采方式(方式1),含水率达到90%时,采出程度达到29.6%;其他考虑腰部条带注水或采油方案开发效果均较差。

当构造高部位在四边形的边部时,对于四边形复杂断块油藏的一注三采布井方式,借鉴正方形开发井网方式,利用井网形式匹配断块形态4口油井控制断层夹角有利部位,同时结合低注高采开发方式,转注一口底部角井形成一注三采井网方式,这种井网的优势还体现在底部油井高含水后转注形成两注两采的注采方式实现了完善水驱,进一步提高了开发效果。

3) 两注三采条件下合理井网方式

对于四边形复杂断块含油面积为 0.20~0.25km², 储量为 $(20~25)\times10^4$t 的小断块,可以设计两注三采的5种井网方式,如图3-2-16所示。

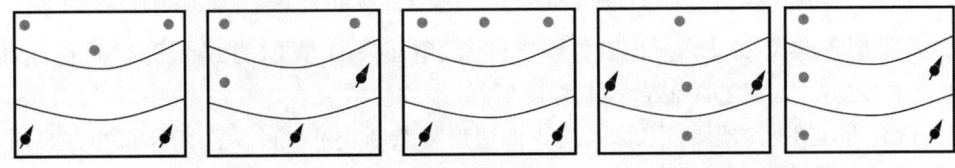

图 3-2-16 四边形复杂断块两注三采井网方式
●—采油井;⌀—注水井

由图3-2-17可以看出,对于两注三采的布井方式,2口注水井分别位于构造低部位的两个角部,3口油井部署在构造高部条带(方式3),控制高部位断层夹角与断边带时,可以获得较好的采出程度,当含水率达到90%时,采出程度达到31.9%。其他存在腰部注水井点方案均导致油井见水时间早,含水率上升快,同时低部位局部储量难以动用,影响开发效果。

图 3-2-17 四边形复杂断块布井方式含油饱和度图(含水率90%)

当构造高部位在四边形的边部时,对于四边形复杂断块油藏的二注三采布井方式,采用类似一注三采的正方形井网,控制断层角部,兼顾构造高部位断边带有利区域,形成构造高部条带三口油井,底部条带两口水井的低注高采井网开发方式较为合理,也是正方形井网的一种变形,可达到进一步提高储量控制和水驱波及的目的。

4) 两注四采条件下合理井网方式

对于四边形复杂断块含油面积为 0.25~0.30km², 储量为 $(25~30)\times10^4$t 的小断块,可以设计两注四采的5种井网方式,如图3-2-18所示。

由图3-2-19可以看出,对于两注四采的布井方式,采取沿一侧断层的构造腰部及底部各部署1口注水井,4口生产井控制构造高部条带断层夹角与边部以及构造底部的另一断层夹角的注采方式(方式4)采出程度高,当含水率达到90%时,采出程度为30.8%。其次是为了避免注水井侧高部位油井水淹快,改为对侧断层边部采油(方式5)的注采方式,当含水率达

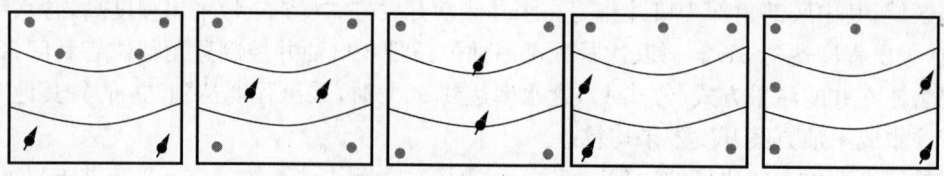

图 3-2-18 四边形复杂断块两注四采井网方式
●—采油井；◆—注水井

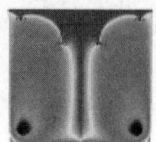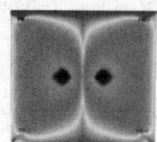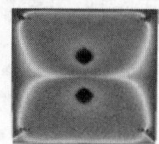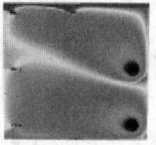

图 3-2-19 四边形复杂断块布井方式含油饱和度图（含水率 90%）

到 90% 时，采出程度为 29.8%。而其他腰部注水、角部采油方式（方式 2、3）以及低注高部腰部采油（方式 1）方式对断边带储量控制程度低，效果均较差。

当构造高部位在四边形的边部时，对于四边形复杂断块油藏的两注四采布井方式，同样采用类似于一注三采的正方形井网，控制断层角部，同时兼顾构造高部、腰部条带的断层边部有利区域，分别高部位边部部署 1 口油井，注水井一侧的腰部边部部署 1 口水井，形成两注四采注采方式，可以有效提高水驱储量控制程度。

综上所述，总结形成了构造高部位在四边形复杂断块的边部时，不同面积与油水井数下的合理注采井网模式，见表 3-2-3。

表 3-2-3 四边形复杂断块合理注采井网模式

含油面积与储量规模	注采模式		
	注采井数	构造高部位为上边部	构造高部位为顶角部
含油面积：0.10～0.15km² 储量规模：(10～15)×10⁴t	一注两采		
含油面积：0.15～0.20km² 储量规模：(15～20)×10⁴t	一注三采		
含油面积：0.20～0.25km² 储量规模：(20～25)×10⁴t	两注三采		
含油面积：0.25～0.30km² 储量规模：(25～30)×10⁴t	两注四采		

注：●—采油井；◆—注水井。

3. 长条形复杂断块合理井网

长条形复杂断块的主要特征是断边长度小，一般在 200m 以内，考虑合理注采井距因素，布井方式受到制约。针对这类断块，与上述三角形、四边形复杂断块油藏注采井网优化类似，根据四边形复杂断块油藏的面积（储量规模）不同，主要考虑一注两采、一注三采、两注三采三种情况下的不同布井方式优化，对比得到最优的布井方式。

1）一注两采条件下合理井网方式

对于长条形复杂断块含油面积为 0.1～0.15km^2，储量为 (10～15)×10^{4}t 的小断块，可以设计一注两采的 4 种井网方式，如图 3-2-20 所示。

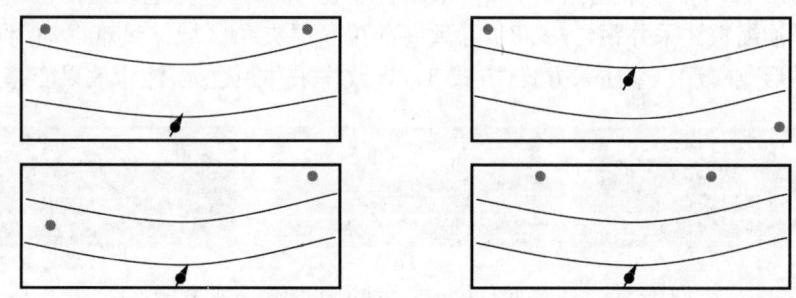

图 3-2-20　长条形复杂断块一注两采井网方式
●—采油井；◆—注水井

由图 3-2-21 可以看出，长条形断块短边 200m 时，0.1～0.15km^2 面积下，长边长度在 500～750m 对于一注两采的布井方式，采取拉大井距，油井分别构造高部位两个断层夹角，注水井位于构造低部位边部注水时，采出程度最高，当含水率达到 90% 时，采出程度为 31.2%。而采取常规的 300～400m 井距的低注高采方式（方式 4）对高部位断层夹角以及腰部断边带储量控制动用程度低，开发效果差，当含水率达到 90% 时，采出程度仅为 27.4%。

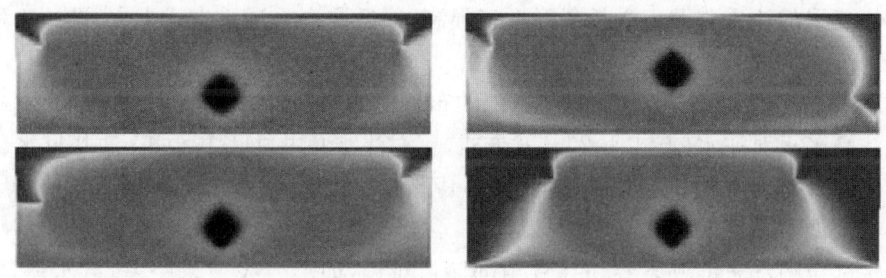

图 3-2-21　长条形复杂断块布井方式含油饱和度图（含水率 90%）

当构造高部位在长条形复杂断块的长边时，对于长条形复杂断块油藏的一注两采布井方式，采用三角形井网低注高采、交错注水，同时，通过拉大油井井距，控制高部位断层夹角有利区域，实现高效动用。虽然油井井距大，但断块宽度小，注采井距控制在 300～400m 的合理范围之内。

2）一注三采条件下合理井网方式

对于长条形复杂断块含油面积为 0.15～0.20km^2，储量为 (15～20)×10^{4}t 的小断块，可以设计一注三采的注采井网。受长条形形态限制，采取低注高采的布井方式有限，设计 3 种布井方式，如图 3-2-22 所示。

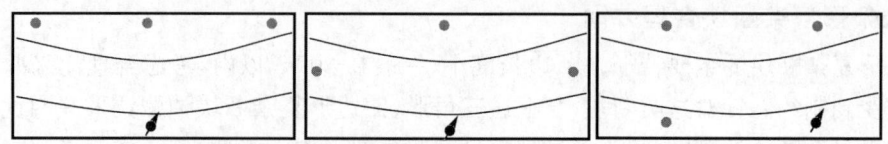

图 3-2-22　长条形复杂断块一注三采井网方式
●—采油井；◢—注水井

由图 3-2-23 可以看出,对于一注三采的布井方式,采用沿构造高部位均匀部署 3 口油井控制高部位断层夹角及断边带,油井井距控制在 350～500m,低部位边部注水,可以有效控制注采井距(方式 1),含水率达到 90%时,采出程度为 30.2%。其他改高部位断层夹角采油为腰部边部采油缩短注采井距(方式 2),导致高部位断层夹角区域储量难以动用;4 个断层夹角部署注采井形成一注三采注采方式(方式 3),导致注采井距过大,注水效果变差。

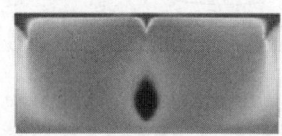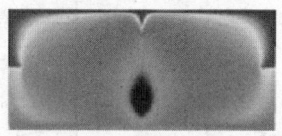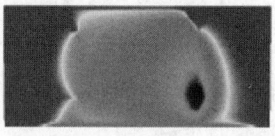

图 3-2-23　不同布井方式含油饱和度图(含水率 90%)

当构造高部位在长条形复杂断块的长边时,对于长条形复杂断块油藏的一注三采布井方式,仍然是低注高采的方式占优势,合理井网形式是高部位一线部署生产井,控制断边带,低部位边部注水的注采方式,可以控制高部位有利区带,还控制了断层夹角的两口生产井的注采井距,提高注水效果,受油藏条件限制,不可避免高部位边部油井水淹快(注采井距不足 200m),高含水后通过转注,形成两注两采的注采方式,进一步完善水驱,改善开发效果。

3)两注三采条件下合理井网方式

对于长条形复杂断块含油面积为 0.20～0.25km^2,储量为 (20～25)×10^{4}t 的小断块,可以设计两注三采的注采井网。受长条形形态限制,以低注高采注采方式为主,设计 4 种布井方式,如图 3-2-24 所示。

由图 3-2-25 可以看出,对于两注三采的布井方式,低注高采交错注水(方式 3、4)开发方式好于低注高采正对注水(方式 1、2)开发方式,正对注水角井注采井距小,油井见水、水淹快,影响开发效果。对比方式 3、4 可以看出,顶部高部位一线部署生产井,控制高部位断层夹角与断边带方案平面水驱波及程度高,开发效果好,含水率达到 90%时,采出程度为 32.0%。而采用顶部及腰部位边部采油方案容易导致角部储量难以动用,开发效果略差,含水率达到 90%时,采出程度为 30.2%。

当构造高部位在长条形复杂断块的长边时,对于长条形复杂断块油藏的两注三采布井方式的合理井网形式是高部位一线部署生产井,控制断边带,低部位边部注水的注采方式,充分利用其几何形态特点,采用低注高采、交错注水开发。

构造高部位在长条形复杂断块的长边时,不同面积与油水井数下的合理注采井网模式见表 3-2-4。对于构造高部位在长边的长条形复杂断块,其合理注采方式为低注高采,油井控制高部位断边带,低部位边部注水,控制注采井距的开发方式。长条形复杂断块油藏断块面积的增加主要是断块长度的增加,两注三采布井方式与一注两采布井方式相同,随着面积进一步增大,可以形成规则的一组排状交错注采井网。

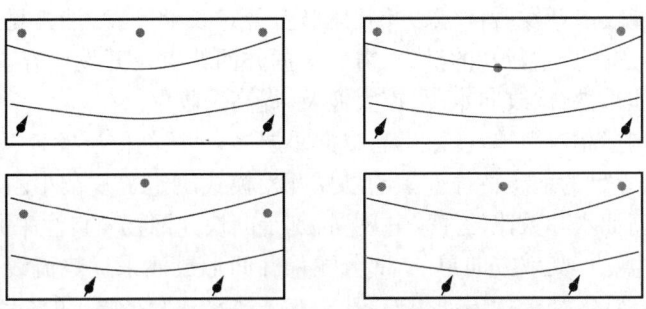

图 3-2-24　长条形复杂断块二注三采井网方式
●—采油井；✦—注水井

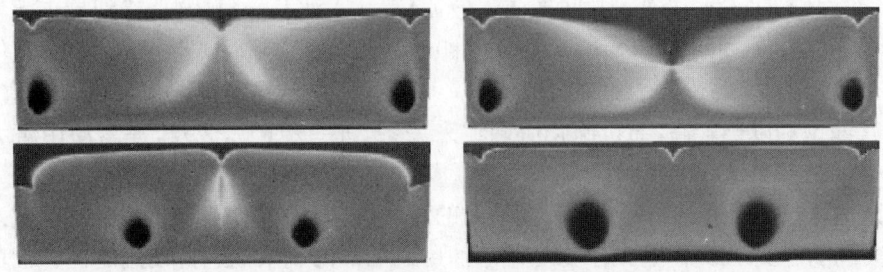

图 3-2-25　长条形复杂断块布井方式含油饱和度图（含水率90%）

表 3-2-4　长条形复杂断块合理注采井网模式

含油面积与储量规模	注采模式		
	注采井数	构造高部位为长边	构造高部位为短边
含油面积：0.10～0.15km² 储量规模：(10～15)×10⁴t 短边长：$L \leqslant 200$m	一注两采		
含油面积：0.15～0.20km² 储量规模：(15～20)×10⁴t 短边长：$L \leqslant 200$m	一注三采		
含油面积：0.20～0.25km² 储量规模：(20～25)×10⁴t 短边长：$L \leqslant 200$m	两注三采		

注：●—采油井；✦—注水井。

当复杂断块油藏投入开发后,注采井网已固定,经过长期开发,油井见水,流线基本固定,波及受限,由于没有进一步钻新井的潜力,需要根据井网特点及开发中存在的主要问题,进一步通过井网转换或注采耦合、改向水驱、扩大波及、提高采收率。

复杂断块油藏构造相对简单,一般具有纵向小层多,小层间储层发育、物性差异较大,油水关系复杂,天然能量不足的地质特征。滚动勘探开发模式决定了复杂小断块注水开发初期都多采用一注多采的高油水井数比的注采井网,特别是断块井网在 4 口注采井以下断块,进入高含水阶段,因注水井点少,受效方向单一,部分注采井间形成注采优势流线通道,水淹程度高,但非主流线,井间滞留区、受干扰层动用差,甚至有未注水开发小层,注采完善程度低。相应的井网转换调控注采流线对策包括逐步转注、完善水驱,扩大波及。

如果注采井网完善,且无油井转注的井网转换潜力,进入特高含水期,油水井间优势通道已形成,流线固定,注入水在油水井间形成无效循环,注水波及受限情况,特别是小面积断块的一注一采单元、两注一采单元,断块小,注采井距小;特高含水期,注水水淹形成水窜,停注则产生供液不足,控制含水与恢复能量难以有效统一;同时,在断层夹角、断边带剩余油富集,非主流线位置含油饱和度仍较高,通过深化协调注采关系,进一步扩大波及,提高动用潜力。相应的注采耦合调控注采流线对策包括注采交替、压差交变,提高动用。

不稳定注采技术是通过周期性地改变油藏的注水量与采出量,在高、低渗油层部位之间建立不稳定压力场引起交互渗流,有助于物性差的油层或局部的剩余油进行动用的一种油田注水开发技术,可以有效增大注入水在油层中的波及系数,最终改善非均质油藏的水驱开发效果。

在复杂小断块,通过注水井的开关变换的同时,配合与采油井采油交替生产,起到一定的改变注采流线、扩大压差、提高动用的效果,通过交替注采,油井采液、水井注水不同步,合理补充能量,做好能量积蓄与能量利用的有序接替,称为注采耦合。特别是针对多套层系的注采单元,通过水井分层注水及油井换层开关技术,建立合理的注采制度,两套层系轮流注采交替,达到不稳定注水下稳定采油的目的,实现高效稳产开发。

复杂断块注采耦合的合理技术政策包括合理压力保持水平与合理注采强度两个方面。其中,合理压力保持水平包括注油井停产、水井开井时压力水平与油井生产、水井停注时的压力恢复水平;注采强度包括合理水井日注与油井液量(生产压差)。

第三节　立体开发井网系统设计

油藏立体开发是以流体三维运移和驱动规律为基础,既考虑水平作用力对流体渗流的影响,又考虑垂直作用力对流体渗流的影响而建立起来的一种开发模式。这种开发模式不局限于一套层系、一套井网,而是将垂直井网与水平井网相结合,采用立体井网开发油藏,从而最大限度地提高油藏采出程度,实现高水平、高效益开发。

立体开发既考虑了储层水平方向上的注采压力差、黏滞力等对流体渗流的影响,也考虑了重力、毛细管压力等垂直作用力对流体渗流的影响,即多种井型组合、多种驱替方式复合的立体开发井网。

一、厚储层油藏井网设计

若油层厚度或跨度很大,纵向上具有连通性,宏观上为同一水动力系统,以潜山油藏为例,油层厚度为几百米,跨度甚至达到上千米,和薄层状油藏相比,重力效应非常突出。由于油层较厚或纵向含油层段长,可以采用纵向布井方式,采用立体开发设计有针对性的井网和井型,利用重力势能,最大限度地提高油气采收率。

1. 油藏立体开发设计

油藏立体开发是一种全新的开发方式,是以传统径向流模型(线性、球形)为基础,在油层纵向上增加垂向驱动(重力排泄)的渗流模型,也就是两个平面径向系统和一个垂直径向系统联供的渗流形态,流场类似圆锥台几何形状。其本质是以传统平面径向流压力场为基础,增加了三维空间的纵向压力场和侧向压力场,最终的压力场是各种力矢量合成的反映。潜山油藏立体开发机理表现如下:

(1)分段均压作用。块状潜山在纵向上压力水平差异较大。通过合理划分开发层段、分段布置水平井的立体开发模式,可保证在压力水平相近或压力相对均衡条件下开采,减小层间干扰,较快实现储量全部动用。

(2)垂向重力作用。国内外研究结果表明,当潜山油藏中高角度裂缝发育且黏滞力不显著大于重力时,重力是重要的驱油作用力,岩块越厚,驱替作用力越大,重力泄油作用越明显,原油采出程度越高。

(3)立体联供作用。巨厚潜山油藏裂缝发育具有明显的层控特征,纵向上可划分为多个相对独立的开发系统,形成多个重力驱动单元,同时在每一开发层段,水平井可钻遇多簇裂缝,段间和段内均可形成多个不等距的重力驱动单元,从而充分发挥重力作用。

考虑重力驱动作用的采收率公式为:

$$E_R = \frac{D_1 - D_u - h_{oc}}{D_1 - D_u} \cdot \frac{\phi_f(1 - S_{orf})}{\phi} \cdot \frac{B_{oi}}{B_{ob}} \quad (3-3-1)$$

式中 E_R——重力驱采收率;

D_1——油藏底界深度,m;

D_u——油藏顶界深度,m;

h_{oc}——重力驱油层厚度下限,m;

ϕ_f——大裂缝(相当于水动力裂缝)的孔隙度;

ϕ——全油藏平均孔隙度;

S_{orf}——大裂缝的残余油饱和度;

B_{oi}——油藏原始压力下的体积系数;

B_{ob}——油藏饱和压力下的体积系数。

2. 厚油层纵向布井设计

油井产量取决于产液量与含水率。对于巨厚潜山裂缝性油藏,其产液量与裂缝发育程度及地层能量有关。影响含水率上升速度的因素包括注入水沿主流线的突进、油水窜流作用,以及基质—裂缝间的渗吸作用。

在油藏实际开采过程中,受基质—裂缝渗吸作用、油水窜进和注入水沿主流线突进作用的影响,很难实现或保持如此清晰的油水分界面。

无渗吸作用影响的情况油水界面清晰,界面以上为油,界面以下是水。在裂缝性油藏中,水先将裂缝中的油驱走,并沿裂缝向生产井流动,基质依靠渗吸作用向裂缝系统供油,导致裂缝系统中油水界面不清晰,出现油水两相共存区域。

1) 井网形式

井网部署主要受油层物性、原油性质、采油工艺和国家对采油速度的要求等因素控制,而合理的井网部署对提高储量控制程度和采收率非常重要。

理论上,在一定井网密度下,三角形井网的储量控制程度优于正方形井网。但开发井网的选择需要充分考虑后期开发调整的便利和可能性。显然,井网加密调整和注采关系调整优越性更强。在注采关系调整方面,三角形注采井网不论如何调整,注采关系都是多向的,不利于与储层非均质性的合理配置,而正方形井网则要灵活很多,可以从不同角度调整,更适合储层非均质性比较严重,特别是裂缝性油藏的开发调整。典型水平井面积井网垂向布井设计如图3-3-1所示。

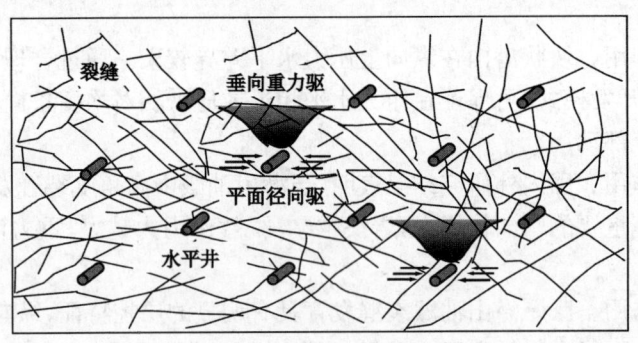

图3-3-1 典型水平井面积井网垂向布井设计

潜山油藏一般采取边底部水平井注水并上返注水的注水方式。上返注水可以选择单排注水上返,也可以选择逐层多排注水方式。

单排注水上返,整个开发阶段始终只有一层注水井注水,为了实现平衡注水,单井日配注量很大,单层注水强度大,加剧了注入水沿高渗透裂缝水窜,导致与注水井相邻的油井短期内暴性水淹。

逐层多排上返注水可以充分利用底部的所有高含水井注水,这样注水井数增加,注水强度相对温和,使油水界面向上部均匀推进,缓解注入水沿高渗透裂缝水窜。逐层上返开发时,注水层位分阶段依次向上调整,有效地防止了注入水沿底部和边部扩散,增加了注水的有效性。

2) 垂向注采井距

潜山油藏立体注采井网油水受力分析,注采压差表现为驱动力,黏滞力表现为阻力,重力对注入水向上运动起到一定的抑制作用,也表现为阻力。如果水的黏度比油小,则水相的渗流速度比油相大,注采压差过大时,在油水界面上,水会突破界面跃到油前面,造成注入水窜进现象。如果水的黏度比油大,则不会在油水界面上发生窜进,然而注采压差过大时,主流线的水突进速度比其他流线快,也会先于其他流线中的油相进入生产井。

以立体线性井网为例分析重力分异作用下的临界注采压差。立体线性井网采用低部位注水,高部位采油,水的密度大于油的密度,重力分异会对注入水向上窜进起到一定的抑制作用。取流场内油水界面上任意一个微元,油水运动为活塞式驱替(即不考虑毛细管压力)。

$$\sigma_1 = g\left(\rho_w - \frac{K_o \mu_w}{K_w \mu_o}\rho_o\right) \quad (3-3-2)$$

$$\sigma_2 = \frac{\Delta p}{H}\left(1 - \frac{K_o \mu_w}{K_w \mu_o}\right) \quad (3-3-3)$$

式中 Δp——注采压差;

H——高度差;

μ_o, μ_w——油和水的黏度;

K_o, K_w——油在束缚水和水在残余油条件下的渗透率;

ρ_o, ρ_w——油和水的密度。

显然,如果 $\sigma_2 < \sigma_1$,则为稳定驱替,不会出现注入水窜进现象。

二、稠油油藏蒸汽辅助重力泄油井网设计

对于稠油油藏,在常规注蒸汽开采过程中,蒸汽和凝结物由于重力分离作用,汽液在油层剖面上产生流速差异,形成蒸汽超覆。汽液渗流过程中的黏滞力对流体的水平流动起主要作用;重力是由流体间的密度差产生的,是产生纵向速度差异的主要因素;毛细管压力是孔隙结构内流体的界面张力产生的,决定了初始流体饱和度分布和残余油分布,在疏松砂岩的稠油油藏中,毛细管压力的作用较小。

一般情况下,注汽速率越小,蒸汽流速越小,油层中越易形成超覆。蒸汽超覆与油层厚度有关,油层厚度越大,相同注汽速率下的蒸汽线速度越小,蒸汽在油层内越容易产生蒸汽超覆。厚油层蒸汽超覆是产生井间窜流的因素之一,不但蒸汽驱过程中容易出现汽窜,而且多吞吐周期注汽过程中也出现大量的汽窜。由于蒸汽超覆产生蒸汽突破后,大量注入的能量从生产井中产出。常规的蒸汽吞吐或蒸汽驱方式对于超稠油油藏难以实现蒸汽的有效注入和驱替。罗杰·巴特勒博士于1978年发明蒸汽辅助重力泄油(SAGD)开采方式。这种稠油开发方式采用了适当井型(水平井的长井段优势),通过设计注采井网形式,发挥注入蒸汽与受热原油的密度差(蒸汽超覆)作用,特别适合于开采原油黏度较高的特稠油或超稠油(天然沥青)油藏。

1. SAGD 布井原理

SAGD 是以蒸汽为热源,热传导与热对流相结合,依靠稠油及凝析液的重力作用开采。这种开采方式依靠一定的布井模式实现,在靠近油层底部钻成一对水平井,如图3-3-2所示。

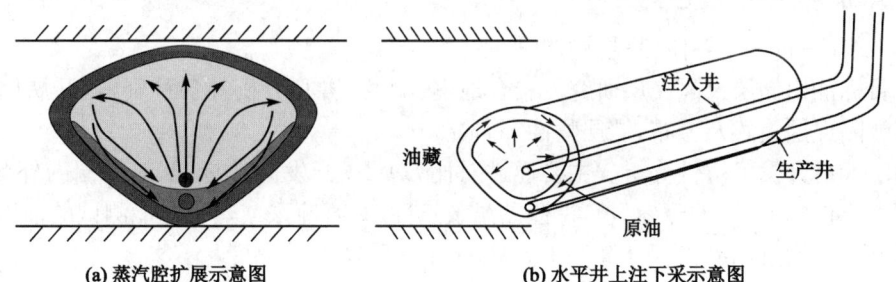

(a) 蒸汽腔扩展示意图　　(b) 水平井上注下采示意图

图 3-3-2　双水平井 SAGD 生产方式布井原理示意图

当蒸汽从上部的注入井注入油层,蒸汽向上方及侧面移动,形成一个饱和蒸汽腔室,蒸汽在汽液界面冷凝,并通过热传导将周围油藏加热,被加热降黏的原油和冷凝水在重力驱动下流到底部生产井,随着原油及冷凝液体的采出,蒸汽腔室逐渐扩大。

和常规蒸汽驱相比,蒸汽辅助重力驱的优点表现在原油一经加热,在重力作用下就能采出来,而常规蒸汽驱中被驱动原油的黏度较高,特别是特稠油和超稠油油藏,流动阻力非常大;蒸汽辅助重力驱方式的汽液都有各自独立的流动通道,几乎不存在多相共渗问题,流动阻力小;若出现汽窜的情况,可以转换成间歇注采方式,启动快,能量利用率高。

2. SAGD热采方案设计内容、流程和方法

1) SAGD热采方案设计内容和流程

在精细地质油藏研究的基础上,制定油田开发策略,进行SAGD开发方案设计,开展开发效果预测,其中SAGD热采方案设计内容主要包括10个方面:目标油田储层及隔夹层研究;SAGD开发可行性分析;SAGD地质控制因素研究;SAGD布井方式研究;SAGD循环预热影响因素研究;SAGD转入时机研究;水层及隔夹层对SAGD开发效果的影响及应对策略;SAGD生产阶段参数优化研究;SAGD合理产能研究;SAGD方案部署及开发指标预测研究。SAGD油藏工程热采方案设计技术流程如图3-3-3所示。

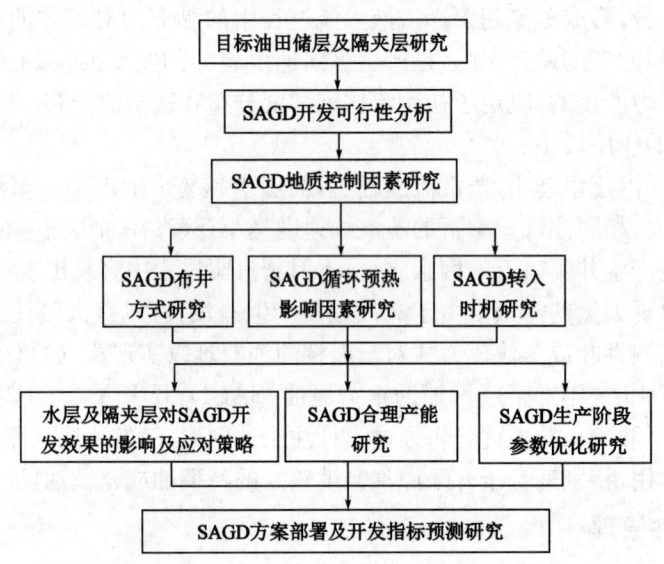

图3-3-3 SAGD热采方案设计技术流程图

2) SAGD热采方案设计方法

SAGD开发过程中各阶段设计方法如下:

(1)目标油田储层及隔夹层研究。结合地震、测井、岩心分析等各种资料,开展储层构造、沉积模式、隔夹层模式及分布、储层物性等研究。

(2)SAGD开发可行性分析。主要通过对比SAGD开发筛选标准,对标国内外SAGD开发油田(主要包括地质、油藏参数),论证黏温敏感性,对有冷采或热采产能测试的油田,论证油田日产能力,并通过油藏工程计算油田SAGD开发采收率。

(3)SAGD地质控制因素研究。结合目标油田实际地质、油藏参数,在建立典型模型或实际油藏模型的基础上,研究各地质控制因素(主要包括油层有效厚度、孔隙度、原始含油饱和度、油藏深度、油层渗透率、隔夹层及黏温关系等)对油藏SAGD开发效果的影响。

(4)SAGD布井方式研究。结合目标油田实际地质、油藏参数,在建立典型模型或实际油藏模型的基础上,研究不同布井方式下(包括井网、井距、避水距离、布井高度等)对油藏SAGD开发效果的影响,确定合适的布井方式。

(5)SAGD循环预热影响因素研究。从油藏工程方面考虑,循环过程操作参数是油藏工程的主要研究对象,结合目标油田实际地质、油藏参数,在建立实际油藏模型的基础上,研究蒸汽循环速度、井底蒸汽干度、循环预热压力、注采比、产液能力对蒸汽腔扩展及开发效果的影响,确定合适的循环预热参数。

(6)SAGD 转入时机研究。结合目标油田实际地质、油藏参数,在建立实际油藏模型的基础上,研究转 SAGD 生产的时机对蒸汽腔发育和开发效果的影响,确定合适的转 SAGD 时机。在转 SAGD 时机上,应具备四个因素:注采井间要达到一定温度,保证注采井间原油黏度低,在井筒周围形成一个高温低黏区域;未发生单点突破的 SAGD 井组,热连通长度达到水平段长度的 50%以上;产出液中含水率低于 90%;油层压力应降低到一定程度,保证蒸汽进入油层中具有一定的干度。

(7)水层及隔夹层对 SAGD 开发效果的影响及应对策略。通过地质、油藏方法,对油田水层中水体类型、水体大小和隔夹层大小、渗透性等取得足够认识,结合目标油田实际地质、油藏参数,在建立实际油藏模型的基础上,论证油藏水体大小、隔夹层等对蒸汽腔发育和开发效果的影响,制定合理的开发策略,减小水体或隔夹层对热采开发可能引起的负面作用,保证海上油田高效开发的需要。

(8)SAGD 生产阶段参数优化研究。SAGD 生产阶段参数优化包括蒸汽腔操作压力、蒸汽腔操作 sub-cool 控制、注汽速度、注汽干度、注汽温度、注汽压力、注采比等。转 SAGD 初期应适当降低蒸汽腔操作压力,保证水平段的合理吸汽,保持 SAGD 生产系统的稳定。SAGD 生产系统相对稳定后,为了加快蒸汽腔的发育,增加水平段动用程度,可以适当提高蒸汽腔操作压力。该阶段的蒸汽腔操作原则为蒸汽腔压力小于油层破裂压力 0.5MPa,达到产油高峰后,从高效经济开发角度考虑,应逐步降低蒸汽腔操作压力。生产阶段关键操作参数的核心是气液界面控制,可采用 sub-cool 控制。研究表明,sub-cool 太大,容易导致气液面接近注汽井,sub-cool 太小,容易造成蒸汽突破,综合考虑生产井的控制和蒸汽的热利用率,sub-cool 一般取 5~15℃为宜。对于其他注采参数,可以基于建立的实际油藏模型,研究各参数对蒸汽腔发育和开发效果的影响,确定合理的注采参数。

(9)SAGD 合理产能研究。通过油藏工程理论公式方法,结合热采产能测试、油藏数值模拟方法,对 SAGD 合理产能进行科学论证。

(10)SAGD 方案部署及开发指标预测研究。在上述研究的基础上,综合最佳的布井方式、转 SAGD 时机、水层及隔夹层的作用、最佳的注采参数,进行全油田或先导试验区的开发指标预测,包括油藏日产油量、年产油量、年产液量、含水率、采收率等开发指标,开展经济效益评价工作,推荐最佳的热采方案。

3. SAGD 井网形式

1)双水平井 SAGD 井网

如图 3-3-4 所示的双水平井 SAGD,井网的设计特征包括水平井长度 L、排距 d、井距 a、生产井距油层底部距离 b;井距一般是指注采井间距离,水平井对之间距离为排距。

水平井长度将影响总的蒸汽注入速率和日产液量。不考虑水平井中本身的压力降和举升设备的能力限制时,SAGD 理论得出的高峰日产油量与水平段的长度呈正比。但在实际设计时,水平段的长度需要考虑如下因素的影响:

(1)注蒸汽井沿程均衡吸汽。

在水平井注汽开采稠油过程中,油层注蒸汽加热范围受完井方式和注汽管柱结构等井身结构的影响。由于水平井完井井段较长,注入的蒸汽沿着水平段流动时存在摩擦损失;油层吸入蒸汽的过程是水蒸气沿着水平井的水平段变质量流动的过程,由于存在加速度压降损失,蒸

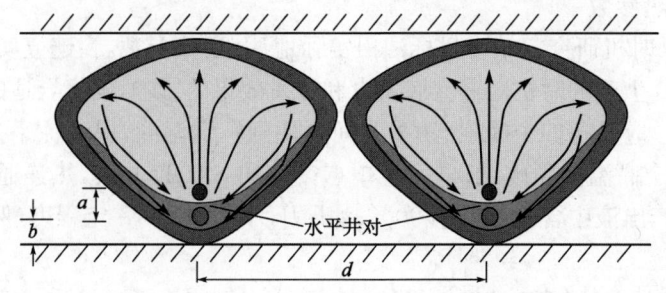

图 3-3-4 双水平井 SAGD 井网形式

汽沿着水平段的流量越来越小,由热传导理论可知,不仅蒸汽沿着水平段流动流量越来越小,而且导致蒸汽沿着水平段流动的干度也变得越来越小。现场沿程温度监测数据表明,传统的简单注汽管柱和笼统注汽工艺容易造成局部吸汽量大、加热温度高,呈现典型的"脚跟大脚尖小"的锥筒形加热范围,导致油层动用程度低。为了改善水平井沿程吸汽不均的现象,需要采用新的完井管柱与注汽方式,包括浅层稠油油藏平行双管注汽、同心管注汽和注蒸汽单管沿程配注汽管柱等,在一定程度上改善了水平井吸汽不均、动用程度差的问题。

(2) 生产井举升能力。

目前,SAGD 井所用的举升系统主要有管式泵、高温电潜泵和气举。气举受深度限制,一般不适合深度超过 500m 的油井;高温电潜泵的排量较高,但目前的使用温度不超过 220℃,在加拿大的一些 SAGD 井中试验成功,排量为 150~1200m³/d,但对国内 SAGD 井进行商业化应用还需要进一步评价和试验。管式泵在 SAGD 项目中大量使用,耐温较高,在目前抽油机能力下的实际排量不超过 450m³/d。

为实现 SAGD 的高效操作,沿水平段的压力降不能超过 50kPa。为达到这一标准,一般采用较大尺寸的筛管完井,大多数 SAGD 井采用 7in 筛管,在一些厚油层和高产井中,还有采用 $9\frac{5}{8}$in 套管作为筛管完井。在筛管尺寸一定的条件下,对水平段压降的要求也就决定了水平段的长度。采用 7in 筛管,水平井的长度一般为 500~700m。

(3) 油层厚度。

油层厚度越大,重力泄油的能力越大,高峰产量也越高。在相同的操作条件和举升条件下,薄油层的水平井应长一些,而厚油层的水平段应短一些。从油藏数值模拟预测结果可以看出,若井的最大举升能力达到 450m³/d,油层厚度小于 20m 时,水平井长度可以超过 700m。

根据油藏数值模拟研究结果,随着 SAGD 排距增大,单井累产油逐渐增加,但增加幅度变缓,而井数、采收率逐渐减小,且采收率降低幅度逐渐增大,综合采油速度要求一般推荐采用 150~200m 排距。

双水平井 SAGD 井网的注采井间距离 a、生产井距油层底部距离 b 与钻井技术和注采汽窜控制技术有关;生产井距油层底部距离越小,储量损失小,但增加了钻井越层的概率;注采井间距离越小,受热流体容易流入生产井采出,流体流动阻力小,但增加了注采井间汽窜的概率;目前注采井间距离 a 取 5~7m,生产井距油层底部距离 b 取 3~5m。

常规水平井对 SAGD 井网方式的井对之间容易形成剩余油,因此可以在加密 SAGD 井对间布置一口吞吐加密井,如图 3-3-5 所示。SAGD 汽腔到达油层顶部后,吞吐加密井开始吞吐作业,增加汽腔横向扩展,待两井对汽腔接触之后,吞吐加密井转为生产井,加密补偿井方式 SAGD 井对的排距可以增加。

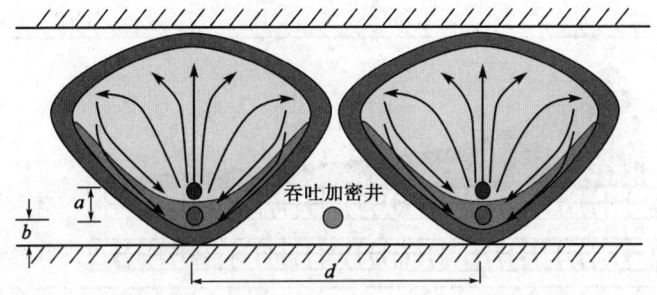

图 3-3-5 加密双水平井 SAGD 井网形式

若稠油油田已经实施水平井开发,当水平生产井吞吐一段时间后,油藏中形成一定的枯竭带,在原水平生产井的正上方钻水平注汽井是非常困难的。实施时,对于这一井网的组合方式实际上就相当于将水平注汽井部署在尽量靠近水平生产井的地方,具体距离要视钻井技术和油藏枯竭程度来确定。

将水平注汽井部署在距离水平生产井水平距离 a_2 和垂直距离 a_1 的斜上方,如图 3-3-6 所示。同上面所用的转 SAGD 过程相同的方式,即在水平注汽井中首先进行吞吐,以便同原来的水平生产井建立完全的热连通。然后,在注汽井和生产井中同时注入大段塞蒸汽,并在水平生产井中下入大泵生产,而水平注汽井不参与生产,待油层压力降到适当压力时,将水平注汽井转为连续的注汽井,并将生产井转为连续的生产井。

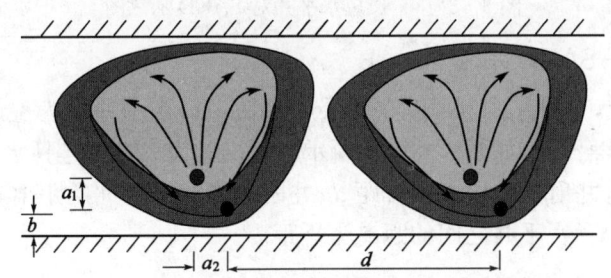

图 3-3-6 斜置双水平井 SAGD 井网形式

油藏数值模拟研究表明,采用这种近距离的双水平井组合,在达到经济油汽比时的累积产油量大大高于当注汽井远离生产井时的组合方式。这说明在已经采用水平井吞吐的相对薄的油层中,新钻水平注汽井不能离现有的水平井太远,否则由于油藏非均质的影响将容易导致注入的蒸汽单点或者单方向突破到生产井,造成水平段的利用程度低,SAGD 效果差。

依照商业化 SAGD 的水平井长度和操作经验,若油层厚度只有 10~15m,水平井长度不能太短,否则难以达到经济开采所需要的单井组控制储量。由于在重力泄油过程中,蒸汽腔的扩展程度主要受该处泄油速率的控制,如图 3-3-7 所示。当采用两口 400m 水平井代替一口 800m 长度的水平生产井时,沿水平段的泄油剖面要均匀得多,这会大大改善汽腔扩展的均匀程度。根据以上的分析,采用一口长水平注入井同时向两口水平生产井注汽是可行的。目前加拿大商业化 SAGD 开采项目的注汽井长度在 500~800m,采用一口水平注汽井同时向两口短水平生产井供汽的模式,如图 3-3-8 所示。但作用到两口水平生产井中的蒸汽量和干度可能会出现差别,相应地对水平井生产效果产生一定的影响。

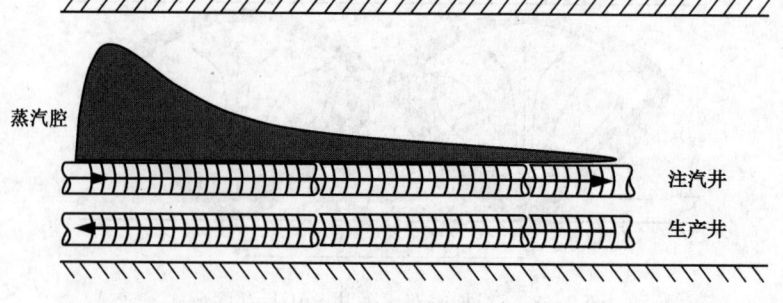

图3-3-7 长水平井对SAGD示意图

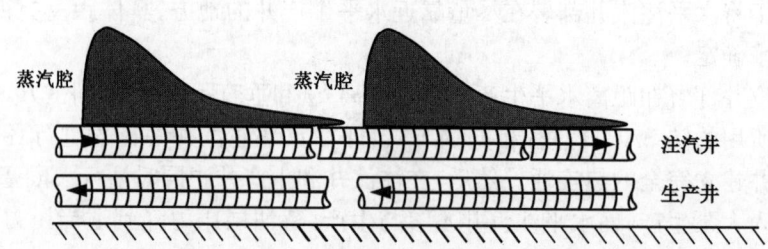

图3-3-8 长短水平井对SAGD示意图

2) 直井—水平井SAGD井网

根据SAGD原理,布井方式也可以在油层底部钻一口水平井作为生产井,其正上方钻一口或多口直井作为注蒸汽井,如图3-3-9所示。井网的设计特征包括水平井长度L、直平井距a_1、直直井距a_2、直井射孔段b和排距d;井距是指注采井间的距离a_1,即直井射孔段底部距水平井间垂直距离,水平井之间的距离为排距。

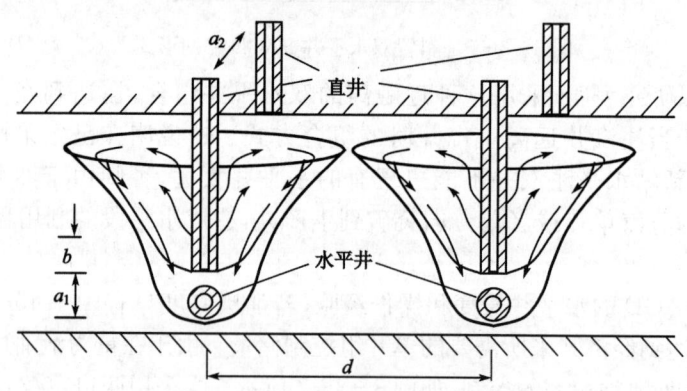

图3-3-9 直井—水平井SAGD井网形式

直平井SAGD井网的排距、注采井间距离a和生产井距油层底部距离b取值与双水平井SAGD基本一致,而注蒸汽直井的射孔井段长度一般为5m。

若稠油油田已经实施直井蒸汽吞吐开发,在原直井底部的正下方钻水平井也是非常困难的。实际实施过程中,将水平井部署在直井井排中间,如图3-3-10所示。

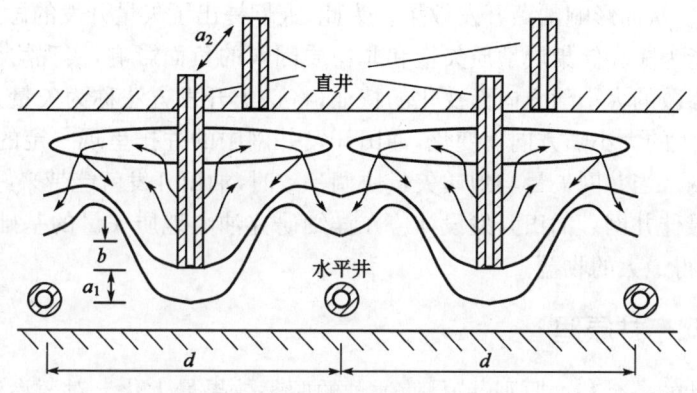

图3-3-10 直井—水平井 SAGD 井网形式

图3-3-11 为辽河曙一区杜 84 块超稠油油藏直平井 SAGD 先导试验井网形式。

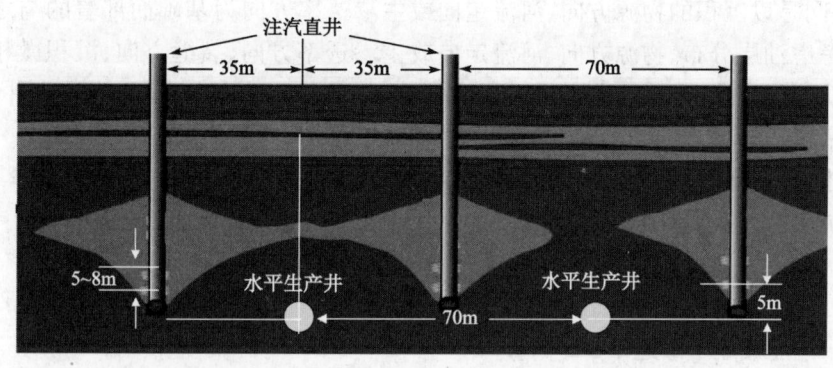

图3-3-11 辽河曙一区直平井 SAGD 井网形式

先导区馆陶组水平井长度设计为 350～400m，兴Ⅵ组水平井长度设计为 300～350m，直平井垂直距离为 5m，直井射孔井段为 5～8m，直平井平面距离为 35m，直井排和水平井排距为 70m。

方案设计油井 8 口水平井，注汽直井 31 口，观察井 27 口，提高先导试验区日产油 185t，采油速度 2.71%，阶段产油 149.58×10⁴t，油汽比 0.311，增加可采储量 101.18×10⁴t，提高采收率 26.01%。

事实上，随着钻井技术的进步，直井不再是开发井型的唯一选择，水平井也由单一常规水平井型转变为多靶点定向井、跨块水平井、绕锥弧形井等复杂结构井，而复杂结构井的立体化井型进行使得油藏立体开发的概念进一步扩展，不仅适应于可以充分发挥重力效应的厚储层油藏，而且可以适用于断块油藏。针对不同断块的特点采用不同类型的复杂结构井设计，设计平面绕水舌、纵向绕锥水平井、跨断块水平井和跨断块多靶点定向井的井型组合，实现断块油藏的高效开发。

第四节 矢量化井网系统设计

在油田开发过程中，水驱方向、沉积环境、裂缝方向等都对水驱开发效果有影响，在注水开发过程中，注入流体沿高渗透率方向优先推进，不同方向上的生产井见水时间差别较大，致使驱替过程很不均衡,从而影响油藏开发效果。为此,人们提出了矢量开发的思想。

矢量开发是指为减轻储集层地质矢量和非均质因素的负面影响,实现均衡、合理驱替,体现某些方案措施参数的大小随方向而变化的特征,将这类开发方法称为矢量开发。比如在矩形井网中,注采井距的大小随方向而变化,油田开发井网中的井排呈现一定的方向性,开发井网可称作矢量井网。当井网矢量与地质矢量协调一致时,油田开发就能带来好的经济效益,此时的井网被称作最佳井网。油田开发设计应在详细研究油藏地质矢量的基础上,确定最佳的井网矢量,以期获得最大的收益。

一、矢量井网布井原理

开发井网设计的一个基本原则,就是使油藏的驱替效果最大化。对于渗流介质各向异性油藏,可以根据渗透率的性质调整某个方向上的井距,以达到均衡驱替的目的。所谓均衡驱替,是指通过注入井注到地下的流体在相同的时间驱替到周围的每一口油井。

矢量井网是以沉积的物源方向、河流走向或主渗透率方向为基础而部署的与之相适应的井网,同时考虑油层分布、物源方向、河流走向或主渗透率方向、裂缝方向、沉积微相的一种综合布井方式。矢量井网是以油藏地质矢量为基础,矢量井网的方向,定义为注入井排(采油井排)方向与最大渗透率方向的夹角。

矢量井网的设计主要是矢量井网的方向和方向上井距的设计。由于油藏渗透率具有矢量特征,即不同方向上的值不同,用等效驱替原理可推导建立油藏不同方向渗透率大小的计算模型,即:

$$K_n = K_x \cos^2\alpha + K_y \sin^2\alpha \tag{3-4-1}$$

式中 K_n——任意方向上的渗透率$10^{-3}\mu m^2$;

K_x——油藏最小渗透率,$10^{-3}\mu m^2$;

K_y——油藏最大渗透率,$10^{-3}\mu m^2$;

α——方位角。

应用该模型可以计算出平面内任意方向 n(方位角为 α)所对应的岩石渗透率矢量 K_n。在确定了矢量井网方向后,还需要进一步设计方向井距。矢量井网中方向井距的大小可以结合方向井距比例设计模型和经济极限井距加以确定,即首先根据经济原则(单井经济极限控制储量)算出经济极限井距;然后把此经济极限井距作为井距比例设计模型中较小的方向井距 D_y;之后再根据方向井距的比例设计模型,计算出另一个较大的方向井距 D_x:

$$\frac{dy}{dx} = \sqrt{\frac{K_y}{K_x}} \tag{3-4-2}$$

式中 D_x,D_y——x,y 方向上的井距。

矢量井网可以应用于裂缝性低渗透油藏的开发设计。为了避免注入水直接窜到生产井底,在设计开发井网时,力图使其与裂缝发育情况协调一致。目前已经提出的矢量井网方向大致有3种:井排方向与裂缝方向平行即井网方向为$0°$;井排方向与裂缝方向成$22.5°$;井排方向与裂缝方向成$45°$。3种矢量井网各有优缺点,适应的开发阶段也各不相同,它们在低渗透裂缝性油藏的开发中都发挥了很好的作用。

二、低渗透油藏变形井网设计

根据低渗透油藏地质、渗流特征以及机理的特殊性,低渗透油藏的开发技术策略也应具有相应的特殊性。低渗透油藏储层孔喉半径小、渗流阻力大、能量消耗大,需要建立有效的驱动体系和较大的驱动压力梯度;同时,由于存在人工裂缝,井网部署要综合考虑人工裂缝与井网的匹配关系;另外,由于低渗透储层的压敏效应显著,应考虑注水时机问题。

低渗透油田的开发,通常采用压裂和面积注水,因此,水力压裂产生的人工裂缝系统和超破裂压力注水形成的诱导裂缝系统将成为油田生产的决定因素。注入水进入裂缝单向突进,形成高压水线,然后向两侧扩散。如果驱替方向合适,将有利于提高开发效果;若驱替方向不当,将导致油井过早水淹、水窜,严重影响油藏最终采收率。因此,低渗透油藏开发井网的研究必须考虑井网的类型和井距的影响。

合理井网方式及井距对提高低渗透油田的开发效果是至关重要的。目前,国内外针对合理井网部署主要是研究注采井网与裂缝分布的合理匹配关系,并已经取得了比较深入的认识。对于合理注采井距,国外主要考虑经济极限问题,因而多选择较大井距井网,但合理井距的研究比较缺乏;国内对于合理井距的选择,技术上也主要是基于达西渗流规律,计算井距偏大,不适合低渗透油田的开发。由于多数低渗透油藏具有储层物性差、天然裂缝比较发育、渗透率各向异性明显、基质渗透率低、注水开发所需驱动压力梯度大等特点,行列注水方式及边缘注水和切割注水等注采井数比高、注采井距偏大的注采方式都不能适应特低渗透油藏的特性,因此多采用面积注水方式进行开发。

对于低渗透油田,地应力变化或地层存在地应力差,将引起油藏渗透率发生变化或油藏各点渗透率值的不同,通常发育一定方向的裂缝。因此,首先研究不同渗透率对常见的面积井网开发效果的影响。考虑油层存在启动压力梯度时,研究不同井网形式下水驱开发效果,包括井网形式、井网密度、注采强度等。

1)反五点法面积井网

选择反五点法井网的对称单元进行模拟计算,如图3-4-1所示。对于均质地层,由于反五点法井网的采油井间为死油区,因此,当最大渗透率方向与注水井排方向一致时,注采井间主流线向采油井间偏移,使得采油井间原油动用程度增加,油井见水时间延迟,开发较好;当最大渗透率方向与注水井排夹角为45°时,最大渗透率与注入井和生产井连线一致,最大渗透率方向强化了注采井间的主流线,而采油井间的死油区范围增加,油井见水时间缩短,开发较差。

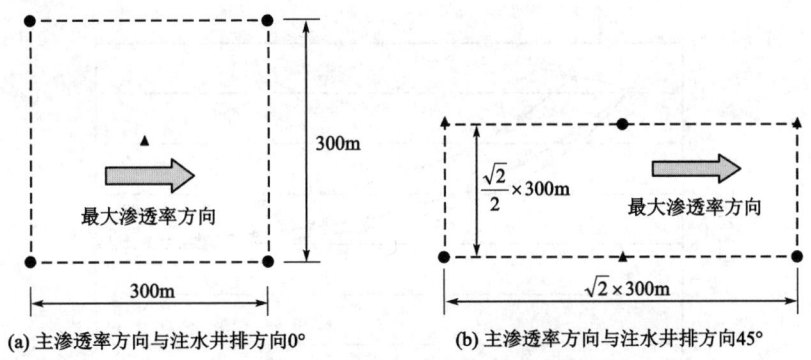

图 3-4-1 反五点法面积井网模拟单元
▲—注水井;●—采油井

表3-4-1和图3-4-2、图3-4-3分别表示出了反五点法井网波及系数、见水时间与渗透率比值关系曲线。

表 3-4-1　反五点法井网渗透率比值与波及系数及见水时间

渗透率比值 \ 与井排夹角	见水时间			波及系数		
	0°	22.5°	45°	0°	22.5°	45°
1	12.086	12.086	12.086	0.522	0.522	0.522
2	12.535	10.491	9.925	0.555	0.455	0.427
3	11.064	9.208	8.584	0.480	0.394	0.366
4	9.809	8.214	7.685	0.421	0.353	0.328
5	8.968	7.511	7.069	0.385	0.327	0.303
6	8.374	6.989	6.605	0.359	0.306	0.284
7	7.982	6.670	6.279	0.339	0.291	0.271
8	7.720	6.431	6.010	0.326	0.283	0.262
9	7.504	6.279	5.858	0.312	0.275	0.254
10	7.352	6.155	5.800	0.303	0.269	0.250

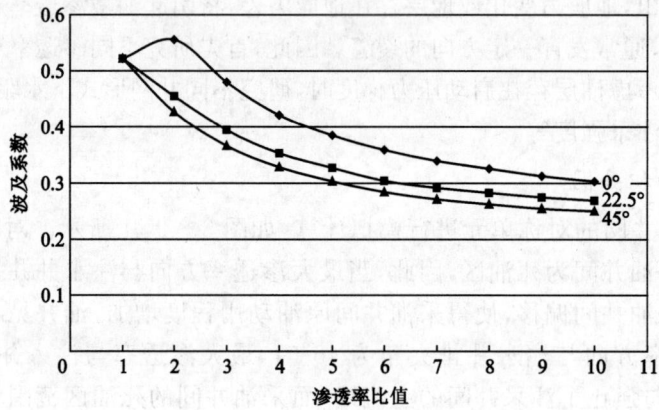

图 3-4-2　反五点法井网波及系数与渗透率比值关系曲线

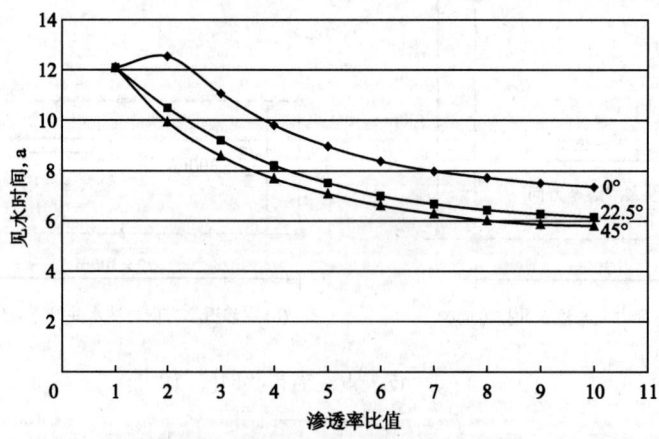

图 3-4-3　反五点井网见水时间与渗透率比值关系曲线

可以看出,按照反五点法布井时,注水井排与最大渗透率方向与所对应的开发效果顺序为:0°>22.5°>45°。

2)反斜七点法面积井网

选择反斜七点法井网的对称单元进行模拟计算,如图3-4-4所示。对于均质油藏中的反斜七点法面积井网,远对角注采井距是侧对角注采井距的$\sqrt{2}$倍,远对角的油井附近波及程度较小,当最大渗透率方向与注水井排夹角为45°时,最大渗透率与侧对角注采井连线一致,最大渗透率方向强化了侧对角注采井间的主流线,使其见水时间缩短,远对角采油井附近的死油区增加,开发效果较差;而当最大渗透率方向与注水井排夹角为22.5°时,最大渗透率同时兼顾侧对角采油井和远对角采油井,最大渗透率方向使得主流线向远对角注采井间偏移,远对角采油井附近的原有动用程度增加,开发效果较好。

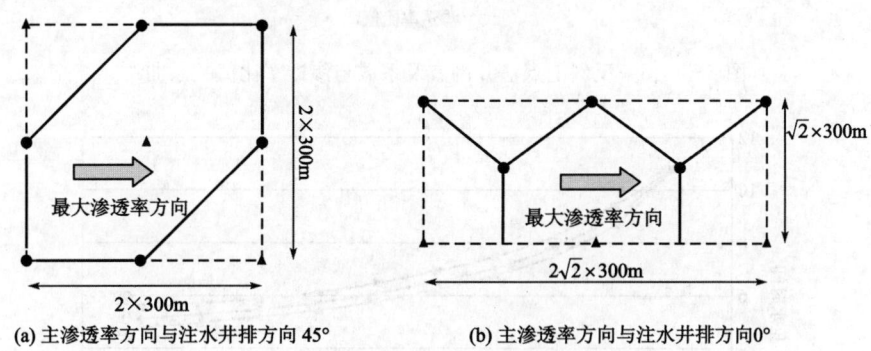

图3-4-4 反斜七点法面积井网模拟单元
▲—注水井;●—采油井

由表3-4-2和图3-4-5、图3-4-6可以看出,对于反斜七点法井网开发时,注水井排与最大水平主应力方向在夹角为22.5°最佳,在夹角为45°最差。可以看出,按照反斜七点法布井时,注水井排与最大渗透率方向与所对应的开发效果顺序为:22.5°>0°>45°。

表3-4-2 反斜七点法井网渗透率比值与波及系数及见水时间

	见水时间			波及系数		
渗透率比值 \ 与井排夹角	0°	22.5°	45°	0°	22.5°	45°
1	10.781	10.781	10.781	0.537	0.537	0.537
2	9.019	9.418	8.700	0.454	0.473	0.435
3	7.830	8.272	7.518	0.396	0.423	0.371
4	7.054	7.475	6.772	0.355	0.381	0.332
5	6.532	6.938	6.242	0.325	0.350	0.305
6	6.090	6.482	5.800	0.300	0.325	0.282
7	5.742	6.126	5.452	0.283	0.305	0.265
8	5.474	5.880	5.191	0.270	0.290	0.252
9	5.285	5.713	4.952	0.260	0.279	0.242
10	5.119	5.597	4.785	0.251	0.270	0.234

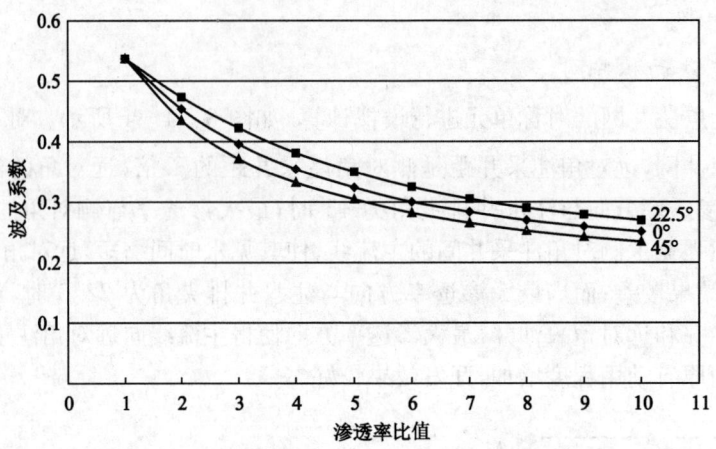

图 3-4-5 反斜七点法井网波及系数与渗透率比值关系曲线

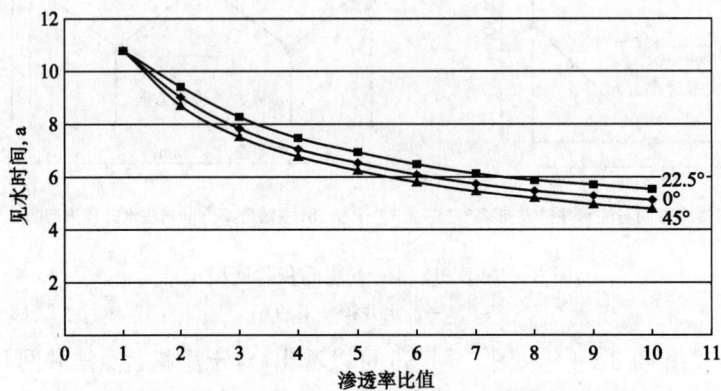

图 3-4-6 反斜七点法井网见水时间与渗透率比值关系曲线

3)反九点法面积井网

选择反九点法井网的对称单元进行模拟计算,如图 3-4-7 所示。

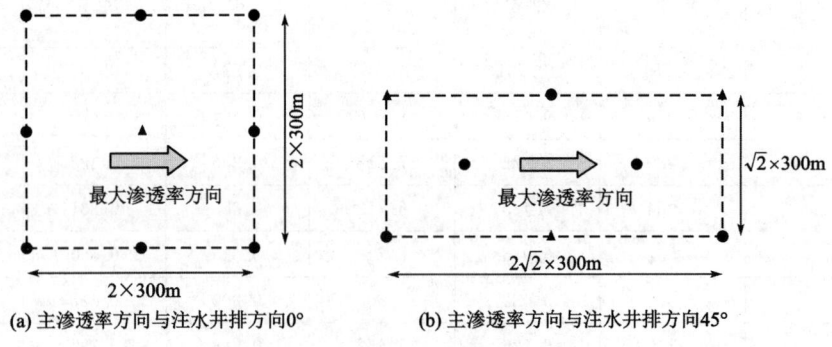

图 3-4-7 反九点法面积井网模拟单元
▲—注水井;●—采油井

对于均质油层反九点法面积井网,注水井对角井和边井的作用程度不同,角井注采井距是边井注采井距的$\sqrt{2}$倍,注入水对角井附近油层的波及程度较低,当最大渗透率方向与注水井排夹角为0°时,最大渗透率与边井连线一致,最大渗透率方向强化了边井间的主流线,使其见水时间缩短,角井附近的死油区增加,开发较差;而当最大渗透率方向与注水井排夹角为45°时,延伸了注水井对角井的波及,因此开发效果较好。

表3-4-3和图3-4-8、图3-4-9分别表示反九点法注水井排与最大渗透率方向在夹角为0°、22.5°、45°时的渗透率比值与波及系数及见水时间。可以看出,按照反九点法布井时,注水井排与最大渗透率方向与所对应的开发效果顺序为:45°>22.5°>0°。

表3-4-3 反九点法井网渗透率比值与波及系数及见水时间

渗透率比值 \ 与井排夹角	见水时间			波及系数		
	0°	22.5°	45°	0°	22.5°	45°
1	9.766	9.766	9.766	0.422	0.422	0.422
2	7.968	8.446	10.215	0.341	0.368	0.444
3	6.866	7.439	8.925	0.296	0.321	0.387
4	6.192	6.670	7.830	0.266	0.286	0.342
5	5.713	6.148	7.178	0.244	0.260	0.313
6	5.358	5.764	6.721	0.228	0.244	0.293
7	5.068	5.452	6.380	0.218	0.231	0.278
8	4.829	5.191	6.090	0.210	0.222	0.268
9	4.662	4.952	5.836	0.204	0.215	0.260
10	4.473	4.785	5.670	0.199	0.212	0.254

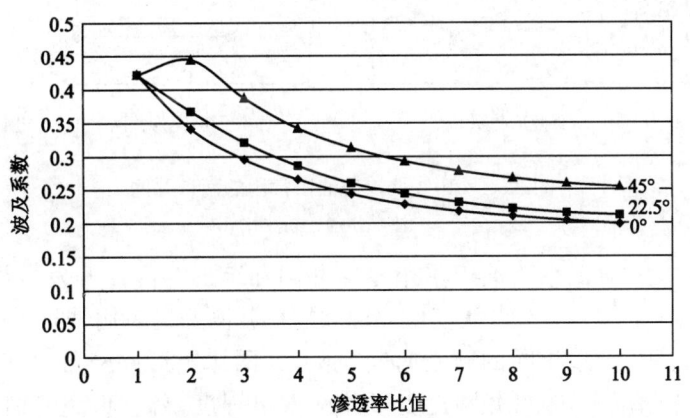

图3-4-8 反九点法井网波及系数与渗透率比值关系曲线

4)菱形井网与矩形井网

进入20世纪90年代后,在低渗透油田实际开发过程中,大部分采用井排方向与裂缝走向错开45°夹角的正方形反九点法注采井网开发。与常规正方形反九点法井网相比,由于菱形反九点法井网能够有效改善平面各油井的受效程度,延缓了角井水淹时间,同时使边

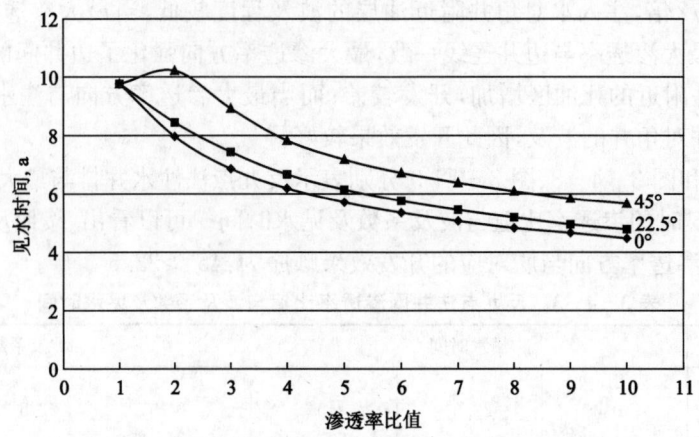

图 3-4-9 反九点法井网见水时间与渗透率比值关系曲线

井的受效程度提高,可使油井处于注水受效的第一线,而且反九点法注采井网注采井数比为1:3,保留较多的采油井,在开发中后期需要转换注水方向时容易调整,且注采井能交错开,并保持原有井距。因此,在开发低渗透、特低渗透油田时,普遍采用菱形反九点法注采井网。

矩形井网是在菱形井网的基础上,抽掉注水井排中的采油井所形成的,与菱形井网相比,矩形井网具有总井数少;油井不容易发生水窜;沿裂缝线状注水,注水强度可以适当加大;区块综合含水能够保持比较长的低含水期;可以扩大压裂规模;提高油井产能和注水井注入能力等优点,目前矩形井网在低渗透油田开发过程中也比较实用。菱形井网和矩形井网如图3-4-10所示。

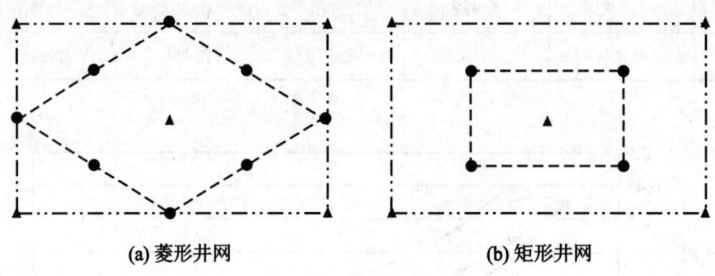

(a) 菱形井网　　　　　　　(b) 矩形井网

图 3-4-10　低渗透油田常用的两种井网
▲—注水井;●—采油井

用数值模拟方法,对低渗透油田采用菱形井网和矩形井网的开发效果进行了对比,如图3-4-11和图3-4-12所示。从菱形井网和矩形井网开发对比结果可以看出,在两种不同的注采井网情况下,经过相同的开发时间,菱形井网比矩形井网可以获得更高的采出程度。在相同含水率情况下,矩形井网比菱形井网采出程度要高,但生产时间却延长了。同样,在相同的采出程度下,矩形井网的含水率远远低于菱形井网的含水率,而且保持初始含水率的时间也比较长,即在油井初始不含水的情况下,矩形井网可以保持比较长的无水采油期。

综合以上注水开发的两种井网,由于矩形井网是通过关掉菱形井网注水井排中的油井得到的,油水井数比为2:1,而菱形井网油水井数比为3:1,因此相同情况下矩形井网油井数少于菱形井网,在开发相同时间后,在油井配产相同情况下,矩形井网采出程度低于菱形井网,但

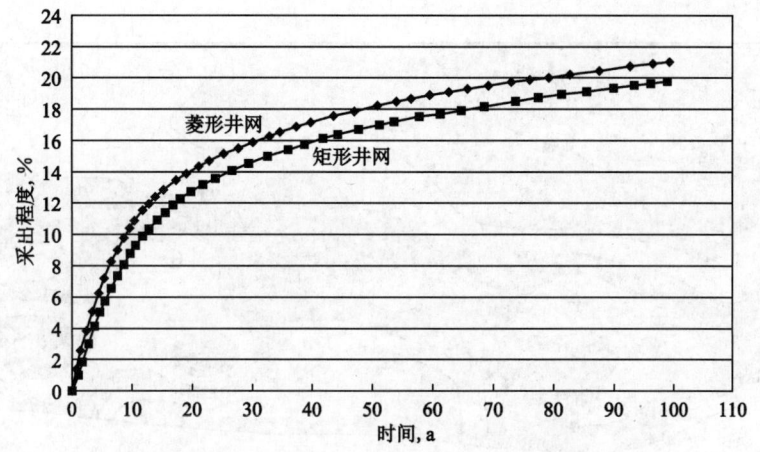

图 3-4-11 菱形井网和矩形井网采出程度随时间变化曲线

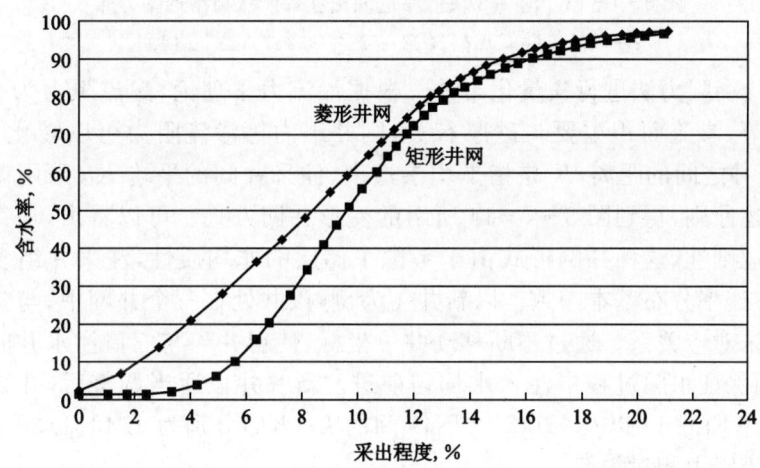

图 3-4-12 菱形井网和矩形井网含水率随采出程度变化曲线

矩形井网与菱形井网相比具有两个优点:矩形井网中油井见水慢,可以在很长一段时间内保持比较低的含水率;在开发初期,相同采出程度下,矩形井网含水率远低于菱形井网。

三、非均质储层变形井网

不同于裂缝性油藏或发育一定方向裂缝的低渗透油藏,一般砂岩储层的各向渗透率特别是平面渗透率的各向异性不容易确定,陆相沉积的油藏开发井网设计可以考虑储层的非均质性。储层非均质性是陆相沉积油藏的基本特征,不同油藏的非均质程度不同,而影响流体流动的渗流参数除储层的渗透率外,还包括储层厚度、流体性质等。一般情况下,在油藏尺度范围内,储层的渗透率和厚度变化是比较大的。图 3-4-13 为河 143 块低渗透油田当前注采产状与平均渗透率分布,现对其开发井网重新进行设计。

根据油田开发要求,井网部署遵循以下几个原则:

保持高产井生产现状,尽量不进行转注;低产井选择性转注;加密新井位兼顾储层厚度和井网完善性;注采方式充分考虑储层非物质特征;在保证注采对应的前提下尽量少钻井,尤其是注水井。根据以上原则,设计新井 15 口,其中采油井 11 口,注水井 4 口。

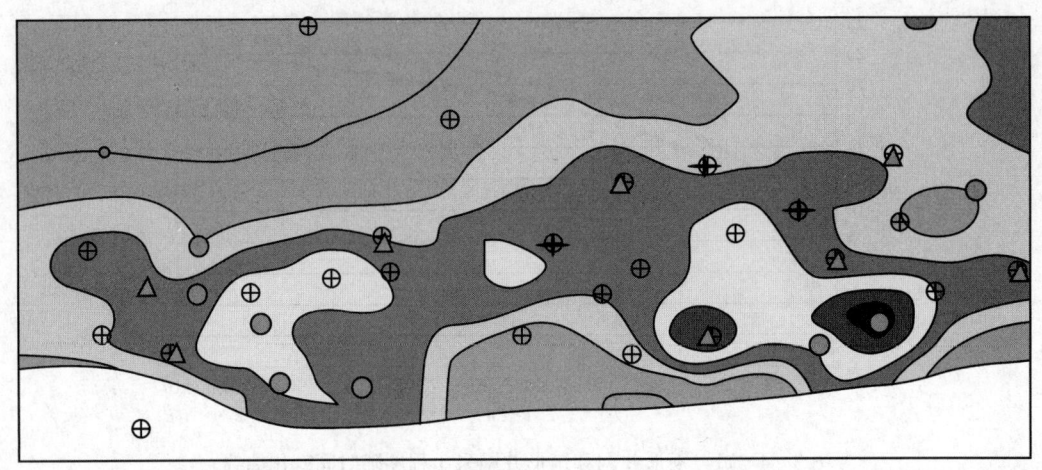

图 3-4-13 河143块低渗透油田注采产状与渗透率分布
✚—低产井(<1m³); ◯—高产井(<2m³); △—注水井

采用注采均衡阻力法进行矢量化布井。根据渗流力学理论,渗流阻力为 $\mu L/(KA)$,假设流体黏度相等,渗流面积主要与砂厚有关,则井组内等渗流阻力可以转化为 $L/(Kh)$ 相等,L 是指注采井之间的距离,K 是指平均渗透率,注采井间的平均 Kh 采用调和平均算法计算。按照上述原则,得到图 3-4-14 所示的变形井网方式。可以看出,均衡阻力注采井网部署具有不规则性,这种井网形式由于考虑了储层的非均质性,注采井组多呈现扁平状特征,与储层渗透率分布基本一致。以新井 4 为例,该井处在三个井网中,与三口注水井之间均能形成注采对应关系。通过不断移动井位坐标,使得井 4 与三口注水井间的渗流阻力近似相等,从而保证水驱过程中注入水均匀前进。新井井位适当调整后,井 4 与三口注水井 H143-X4,WEL-14 以及 H143-NX49 间的 $L/(Kh)$ 分别为 1.43、1.38 和 1.45,同一注采井组内渗流阻力相对均衡。

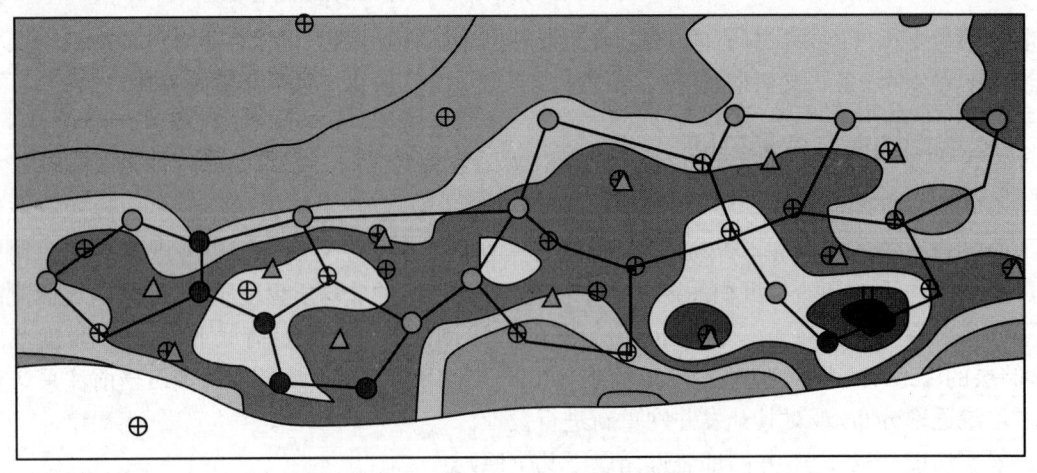

图 3-4-14 河143块低渗透油田均衡阻力注采井网部署
●—新增采油井; ◯—原有高产井; △—注水井

由于储层的非均质性反映了开发者对油藏的认识程度,虽然油藏开发地质技术的进步可以对储层的非均质性进行预测,但其确定性程度仍主要取决于井点的储层信息,显然基于储层非均质性的布井方式很难应用于油田初期开发设计阶段,而可以应用于油田开发调整阶段。不同于开发设计阶段,油田开发过程中按照均衡阻力原则调整注采井网,基于储层非均质性调整注采井网方式时还需要考虑注采井间的流体分布。显然,不钻新井而单纯在现有井网基础上进行注采井网调整很难完全做到井间阻力均衡,有时井间阻力的差异性仍然会很大。

矢量井网是在油藏开发后期,以油藏精细描述为基础,在油层展布、油层性质和剩余油分布认识明确的前提下,实施的一种优化布井方式。矢量井网具体体现在以下几方面:

(1)对于有裂缝的油藏,以水驱方向与裂缝方向垂直,注水井排与裂缝方向平行为宜。
(2)不同的沉积微相之间因储层物性差异较大,开发过程中应采用不同的布井方式。
(3)为保证高的水驱控制程度,布井的注采对应关系应在流动单元范围内考虑。
(4)根据油藏特点和分布情况选择合适的井型,主要包括垂直井、定向井、水平井和多分支井等。

实际上,无论按照哪种方法进行井网设计都只是一种油藏工程设计结果,需要结合开发效果指标预测和经济评价才能最后得到可实施的方案。

练 习 题

1. 简述超稠油油藏 SAGD 布井原理。
2. 论述水平井注蒸汽沿程压力和能量变化特征。
3. 论述断块油藏开发系统的层系与井网设计原则。
4. 简述带裂缝低渗透油藏开发井网特征。
5. 简述油藏立体开发的概念以及裂缝油藏立体开发的可行性。
6. 简述块状油藏多含油层段水平井叠置立体开发的机理。
7. 简述裂缝性油藏衰竭开发方式的主要特征。
8. 简述裂缝性油藏注水开发方式的主要特征。
9. 试分析底水油藏中适宜的注采结构特征。
10. 简述水平井双井注采结构中不同注采方向的水平井沿程压力分布特点及其对水驱开发效果的影响。

第四章
油田剩余储量与开发系统调整

油藏在开采前是一个相对静态的平衡系统。投入开发后,由于钻井、注水、采油等开发工程作业措施,使油藏变为一个动态的非平衡系统。在这一非平衡系统中,油气的采出状况具有严重的不均一性,部分地区或层段驱替程度高、油气采出程度高,而另一些地区驱替程度低、油气采出程度低,从而形成剩余油的分布。在油田开发过程中,正确评价已开发油藏的剩余油分布,是科学、合理地制定提高采收率措施方案的基础,也是油田开发工作者的重要任务。

第一节　驱替效率与波及系数

一、非混相驱替界面特征

1. 非混相驱替特征

油层中油水或油气驱替界面处流体不发生相变,即使较小尺度的岩心,由于多孔介质的微观非均质特征(岩心断面上孔隙和骨架交互排列),且水驱油界面处由于存在界面效应、油水密度差、油水黏度差异,界面上存在一系列不稳定突变。突变区实际上即为两相共渗混合区,如果突变随时间逐渐增加,共渗混合区增加,表现为驱替界面的不稳定性,反之,共渗混合区不变或减小,表现为驱替界面的稳定性,接近活塞式驱替形式,因此,突变的时变特征表明了两相界面的驱替特征。两相驱替界面特征不同,驱替的活塞效应不同,则驱动效率不同。稳定驱替界面如图 4-1-1 所示。

图 4-1-1　稳定驱替界面示意图

如图 4-1-1 所示,长度为 L 的一维多孔介质,若已知注入端压力为 p_0,采出端压力为 p_L,任意驱替截面 x_f 处也存在局部突进 ε,则界面上突变的时变性为:

$$\frac{d\varepsilon}{dt} = \frac{d(x_f + \varepsilon)}{dt} - \frac{dx_f}{dt} \tag{4-1-1}$$

而
$$\frac{\mathrm{d}x_f}{\mathrm{d}t}=\frac{v_x|_{x=x_f}}{\phi}=\frac{1}{\phi}\left(-\frac{KK_{r1}}{\mu_1}\frac{\partial p_1}{\partial x}\right) \tag{4-1-2}$$

可以看出，驱替界面的时变特征与驱替流体的压力梯度有关，非混相稳定驱替的数学模型为：

$$\begin{cases}\dfrac{\partial v_{xj}}{\partial x}=0 \quad (j=1,2)\\ p|_{x=0}=p_0\,;\,p|_{x=L}=p_L\end{cases} \tag{4-1-3}$$

由 $\dfrac{\partial v_{xj}}{\partial x}=0$，得：

$$\frac{KK_{rj}}{\mu_j}\frac{\partial p_j}{\partial x}=C \tag{4-1-4}$$

其中
$$\frac{\partial p_j}{\partial x}=C\frac{\mu_j}{KK_{rj}}=a_j \tag{4-1-5}$$

$$p_j=a_jx+b_j \tag{4-1-6}$$

令 $M_0=\dfrac{\dfrac{\partial p_2}{\partial x}}{\dfrac{\partial p_1}{\partial x}}=\dfrac{\dfrac{KK_{r1}}{\mu_1}}{\dfrac{KK_{r2}}{\mu_2}}=\dfrac{KK_{r1}}{KK_{r2}}\dfrac{\mu_2}{\mu_1}$，$M_0$ 称为驱替流度比。

由 $C\dfrac{\mu_j}{KK_{rj}}=a_j$，得：

$$a_2=M_0a_1 \tag{4-1-7}$$

由边界条件得：
$$b_1=p_0 \tag{4-1-8}$$
$$b_2=p_L-a_2L=p_L-M_0a_1L \tag{4-1-9}$$

在驱替界面 x_f 上：
$$a_1x_f+b_1=a_2x_f+b_2$$
$$a_1x_f+p_0=M_0a_1x_f+p_L-M_0a_1L \tag{4-1-10}$$
$$a_1=-\frac{p_0-p_L}{x_f(1-M_0)+M_0L} \tag{4-1-11}$$

$$\frac{\mathrm{d}x_f}{\mathrm{d}t}=\frac{v_x|_{x=x_f}}{\phi}=\frac{1}{\phi}\left(-\frac{KK_{r1}}{\mu_1}\frac{\partial p_1}{\partial x}\right)=\frac{1}{\phi}\left(-\frac{KK_{r1}}{\mu_1}a_1\right)=\frac{1}{\phi}\frac{KK_{r1}}{\mu_1}\frac{p_0-p_L}{(1-M_0)x_f+M_0L} \tag{4-1-12}$$

$$\begin{aligned}\frac{\mathrm{d}\varepsilon}{\mathrm{d}t}&=\frac{\mathrm{d}(x_f+\varepsilon)}{\mathrm{d}t}-\frac{\mathrm{d}x_f}{\mathrm{d}t}=\frac{p_0-p_L}{\phi}\frac{KK_{r1}}{\mu_1}\left[\frac{1}{(1-M_0)(x_f+\varepsilon)+M_0L}-\frac{1}{(1-M_0)x_f+M_0L}\right]\\ &=\frac{p_0-p_L}{\phi}\frac{KK_{r1}}{\mu_1}\frac{(M_0-1)}{[(1-M_0)(x_f+\varepsilon)+M_0L][(1-M_0)x_f+M_0L]}\varepsilon\\ &\approx\frac{p_0-p_L}{\phi}\frac{KK_{r1}}{\mu_1}\frac{(M_0-1)}{[M_0L+(1-M_0)x_f]^2}\varepsilon\end{aligned} \tag{4-1-13}$$

若油层倾角为 α，则：
$$v_j=-\frac{KK_{rj}}{\mu_j}\left(\frac{\partial p_j}{\partial x}+\rho_jg\sin\alpha\right)$$

仿上述求解过程同样可以得到：
$$\frac{\mathrm{d}\varepsilon}{\mathrm{d}t}\approx\frac{KK_{r1}}{\mu_1}\frac{1}{\phi\Delta S}\frac{(M_0-1)\Delta p-[\rho_2(M_0-1)+M_0\Delta\rho]Lg\sin\alpha}{[M_0L+(1-M_0)x_f]^2}\varepsilon \tag{4-1-14}$$

当 $\frac{d\varepsilon}{dt}>0$ 时,突变增加,当 $\frac{d\varepsilon}{dt}=0$ 时,突变保持不变,当 $\frac{d\varepsilon}{dt}<0$ 时,突变减小,由此可得驱替界面稳定的临界压降和临界速度条件分别为:

$$(M_0-1)\Delta p \leqslant [\rho_2(M_0-1)+M_0\Delta\rho]Lg\sin\alpha \tag{4-1-15}$$

$$v_c=-\frac{KK_{r1}}{\mu_1}\frac{\partial p}{\partial x}\bigg|_{x_f=0}=\frac{KK_{r1}}{\mu_1}\frac{\Delta p-L\rho_2 g\sin\alpha}{M_0 L}=\frac{KK_{r1}}{\mu_1}\frac{g\Delta\rho\sin\alpha}{M_0-1} \tag{4-1-16}$$

因此,驱替前缘的稳定性条件可表示为:

$$(M_0-1)v_c<\frac{KK_{r1}}{\mu_1}g\Delta\rho\sin\alpha \tag{4-1-17}$$

对于水平油层 $\sin\alpha=0$,由于 $v_c\neq 0$,驱替前缘的稳定性可以简化为:

$$M_0<1 \tag{4-1-18}$$

若驱替流体为水,被驱替流体为油,则:

$$M_0=\frac{KK_{r1}}{KK_{r2}}\frac{\mu_2}{\mu_1}=\frac{K_w}{K_o}\frac{\mu_o}{\mu_w} \tag{4-1-19}$$

对于水驱油过程,若不考虑相渗的影响,通常情况原油的黏度大于水的黏度,即 $M_0 \geqslant 1$,因此水驱油突变逐渐增加,即通常水驱油为非活塞式驱替。室内水驱油实验也表明,当岩心采出端见水后的较长时间内仍然保持油水同产。图 4-1-2 为不同驱替流度比下驱替界面变化模拟图。

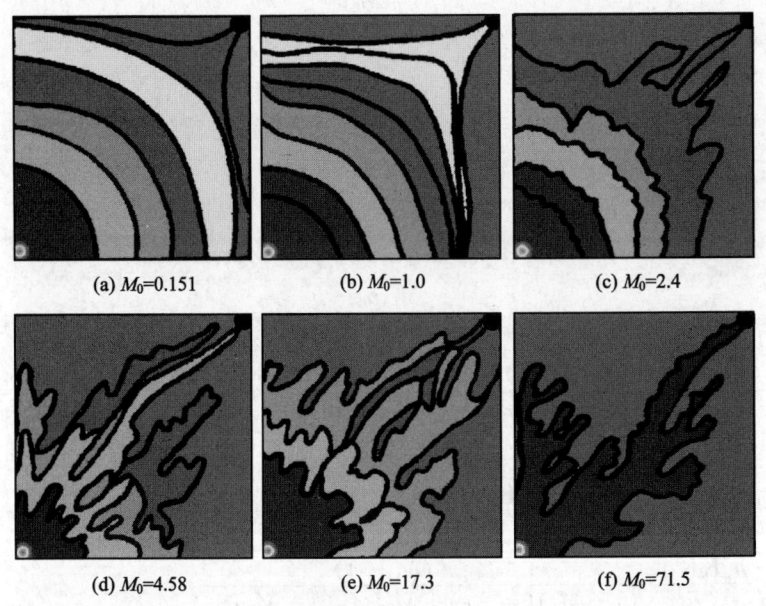

图 4-1-2 不同驱替流度比下驱替界面变化模拟图

同样,若驱替流体为气,被驱替流体为油,油气的黏度差异更大,则非活塞效应更强,因此,非混相气驱的驱动效率小于水驱。由于非混相气驱的驱动效率较低,矿场应用中主要采用混相气驱方式,以消除驱替界面,提高注气驱替的效率。

由式(4-1-19)可以看出,若想增加驱替的活塞效应,则需要降低驱替流度比 M_0,即增加驱替流体的黏度 μ_1,如采用聚合物驱;或者降低被驱替流体的黏度 μ_2,如采用热力采油方式;或者降低驱替流体渗流能力 K_{r1},如采取调剖堵水措施等。

2. 岩心水驱油特征

对于水平驱替,若不考虑岩石和油水压缩性和毛细管压力,则一维非活塞式水驱油方程:

$$\frac{\partial S_w}{\partial t} + \frac{q}{\phi A} \frac{\partial f_w}{\partial x} = 0 \qquad (4-1-20)$$

令

$$x_D = \frac{x}{L} \qquad (4-1-21)$$

$$t_D = \int_0^t \frac{q}{A\phi L} d\tau = \int_0^t \frac{v}{\phi L} d\tau \qquad (4-1-22)$$

由水相守恒方程,$\frac{\partial S_w}{\partial t_D} + \frac{\partial f_w}{\partial x_D} = 0$,得:

$$\frac{\partial S_w}{\partial t_D} + \frac{\partial}{\partial x_D} \left(\frac{1}{1+\lambda_{ro}/\lambda_{rw}} \right) + \frac{\partial}{\partial x_D} \left[\frac{K_{rw}}{vL(1+\lambda_{ro}/\lambda_{rw})} \frac{\partial p_c}{\partial x_D} \right] = 0 \qquad (4-1-23)$$

由 J 函数 $J(S_{nw}) = \frac{p_c \sqrt{K/\phi}}{\sigma \cos\theta}$,即非湿相饱和度 S_{nw} 的无因次函数,则:

$$\frac{dJ}{dS_w} = \frac{\sqrt{K/\phi}}{\sigma \cos\theta} \frac{dp_c}{dS_w}; \quad \frac{dp_c}{dS_w} = \sqrt{\frac{\phi}{K}} \sigma \frac{dJ}{dS_w} \cos\theta$$

$$\frac{\partial p_c}{\partial x_D} = \frac{dp_c}{dS_w} \frac{\partial S_w}{\partial x_D} = \sqrt{\frac{\phi}{K}} \sigma \cos\theta \frac{dJ}{dS_w} \frac{\partial S_w}{\partial x_D} \qquad (4-1-24)$$

将上述 5 个公式代入式(4-1-23):

$$\frac{\partial S_w}{\partial t_D} + \frac{\partial}{\partial x_D} \left(\frac{1}{1+\lambda_{ro}/\lambda_{rw}} \right) + \frac{\partial}{\partial x_D} \left[\frac{KK_{rw}(S_{or})S_{wn}^{n_w}}{\mu_w vL(1+\lambda_{rw}/\lambda_{ro})} \sqrt{\frac{\phi}{K}} \sigma \cos\theta \frac{dJ}{dS_w} \frac{\partial S_w}{\partial x_D} \right] = 0 \qquad (4-1-25)$$

其中

$$S_{wn} = \frac{S_w - S_{wc}}{1 - S_{wc} - S_{or}}$$

令

$$g(S_w) = -\frac{S_{wn}^{n_w}}{1+\lambda_{rw}/\lambda_{ro}} \frac{dJ}{dS_w}$$

$$N_{RL} = \left[\frac{KK_{rw}(S_{or})}{\mu_w vL} \sqrt{\frac{\phi}{K}} \sigma \cos\theta \right]^{-1} = \sqrt{\frac{\phi}{K}} \frac{\mu_w vL}{K_{rw}(S_{or})\phi\sigma\cos\theta} \qquad (4-1-26)$$

式中 $g(S_w)$——含水饱和度无因次函数;

N_{RL}——拉波波特—里斯数(由 Rapoport 和 Leas 提出),用来评价毛细管压力的作用。

式(4-1-26)可改写成:

$$\frac{\partial S_w}{\partial t_D} + \frac{\partial}{\partial x_D} \left(\frac{1}{1+\lambda_{ro}/\lambda_{rw}} \right) - \frac{1}{N_{RL}} \frac{\partial}{\partial x_D} \left[g(S_w) \frac{\partial S_w}{\partial x_D} \right] = 0 \qquad (4-1-27)$$

由实验测出 $\frac{\mu_w vL}{\phi}$ 与见水时的采油量,即 $N_{RL} \sim E_D^0$;当 $\mu_w vL/\phi$ 增加,E_D 趋于最大值。由实验得到,当 $N_{RL} > 3$ 时,p_c 不起作用。在室内驱替试验中,p_c 对前缘的影响要比油田实际大,因为 N_{RL} 中 L 的尺度实验与矿场实际相差很大。引入毛细管数——黏滞力与毛细管压力之比:

$$N_{vc} = \frac{\mu_w v}{K_{rw}(S_{wc})\sigma\cos\theta} \qquad (4-1-28)$$

$$N_{RL} = N_{vc} L \sqrt{\frac{\phi}{K}} \qquad (4-1-29)$$

由实验 $N_{vc}<10^{-5}$，S_{or} 残余油相饱和度约为常数。当 $3<N_{RL}<10^{-5}L\sqrt{\phi/K}$ 时,毛细管压力对驱替(前缘)不产生影响。由以上可以看出,在室内实验中消除岩心的末端效应,需要加大流速或增加岩心长度。

二、驱油效率

采收率的大小既取决于工作剂的波及程度,又与波及范围内工作剂的驱油效率有关。波及程度是指工作剂驱到的体积与油藏总体积之比,又称为波及系数;驱油效率是指在波及范围内驱替出的原油体积与工作剂的波及体积之比,又称为微观波及系数。采收率 E_R 可以表示为:

$$E_R=\frac{V_{sw}S_{oi}-V_{sw}S_{or}}{VS_{oi}}=\frac{V_{sw}}{V}\cdot\frac{S_{oi}-S_{or}}{S_{oi}}=E_VE_D \quad (4-1-30)$$

其中

$$E_V=\frac{V_{sw}}{V} \quad (4-1-31)$$

$$E_D=\frac{S_{oi}-S_{or}}{S_{oi}} \quad (4-1-32)$$

式中　V_{sw}——工作剂的驱替体积;

　　　V——油藏总体积;

　　　S_{oi}——原始含油饱和度;

　　　S_{or}——残余油饱和度;

　　　E_V——体积波及系数;

　　　E_D——驱油效率。

驱油效率主要与岩石性质及其微观结构和流体性质有关,它涉及驱油过程中微观非均质孔隙介质内所发生的各种复杂的物理和化学现象,对于水驱来说,水洗油的方式及残余油的分布状况取决于岩石的润湿性。任何润湿性的岩石在注水时,水首先流过较大的孔隙,然后携带油流通过较小的网状孔隙。实验研究表明,在亲水岩石中,水淹时的残余油大多以珠状形式被捕集在流通孔道中,在亲油岩石中,残余油存在于注入水未进入的较小的流通孔道中,而在充满水的大孔隙中,残余油呈膜状黏附在孔壁上。

不难看出,残余油的分布状况及数量直接与岩石的润湿性、界面张力、岩石的微观结构等有关,这些因素综合产生了驱替过程的毛细管压力,虽然从表面上看,提高驱油压力梯度似乎有利于克服毛细管压力作用,驱出一部分残余油,然而,实际注采压力梯度远远低于残余油滴的叠加效应所产生的毛细管压力,因此效果微乎其微。

1. 常规水驱油效率

水驱油效率可通过岩心水驱实验或水驱油藏检查井取得,特别是通过岩心水驱试验,在水驱前或初期就能得到该油藏的水驱油效率。根据国外的统计结果,水的驱油效率平均为 75%,而国内平均不到 65%。产生差异的原因,一是国外油藏的原始含油饱和度较高,平均为 80%,而国内油藏的平均原始含油饱和度不到 70%,因为国内许多油藏的原始含油饱和度测定方法问题,通常"借用"邻区油田数据;二是水驱油实验没有真正驱到残余油状态。

为了使水驱真正到残余油或接近残余油的状态,国外的水驱实验(如岩心公司)一般都是要驱替岩心上千 PV,甚至上万 PV 的水;而且采用恒压驱替法,与油藏实际水驱过程基本相同,随着生产含水率上升,驱替速度不断增大,有利于尽快达到或接近残余油状态。国外的试验结果一般残余油饱和度都在 20% 左右,物性较好的岩心残余油饱和度甚至只有 15% 左右,与油藏实际水驱残余油非常一致。但是国内的水驱实验只是驱替几十倍到几百倍岩心孔隙体积的水,且驱替过程通常采用恒速法,远未达到残余油状态。国内水驱油实验的残余油饱和度一般为25%~30%,有些甚至超过40%。

国内的水驱实验之所以选用的注水量少,主要是受矿场油藏注水孔隙体积倍数的影响。矿场实际的油藏注水量为油藏孔隙度体积的1.5~2.5倍,实验岩心注入水为孔隙体积的几十倍,远远超过了油藏的注水倍数,普遍认为没有必要注几千倍孔隙体积的水。事实上,实际油藏的注水量为宏观注水量,与岩心注入水的孔隙体积倍数之间的关系不能如此简单对比,真正代表水洗程度的是单位过水面积的过水量。

例如,一个直径2.5cm、长5cm、孔隙度30%的岩心柱,注入100PV水时,其单位截面积的过水量为150cm^3/cm^2,即1.5m^3/m^2。一个任意厚、孔隙度30%的油层,布有注采井距200m的反五点法井组,当注入2PV水时,在距注入井100m处的断面上,设过水面积为断面积的50%(注水开发波及效果的平均值)时,其单位过水面积的过水量为77.0m^3/m^2。井组中的流动为径向流,注采井中点(1000m处)是井组中最大的渗流截面。可以算出,距注采井50m、20m处,单位过水面的过水量分别为154m^3/m^{2}和385m^3/m^2。可见,油藏中注2PV水时,其大部分油层中单位面积的过水量要超过岩心中注几千PV时的过水量,所以,岩心试验中要真正驱到像油藏中的残余油状态,必须要注几千倍甚至上万倍PV的水,而且必须用有利于尽快驱到残余油的恒压法驱替。表4-1-1为5个油样的岩心冷水驱替实验结果。

表4-1-1 岩心冷水驱替实验结果(60℃水驱)

原油油区	原油黏度 mPa·s	原始含油饱和度 S_{oi} %	实际驱替 PV 数	实测值,%		外推值,%	
				E_D	S_{or}	E_D	S_{or}
六中区	21.1	77.6	74.3	66.9	25.7	68.3	24.6
齐40	1751	76.1	97.2	64.0	27.4	66.1	25.8
杜32	33200	73.9	80.3	58.3	30.8	62.5	27.7
杜66	1449	72.0	61.8	60.8	28.2	61.8	27.4
白92	227.1	78.1	32.0	66.9	25.9	68.0	25.0

可以看出,原油黏度对岩心的驱油效率和残余油影响不大,尽管实验所用三种油的黏度差别很大,但其残余油差别不大,平均在25%左右。

2. 热流体驱油效率

表4-1-2为5个油样的岩心200℃热水驱替实验结果。

表4-1-2 岩心200℃热水驱替实验结果

原油油区	原油黏度 mPa·s	原始含油饱和度 S_{oi} %	实际驱替 PV 数	实测值,%		外推值,%	
				E_D	S_{or}	E_D	S_{or}
六中区	1.47	78.9	66.3	72.0	22.1	72.1	22.0
齐40	11.58	76.3	49.5	69.7	23.2	72.7	20.8
杜32	28.40	78.1	67.8	67.7	25.2	71.4	22.3
杜66	8.50	72.0	57.4	69.4	22.0	70.0	21.6
白92	5.70	73.6	22.0	71.7	20.8	72.8	20.0

可以看出，不同原油热水驱的驱油效率和残余油也是比较接近的，而且平均驱油效率在72%左右，残余油饱和度在21%左右。热水驱和冷水驱相比，驱油效率仅提高了4%~9%，残余油仅降低了3%~5%，这说明热水驱并不能大幅度提高驱油效率，所提高的部分仅可能是由于热膨胀及岩石润湿性的变化引起的，并非由于流度比的改善取得的。表4-1-3为5个油样的岩心蒸汽驱替实验结果。

表4-1-3 岩心200℃蒸汽驱替实验结果

原油油区	原油黏度 mPa·s	原始含油饱和度 S_{oi} %	实际驱替 PV数	实测值，%		外推值，%	
				E_D	S_{or}	E_D	S_{or}
六中区	1.47	75.6	73.9	81.9	13.7	83.6	12.4
齐40	11.58	75.9	82.1	81.7	13.9	85.6	10.9
杜32	28.40	74.4	30.8	73.1	20.0	75.4	18.3
杜66	8.50	75.4	52.3	82.2	13.4	83.2	12.7
白92	5.70	73.8	15.4	79.8	14.9	81.2	13.9

实验结果表明：在较大的汽驱体积下，不同原油的蒸汽驱比同温度热水驱的驱油效率有较大幅度的提高，平均提高12%，残余油也有大幅度下降，约10%，蒸汽驱的残余油饱和度为10%~12%。

在注蒸汽过程中，原油和水的汽化压力随温度升高而升高，当油和水的汽化压力等于油层当前的压力时，原油中的轻质组分汽化成气相，产生蒸汽蒸馏作用。蒸汽蒸馏效应主要取决于原油的性质。通常情况下，原油相对密度越小，可蒸馏组分就越大。对于同一油藏，系统的压力越低，蒸馏效果越明显。表4-1-4为不同原油的不同驱替流体的实验结果。

表4-1-4 不同原油的不同驱替流体实验结果

原油油区	60℃油黏度 mPa·s	实测驱油效率，%		
		60℃水驱	200℃热水驱	200℃蒸汽驱
六中区	21.1	66.9	72.0	81.9
齐40	1751	64.0	69.7	81.7
杜66	1447	60.8	69.4	82.2
白92	227.1	66.8	71.7	79.8
杜32	33200	58.3	67.7	73.1
重质馏分油	100000	53.4	62.6	65.7

由于重质馏分油中不含轻质和中质组分，热水驱和蒸汽驱的驱油效率差异不大，但其他实验油样均为原油，蒸汽驱比同温度热水驱平均提高驱油效率12.5%，残余油降低10%，表明蒸汽驱的采油机理除与热水驱相同外，增加了蒸汽的蒸馏等作用。蒸汽注入降低了液体的沸点，把热水驱残余油中的轻组分汽化蒸馏而采出。

另外，对于一般实验条件，当注入压力为4.056MPa时，水蒸气的温度为250℃左右，若蒸汽干度为100%，相同质量下水蒸气的体积约为热水的40倍，当热水驱的体积倍数为20PV，则注入水蒸气的体积倍数约为800PV。因此，蒸汽驱的体积驱替效应是非常大的。

三、波及体积

体积波及系数为驱替剂所触及并达到残余油状态的原油体积与油层原始含油体积之比,将体积波及系数 E_V 分解为:

$$E_V = E_A E_h \tag{4-1-33}$$

式中 E_A——面积波及系数,驱替剂触及的面积与总面积之比;

E_h——厚度波及系数,驱替剂触及的厚度与总厚度之比。

1. 面积波及系数

在均匀井网内,连接注水井和生产井的连线是两井之间的最短流线,沿该直线上的压力梯度最大。注入水在平面上将沿着这条最短流线首先推进到生产井,以后陆续沿其他流线突入。因此,油井见到水时,在注水井与生产井之间只有一部分储层面积被水波及。水波及区在井网面积中所占的比值,即均匀井网见水时的面积波及系数,也称为面积波及效率。

由面积注水系统流体运动前缘微分方程的解可以确定见水时的波及系数。图4-1-3为不同井网波及系数与流度比关系曲线。

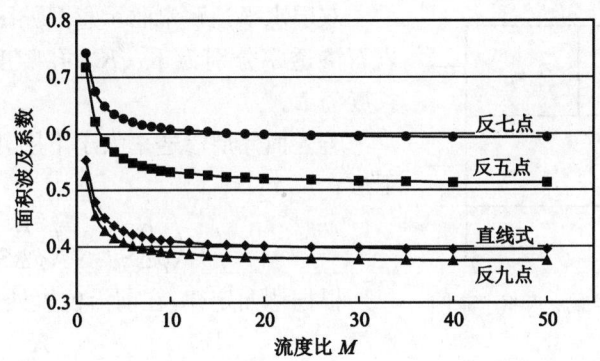

图4-1-3 不同井网面积波及系数与流度比关系曲线

从图4-1-3可以得出:

(1)当流度比 M 增加时,注水波及系数很快趋于一定的恒定值;直线系统时等于0.391,反五点系统时等于0.508,反九点系统时等于0.371,反七点系统时等于0.590。

(2)在流度比从1变到10时,注水波及系数降低很快;当流度比进一步增加时,注水波及系数递减速度减缓。如反五点系统,当流度比从1增加到10时,波及系数值降低了26%;而当流度比从5变化到10时,波及系数值下降2.7%。由此可见,应用不同的化学剂(如聚合物)使水稠化或降低水的相渗透率时,只有在驱替剂与原油的流度比小于5时,才有较明显的效果。

(3)正方形井网布井系统的波及系数低于三角形井网布井系统,尤其三角形井网的反七点系统注水波及系数最高。

2. 层状储层纵向波及系数

假设非均质层状水平油藏模型(图4-1-4),活塞式驱替(忽略毛细管压力);垂向无连通;按 K/ϕ 从大到小重新排列。

水刚突破第 n 层(见水)时,垂向波及效率 E_h 为:

$$E_{\mathrm{h}} = \frac{\sum_{l=1}^{n}(Lh\phi)_l + \sum_{l=n+1}^{N_{\mathrm{L}}}(h\phi x_{\mathrm{f}})_l}{\bar{\phi} H_{\mathrm{t}} L} = \frac{\sum_{l=1}^{n}(h\phi)_l + \sum_{l=n+1}^{N_{\mathrm{L}}}(h\phi x_{\mathrm{D}})_l}{\bar{\phi} H_{\mathrm{t}}}$$

(4-1-34)

其中
$$x_{\mathrm{D}l} = \frac{x_{\mathrm{f}l}}{L} \quad (4-1-35)$$

式中 $x_{\mathrm{D}l}$——无因次前缘位置,且 $l>n$,$x_{\mathrm{D}l}<1$。

无因次时间 t_{D}(或注入孔隙体积倍数)为:

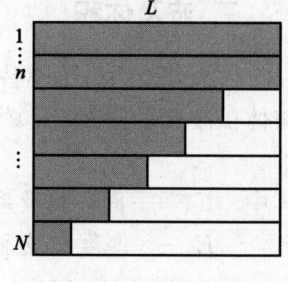

图 4-1-4 非均质层状水平油藏模型示意图

$$t_{\mathrm{D}} = \frac{\int_0^t q \mathrm{d}t}{H_{\mathrm{t}} W L \bar{\phi}} = \frac{\sum_{l=1}^{N_{\mathrm{L}}}(\phi h x_{\mathrm{D}})_l}{H_{\mathrm{t}} \bar{\phi}} \quad (4-1-36)$$

式中 W——截面宽度;
L——注采两端长度。

1) 两层分层模型

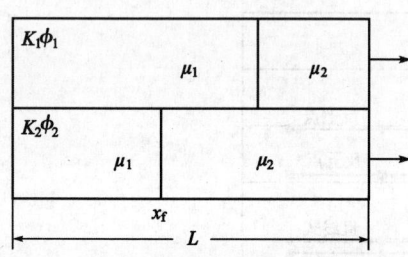

图 4-1-5 双层水平油藏水驱示意图

双层水平油藏水驱示意图如图 4-1-5 所示,各层岩石渗透率分别为 K_1、K_2;孔隙度分别为 ϕ_1、ϕ_2;储层长度为 L。

若上面储层渗透率大于下层,则上层水驱前缘大于下层:

$$\left(\frac{K}{\phi \Delta S}\right)_2 > \left(\frac{K}{\phi \Delta S}\right)_1 \quad (4-1-37)$$

根据达西定律,在前沿位置处:

$$\frac{\mathrm{d}x_{\mathrm{f}l}}{\mathrm{d}t} = u_l = -\left(\frac{K}{\phi \Delta S}\right)_l \lambda_{\mathrm{r}l} \frac{\Delta p}{L} \quad (4-1-38)$$

式中 u_l——l 层中 x 点的实际渗流速度。

$$\lambda_{\mathrm{r}l} = \begin{cases} \left(\dfrac{x_{\mathrm{D}l}}{\lambda_{\mathrm{rw0}}} + \dfrac{1-x_{\mathrm{D}l}}{\lambda_{\mathrm{ro0}}}\right)^{-1} & x_{\mathrm{D}l} < 1 \\ \lambda_{\mathrm{rw0}} & x_{\mathrm{D}l} > 1 \end{cases} \quad (4-1-39)$$

$$\lambda_{\mathrm{rw0}} = \frac{K_{\mathrm{rw}}(S_{\mathrm{or}})}{\mu_{\mathrm{w}}} \quad ; \quad \lambda_{\mathrm{ro0}} = \frac{K_{\mathrm{ro}}(S_{\mathrm{wc}})}{\mu_{\mathrm{o}}}$$

当 $x_{\mathrm{D}1} < 1$ 时,双层实际渗流速度之比为:

$$\frac{\mathrm{d}x_{\mathrm{D}1}}{\mathrm{d}x_{\mathrm{D}2}} = \frac{\left(\dfrac{K}{\phi \Delta S}\right)_1 \left(\dfrac{x_{\mathrm{D}1}}{\lambda_{\mathrm{rw0}}} + \dfrac{1-x_{\mathrm{D}1}}{\lambda_{\mathrm{ro0}}}\right)^{-1}}{\left(\dfrac{K}{\phi \Delta S}\right)_2 \left(\dfrac{x_{\mathrm{D}2}}{\lambda_{\mathrm{rw0}}} + \dfrac{1-x_{\mathrm{D}2}}{\lambda_{\mathrm{ro0}}}\right)^{-1}} = \frac{K_1 \phi_2 \Delta S_2}{K_2 \phi_1 \Delta S_1} \frac{x_{\mathrm{D}2} + (1-x_{\mathrm{D}2})\lambda_{\mathrm{rw0}}/\lambda_{\mathrm{ro0}}}{x_{\mathrm{D}1} + (1-x_{\mathrm{D}1})\lambda_{\mathrm{rw0}}/\lambda_{\mathrm{ro0}}}$$

令非均质性对比度 $r_{12} = \dfrac{K_1 \phi_2 \Delta S_2}{K_2 \phi_1 \Delta S_1}$;$M_0 = \lambda_{\mathrm{rw0}}/\lambda_{\mathrm{ro0}}$ 为端点流度比:

$$\frac{\mathrm{d}x_{\mathrm{D}1}}{\mathrm{d}x_{\mathrm{D}2}} = r_{12} \frac{x_{\mathrm{D}2} + M_0(1-x_{\mathrm{D}2})}{x_{\mathrm{D}1} + M_0(1-x_{\mathrm{D}1})} \quad (4-1-40)$$

求双层的前缘,对式(4-1-40)积分:

$$\int_0^{x_{\mathrm{D}1}} [x_{\mathrm{D}1} + M_0(1-x_{\mathrm{D}1})] \mathrm{d}x_{\mathrm{D}1} = \int_0^{x_{\mathrm{D}2}} r_{12} [x_{\mathrm{D}2} + M_0(1-x_{\mathrm{D}2})] \mathrm{d}x_{\mathrm{D}2}$$

$$\frac{x_{D1}^2}{2}+M_0 x_{D1}-\frac{M_0}{2}x_{D1}^2=r_{12}\left(\frac{x_{D2}^2}{2}+M_0 x_{D2}-\frac{M_0}{2}x_{D2}^2\right)$$

$$\frac{1-M_0}{2}x_{D1}^2+M_0 x_{D1}=r_{12}\left(\frac{1-M_0}{2}x_{D2}^2+M_0 x_{D2}\right) \quad (4-1-41)$$

当第 1 层刚完全水淹时，$x_{D1}=1$ 时，下层的前缘位置为 x_{D20}，由式(4-1-41)得：

$$\frac{1-M_0}{2}+M_0=r_{12}\frac{1}{2}\left[(1-M_0)x_{D20}^2+2M_0 x_{D20}+\left(\frac{M_0}{\sqrt{1-M_0}}\right)^2-\left(\frac{M_0}{\sqrt{1-M_0}}\right)^2\right]$$

整理得：

$$\sqrt{\frac{1+M_0}{r_{12}}+\frac{M_0^2}{1-M_0}}=\sqrt{1-M_0}\,x_{D20}+\frac{M_0}{\sqrt{1-M_0}}$$

$$x_{D20}=\frac{\sqrt{\frac{1-M_0^2}{r_{12}}+M_0^2}-M_0}{1-M_0} \quad (4-1-42)$$

由式(4-1-40)，当上层(第 1 层)注入水刚突破时：

$$\frac{\mathrm{d}x_{D1}}{\mathrm{d}x_{D2}}=r_{12}[x_{D2}+M_0(1-x_{D2})] \quad (4-1-43)$$

注入水突破以后，假设上层中的水前缘继续推进，并虚拟于油藏以外，对式(4-1-43)积分：

$$\int_1^{x_{D1}}\mathrm{d}x_{D1}=\int_{x_{D20}}^{x_{D2}}r_{12}[x_{D2}+M_0(1-x_{D2})]\mathrm{d}x_{D2}$$

$$x_{D1}\big|_1^{x_{D1}}=r_{12}\left(\frac{x_{D2}^2}{2}+M_0 x_{D2}-\frac{M_0}{2}x_{D2}^2\right)\bigg|_{x_{D20}}^{x_{D2}}$$

$$x_{D1}=1+r_{12}\left[\frac{1-M_0}{2}(x_{D2}^2-x_{D20}^2)+M_0(x_{D2}-x_{D20})\right] \quad (4-1-44)$$

式(4-1-44)可用于计算虚拟前缘。当下层(第 2 层)注入水刚好突破时，$x_{D2}=1$，式(4-1-44)为：

$$x_{D1}=1+r_{12}\left[\frac{1-M_0}{2}(1-x_{D20}^2)+M_0(1-x_{D20})\right] \quad (4-1-45)$$

将式(4-1-42)代入式(4-1-45)：

$$x_{D1}=1+r_{12}\left\{\frac{1-M_0}{2}\left[1-\left(\frac{\sqrt{M_0^2+(1-M_0^2)/r_{12}}-M_0}{1-M_0}\right)^2\right]\right.$$

$$\left.+M_0\left(1-\frac{\sqrt{M_0^2+(1-M_0^2)/r_{12}}-M_0}{1-M_0}\right)\right\}$$

令 $A=M_0^2+(1-M_0^2)/r_{12}$，将式(4-1-45)进一步整理得：

$$x_{D1}=1+r_{12}\left\{\frac{1-M_0}{2}\left[1-\left(\frac{\sqrt{A}-M_0}{1-M_0}\right)^2\right]+M_0\left(1-\frac{\sqrt{A}-M_0}{1-M_0}\right)\right\}$$

或

$$x_{D1}=1+r_{12}\left\{\frac{1-M_0}{2}\left[1-\frac{M_0^2+\frac{1-M_0^2}{r_{12}}-2M_0\sqrt{A}+M_0^2}{(1-M_0)^2}\right]+M_0-\frac{M_0\sqrt{A}}{1-M_0}+\frac{M_0^2}{1-M_0}\right\}$$

$$x_{D1}=1+\left(\frac{1+M_0}{2}\right)(r_{12}-1) \quad (4-1-46)$$

式(4-1-46)即为下层(低渗透层)水淹时的上层虚拟前缘位置。

求 E_h 与 t_D 的关系步骤如下：

(1)水刚突破第1层时，$x_{D1}=1$，由式(4-1-42)求得 x_{D20}；由式(4-1-34)计算 E_h 和由式(4-1-36)计算 t_D。

(2)水突破第1层(见水)后，但未突破第2层，给定不同 $x_{D20}<x_{D2}<1$，由式(4-1-44)计算上层虚拟前缘位置 x_{D1}，并由式(4-1-34)计算 E_h，由式(4-1-36)计算 t_D。

(3)水刚突破第2层时，$x_{D2}=1$，由式(4-1-46)求得 x_{D1}；此时，$E_h=1$，并由式(4-1-36)计算 t_D。

图4-1-6和图4-1-7为双层等厚等孔隙度时，不同流度比和不同非均质性下注水突破时间和驱替结束时间。

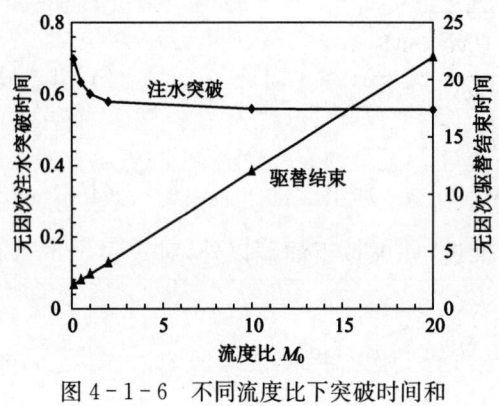

图4-1-6 不同流度比下突破时间和驱替结束时间

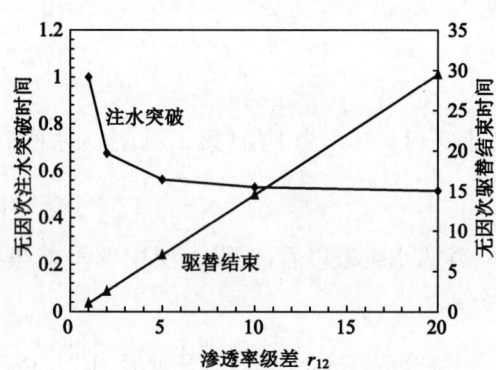

图4-1-7 不同非均质性下突破时间和驱替结束时间

由图4-1-6和图4-1-7可以看出，相同非均质时，在流度比小于1的范围内，随着流度比增加，注水突破时间迅速降低；流度比大于5时，随着流度比增加，注水突破时间趋于稳定，表明随着原油黏度增加，注水突破时间差异不大，或通过降低流度比改善驱替效果，只有当流度比小于5时效果才比较明显。

流度比相同时，随渗透率级差增加，注水突破时间迅速降低，渗透率级差大于3~5时，注水突破时间趋于稳定，因此，层系组合时，需要考虑层间干扰渗透率界限。

双层等厚等孔隙度时不同流度比 M_0 和非均质性 r_{12} 下的 E_h—t_D 关系曲线如图4-1-8和图4-1-9所示。

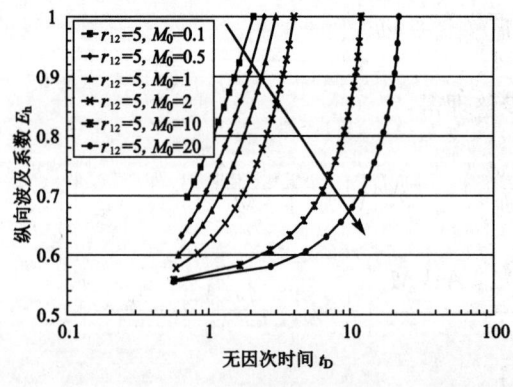

图4-1-8 不同流度比下 E_h—t_D 曲线

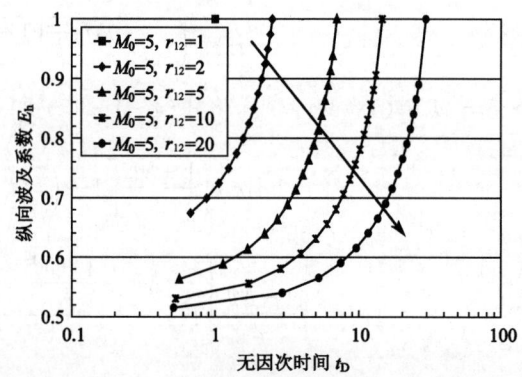

图4-1-9 不同非均质性下 E_h—t_D 曲线

由图 4-1-8 和图 4-1-9 可以看出,相同非均质时,随流度比增加,纵向波及系数降低;流度比相同时,随非均质性增加,纵向波及系数降低。

进入上层(高渗层)的流量与总流量之比为:

$$\frac{q_1}{q_1+q_2}=\frac{vh_1}{vh_1+vh_2}=\frac{1}{1+\frac{v_2}{v_1}\frac{h_2}{h_1}} \quad (4-1-47)$$

对式(4-1-41)求对 t_D 的导数:

$$\frac{1-M_0}{2}2x_{D1}\frac{\mathrm{d}x_{D1}}{\mathrm{d}t_D}+M_0\frac{\mathrm{d}x_{D1}}{\mathrm{d}t_D}=r_{12}\left(\frac{1-M_0}{2}2x_{D2}\frac{\mathrm{d}x_{D2}}{\mathrm{d}t_D}+M_0\frac{\mathrm{d}x_{D2}}{\mathrm{d}t_D}\right)$$

$$\frac{\mathrm{d}x_{D1}}{\mathrm{d}t_D}[(1-M_0)x_{D1}+M_0]=r_{12}\frac{\mathrm{d}x_{D2}}{\mathrm{d}t_D}[(1-M_0)x_{D2}+M_0]$$

$$\frac{v_2}{v_1}=\frac{u_2}{u_1}\frac{\phi_2\Delta S_2}{\phi_1\Delta S_1}=\frac{\mathrm{d}x_{D2}/\mathrm{d}t_D}{\mathrm{d}x_{D1}/\mathrm{d}t_D}\frac{\phi_2\Delta S_2}{\phi_1\Delta S_1}=\frac{1}{r_{12}}\frac{M_0+(1-M_0)x_{D1}}{M_0+(1-M_0)x_{D2}}\frac{\phi_2\Delta S_2}{\phi_1\Delta S_1}$$

$$\frac{q_1}{q_1+q_2}=\frac{1}{1+\frac{h_2}{h_1}\frac{\Delta S_2}{\Delta S_1}\frac{\phi_2}{\phi_1}\frac{1}{r_{12}}\frac{M^0+(1-M_0)x_{D1}}{M^0+(1-M_0)x_{D2}}}=\frac{1}{1+\frac{(Kh)_2}{(Kh)_1}\frac{M_0+(1-M_0)x_{D1}}{M_0+(1-M_0)x_{D2}}}$$

$$(4-1-48)$$

双层等厚等孔隙度时不同流度比 M_0 和非均质性 r_{12} 下作 $\frac{q_1}{q_1+q_2}-t_D$ 关系曲线,如图 4-1-10 和图 4-1-11 所示。

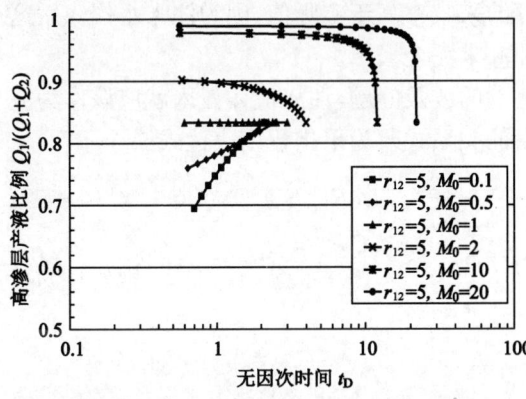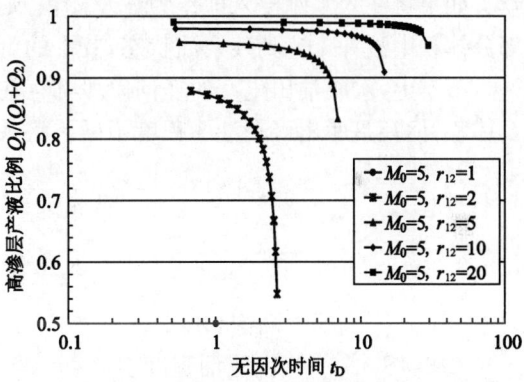

图 4-1-10 不同流度比下产液比例曲线　　图 4-1-11 不同非均质性下产液比例曲线

由图 4-1-10 和图 4-1-11 可以看出,非均质性相同,当流度比为 1 时,高渗层的产液比例相同,表明双层油层的产液比例仅与渗透率级差相关;当流度比小于 1 时,高渗层的产液比例随时间不断增加;当流度大于 1 时,高渗层的产液比例随时间逐渐降低。

流度比相同时,当渗透率级差大于 3 时,注水突破高渗层后,高渗层的产液比例为 90%,表明高渗层的干扰程度很大;当渗透率级差大于 5 时,高渗层的产液比例大于 95%,低渗层基本处于未动用状态。

2)N_L 个分层模型

(1)非均质对比度。

在 l 与 n 任何两个层之间:

$$r_{nl}=\left(\frac{K}{\phi\Delta S}\right)_n\left(\frac{\phi\Delta S}{K}\right)_l \quad (4-1-49)$$

(2)水淹层前缘(虚拟前缘)。

设 n 为水刚突破的层,比第 n 层更早水淹的前缘:

$$x_{Dl}=1+(r_{nl}-1)\left(\frac{1+M_0}{2}\right) \quad l=1,\cdots,n \quad (4-1-50)$$

(3)比第 n 层水淹晚的各层的前缘:

$$x_{Dl}=\frac{\sqrt{M_0^2+\frac{1-M_0^2}{r_{nl}}}-M_0}{1-M_0} \quad l=n+1,n+2,\cdots,N_L \quad (4-1-51)$$

给定各层的前缘位置,即可计算相应的 E_h 和 t_D,绘制 E_h—t_D 曲线图。

4. 矿场估算水驱波及系数

根据水驱采收率的定义,波及体积为水侵入并达到残余油状态的油藏部分,显然采收率是一个极限值,或者说采收率是油藏完全达到极限废弃状态时的采出程度。由于开采的经济性等各种原因,这个状态不可能真正达到。实际应用中,人们通常将油田处于开采的经济性较差时的采出程度视为这种开采方式的采收率,并用此采收率值估算波及系数。

可以看出,如果油藏中水驱油为活塞式驱替,那么水侵入的区域即为残余油状态,水未侵入的区域仍为原始含油饱和度状态,但油藏中的实际水驱油过程并非活塞式,从开始侵入或者说侵入水需要达到一定体积倍数才能达到残余油状态。如果以达到残余油状态为依据作为波及体积,则测算出的采收率一定低于实际值,因为未达到残余油状态的部分对采收率也有贡献。如果将注入水刚侵入即作为波及体积,则测算的采收率高于实际值,因为注入水侵入后这部分体积中油并未达到残余油状态,其中的可动油并未完全采出。

事实上,水驱油田生产的任何阶段都存在驱替剂的波及问题,注入流体侵入就应该作为波及体积,但只是驱出可动油的程度不同。将采收率的关系式改为采出程度表达式:

$$R_E(S_o)=\frac{V_{sw}S_{oi}-V_{sw}S_o}{VS_{oi}}=\frac{V_{sw}}{V}\frac{S_{oi}-S_o}{S_{oi}}=E_V R_D(S_o) \quad (4-1-52)$$

$$R_D(S_o)=\frac{S_{oi}-S_o}{S_{oi}} \quad (4-1-53)$$

式中 S_o——当前含油饱和度;

$R_D(S_o)$——当前驱油程度。

注入流体驱替过程中由于渗流阻力的变化,水驱波及体积逐渐变化并趋于稳定。因此,使用式(4-1-52)必须达到一定的水驱采出程度。由于油田实际驱替过程中受驱替流体性质、井网、储层非均质等因素的影响,即使均质油层,主流线上的驱油程度高,非主流线上的驱油程度则低,油层各处的驱油程度均不相同,因此,无论是采收率关系式还是采出程度关系式,都表示油田开采的平均状态,关系式的简约形式更方便油藏工程师估算波及系数,进一步筛选适宜的提高采收率方式。

宏观上,实际水驱油藏可以看成一个在注入端注水,在出口端产油、产水的容器。由油藏实际产油、产水量,根据相对渗透率资料,可以确定油藏出口端含水饱和度及注水波及区平均含水饱和度。

1)确定水驱波及区出口端含水饱和度

由水驱油分流量方程,生产井出口端的含水率与出口端含水饱和度具有以下关系,其中,系数 a、b 可由油、水相对渗透率曲线求出:

$$f_w = \frac{q_w}{q_w+q_o} = \frac{1}{1+\dfrac{K_o\mu_w}{K_w\mu_o}} \tag{4-1-54}$$

可以推出：

$$S_{we} = -\frac{1}{b}\ln\frac{\mu_o(1-f_w)}{a\mu_w f_w} = -\frac{1}{b}\ln\frac{\mu_r(1-f_w)}{af_w} \tag{4-1-55}$$

2) 确定注水波及区平均含水饱和度

当注入水波及区出口端含水饱和度为 S_{we} 时，可求出注入水的孔隙体积倍数 V_p，由以下公式，可求出注入水波及区平均含水饱和度 S_{wa}。由 Buckley-Leverett 方程以及 Welge 于 1952 年所推导出的公式：

$$S_{wa} = S_{we} + V_p[1-f_w(S_{we})] = S_{we} + \frac{1-f_w(S_{we})}{f'_{we}} \tag{4-1-56}$$

即

$$S_{wa} = S_{we} + \frac{1}{bf_w} \tag{4-1-57}$$

当前的驱油程度为：

$$R_D = \frac{S_{wa}-S_{wc}}{1-S_{wc}} \tag{4-1-58}$$

平均波及系数为：

$$E_V = \frac{R_E}{R_D} \tag{4-1-59}$$

实际应用中，通常将油藏生产含水率 98% 作为水驱最终采收率的界限，并以此采收率估算波及系数。无论油藏的非均质性如何，当生产含水率为 98% 时，部分油藏体积早已被彻底水洗，水淹程度为 100%，达到残余油状态；而部分油藏体积还没有完全受到水洗，其驱替程度还没有达到残余油状态。因此，当采收率一定时，估算出的波及系数也只是宏观平均值。

第二节　剩余可采储量与剩余油分布

一、剩余油可采储量

可采储量为采收率与地质储量的乘积，而剩余可采储量为可采储量与目前累积采油量之差，因此，确定剩余油可采储量应首先标定油田的采收率。目前计算油田采收率总的趋向为利用油田实际资料，进行综合分析，一般常用的方法如下：

(1) 油田统计资料获得的经验公式法。

(2) 室内水驱油实验法。将天然岩心模拟到油层条件下，做水驱油实验，求出水驱油效率，根据油田非均质性及流体性质加以校正，求出最终采收率。

(3) 岩心分析法。这种方法包括两种，一种是在采油区内用失水量较大的水基钻井液取心，测定岩心中残余油量求得采收率，另一种是在油田水淹区内取心，测定岩心中残余油量，求得采收率。

(4)地球物理测井法。在水淹区的井内,用电阻法等算出残余油饱和度确定采收率。

(5)分流量曲线法。应用相对渗透率曲线,求得分流量,使用作图法求出水淹区平均含水饱和度测算采收率。

(6)油田动态资料分析法。

矿场统计法是根据油藏实际生产资料进行统计,并加以适当的数学处理来估算油藏采收率的方法,这种方法综合了各种地质因素和开发过程中各种人为因素的影响,而且方法比较简单,所以应用十分普遍。

1. 相关经验公式法

1) 美国石油学会经验公式

美国石油学会经验公式适用于砂岩和碳酸盐岩油藏,在水驱条件下采收率与岩石和流体特性的关系如下:

$$E_R = 0.3225 \left[\frac{\phi(1-S_{wc})}{B_{oi}} \right]^{0.0422} \left(K \frac{\mu_{wi}}{\mu_{oi}} \right)^{0.0770} S_{wc}^{-0.1903} \left(\frac{p_i}{p_a} \right)^{-0.2159} \quad (4-2-1)$$

式中 ϕ——地层有效孔隙度;

S_{wc}——地层束缚水饱和度;

B_{oi}——原始地层条件下原油的体积系数;

μ_{oi}, μ_{wi}——原始地层条件下原油的黏度和地层水的黏度,mPa·s;

p_i——原始地层压力,MPa;

η——采收率;

K——油藏平均绝对渗透率,μm^2;

p_a——油田开发结束时的地层压力或废弃油藏压力,MPa。

适用于完全水驱或部分水驱条件下开采的砂岩油藏,确定采收率的关系式如下:

$$E_R = 0.11403 + 0.2719 \lg K + 0.25569 S_{wc} - 0.1355 \lg \mu_{oi} - 1.5380\phi - 0.00115h \quad (4-2-2)$$

式中 K——平均绝对渗透率,$10^{-3} \mu m^2$;

μ_{oi}——原始地层条件下地层原油黏度,mPa·s;

ϕ——地层有效孔隙度;

h——地层有效厚度,m。

适用于溶解气驱油田(其中 77 个砂岩油田,21 个石灰岩油田)的预测采收率的经验公式如下:

$$E_R = 0.41815 \left[\frac{\phi(1-S_{wc})}{B_{oi}} \right]^{0.1611} \left(\frac{K}{\mu_{ob}} \right)^{0.0979} S_{wc}^{0.3722} \left(\frac{p_i}{p_b} \right)^{0.1741} \quad (4-2-3)$$

式中 B_{ob}——饱和压力下的地层油体积系数;

μ_{ob}——饱和压力下的地层油黏度,mPa·s;

p_b——饱和压力,MPa。

2) 前苏联石油科学研究院经验公式

适用于水驱砂岩油田的采收率经验公式之一如下:

$$E_R = 0.507 - 0.167 \lg \mu_r + 0.0275 \lg K - 0.000855A + 0.171 S_k - 0.05 v_k + 0.0018h \quad (4-2-4)$$

式中 μ_r——原始地层压力下油水黏度比；

A——平均生产井井网密度，公顷/井；

S_k——地层砂岩系数(有效厚度除以砂岩厚度)；

V_k——地层渗透率变异系数。

适用于水驱砂岩油田的采收率经验公式之二如下：

$$E_R=0.143-0.0089\mu_r+0.121\lg K+0.0013T+0.0038h+0.149S_k \\ -0.173S_{wi}-0.00053A-0.000852z \tag{4-2-5}$$

式中 T——地层温度，℃；

Z——油水过渡区的地质储量与油由总储量之比。

适用于水驱砂岩油田的采收率经验公式之三如下：

$$E_R=0.414-0.159\lg\mu_r+0.012\lg K-1.5\times10^{-4}A+0.043m-0.018z+0.038S_k-0.013v_k \tag{4-2-6}$$

式中 m——油田生产井与注水井的比数。

2. 水驱特征曲线法

对于已经进入含水期开发的油田，若将油水产量有关的动态参数在对数或半对数坐标纸上作图，可以得到一条比较明显的直线关系，利用这些关系可以预测油田可采储量和采收率。

1) 甲型水驱曲线法

注水开发油田累积产油量与累积产水量的关系单对数坐标下有如下关系式：

$$\lg W_p = a + bN_p \tag{4-2-7}$$

可采储量与含水率关系式为：

$$N_R=\frac{\lg\dfrac{f_{wl}}{1-f_{wl}}-[a+\lg(2.303b)]}{b} \tag{4-2-8}$$

式中 W_p——累积产水量，$10^4 m^3$；

N_p——累积产油量，$10^4 t$；

N_R——可采储量，$10^4 t$；

f_{wl}——经济极限含水率，小数；

a,b——回归系数。

2) 张金庆水驱特征曲线法

张金庆水驱特征曲线法为适用于任何原油黏度和类型的水驱油藏采收率计算公式，其表达式为：

$$\frac{W_p}{N_p}=a-b\frac{W_p}{N_p^2} \tag{4-2-9}$$

累积产油量与含水率关系式为：

$$N_p=b\left[1-\sqrt{\frac{a(1-f_{wl})}{f_{wl}+a(1-f_{wl})}}\right] \tag{4-2-10}$$

3) 俞启泰水驱特征曲线法

俞启泰水驱特征曲线法为适合于任何原油黏度和类型的水驱油藏采收率计算公式。其表达式为：

$$\lg N_p = a - b\lg\frac{L_p}{W_p} \tag{4-2-11}$$

累积产油量与含水率关系式为：

$$N_p = 10^a \left\{ \frac{2bf_{wl}}{1-f_{wl}+b(1+f_{wl})+\sqrt{[1-f_{wl}+b(1+f_{wl})]^2 - 4b^2 f_{wl}}} \right\}^b \tag{4-2-12}$$

4）无因次注采曲线法

无因次注采曲线即为累积注水（人工注水及天然水侵量）与累积采油之比、累积产水与累积产油之比与采出程度关系曲线，其表达式为：

$$\ln\frac{W_p}{N_p} = a + bR \tag{4-2-13}$$

$$\ln\frac{W_i}{N_p} = a_2 + b_2 R \tag{4-2-14}$$

采收率计算式为：

$$E_R = \frac{a_2 - a_1}{b_1 - b_2} \tag{4-2-15}$$

式中　W_i——累积注水量，10^4m^3。

5）累积采出曲线交汇法

当水驱开发平稳后，累积采液量、累积产水量的对数与累积采油量具有很好的线性关系。

$$\lg L_p = a_1 + b_1 N_p \tag{4-2-16}$$

$$\lg W_p = a_2 + b_1 N_p \tag{4-2-17}$$

$$N_R = \frac{a_1 - a_2}{b_2 - b_1} \tag{4-2-18}$$

$$E_R = \frac{N_R}{N} \tag{4-2-19}$$

式中　L_p——累积产液量，10^4m^3；

　　　N_p——累积产油量，10^4t；

　　　N_R——最终水驱可采储量，10^4t；

　　　N——原油地质储量，10^4t。

油田不同开发阶段有不同的采收率预测方法。对于投入开发后的老油田，利用已获得的生产资料来测算，为制订调整方案和选择新的开采方法提供依据。除前面所述的方法外，还可以使用递减曲线法等，对重点油藏或开发单元，也可以采用数值模拟法预测采收率值。

应该指出，利用上述几种方法计算出的采收率是不相同的，有时甚至差别很大，除数据来源不同外，关系式中考虑的因素也不相同。因此，在实际应用过程中，可以采用与平均值的最小距离法标定油田的采收率值。

二、剩余油分布规律

剩余油是指油田开发过程中尚未采出而滞留在地下油藏中的原油，通常是指注水开发油田处于中高含水期时剩余在油藏中的原油。按存在方式，可将剩余油分为不可动的残余油和可动剩余油。残余油，微观上是指在油层条件下当油的相对渗透率为零时的不可动油，宏观上是指产层的油水比达到开采经济极限时残存在水驱前缘后面的油。

定量度量剩余油的多少可以用剩余地质储量、剩余可采储量和剩余油饱和度等不同参数来表达，它们的意义和规律是不一样的。剩余地质储量是指油藏投入开发后地下油藏中尚未采出的油气地质储量。剩余可采储量是指在现有经济技术条件下可以开采而尚未采出的油气地质储量。剩余油饱和度为油藏产量递减期内任何时候的含油饱和度，一般指二次采油末油田处于高含水期时剩余在储层中流体的原油饱和度。

而残余油饱和度为在油层条件下，油的相对渗透率为零即不可流动油的饱和度，它是剩余油饱和度的一种特殊情况。剩余油饱和度可能等于残余油饱和度，但它往往大于残余油饱和度。

1. 未动用的剩余油层

在开发区内，一些油层可能动用得很好，但另一些油层则可能由于储层性质和开发条件的限制而未动用或基本未动用，这些油层属于完整的剩余油层，根据成因可分为以下四类。

1）井网控制无效的剩余油层

一些小型的透镜状或条带状砂体在三维空间上具有"迷宫"状结构，井网很难控制。有的砂体无井钻达，油层保持原始状态（图4-2-1）；有的砂体只有注水井而没有采油井，注水后油层成为憋高压的未动用油层；有的砂体只有采油井，没有注水井，仅靠天然能量采出少部分油，而成为低压基本未动用的油层。

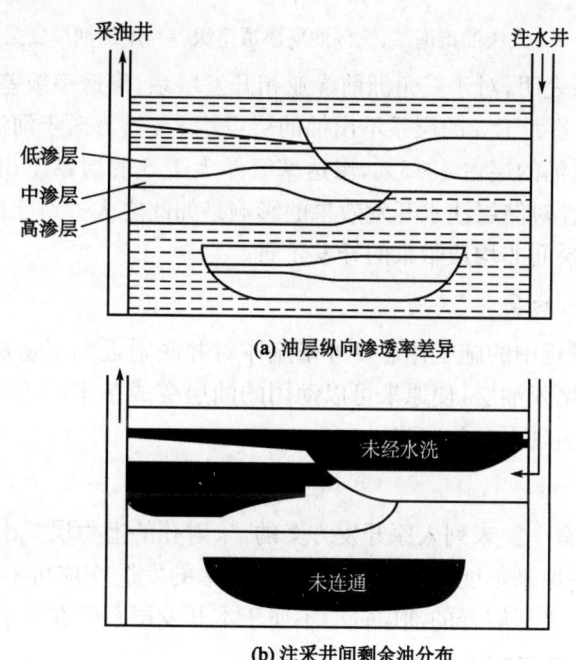

图4-2-1 井网控制无效及层间干扰形成剩余油示意图

2）层间干扰造成的剩余油层

在多层合采的情况下，由于层间非均质性的影响，多油层间会出现层间干扰。往往高渗油层水驱启动压力低，容易水驱；而较低渗的储层水驱启动压力高，水驱程度弱甚至未水驱。这样，便出现水沿高渗层突进的现象，而在较低渗层动用不好或基本没有动用，形成剩余油层。层间干扰现象在吸水剖面和产液剖面上反映十分明显。在多层合注的注水井中，在相同的注水压力下，各层单位厚度吸水能力相差较大。

层间干扰主要与储层层间非均质程度有关。层位越多,层间差异越大,单井产液量越高,层间干扰就越严重。大庆油田南二、三区层间干扰与开发效果的统计研究表明,在多层合采的情况下,在开采过程中出现了严重的层间干扰,储集性质好的油层出油,而物性较差的油层很少出油或不出油。各层的渗透率级差越大,注入水的单层突进现象越严重,不出油厚度与渗透率级差呈线性关系,如图4-2-2所示。

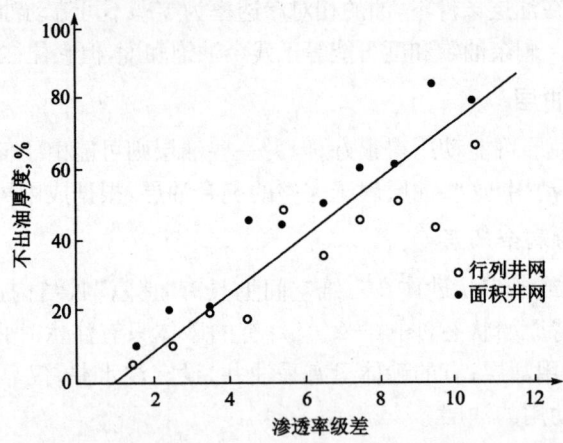

图4-2-2 大庆油田南二、三区油层渗透率级差与不出油厚度关系曲线

大庆油田统计结果表明,对于三角洲前缘亚相开发层系,渗透率级差小于3的层系不出油的层占12%,渗透率级差大于3的层系不出油的层可达86.3%;对于河流相开发层系,渗透率级差小于5的层系不出油的层占13.5%,渗透率级差大于5的层系不出油的层可达61.2%。由此可见,层间非均质性对储层注水开发效果的影响是如此之大。对于这种情况,要采用分层开采工艺技术,以克服层间非均质带来的开发矛盾。

3)污染损害严重的油层

钻井、完井、开采过程中的施工作业及外来流体对井底附近油层造成的污染损害,会使油层产能大大降低,甚至堵死油层,使原来可以动用的油层变成基本不动用或动用很差的油层。这在低渗、低压油层中表现得尤为突出。

4)未射孔的油层

在开发生产中,还有一类未列入原开发方案的、未射孔的潜力层。出现这类油层通常有三个方面的原因:(1)一些原来不能开发的油层,由于技术的发展变成可能开发的油层;(2)开发前测井未解释出而后来重新解释的油层;(3)不属于本开发层系但在采油井存在的油层。

2. 已动用油层的平面剩余油区

对于已动用的油层,往往由于平面矛盾和层间矛盾的存在,油层在平面上的动用情况差别较大,一些地区动用得很好,但另一些地区基本未动用或动用不好,从而形成剩余油滞留区。

1)注采系统不完善造成的剩余油区

一套开发井网一般能控制大部分油层,但对于一些薄油层、条带状或不规则零星分布的油层,可能仅控制了油层的一部分,而另一部分可能控制不住而基本未动用,从而造成这一类剩余油滞留区如图4-2-3所示。如果这类油层完全未受井网控制,则形成完整的未动用剩余油层。

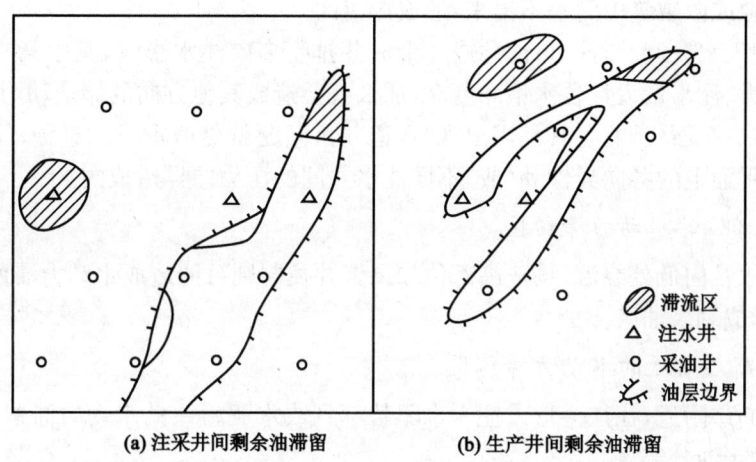

图 4-2-3 注采系统不完善造成的剩余油滞留区示意图

2)平面水窜造成的剩余油区

在注水开发过程中,由于储层平面非均质性、流体非均质性及开发条件的影响,在平面上会出现注入水舌进的情况。注水井中的注入水向不同方向驱油,推进往往是不均匀的,一般总有一个方向突进最快,且经过长期水洗之后,这个方向有可能发展成"水道"。由于平面水窜,注入水优先沿一个方向驱油,而在其他方向水洗程度弱甚至未水洗,从而造成了剩余油滞留区。它包括以下几种情况:

(1)条带状高渗带与低渗区共存。若油层高渗带呈条带状,而大部分地区为低渗区,在注水开发时,水沿高渗带窜流,而绕过低渗带甚至把低渗带包围起来,这样,低渗区的原油就采不出来,而成为剩余油滞留区,如图 4-2-4 所示。另外,沿古主流线方向,颗粒定向排列,颗粒长轴平行于古主流线,沿这一方向孔道也较直,渗透率高。这一方向是古水流流动阻力最小的方向,因此也是注入水流动阻力最小、流速最大的方向,注入水易沿此方向窜流,而在相邻区形成剩余油。

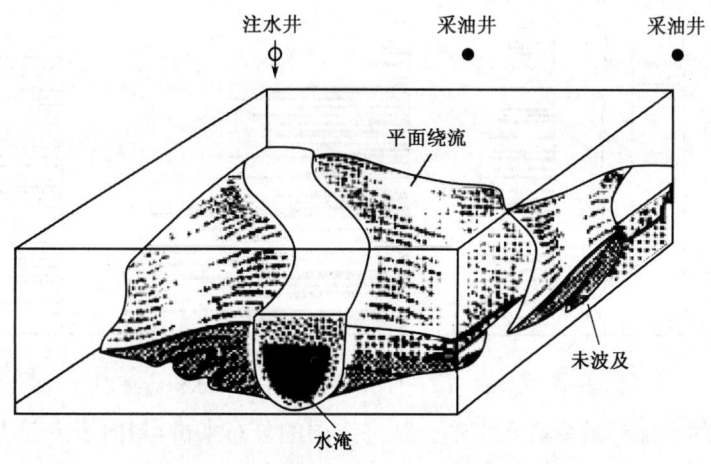

图 4-2-4 平面渗透率差异导致的剩余油分布

(2)裂缝水窜造成的剩余油滞留区。若注水开发区内存在若干延伸较远(超过井距或裂缝相交连接超过井距)的大裂缝,注入水沿裂缝窜流,使油井迅速水淹,从而使大量的原油仍包含在基质岩块孔隙或微裂缝中而采不出来,形成滞留区。

(3)平面注入水失调。若一口油井或一个油井排受多向注水影响,其中某一、两个注水方向的注水强度大、注水量大且含水饱和度高,那么就会造成其他方向的储量动用不好。这样长期下去,就会造成平面失调,尤其是当出现"水道"时,问题就更严重了。这种平面失调主要是储层渗透率在平面上的各向异性和(或)不同注水井间的压力差异造成的。

3)构造高部位的水动力滞留区

由于注入水常向低处绕流,构造高部位如果无井控制则可能造成水动力滞留区,注入水驱替不到,从而形成剩余油区。

4)封闭性断层附近的水动力滞留区

在封闭性断层附近,往往会形成注入水驱替不到或水驱很差的水动力滞留区。在这类滞留区,可形成剩余油分布区。

3. 韵律油层内剩余油

由于油层层内非均质和流体非均质性,造成油层内部的水洗差异,一部分储量动用很好,一部分则动用很差,从而在垂向上形成剩余油段。

就厚油层而言,渗透率韵律性不同,其水淹形式也不同,渗透率非均质程度则加剧水淹状况的差异,因此,层内不同部位的储量动用状况也有差异,其中一些动用很差或基本未动用的油层部位便出现了剩余油的分布。

通常正韵律油层底部水洗程度高,注入水沿油层底部高渗层段突进,油井见水早、含水率上升快,而中上部水洗程度弱甚至未水洗,而形成剩余油,如图 4-2-5 所示。这类油层的水洗特征属于底部水淹型,水淹厚度小。随着注水开发的不断进行,底部水洗程度越来越大,且经过水长期的冲刷,孔道增大,可能变成"水窜"的大孔道。

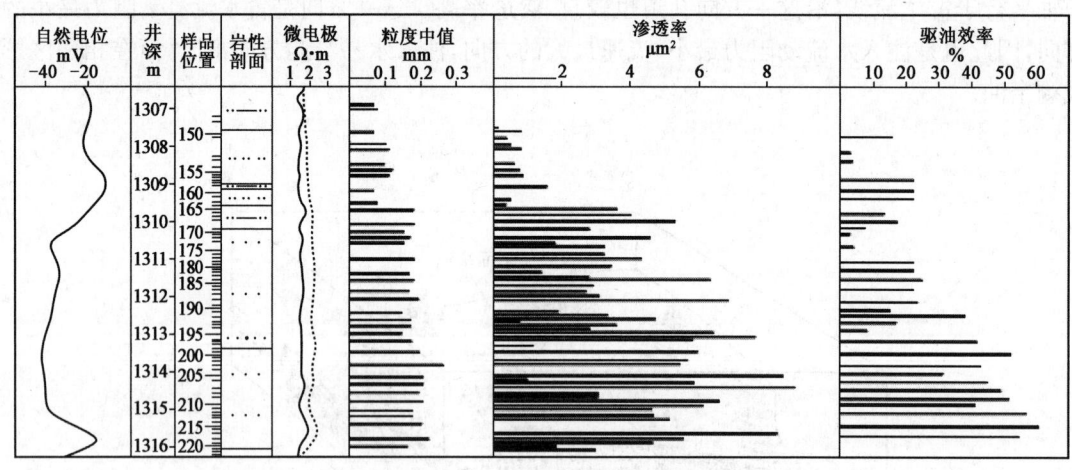

图 4-2-5 孤东 7-J1 井馆 6^1 层正韵律水淹特征图

反韵律油层的上部渗透率高于下部。从高渗层的分布来讲,趋向于上部水洗,但从重力作用来说,注入水又趋向于底部优先水驱。这样就可能出现三种情况:(1)上部水淹严重、产液多,这种情况主要出现于层内渗透率级差很大且其间有较稳定夹层的反韵律油层中;(2)全层驱油效率基本接近,水淹特征属均匀水淹型,主要出现于渗透率级差不大的反韵律油层中;(3)水淹厚度系数大,但底部先见水且水洗更强,主要出现在渗透差级差很小特别是亲水的反韵律油层中。总的来说,反韵律油层的水淹特征比较复杂,但水淹厚度系数大是其共有的特征,如图4-2-6所示。

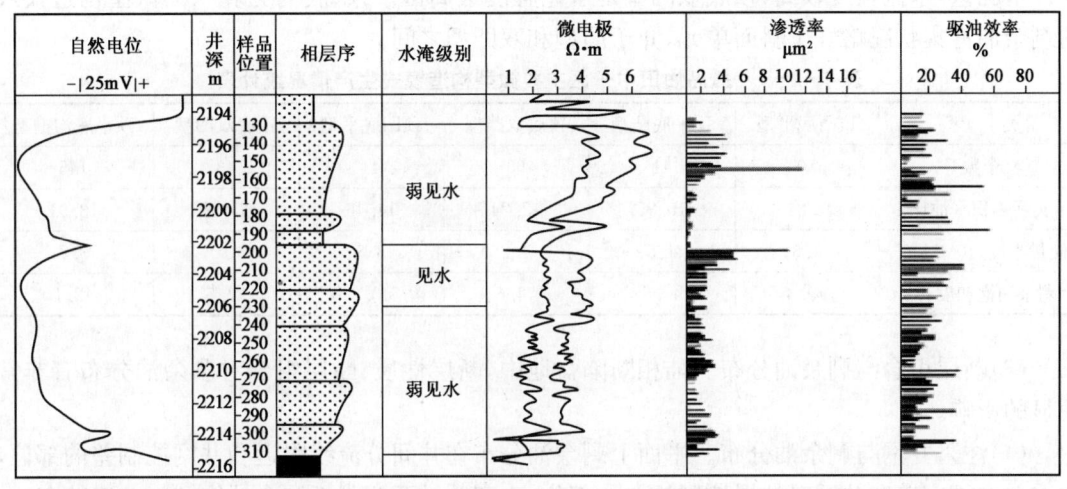

图4-2-6　胜坨油田胜二区2-2-J1502井沙二段8砂组三角洲前缘反韵律油层水淹特征图

复合韵律的情况也比较复杂。复合正韵律油层的开发效果比正韵律相对较好,油层在纵向上分段水洗,水洗部位对应于各个韵律层的底部高渗带,但总的来说油层水洗厚度也不大,这种油层的水洗特征多属于分段水淹型;复合反韵律的水洗特征与反韵律类似,水洗也较均匀。

均质韵律油层的水洗效果与油层厚度关系较大,若油层厚度薄,水洗效果一般较好,若油层厚度大而又无夹层时,水洗效果一般较差。

总体来说,正韵律、反韵律和复合韵律的厚油层注水开发效果有较大的差别,在条件相近的情况下,反韵律油层好于复合韵律,复合韵律又好于正韵律。

三、剩余油富集分布

1. 剩余油平面分布规律

剩余油平面分布受储集体平面非均质及注采非均质的综合控制。

(1)沉积相平面变化与剩余油分布。不同沉积相带中,由于水动力条件的差异,其颗粒大小、分选程度、渗透率和原油含油饱和度的变化各不相同。河道沉积具有古坡度,由于重力作用,注入水易沿古河道坡度向下运动,形成自然水路;河道中沉积的颗粒具有沿河道方向定向排列的趋势,造成注入水或注入气体向河道下游和上游方向运动速度快于两侧;由河床中心下切带沉积的砂砾向河床边部沉积的砂砾由粗变细、由厚变薄,由非均质比较严重逐渐变成相对均匀。一般来说,在三角洲的侧缘相带剩余油饱和度高,而中心相带(坝主体)水淹程度高。河流相的主河道水淹程度高,而边滩、漫滩的水淹程度低,剩余油富集。

(2)微型构造与剩余油分布。处于微断鼻和微背斜上的油井,剩余油相对富集,对油井生产有利。分析微型构造与剩余油分布和油井生产的关系,需要特别强调砂体顶部和底部形态的组合模式对剩余油分布和油井生产的控制作用,而不能简单依据砂体顶部或底部形态分析它与剩余油分布及油井生产的关系。在井网条件和其他地质条件相似的情况下,综合应用单层生产数据、测井解释的剩余油饱和度以及油藏数值模拟预测的剩余油饱和度,分析剩余油富集规律与微型构造组合模式之间的内在联系,见表 4-2-1。由表 4-2-1 可以看出,顶凸底平型为剩余油富集区,顶平底凸型次之,顶底双凸型也为剩余油相对富集区,顶凹底平型油井生产情况差,水淹程度较高,顶底双凹型是水淹程度最高区。顶、底均为鼻状的微型构造模式的剩余油富集状况略好于斜面单元,介于凸型和双凹型之间。

表 4-2-1 孤岛油田中一区主要微型构造模式生产情况统计表

类　　型	顶凸底平型	顶平底凸型	顶底双凸型	顶凹底平型	顶底双凹型	顶平底沟槽型
个数	50	41	65	41	43	145
实际累积水油比	7.84	10.95	12.24	14.46	15.96	13.91
储量丰度,$10^4 t/km^2$	4.8	4.5	4.2	3.3	3.0	3.7
剩余油饱和度,%	49.3	47.5	44.6	40.0	37.5	42.1

(3)断层组合与剩余油分布。陆相断陷盆地中,断层性质、断层组合对剩余油分布有非常明显的影响。

(4)注采井网与剩余油分布。平面上剩余油分布在井间分流线附近和井网控制差的部位,注采关系不完善和井网对油层控制较差的部位、生产井排两侧附近剩余油饱和度普遍较高。

(5)含油边界处形成剩余油分布。采用内部注水的油田,注水由油藏内部向边部方向推进,在边部油井水淹后,位于这些井和外含油边界之间的环状带有剩余油分布,剩余油数量变化很大,主要取决于油藏大小、环状带大小等。

(6)死油区。包括注入水未波及的透镜体和半透镜体、不整合、盐丘附近、绕流区等。

2. 剩余油垂向分布规律及模式

剩余油垂向分布受储集体沉积韵律及隔夹层分布的综合控制,可归纳出如下模式:

(1)层内剩余油分布。层内剩余油的分布集中受层内非均质性的控制。

(2)层间剩余油分布。总体上来说,剩余油在纵向上的层间分布特征为:井网控制不住的油层;开发层系以外的油层;合注合采时,由于渗透性差异造成有些层段不产油或基本不产油或产油很少;单元间夹层是控制纵向剩余油富集的主要因素。

3. 剩余油分布类型

据国内有代表性学者现有研究分析,高含水后期和特高含水采油阶段剩余油的分布主要类型为(韩大匡,1995 年):(1)不规则大型砂体的边角地区,或砂体被各种泥质遮挡物分割所形成的滞油区;(2)岩性变化剧烈,主砂体已大面积水淹,其周围呈镶边或搭桥形态存在的差储层或表外层;(3)现有井网控制不住的砂体;(4)断层附近井网难以控制的部位;(5)断块的高部位,微构造起伏的高部位及切迭型油层的上部砂体;(6)井间的分流线部位;(7)正韵律厚层的上部;(8)注采系统不完善,如有注无采、有采无注或单向受效等遗留的剩余油。

据国外大量的研究结果表明,油藏中剩余油分布形式与数量为:(1)存在注水过程中水未洗到的低渗透夹层中,或者是水绕过的低渗透带中的剩余油,这种类型的剩余油量约占 27%;(2)由于地层压力梯度小,在油不流动的油层部位(滞流带)中存在的剩余油量占 19.5%;(3)未被井钻到的透镜体中的剩余油量占 16%;(4)在一些小孔隙中被毛细管压力束缚的剩余油量占 15%;(5)以薄膜状的形式存在于储层岩石表面上的剩余油量占 13.5%;(6)局部不渗透的遮挡(如封闭性断层等)处的剩余油量占 8%。

剩余油分布类型可归纳为以下六类:

(1)水洗区剩余油,包括分散相剩余油和局部滞留油。

(2)弱水洗区剩余油层。

(3)未动用的薄油层,包括溢岸薄砂体油层、河道砂主体边缘上倾尖灭部位剩余油、注水开发后期仍存在部分低渗薄油层未射孔形成的潜力层。

(4)开发工程原因造成的剩余油层,包括油层污染造成的剩余油层、层间干扰形成的剩余油层。

(5)微型圈闭内的剩余油,包括井间微型正构造内的剩余油、井间微型砂体内的剩余油。

(6)已开发断块外延断棱型剩余油。

在宏观上,剩余油主要分布在注入水未波及的或者波及程度比较低的部位;在微观上,主要是因储层润湿性、油藏流场演变和驱油效率低等遗留的剩余油。剩余油形成与分布主要受沉积相、构造、储层非均质性、润湿性及井网条件等综合因素的控制。

第三节　油田开发系统综合调整

油田开发调整按其性质可分为两种类型——经常性开发调整和阶段性开发调整。面对大量的油田调整任务,调整的方法和手段各不相同。油田调整大体可以分为三种类型:立足现有井网层系的常规工艺措施调整;注采系统调整;开发方式调整。常规工艺措施调整主要为各种工艺措施实施,调整规模和范围较小,属于经常性调整,例如注采井组内液量结构可以根据单井水淹状况进行调整等,经常性油田开发调整贯穿于整个油藏开发全过程。而注采系统调整和开发方式调整规模、范围和工作量较大,这种调整具有阶段性,例如井网层系调整,或由天然能量开采方式转向注水开发,或由注水方式转向化学驱方式等。阶段性调整虽然不能频繁进行,但调整措施也很难一次性完成,因此也需要多次调整才能得到较好的开发效果。

油藏开发阶段性调整是系统的调整,属重大技术改造和基本建设项目,必须经过科学论证,编制调整方案。调整方案可以整体部署、分步(或分年)实施,并要和经常性开发调整紧密结合。

一、注水油田井层动态分析

陆相沉积的非均质砂岩油藏中,由许多单层组成一个开发层系和油、水井,几口油、水井组成注采井组,许多注采井组构成一个动态区,几个动态区组成一个开发区,许多开发区组成一个大型整装油田。因此,对于各个开发层系的动态分析应该按照单层(或油砂体)→单井→井组→动态区(切割区、排块)→开发区→全油田的顺序进行。

1. 单层分析

单层分析是最基础的动态分析。首先,把每个单层的动态参数,包括射孔补孔厚度、吸水量、产液量、产油量、含水率、压力、层间窜槽等标注到沉积相带(或油砂体)图上,然后分析各个单层的水驱控制程度,开发动态,平面或层内差异,并在图上圈定水驱效率范围,具体方法如下:

(1)高产液、高含水、大片连通的井区,圈定为水驱高效区,有利于水井调剖和油井堵水措施选层。

(2)中产液、中含水、大片连通的井区,圈定为水驱中效区,有利于提液控水选层。

(3)低产液、低含水或不见水、水驱控制程度低的井区(如变为薄差层或零散砂体等),圈定为水驱低效区,有利于补孔、压裂增产增注选层。

(4)不动用、弹性和憋压层井区,圈定为水驱无效区,有利于完善注采系统选层。

按水驱效率范围进行历史对比,标出水驱效率的扩展变化区。依据各效率区的扩大范围,可以计算出水驱面积的变化,并统计单层各类调整措施的井点数,将各项措施叠合到单井点处供措施选层之用。

单层动态分析时,需要注意断层附近的油水井。为有利于保护套管,一般在钻遇断层 5m 以内的油层范围的注水井不射孔,断层 2m 以内的油层范围采油井不射孔,但对注水、采油产生影响。另外,管外窜槽对注水、采油也产生影响。

2. 采油井单井分析

依据油井产液剖面、沉积相带图、示功图等动静态资料,重点分析油井的产量、压力、含水率是否正常,将分析出的主要问题的原因及拟采取的措施标在井位图上。

1)采油井单井主要分析内容

采油井单井主要分析内容包括:新投产油井的产能是否达到方案设计指标,分析未达标的原因;产量、压力、含水率不稳定井的变化趋势及主要原因;自喷井的工作制度是否合理,生产压差、采油指数变化;自喷分层配产井的工作制度层段划分是否合理,各层段采液强度、含水率、压力变化;机械采油井的工况是否正常;地层压力水平是否合理及其变化趋势;原油物性、天然气组分、产出水质的变化状况或规律,及其对采油的影响;爆性水淹的主要层位、原因;套管技术状况、管外窜槽和断层对采油的影响;已实施的措施效果、存在问题,需要进一步采取的增效或稳效措施;主要层间矛盾层如何调整;各项生产参数的变化趋势,相互关系是否协调;确定各油层见水状况、含水级别、见水方向和方向含水级别。

2)油井单层见水及见水方向

油井单层见水及见水方向一般根据下列方法确定:

(1)原油分析含水率大于1‰时,油井见水。

(2)产液剖面上产量最高,而且含水的层为第一个见水层。

(3)该见水层与水井连通的油层条件最好、日注水量和累积注水量最多的方向,是第一个见水方向。

(4)产液剖面上见水层还是原来的见水层,但油井含水率升高,寻找与水井连通的油层条件次好、日注水量和累积注水量次多的方向是第二个见水方向。这时,在对应的层或层段提高日注水量,油井含水率上升,降低日注水量,油井含水率下降,第二个见水方向得到证实。

(5)产液剖面上见水层还是原来的见水层,但油井含水率上升一个明显的台阶,在前两个见水方向上的日注水量不变的条件下,寻找与水井连通的油层条件、注水量再次级的方向是第三个见水方向,证实方法同(4)。

(6)反五点法井网、反九点法的角井有 4 个见水方向。每个方向见水时,氯离子、矿化度会升高,但取样时机难以把握。

3)油井多层见水及见水方向

因为存在层间干扰、各方向的注水井层在不断地调整,多层见水及见水方向很难确定,可以采用下列方法：

(1)在产液剖面上出现第二个见水层时，由于层间干扰和测试误差，该层的液量及含水率时高时低，甚至时有时无。

(2)如果油井产液和含水率波动大，表明第二层刚见水。按单层见水的(3)拟定其第一见水方向，然后提高和降低该方向的注水量。如果油井产液、含水相应变化，氯离子矿化度又升高，证明第二见水层及见水方向确实存在；否则，第二见水层不存在，或见水方向不准确，需重新分析验证。

(3)如果油井产液、含水率稳定，氯离子矿化度不变，没有新层见水。

(4)第二见水层的第二、第三见水方向出现时，产液剖面上含水率升高，油井含水阶段性升高；在没有第三见水层条件下，按单层见水的(4)、(5)进行验证确认。

(5)在产液剖面上出现第三个见水层时，按上述(2)、(3)、(4)进行确认和验证见水方向。

(6)以后还会出现第四、第五个见水层，这时由于以前的见水层和见水方向部分或全部高含水，油井产液和含水率可能较稳定、变化不明显，确定见水层更困难。但将产液和吸水剖面结合进行精细分析，用上述方法仍可以确定见水层和见水方向。

4)油井见水层含水级别与方向含水级别

(1)在产液剖面上，见水层含水级别与之前的剖面对比总是升高的。如果见水层含水升高的趋势稳定或基本稳定，见水层的含水可以高于或等于或低于全井含水，若主要产液层的含水高于全井含水，则这个产液剖面的含水级别正确。

(2)如果油井从未测过产液剖面，依靠电测的含水解释、投产初期全井含水，并结合压裂、堵水后的含水变化，补孔、注采系统调整、注水井层段措施及水量调整、氯离子矿化度等资料，通过仔细对比、综合分析，确定多层、多方向见水和含水级别。

(3)当油井进入高含水后期(含水率>80%)和特高含水期，多层、多方向高含水普遍存在；但由于层间干扰严重，未动用层、不含水层(或部位)、低含水层、低含水方向也同时存在。这些层将成为挖潜的重点。

油井压裂、补孔后，全井产油、产水的变化较复杂，在没有施工污染油层的条件下，可依据施工前后的产液剖面来分析措施层的含水级别。

油井堵水后，若封堵是高产液、高含水层，全井产油上升、稳定或略有下降，产水及含水率下降很多，层间矛盾改善，否则需要重新调整堵水层段。

3. 注水井单井分析

依据注水井吸水剖面、分层测试、沉积相带图等动静态资料，重点分析注水压力、层间注水量是否正常，将分析出的主要问题的原因及拟采取的调整措施标在井位图上。

1)注水井单井主要分析内容

注水井单井主要分析内容为：

(1)依据新井试注水量和全井指示曲线分析，确定是否能够分层配注，例如，萨北开发区在注水压力接近破裂压力条件下，若试注水量大于 $24m^3/d$，且启动压力小于 $8MPa$，则可以分层配注，若试注水量小于 $24m^3/d$，且启动压力大于 $8MPa$，则只能笼统注水，各油田应根据实际情况确定。

(2)试配首先编制配注基础数据表，划分注水层段，按采液强度的要求确定配注强度和配注水量，试配后，根据指示曲线、油层吸水剖面分析各层段实注水量能否满足配注要求。

(3)分析层段注水合格率与测试合格率的变化原因。

(4)结合吸水剖面和分层测试资料,分析层段之间、层段内各油层之间、厚油层内部的吸水状况变化。

(5)依据指示曲线、地层压力、表皮系数的变化,分析全井或层段是否有污染或堵塞。

(6)分析井口注水压力、全井注水量异常的原因。

(7)分析注入水质与吸水状况的变化关系。

(8)分析层段间窜槽对吸水状况的影响。

(9)分析封隔器的密封性,分析停注层段仍然吸水的原因,停注层段恢复注水时机。

(10)套管技术状况和断层对注水的影响。

(11)依据吸水剖面、分层测试和注水、指示曲线和压力等资料,分析各参数的变化特点、趋势和相互关系,找出层间矛盾,提出解决措施。

(12)分析综合调整、增注措施效果。

(13)分析注水层段划分是否合理,如何进行调整。

2)分析步骤

若井口注水压力相同、井下水嘴不变,用同位素测试和实注水量对比,核实与确定各小层吸水百分比,具体步骤为:

(1)把注水层段标在同位素曲线上。

(2)在同位素曲线上,求出各层段的小层吸水百分比之和。

(3)在注水综合记录上,求出各层段的实际注水百分比(用同位素测试前3~5d水量的选值或平均值);

(4)将(2)、(3)两个层段吸水百分比对比,若各层段差值均小于±20%,同位素资料则可直接用于绘制吸水剖面。否则,需要对同位素资料进行处理。方法如下:

①(2)、(3)两个层段吸水百分比差值±20%~50%,取用两层段吸水百分比的平均值。差值大于±50%的,取用实际层段注水百分数。同位素测试吸水很少或为零,实际注水又很多的,经过验证水嘴无堵塞时,取用实际层段注水百分比。

②将①中的三种情况取用值放到同位素曲线层段上。

③调整同位素曲线全部层段的吸水百分比,达到其和等于100%。

④将调整后的层段吸水百分比,酌情按地层系数、砂岩厚度或原吸水小层所占百分比,分配到全部吸水的小层上,使其和等于100%。各小层吸水数据,可用于绘制吸水剖面图。

4. 采油井组分析

以采油井为中心联系周围注水井、以注水井为中心联系周围采油井的井组综合分析,是全面认识层间、层内和平面差异、注入产出剖面状况的最好途径。通过井组分析,才能确定和编制油、水井综合调整措施方案。

以采油井为中心,联系周围全部注水井、相邻采油井的注采变化,重点分析采油井组内的平面差异。在中心采油井观察差异,从相邻水井或油井找原因。需要以采油井为中心的连通图、配水基础数据表,分析采油井组的注采平衡,对油井组实行宏观控制。

$$IPR_o = \frac{q_{wy} + \sum_{i=1}^{n} q_{wi}}{B_o q_o + q_{ow}} \qquad (4-3-1)$$

式中 q_{wy}——外井网给本油井的注水量(少数井存在);

　　　q_o, q_{ow}——本井组油井的采出油、水量。

当井组内平面差异很大时,分析井组注采平衡,进一步分析落实多层见水、多方向见水及方向含水级别。井组见水状况的三维空间网络和水驱体积问题,目前只能依据动、静态资料,及动态工作者的理论知识和经验积累来分析。

(1)注指示剂法。可以落实单层的连通方向,油井见到指示剂的时间差,既是方向连通渗透率的差异,也是方向见水的顺序。

(2)层段注水激动法。其优点是激动一个点,可以观察一个面,方便,成本低,缺点是判断方向含水级别的可靠程度约为50%~60%,模棱两可的情况很多。但现场经常使用此方法来调整平面矛盾,控水稳油。

(3)利用见水状况资料进行分析。

①全方向高含水,周围注水井相应层段(全方向)控制注水量。

②全方向特高含水,周围注水井相应层段(全方向)停注转周期注水。

③部分方向高或特高含水,该方向控制注水量,其余方向稳定或适当提水。

④部分方向中低含水,该方向提高注水。

⑤部分方向未见水,该方向加强注水。

(4)参照油井投产及见水年限、与注水井的连通方向及油层条件、井排距等,分析多层见水及方向含水级别。

①当全井含水率大于60%以后,一般至少有2个见水层、1个方向高含水。

②当全井含水率大于80%以后,一般至少有3个以上的见水层、2个以上的高含水方向,这时的平面调整余地仍然较大。

③当全井含水率大于90%以后,多层见水,多层多方向高含水,层间和平面调整困难。

5. 注水井组分析

以注水井为中心,联系周围全部采油井的变化综合分析,重点分析注水井的平面差异。从注水井调整,在油井观察效果。需要用以注水井为中心的井组连通图、配水基础数据表。

分析全井各层段注入水的流向。研究注入水的流向和研究见水方向及含水级别是一个问题的两个方面,目的都是为了找出主要的平面矛盾和平面矛盾方向,便于确定和实施综合调整。具体内容包括:

(1)注入水主要流到哪些方向,该方向出现高含水、强水洗,甚至无效循环。

(2)注入水流到哪些方向少,该方向出现中低含水、弱水洗。

(3)哪些方向注入水未进入,该方向油层不见水或不动用。

分析注水井组的注采平衡,便于对全井注水量的宏观控制:

$$IPR_w = \frac{q_w + q_{wy} - q'_{wy}}{\sum_{i=1}^{N}(B_o q_{oi} + q_{owi}) + q_{owy}} \qquad (4-3-2)$$

式中 q_o, q_{ow}——本井组油井的采出油量、水量;

　　　q_{owy}——外井网注水在本井组油井的采出油量和水量;

　　　q'_{wy}——中心注水给外井网的注水量。

如果计算出的 IPR_w 大于动态区块的 IPR,就降低注水量;小于 IPR,则提高注水量。对每一个层段都要分析注入的水量是否能够满足井组内各方向油井的要求。具体步骤为:

(1) 全部满足各方向油井要求的层段注水量,维持现状,不调整。
(2) 反七点法井网中,满足 4 个方向油井要求的层段水量,和反五点法井网中满足 3 个方向要求的层段水量,一般是本井层段暂不调整,调整相邻水井的对应层段的注水量。
(3) 只能满足 50% 方向油井要求的层段水量,平面矛盾大,在井组注采平衡分析以后,一般是本井层段和相邻水井层段的注水同时调整,以调整后利多弊少为原则。

6. 相邻井组分析

每口采油井至少受 2~4 口注水井影响,每口注水井至少影响 4~8 口采油井。中心注水井的各层段注水量很难满足井组内全部采油井的要求,这就需要进行相邻井组分析、调整来解决。

相邻井组分析是把油井组和水井组联系起来,本油、水井组和相邻的油、水井组联系起来,进行大范围内的综合分析,能更好地揭露、分析和解决平面矛盾。

通常情况下,每套井网都是独立的层系和注采关系。但是后期加密、射开的油层并不独立,它是基础和前期加密井网中多数已经动用的油层的延续,真正独立、不动用的油层极少。因此,各套井网注、采相互联系的影响关系很复杂。搞清各套井网注、采相互联系的影响,是复杂井网分析的重点和难点,搞清层段或单层注水的流向是分析和解决问题的关键。

首先按每套井网的单层、单井、井组独立分析。特别注意找寻层段或单层注入的水,是否流向其他井网的采油井;驱替效果如何;本井某些单层的产液、含水、压力等是否有其他井网层段或单层注入水驱替的效果;不同井网之间的注、采相互影响产生的层间和平面差异。

二、常规工艺措施调整

经常性开发调整是在基本不改变原开发层系井网条件下,采取各种工艺技术措施,对油水井的生产压差、注采强度和液流方向进行调整。经常性油藏开发调整又称为年度油藏综合调整,即每年在油藏获得大量新的资料和开发动态分析的基础上,根据油藏不同的开发阶段和潜力分析,以及完成原油生产计划和改善开发效果的需要,编制并实施年度油藏开发综合调整方案,是一项十分重要的工作。

1. 堵水和调剖技术

非均质多油层油藏采用分层注水技术,虽然对调整层间差异、改善油水平面分布的不均匀性有很大作用,但是当油藏开发进入中高含水阶段之后,油井由单层单方向见水逐步发展到多层多方向见水,纵向上层间压力差异增加,平面上高低渗透条带井点含水差异增大,严重影响油田采收率的提高。仅仅依靠注水井的分层注水工艺技术,已不能有效地调节层间和平面差异,还必须在分层注水的基础上,运用采油井分层堵水和注水井深度调剖技术,合理优化实施区块或全油藏分层注水、调剖、堵水的综合治理方案,才能进一步改善油藏的开发效果。

油水井调剖堵水技术涉及油藏、工艺、调剖堵水剂、测井和完井方式 5 个方面。国内外对油水井调剖堵水技术的研究主要在出水机理、堵水工艺(工具)和调剖堵水剂三个方面。

1) 分层堵水的原则

(1) 多油层堵水必须处理好全井开采效果和提高被堵层采收率的关系、层间调整和平面调整的关系、增油和降水的关系、暂时封堵和永久性封堵的关系。由于堵水对采油井点主要是调整层间差异,减少层间干扰,对采油井组主要是调整平面差异,提高平面波及效率,因此,要控制油井堵水厚度,以全井和井组的动态作为堵水依据,达到既能改善油井开采效果,又能提高被堵层采收率的目的。

(2)堵水层的含水率界限一般应高于80%。这是由于一般油井的主要出油层也是高产水层,堵水过早,采油速度下降,油井降水增油效果不明显,当油层含水率超过80%时,井筒流压迅速升高,层间干扰加剧,此时与注水井分层注水结合,进行高产水层堵水,将会取得较好的调整效果。

(3)依据分层测试资料,找准出水井层和接替井层,作为堵水对象。同时,要注意保持和完善注采系统。在堵水后进行注水调整,从油井和注水井加强分层注采,使剩余油能有效地采出,为防止堵水后产生滞流区,一般高含水带应保留一定数量的开采井点;行列井网第一排油井未堵水之前,中间井排油井不宜堵水;反九点法面积井网可先堵边井;对反七点法井网中油砂体分布稳定、井组范围内渗透率变化不大的,一般不宜堵水。

2)堵水方式

(1)机械堵水是采用井下封隔器和控制器卡堵高含水层的一种堵水方式,根据生产方式不同分为自喷井机械堵水技术和人工举升井机械堵水技术。目前国内堵水最常用的是压缩式封隔器,与桥式、偏心式、固定式等控制器配套使用,可根据需要组合成不同的井下机械堵水管柱。

①自喷井机械堵水技术。

偏心式堵水管柱,主要由偏心配产堵水器和封隔器等组成,投捞工具可从偏心工作筒中心通过,能实现任意级投捞和多级堵水。

滑套堵水管柱,主要由滑套堵水器和封隔器等工具组成,滑套开关移位器一次下井可将滑套全部打开或全部关闭,也可任意打开或关闭任一级滑套,调整操作工作量较少,更适用于多层段堵水。

固定式堵水管柱,主要由可钻式封隔器、插入密封段和带孔短节等组成,主要特点是封隔层间可承受的压差大,工作寿命长,密封可靠,能多级堵水,可用于套管易变形区块,但是施工作业工作量较大。

②人工举升井机械堵水技术。

支撑防顶堵水管柱,主要由防顶器、活门、配产堵水器、封隔器和支撑器等组成,卡堵层段的管柱丢手坐封。主要特点是可以实现不压井检泵、投捞等作业,卡堵水性能可靠,但施工工序多,施工难度大,一般适用于中深井。

平衡式丢手堵水管柱,其卡堵段丢手于井内,尾管支撑井底,储层上部2~5m和下部2~5m各下一个平衡封隔器,以平衡相邻封隔器间液压产生的作用力,具有管柱结构简单、能实现不压井作业检泵、工作可靠等优点,但解封性能较差。

固定式堵水管柱,主要由可钻式封隔器、密封段、导向头等组成,允许工作压差为30MPa,性能可靠,但必须逐个下入井下封隔器,作业工作量较大,特别适用于潜油电泵井卡堵水,也可用于定向井。

(2)化学堵水技术可以分为选择性和非选择性堵剂。

①非选择性堵剂。非选择性堵剂泵入地层后,所到之处皆被堵塞,即不论出油孔道或出水孔道都要被封堵,采用这种堵剂进行堵水的方法称为非选择性堵水。对于封堵水层水和底水,可以选用非选择性堵剂。非选择性堵剂可用于特殊的作业施工,如封堵套管外窜槽、单一水层、底水锥进及炮眼,也可用于封堵裂缝地层或大孔道。非选择性堵剂主要包括沉淀型调剖剂、树脂类堵剂、固体分散颗粒、颗粒固结类调剖剂。颗粒固结体类调剖剂包括水泥(超细水

泥)类、矿物粉类、粉煤灰+水泥类、无机颗粒+固化剂类、树脂包覆颗粒类。

②选择性堵剂。选择性堵剂是指能够有效降低水相渗透率而对油相渗透率损害较小的堵剂。对于封堵油水同层的水时，需要选用选择性堵剂。其主要包括冻胶类调剖剂、凝胶、水膨体调剖剂等。

③化学堵水管柱。

油层防伤害化学堵水管柱，是在原注堵剂用的扩张式封隔器基础上，增加防伤害封隔器组成的，可防止堵剂伤害其他油层，有利于提高化学堵水作业成功率。

平衡法堵水管柱，由两个直径不同的油管及封隔器、连通器、密封段等组成，适用于夹层薄或有窜槽井段的封堵作业。

氰凝封窜管柱，这套管柱根据氰凝堵剂的特性进行施工设计，比较适合多油层、薄夹层条件下的封窜作业，一次施工可封堵两个2m左右的窜槽段。

3)注水井深部调剖工艺技术

注水井深部调剖技术主要原理是在注水井注入大剂量调剖剂，封堵主流带的大孔道，使其他各层受到水驱的效果，从而提高水驱效率。深部调剖技术对于封堵正韵律厚层底部高渗透层段、调节层内水淹部位的差异也有好的效果。

目前深部调剖剂类型一是以膨润土颗粒为主的堵剂，适用于因长期受注水冲刷形成大孔道的储层调剖，具有价格低、资源广等特点；二是纸浆废液类堵剂，虽然价格较低，但来源有限；三是冻胶类堵剂，具有可控制成胶时间的优点，既适用于大孔道的条件，又可用于中低渗透油层，调剖效果好，但价格较前两者高。

2. 油水井压裂和酸化

除油层压力、原油饱和度、原油黏度等因素影响油井产量之外，影响油井产量大小重要因素是油层的渗透率，对于因油层渗透率低或油层污染而造成低产的油井，可以采取措施，提高其渗透率或消除污染，达到增加油井产量的目的。这些改善油层渗透率，提高油井产量的措施称为油井增产措施，目前主要的增产措施是压裂和酸化。

1)油水井压裂

水力压裂是油气井增产、注水井增注的一项重要措施，它是利用地面高压泵组，将高黏液体以大大超过地层吸收能力的排量注入井中，随即在井底附近憋起高压，此压力超过井壁附近地应力及岩石抗张强度后，继续将带有支撑剂的压裂液注入缝中，使缝向前延伸，并在缝中填以支撑剂。这样，停泵后即刻在地层中形成具有足够长度和一定宽度及高度的填砂裂缝。它具有很高的渗透能力，从而大大改善了近井地带油气渗流条件，使油气能畅流入井，达到油气井增产的目的。目前水力压裂的作用已远远超过了一口井的增产增注作用，对于注水开发的油田采用油、水井对应压裂，在一定条件下可调整注采关系，提高注水效果，加快油田开发。

压裂增产措施是靠在地层中产生具有高渗透能力的裂缝，使低渗透层的生产能力得到提高。对于因井底堵塞而影响生产的井，压裂后同样有很好的效果，但不是大型压裂的主要任务。因此，正确选择压裂井层是获得较好增产效果的重要前提。

(1)注水井压裂选层条件。

①多次酸化效果不好的层段，表皮系数为负值，可压裂。

②压裂层段上、下隔层厚度为2m(纯泥岩压厚1m)，无管外窜槽，可压裂。

③依具体油层吸水状况，选择压裂工艺(普通、多裂缝、平衡法等)和加砂量。

(2)采油井压裂选层条件。

①压裂层段是否有足够的地层压力和含油饱和度。

②具有适当的地层系数,若地层系数过低,地层向裂缝的供油能力太弱;若地层系数过大,要取得一定效果,必须造成很高的裂缝导流能力。

③选井时要考虑井况,包括套管强度、距边底水或气顶距离,有无较好的遮挡层等。

若新井油层条件很差或钻井液污染,酸化无效,选择限流法压裂完井或普通压裂;薄差油层中低含水或不见水、未动用层,地层压力较高,选择分层段压裂;层段内含水、产液差别大,采用选择性压裂或堵压结合;若层段厚度大,选择多裂缝压裂;若以往压裂效果不好的油层段,采用重复压裂;压裂层段厚度大、隔层厚度较小,可采用平衡法压裂。无论何种压裂工艺,都应选择与注水井的连通、吸水状况好的层段。

为了获得高的增产倍数,需研究影响增产倍数的因素,并用来指导压裂设计和施工。根据麦克奎尔和西克拉电模拟方法得到的垂直裂缝条件增产倍数与裂缝几何尺寸及导流能力的关系,在相同缝长条件下,裂缝导流能力越高,增产倍数越高;在某一裂缝导流能力比下,造缝越长,增产倍数越高。对于低渗透地层(渗透率小于$1\times10^{-3}\mu m^2$),在闭合压力并不是很大的情况下,容易得到较高的导流能力比值,若要提高增产倍数,应以加大裂缝长度为主。对于较高渗透性的地层(渗透率大于几个毫达西),且闭合压力又较高时,不易得到较高的导流能力比值,若要提高增产倍数,主要提高裂缝的导流能力。

2)油水井酸化

油层酸化是注入的酸液能将地层岩石的部分或全部矿物、黏土颗粒等溶解,提高油层渗透率,或溶解井壁附近的堵塞物,如钻井液、滤饼、各种杂质、沉淀物和细菌等,从而增大流体在井底附近地层的流动能力,达到增产增注的目的。

油层酸化过程中,由于酸与地层岩石的反应是在液相和固相之间进行,许多酸液不能全部离解,而某些反应产物又是气体,因此酸岩反应比较复杂。根据油层岩石性质和堵塞物的不同,油层酸化方法及酸液类型也不相同,主要有盐酸和土酸。

盐酸处理主要用于石灰岩、白云岩和灰质胶结的砂岩等碳酸盐岩含量高的地层,盐酸与岩层内的碳酸盐作用,反应生成的二氧化碳是气体,生成的钙盐和镁盐都溶于水,因此反应结束后,可将废酸液及溶解在其中的盐类排出地层。室内试验和生产实际证明,当岩层中所含碳酸盐类大于50%时,如裂缝性石灰岩、白云岩,应用盐酸处理效果较好。

土酸处理是用于碳酸盐含量较低,泥质成分较高的油层。土酸是盐酸与氢氟酸的混合液,其酸处理的特点是混合酸液中的盐酸可以溶解掉油层中的碳酸盐类胶结物和一部分铁质、铝质,混合酸液中的氢氟酸可以很好地溶解砂岩油层中的硅酸盐矿物和黏土物质。

氢氟酸对于石英、硅酸盐、碳酸盐都有溶解能力,但反应生成物中的氟化钙和氟化镁将产生沉淀,堵塞地层。因此,对于一般既含泥质又含硅酸盐、碳酸盐的岩层,必须采用盐酸和氢氟酸混合处理方法,使它们只能产生溶解而不产生沉淀的物质。

提高酸化效果的主要途径是设法控制影响酸岩反应速度的因素,以增加溶蚀孔道的延伸深度。

3. 采油方式调整

采油方式调整主要是指油井由自喷开采方式转换为人工举升开采方式。开采方式调整应注意以下几个问题:

(1)合理选择调整开采方式的时机。如果油层能量仍较充足,应尽量采用较经济的自喷开采方式;当油井含水率上升,依靠自喷开采已不能满足增加产液量的要求时,就应该及时改变开采方式,转为人工举升采油。需要调整开采方式的情况有:①自喷开采后期,此时会出现注水压力过高,甚至超过破裂压力,使套管损坏增多;②油层压力过高时,此时会造成油水过渡带原油外溢;③油井含水率过高时;④对低渗透层开采干扰加剧时;⑤地面集输管网回压过高、输油困难时。

(2)开采方式调整后,要搞好压力系统的调整。油井由自喷开采转为机械开采,井底流压大幅度下降,如果流压大大低于饱和压力,井底会出现油、气、水三相流,影响开采效果。因此,要根据各个油藏的不同情况,搞好机械开采条件下合理压力界限的研究,包括油井的地层压力、流动压力以及注水井的注水压力(流动压力)的确定。

(3)自喷开采方式转换为人工举升开采方式时,要搞好单井产量预测,根据产量预测情况选择合理的机、泵、杆等类型,本着经济、有效的原则,充分发挥机采设备的作用。

大批油井同时进行不同的机械开采方式的转换,油藏压力系统将发生变化,也应注意调整。

三、注采液量综合调整

注采液量综合调整包括油水液流方向调整、注采量调整、注采压力调整。

1. 油水液流方向调整

根据开采过程中油井含水变化、注采平衡和水线推进状况,通过对采油井、注水井工作制度调整,达到改善开发效果的目的。

2. 注采量调整

注采量调整主要是根据油藏开采形势变化和原油生产计划,进行产量结构的调整。年产油量由老井的未措施产量、老井措施增油量和新井当年产油量三部分构成,如老井自然递减率加快,要及时增加措施增油量或新井产油量;同时,根据保持油藏分层注采平衡的需要和地下变化,调整不同类型油层的注水强度。

1)注水井综合调整的一般原则

(1)油田低含水期,总注水量以保持地层压力稳定、注采平衡为原则。

(2)油田中、高含水期,总注水量要逐渐提高,保证油层压力逐渐提高,少产生单层突进、水淹为原则。

(3)油田含水率为 60%～90%,总注水量要逐渐提高,以保证产液量逐年提高、含水率上升慢为原则。

(4)油田含水率大于 90%,以稳定日注水量和总注水量,满足挖潜需要为原则。

2)产液量调整的一般原则

(1)油田含水率达到 90%以前,总产液量要逐年提高。

(2)油田含水率达到 90%以后,以稳定总产液量为原则。含水级别相对低一些的井网层系、油层提液;中低含水井区油层提液;特高含水井区油层调剖、堵水、关井降液。

(3)以保持注采平衡为原则。

在实际应用中,由于各注采井组的状况不同,既包括注采动态状况,如累积采油量、采液强度、含水率等,又包括静态状况,如油层厚度、渗透率的非均质性、注采边角井差异性等,因此引入参量分化系数对各井组的差异性进行表征,分化系数基于洛伦兹曲线进行计算,如图4-3-1所示。除对反映注采井组的采出状况的单一指标,如采液强度、含水率等进行分化程度评价外,还可以对注采的单参量进行组合,用组合参量的分化程度评价各注采井组的差异性。

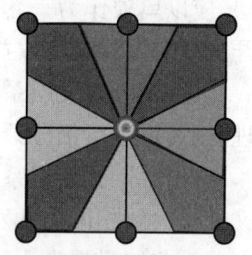

图4-3-1 参量差异化井组示意图

若注采井组的参量洛伦兹系数大于0.4时,一般认为该井组需要进行注采调整。对于目标井组,参数调整设计时可以首先根据注水井注入能力确定油藏整体的注水量,然后按照油藏整体注采比要求确定整体产液量,再根据目标井组内各单井剩余储量(或其他参量,如厚度或井控储量等)的差异对各单井产液量进行初配,最后将各生产井的历史最大产液量作为配产调整的参考,对初步配产设计方案进行调整校正。显然,用这种调整配产方法,各井组注采比可能不同,但油藏整体的注采关系满足总体方案设计要求。

3. 注采压力调整

注采压力调整包括注水量调整、采油井压力调整和注采压差的调整。要根据油层条件和吸水能力,分层调整注水压力和注采压差,协调注采关系。

四、注采系统调整

开发层系与井网调整属于阶段性调整。阶段性油藏开发调整的时机因素包括:油藏必须经过一定时期的开发实践,地下情况比较清楚,现有开发系统的问题暴露的比较充分;具备一定工艺技术条件,如调整井固井质量、测井解释精度、水淹层解释、低渗透层段的增产增注技术等能够达到调整要求;做好油藏开发分析及效果预测,并超前进行开发调整先导性试验。

阶段性油藏开发调整的原则为:立足于油藏地下情况清楚,调整目标及重点明确,尽可能发挥已有开发系统的作用;尽量提高油层的水驱控制储量和动用程度,扩大注入水的波及体积,增加可采储量;调整措施符合油藏实际,针对性强,尽量采用先进、有效、实用的新技术,确保调整效果好,经济效益高。

1. 开发层系调整

一个油藏层系划分得是否合理,主要看其储量动用状况,要通过多种方法搞清未动用储量的分布,研究造成储量动用差的原因,若同一开发层系内,各层的分布状况、岩石物性、原油性质等差异太大、油层层数过多和厚度过大、开采井段过长等,都会影响储量动用状况,降低开发效果。

作为一个独立的开发层系,在具有一定可采储量、油井有较高生产能力的前提下,层数不宜过多,射孔井段不宜过长,厚度要适宜;与相邻开发层系间应具有稳定的隔层,以便在注水开发条件下不发生窜流和干扰;同一开发层系内,油层的构造形态、压力系统、油水分布、原油性质等应比较接近,油层的裂缝性质、分布特点、孔隙结构、油层润湿性应尽可能一致,以保证注水方式的基本一致,若原划分的开发层系与这些要求相差较多,则需要进行层系调整。

层系调整的主要做法如下:

(1)层系调整和井网调整同时进行。对于原层系井网中开发状况不好、储量又多的差油层,应以单独作为一套开发层系,用加密井网开发;虽然打井较多,投资较大,但可使调整对象开发效果好和经济效益高。

(2)细分开发层系调整。如果一个开发区的井网基本上是合理的,主要是层系划分不合理,则可以进行细分开发层系的调整,井网调整放在从属地位。

(3)井网开发层系互换。这种方式的应用条件是一个开发区内两套层系的井网基本一样,又处于大致相同的开发阶段。互换层系可减少钻井和建设投资,但封堵和补孔工作量大,也会造成一些储量损失。

(4)层系局部调整。根据井网钻遇油层发育情况和油水分布状况的分析,跨层系封堵部分井的高含水层,补射油层或重新认识有开采价值的油层,进行局部的层系调整,也可以得到较好的开发效果。

2. 井网调整

井网调整主要是调整层系的注水方式,和选择合理的井网层系、井网关系密切,经常相互结合进行调整,井网调整主要靠新钻调整井来实现,部分地区也可采取老井补孔、卡封等工艺手段完成。

选择的井网要有较高的水驱控制程度;能满足注采压差(有效)、生产压差和采油速度的要求;要有一定的单井控制可采储量,有较好的经济效益;要处理好新老井的关系,因为调整井的井位受原井网制约,新老井的分布应尽可能均匀,注采协调;以经济效益为中心,研究不同油藏井网密度和最终采收率的关系。

陆相沉积非均质多油层水驱油藏井网密度对采收率影响很大,尤其在开发中后期影响更为明显,由于剩余可采储量减少,老油藏继续稳产越来越困难,随着井网加密,产量短期可以增加,但储量动用程度不能无限提高。当产出不能随投入增加时,经济上是不合理的。因此,井网密度是一个十分复杂的问题,既是技术问题,也是经济问题。

1)井网密度与采收率的关系

大量研究和生产实践资料表明,油藏水驱最终采收率与井网密度关系比较密切,油藏水驱最终采收率数值上等于驱油效率和注入水体积波及系数的乘积。对一个具体油藏而言,水驱油效率是一定的,决定因素是注入水体积波及系数。

注水水体积波及系数受两方面因素的制约:一是油藏地质特征,包括油层连通程度、渗透率非均质性及层内韵律等,可以用井网指数表示,井网指数对某个油藏来说,也是一定的;二是井网密度,它是通过人们的能动作用可以变动的因素,因此是影响水驱油藏采收率最主要的因素。

H. 谢尔卡乔夫建立了油藏最终采收率和几个影响参数之间的关系式:

$$E_R = E_D \exp\left(-\frac{a}{S}\right) \qquad (4-3-3)$$

式中 E_R——油藏最终采收率,小数;

E_D——驱油效率,小数;

a——井网指数;

S——井网密度。

式(4-3-3)中,$\exp(-a/S)$相当于注入水在油层中的波及系数,当井网密度趋近于无穷大时,$\exp(-a/S)$趋近于1。根据中国石油勘探开发研究院对我国144个油藏实际资料的分析，按流度 K/μ_o 把我国不同类型的油藏划分为 5 个区间，回归得到驱油效率 E_D 与 K/μ_o 的关系式，进一步归纳出不同类型的油藏井网密度与采收率的关系式：

$$\lg E_D = 0.06973 \lg \frac{K}{\mu_o} - 0.41078 \tag{4-3-4}$$

式中　K——岩石渗透率，$10^{-3}\mu m^2$；

　　　μ_o——地下原油黏度，$mPa \cdot s$。

对于 $30 \times 10^{-3} \mu m^2/(mPa \cdot s) < \frac{K}{\mu_o} < 100 \times 10^{-3} \mu m^2/(mPa \cdot s)$，井网密度与采收率回归公式为：

$$E_R = 0.5227 \exp\left(\frac{-2.635}{S}\right) \tag{4-3-5}$$

对于 $5 \times 10^{-3} \mu m^2/(mPa \cdot s) < \frac{K}{\mu_o} \leqslant 30 \times 10^{-3} \mu m^2/(mPa \cdot s)$，井网密度与采收率的关系式为：

$$E_R = 0.4832 \exp\left(\frac{-2.423}{S}\right) \tag{4-3-6}$$

我国低渗透油田井网密度与采收率的关系一般采用的经验公式为：

$$E_R = 0.42 \exp\left(\frac{-2.055}{S}\right) \tag{4-3-7}$$

2）目前井网密度

井网密度是指某一时期油藏开发面积内的总井数与该开发面积之比，国内常用单位为口$/km^2$。国际上把井网密度定义为单井控制的含油面积。从定义上讲，井网密度是一个很简单的问题，但实践证明，对同油藏，在同一时期，不同的统计者，得出的结果往往不同，原因在于人们选择参数的标准不相同。为了避免或尽量减少主观因素造成的误差，对有关参数要求如下：

（1）要求开发单元或区块的开发面积包括纯油区（内油水边界以内）及油水过渡带（内、外油水边界之间）。

（2）总井数包括注水井、生产井（低产井、间歇井）、对产量有直接且明显影响的试验井、检查井和资料井及倒换层系的井，对影响明显的边外井可酌情处理。

3）合理井网密度

以油田地质、油藏工程为基础，技术经济条件为依据来综合评价井网密度的效果，以最少的投入获得最好的开发效益，是油藏开发追求的目标。因此，合理井网密度应考虑油藏地质开发条件和经济技术指标等内容。合理井网密度是指在规定的开发条件下，达到储量损失最小，开发速度合理，稳产期较长，经济上允许的最高采收率时的井网密度。显然，影响合理井网密度的主要因素是油藏地质开发条件和经济指标。

中国石油勘探开发研究院将井网密度与采收率及经济投入产出的关系有机地结合起来，推导出计算最佳经济井网密度和经济极限井网密度的方法。最佳经济井网密度是指总产出减去总投入达到最大时，即经济效益最大时的井网密度；经济极限井网密度是指总产出等于总投入，即经济效益为零时的井网密度，其简要计算公式如下。

油田开发期限内原油销售收入 y_1 为：

$$y_1 = \frac{NG}{t} \frac{(1+i)^t - 1}{i} E_D \exp\left(-\frac{a}{S}\right) \tag{4-3-8}$$

油田开发期限内投资及维护管理费用 y_2 为：

$$y_2 = ASM(1+i)^{t-1} + ASP\frac{(1+i)^t-1}{i} \quad (4-3-9)$$

油田开发期限内原油销售收入对井网密度导数值 y_3 为：

$$y_3 = \frac{aNG}{S^2 t}\frac{(1+i)^t-1}{i}E_D\exp\left(-\frac{a}{S}\right) \quad (4-3-10)$$

油田开发期限内投资及维护管理费用对井网密度导数值 y_4 为：

$$y_4 = \left[M(1+i)^{t-1} + P\frac{(1+i)^t-1}{i}\right]A \quad (4-3-11)$$

式中　G——原油价格，元/t；
　　　i——年贷款利率，小数；
　　　N——地质储量，t；
　　　t——开发评价年限，a；
　　　A——含油面积，km^2；
　　　M——单井投资，元；
　　　P——单井年维修及管理费用，元。

用交会法时，$y_1 = y_2$ 可求出极限井网密度；$y_3 = y_4$ 可求出合理井网密度。

4）井网加密调整方式

图4-3-2为直井井网的一次加密方式。可以看出，井网加密后基础井网形式不变，即方形井网加密后仍为方形井网，三角形井网加密后仍为三角形井网。表4-3-1为直井井网多次加密后井距的变化情况。

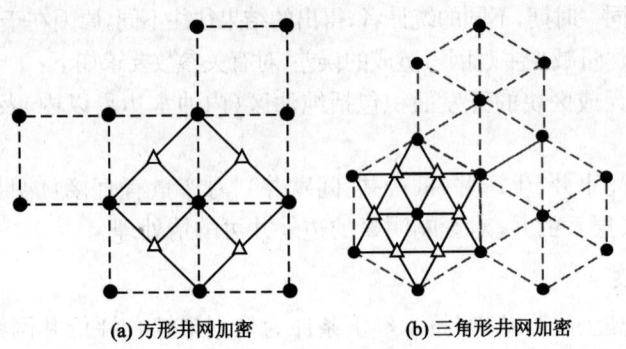

(a) 方形井网加密　　(b) 三角形井网加密

图4-3-2　直井井网一次加密形式
△—注水井；●—生产井

表4-3-1　直井井网多次加密后井距

井网	井距			
	初始	一次加密	二次加密	三次加密
方形井网	d	$\sqrt{2}d/2$	$d/2$	$\sqrt{2}d/4$
三角形井网	d	$d/\sqrt{3}$	$d/3$	$d/3\sqrt{3}$

目前水平井技术已广泛应用于油气田开发中，对于特殊经济边际油藏包括高开发程度剩余资源、低品位储层和复杂地表环境下海洋油气田的高效开发的需求越来越大。

水平井初期主要应用于较高开发程度油藏的剩余储量挖潜,由于这些油藏早期已经采用直井开发,水平井数量较少,特别是复杂结构井型的出现,无论与直井组合还是水平井间很难形成规则的井网形式。随着低渗透、超薄层油藏、稠油和超稠油油藏及复杂地表环境下的海洋油气田的投入开发,这些油藏开采初期即采用水平井,并形成较完整的直井+水平井或水平井井网形式,如图4-3-3所示。

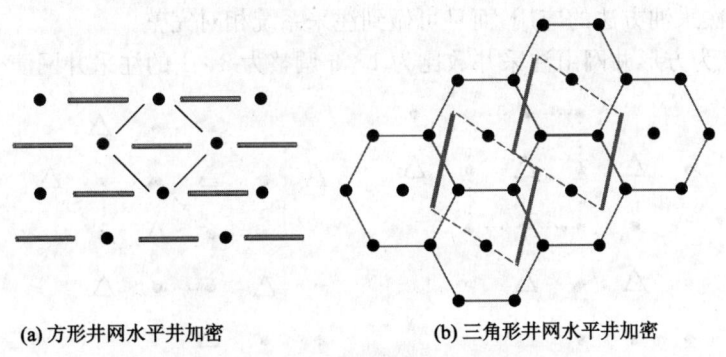

(a) 方形井网水平井加密　　(b) 三角形井网水平井加密

图4-3-3　水平井加密直井井网形式
●—直井；——水平井

3. 注采系统调整

注采系统调整主要指对原井网注水方式的调整,一般不钻井或钻少量井,属于阶段性调整。

1)注采系统调整类型

注采系统调整主要有以下几种类型：

(1)开发实践表明,原来采用边外注水或边缘注水,油藏内部的采油井受效差,应在油藏内部增加注水井。

(2)原来采用的行列注水(不包括线状注水),注水对中间井排不受效或受效很差,应在中间井排增加点状注水或调整为不规则的面积注水方式。

(3)由于断层影响,造成断层附近注采不完善,注水效果差或存在死油区,在断层附近进行局部注采系统调整,如增加点状注水井点。

(4)裂缝发育且主裂缝方向清楚的油藏,注水开发以后,沿裂缝迅速水窜,甚至造成油井暴性水淹,可将沿裂缝水窜油井转注,形成沿裂缝注水,能收到较好的水驱油效果。

(5)原来采用反九点法井网注水,随着油井含水率上升,产液量增长,注水井数少,满足不了注采平衡的需要,可调整为不完整的反五点法井网或完整的反五点法井网注水。

油藏驱动方式的调整也是阶段性油藏开发的内容,如原定靠边水等天然能量开发的油藏转为注水开发等。

2)注采井数比调整

不同注采系统的注采井数比不同,注采井数比为1∶1时,为反五点法注采系统；注采井数比为1∶2时,为反七点法注采系统；注采井数比为1∶3时,为反九点法注采系统。油层渗透率和油水黏度比不同,都将会使注采井数比不同；对一个具体油藏来讲,不同开采阶段的注采系统也应是不同的。

中国油藏开发初期,大多采用注采井数比为1∶3的反九点法面积注水方式,这是因为开发早期不含或低含水时,产油、产液量不大,注采井数比1:3即可满足生产要求;油藏开发进入中、后期,含水率上升,产液量大幅度增加,必须相应增加注水井点,注采井数比可从1:3达到1:1;到油田开采后期,进一步调整为正九点法注采井网,注采井数比为3:1;开发初期采用反九点法面积井网,可为以后注采系统调整提供多种选择的余地,如可从反九点法转换为反五点法或线状注水,或转为正九点法注水,这样既适应了油藏开发全过程需不断加密井网的要求,也适用于二次采油方法的应用,而且可做到注采系统相对完整。

图4-3-4为方形井网由注采井数比为1:3调整为3:1的注采井网演变形式。

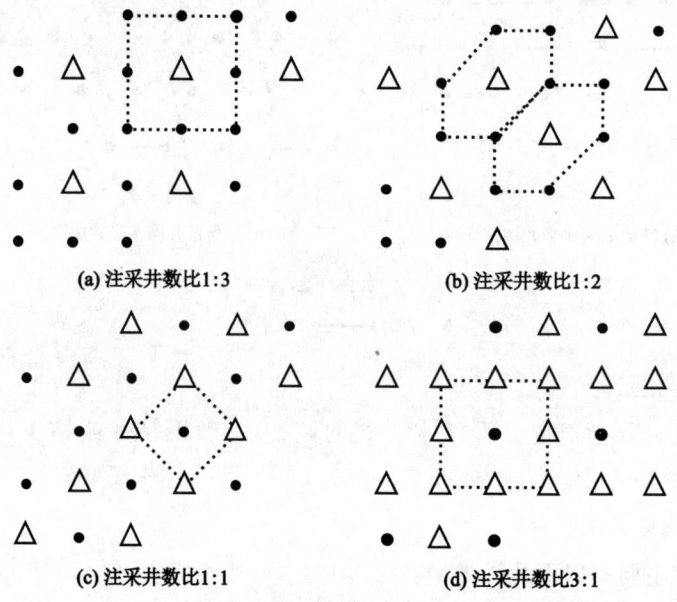

图4-3-4 方形井网注采井数比可能的演变形式
△—注水井；●—采油井

3) 典型注采系统调整

随着开发过程中产液量的变化,注采系统要逐步调整,以利于取得好的开发效果。

注采系统在开采过程中不是一成不变的,应该随着油田含水率的上升,注水井吸水指数和采油井产液指数的变化而变化。有的注采系统在含水率比较低的阶段是合理的,但到高含水期可能就不适应了,应该进行适当的调整。如大庆油区有些油藏在1980年末含水率已超过80%,反映出注水能力不能满足油井提高产液量的要求;为此,从1990年起,对大庆全油区的注采系统进行了调整,到1992年底,全油区的注采井数比由1988年的1:3.1调整到1:2.2,通过调整见到了较好的效果。

注采系统调整一般是通过转注部分采油井来实现的,这样将会产生受效井提高产液量和转注油井损失产液量两个因素的双重作用。表面上看,调整注采系统会使产液量下降,但合理地调整注采系统不仅可以调整压力系统,提高产液量,而且还能增加水驱控制程度,扩大水淹面积,提高可采储量。如大庆喇嘛甸油藏注采系统调整试验区,注采井数比由1:2.85加强到1:1.30,不仅产液量增长了36.3%,产油量增长了8.7%,而且由于部分注水受效不好的油层改善了注水受效条件,扩大了注入水波及体积,增加了水驱动用储量,可采储量也有所增加,根据水驱特征曲线预测,试验区可采储量可增加5.56%。

从注水井吸水指数和采油井产液指数在开采过程中的变化规律来看,注采系统的调整一般都是由注采井数比较低的注采系统向注采井数比较高的方向调整,即由弱的注水系统向强的注水系统调整,所以在选择注采系统和布井形式时,必须充分考虑这个特点,使注采系统具有一定的灵活性,留有调整的余地。

一般情况下,开发过程中注采系统向着强化方式进行调整。图4-3-5为注采井数比为1∶3的反九点法注采系统调整为注采井数比为1∶1的强化线性注采系统。如大庆油田早期采用切割注采方式,后调整为强化线性注水方式,如图4-3-6所示。

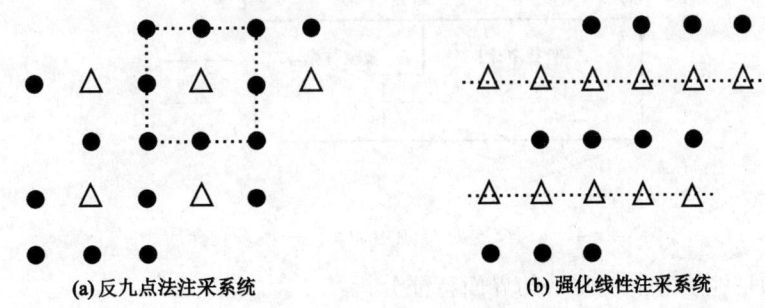

图4-3-5 不同注采系统形式
△—注水井;●—采油井

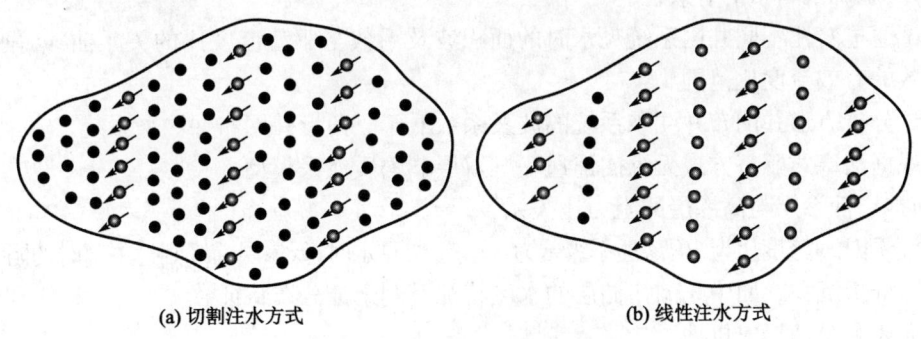

图4-3-6 大庆油田调整注水方式
⊗—注水井;●—采油井

胜利油田孤岛南区开发井网调整演变方式如图4-3-7所示。基础井网为三角形井网;注水开发阶段选择反七点法注采井网方式;后期又进行井网加密并调整为线性注采方式。

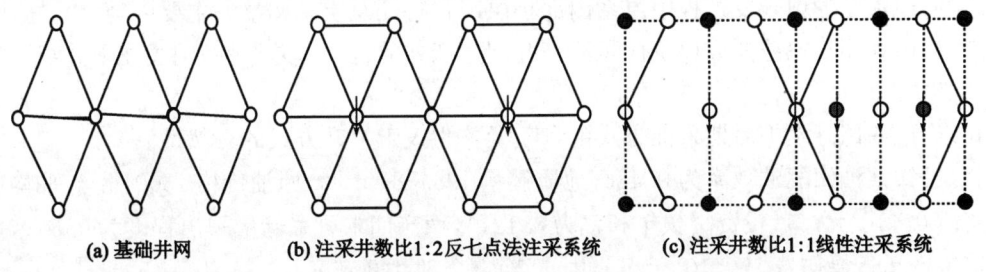

图4-3-7 胜利油田孤岛南区开发井网调整演变方式
○—原始油井;⌀—原始油井转注水井;●—加密油井;⌀—加密注水井

练 习 题

1. 如图 4-4-1 所示，长度为 L 倾角为 α 的一维多孔介质，若已知注入端压力为 p_0，采出端压力为 p_L，驱截面 x_f 处发生突变 ε，试推导界面上突变的时变性。

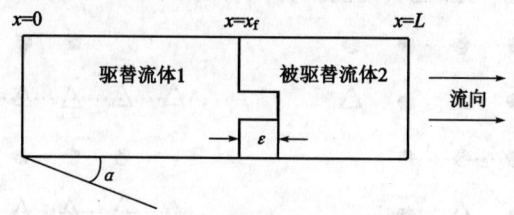

图 4-4-1 长度为 L 倾角为 α 的一维多孔介质

2. 试根据水平地层非混相驱替的界面特征分析：
(1) 实施聚合物驱或热力驱提高开发效果的有效性。
(2) 矿场主要是混相气驱的原因。
(3) 实施调剖堵水的有效性。
3. 试通过对比不同井网系统见水时的面积波及系数与驱替流度比的关系曲线，阐述改善波及系数的有效流度比范围。
4. 试分析方形井网布井注采系统的波及系数低于三角形井网布井注采系统。
5. 根据活塞式驱替方式无纵向连通一维双层非均质注采模型：
(1) 推导低渗层与高渗层的阻力比关系。
(2) 分别比对流度比为 10，渗透率级差为 5，高渗层见水时，低渗层前缘到达中部时的阻力比。
6. 试分析沉积旋回中正韵律储层的水淹特征及剩余油分布特征。
7. 简述剩余油形成机理。
8. 简述剩余油类型。
9. 实验注入温度同为 200℃ 的饱和水与干度为 50% 的饱和蒸汽，试对比注入质量相同饱和水与水蒸气体积差异，分析两种驱替介质的驱油效率差异性。
10. 简述油田开发调整的类型及其主要特征。
11. 简述水驱油田开发过程中层系内部小层产状特征及层系调整的主要内容。
12. 如何利用洛伦兹曲线评价面积注采井网生产井的含水率差异性，阐述注采井组差异化调整的必要性。
13. 论述油田开发中后期采油方式由自喷调整为人工举升方式的必然性。
14. 已知某油田驱油效率为 0.486，地质储量 493.58×10^4 t，原油价格 1300 元/t，平均单井总投资 450×10^4 元/口，投资贷款年利率为 0.12%，稳产期末可采储量采出程度为 0.5%，平均单井年生产运行操作费 35×10^4 元/a·井，试确定合理井网密度。
15. 若规定注水井在中心的注采单元为"反"，试绘出反九点法面积注采井网示意图，写出这种井网的注采井数比，并通过绘图说明如何将油井转注把反九点法井网演变为反五点法井网、反斜七点法井网和直线注采井网。

16. 图 4-4-2 为中高渗水驱开发油井的采液指数变化特征，试分析油田开发中后期进行提液稳产调整的可行性及相应调整注采系统增加注采井数比的必然性。

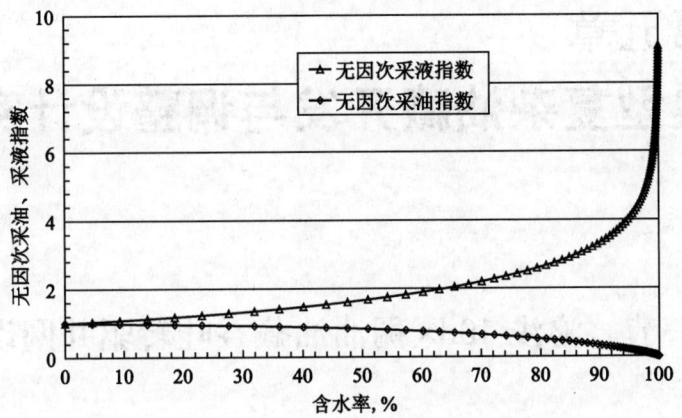

图 4-4-2　中高渗水驱开发油井采液指数变化特征

17. 如图 4-4-3 所示，试分析低渗透油层采油、采液指数的变化特征，并论述水驱低渗透油田开发中后期进行提液稳产调整的可行性以及低渗透油田稳产的主要途径。

18. 试结合图 4-4-4 的水驱特征曲线，说明油田开发中两次开发调整后的效果变化。

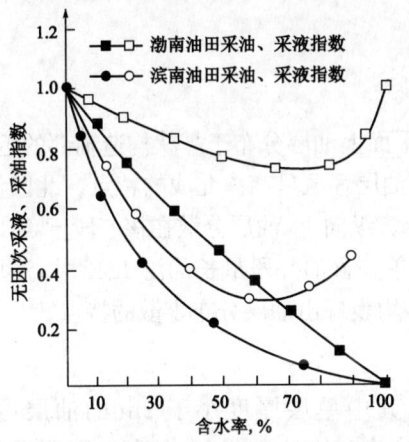

图 4-4-3　低渗透油层采油、采液指数变化特征

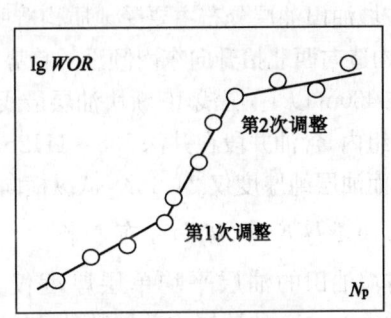

图 4-4-4　水驱特征曲线

第五章
典型复杂油藏开发与调整设计实例

第一节 泌浅10区稠油油藏吞吐转驱井网设计

一、油藏地质与开发概况

古城油田地处河南省唐河县境内,位于泌阳凹陷北部斜坡西段,含油构造为古城鼻状构造,轴向北西,由西北向东南逐渐倾没,东翼平缓,西翼较陡。由于断层的切割,古城鼻状构造被分割成为大小不等的断块,其中,含油断块泌浅10为断鼻型油气藏,含油气层为古近系核桃园组核三段。

1. 油藏基本特征

1)油层埋藏浅,含油井段长

古城油田油层分布主要受地质构造所控制,平面上油层分布于鼻状构造轴部的近10个断块内,与构造由西北抬升向东南倾没的趋势相对应,油层埋藏呈南深北浅的特点。北区油层埋深则主要在430m以上,泌浅10断块油层最浅为168m。纵向上,油层分散在核三段Ⅰ砂组以外的其余7个砂组内,含油井段在井深168~1112m之间。单井含油井段最长的泌1242井,油层井段长达422m,而油层纯厚度仅24.4m。从纵横向上来看,均表现出油层分布零散的特点。

2)油层厚度薄,纵向分布零散

古城油田的油层平均单层厚度仅1.9m。其中单层厚度小于2m的油层占总层数的64.25%,2~4m的油层占总层数的29.16%,二者合计高达93.4%,控制油层厚度占总厚度的75.7%。而单层厚度在10m以上的油层仅占0.31%,控制厚度仅为1.92m。

3)储层胶结疏松,物性好,含油饱和度高

古城油田储层由于埋藏浅,压实程度和成岩作用弱,因此胶结程度差,大部分含油岩心呈疏散的砂糖状,尤其以埋深在450m以上的油层则更为疏松,为原油或沥青质胶结。而非油层及埋深在450m以下的油层则胶结程度相对变好。

根据岩心分析和测井解释结果,古城油田北区(泌浅10断块及以北地区)油层孔隙度一般为25%~40%,平均为34%。测井解释孔隙度变化区间与岩心分析基本一致,南区平均为25%,北区平均为30%。测井解释渗透率南区平均为$0.91\mu m^2$,北区平均为$2.11\mu m^2$。

油层物性明显受埋藏深度(或压实程度)及物源远近与沉积类型的控制。油层埋藏南深北浅,物源方向自西北向东南,因此北区油层物性好于南区。

据古资1井油基钻井液取心分析结果,古城油田油层原始含油饱和度主要在60%~80%

之间,古城分层平均值为62%～76%,样品最高含油饱和度可达86%。

4)油藏压力与温度值低

实测资料表明,古城油田不存在明显的异常压力,地层压力系数介于0.9～1.07,接近静水柱压力。古城油田北区主要油层段(168～430m)的原始地层压力仅为1.22～3.79MPa,南区最深部(1112m)则可达10.47MPa。

根据测温资料统计结果,不同区域地温梯度有所差别,换算到古城北区主要油层段地层温度仅为25～36℃,古城南区最深部油层温度可达65℃。

5)原油黏度高,对温度敏感性强

古城油田原油具有南稀北稠的特点。南区地面原油密度为0.9007～0.9630g/cm^3,50℃脱气原油黏度为76～7097mPa·s,油层温度下的脱气原油黏度为12000mPa·s,除个别层为特稠油外,大部分为普通稠油。原油胶质+沥青含量为12.01%～44.41%,硫含量为0.14%～0.76%,大部分低于0.3%,原油酸值为0.542～0.785mgKOH/g。

古城北区地面原油密度为0.9467～0.9872g/cm^3,大部分高于0.96g/cm^3,50℃脱气原油黏度为1377～12432mPa·s,油层温度下脱气原油黏度一般为30000～70000mPa·s,最高可达137000mPa·s(泌浅33井)。原油主要属特稠油和超稠油类别。原油含蜡量及硫含量分别为2.68%～8.57%和0.21%～0.34%。胶质+沥青含量为37.23%～46.25%,原油酸值为3.479mgKOH/g。

从原油黏温曲线可以看出,古城油田原油黏度对温度都具有较强的敏感性。当温度由50℃上升到90℃时,黏度可降低82%～95%,在200℃条件下,黏度可降至2～10mPa·s。

2. 油藏开发历程

泌浅10区块含油面积1.4km^2,地质储量567×10^{4}t,已动用地质储量382×10^{4}t,可采储量65.2×10^{4}t,标定采收率30%。全区含油层位Ⅲ—Ⅶ砂组,油藏埋深156.0～503.8m,单井油层有效厚度1.0～45.2m,单层有效厚度小于10m。储集层组成矿物以石英为主,岩屑以变质岩为主,胶结类型为孔隙型胶结。

泌浅10区块1987年投入开发,共开发了三套主力层系:Ⅳ7层、Ⅳ9层和Ⅵ3层,其余均为兼采层(Ⅲ油组、Ⅳ1.2层、Ⅳ11层、Ⅴ油组和Ⅶ1.2层)。截至2007年10月25日,共投油水井266口,其中油井234口,正常生产井148口,累积产油74.06×10^{4}t。其中三套主力油层,Ⅳ7层属于超稠油,目前立足于蒸汽吞吐;Ⅳ9层属于特—超稠油,在蒸汽吞吐基础上实施间歇式蒸汽驱开采;Ⅵ3层属于普通稠油,在吞吐基础上实施局部热水驱开采。

目的层Ⅳ9层于1989年8月逐步投入整体吞吐开发;1996年由100m×141m反五点法井网加密为70m×100m反九点法井网,2000年12月开展4个井组蒸汽驱试验;2010年开始热化学辅助蒸汽吞吐。

1995年以来,通过先后对该区块主力油层井网进行加密调整,加大了储层动用力度,同时也对该区块的构造、储层认识有了进一步的加强,提供了更多的基础资料,为后期分析研究提供了有力依据。

二、剩余油分布特征

1. 平面剩余油分布

剩余油储量的分布对后期井网调整具有重要意义。由于井网的不完善以及生产制度的差异，导致储层存在较多的剩余油。Ⅳ9层整体采出程度较高，剩余油主要以条带状分布在南部边水区域和北部尖灭带区域，储层中部由于部分井组间的汽窜导致局部采出程度高，剩余油区域呈不规则分布。同时，受断层的影响，断层两侧剩余油分布集中。为了更准确地描述不同层位的剩余油储量，本方案研究了单层剩余油分布。通过对比原始含油饱和度丰度和剩余油丰度分布，确定了Ⅳ9层不同层位采出状况差异，如图5-1-1所示。

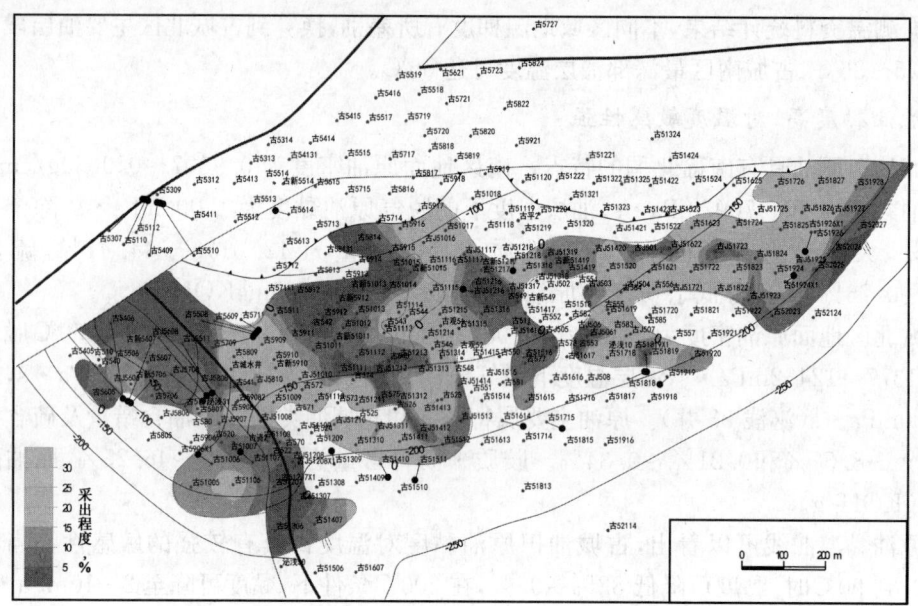

(a) Ⅳ9^{1}层

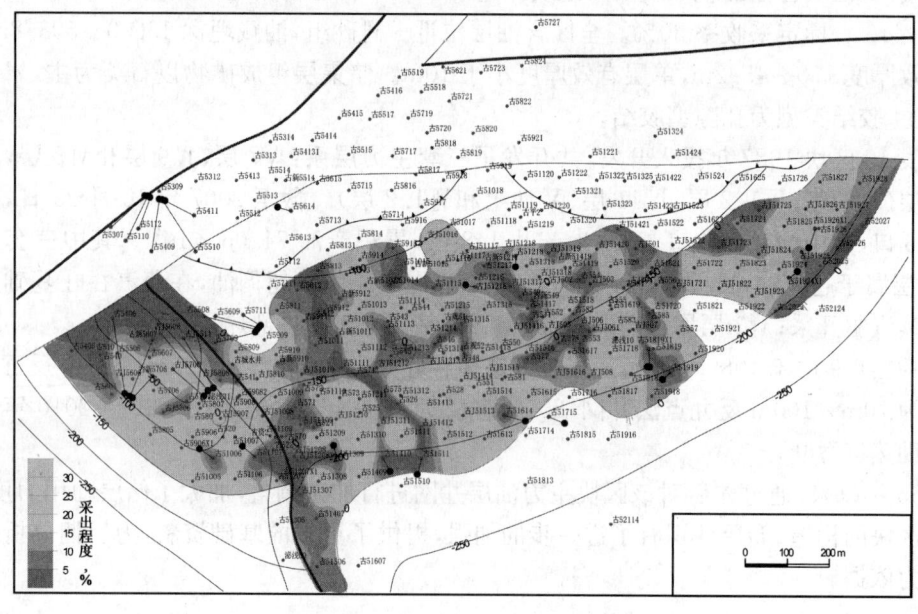

(b) Ⅳ9^{2}层

图5-1-1　Ⅳ9层采出程度分布图一

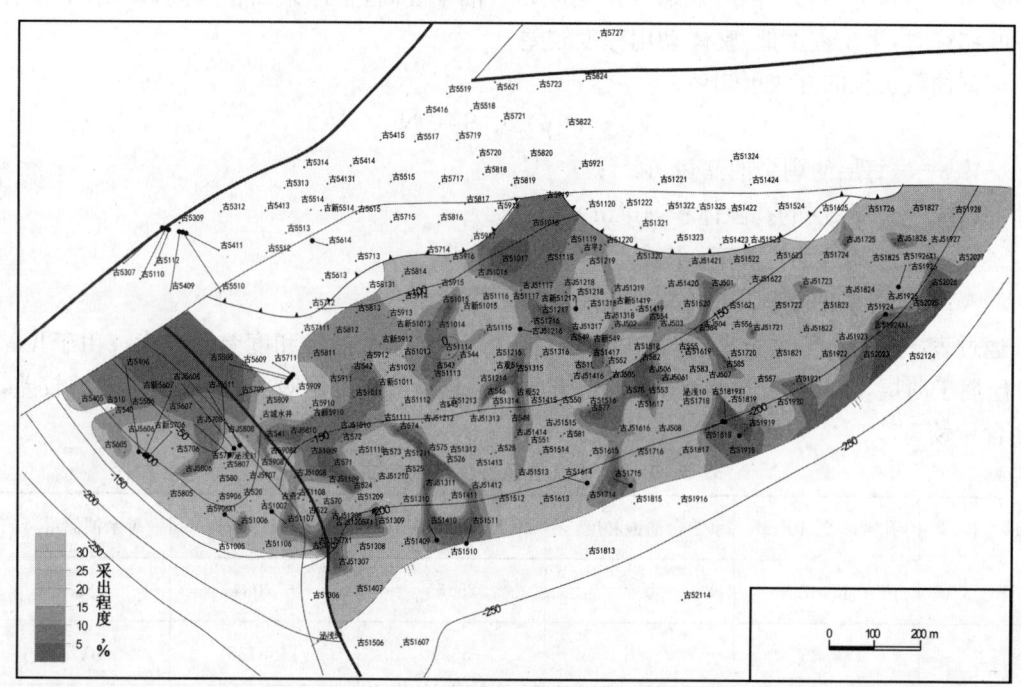

(c) Ⅳ9³层

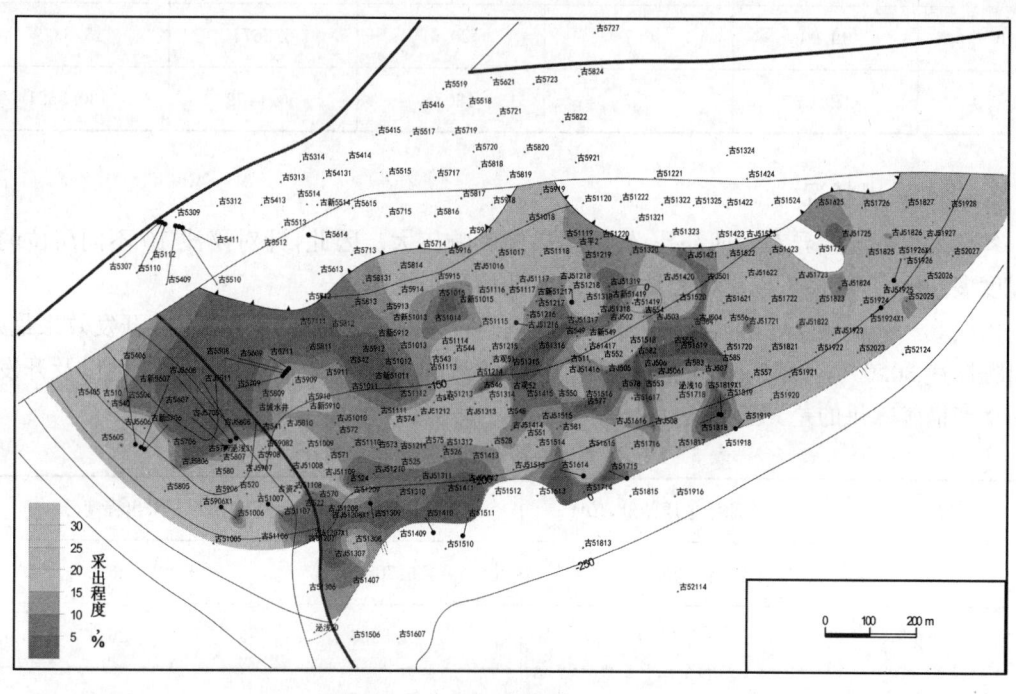

(d) Ⅳ9⁴层

图 5-1-1　Ⅳ9层采出程度分布图二

通过对比图像可以看出，Ⅳ9¹层原始含油高丰度区域主要分布在中部，吞吐结束时，剩余油丰度较高，采出程度较差；Ⅳ9²层原始含油高丰度区域主要分布在中西部，吞吐结束时，剩余油主要呈长条状分布,延伸距离长;Ⅳ9³层原始含油丰度高,整体采出程度高,动用均匀;Ⅳ9⁴层吞吐结束时,采出程度低,整体动用程度较差。

根据油藏工程的方法可知:

$$V_{orj}=(V\phi)_j\rho_{osc}S_{oi}-N_{oi} \tag{5-1-1}$$

式中 V_{orj}——每层的剩余油储量,10^4t;
$(V\phi)_j$——每层的孔隙体积,10^4m³;
S_{oi}——原始含油饱和度,小数;
N_{oi}——各层的累积产油量,10^4t。

通过表 5-1-1 可以看出,多轮次蒸汽吞吐后,各层剩余油饱和度差异较大。由于Ⅳ9¹和Ⅳ9⁴层属于薄层,蒸汽吞吐过程中,蒸汽携带的大量热量被隔夹层吸收,导致储层效益较差,剩余油含量较高。

表 5-1-1 Ⅳ9层系各小层剩余油储量

层 位	孔隙体积,10^4m³	原始含油饱和度,%	原始地质储量,10^4t	累积产油量,10^4t	剩余油储量,10^4t
Ⅳ9¹	46.07	0.7	25.65	6.7084	18.9416
Ⅳ9²	67.35	0.7	55.1	14.5436	40.5564
Ⅳ9³	116.22	0.7	78.85	23.6218	55.2282
Ⅳ9⁴	49.93	0.7	20.9	5.2671	15.6329
Ⅳ9	279.57	0.7	180.5	50.1409	130.3591

2. 纵向采出状况

各层采出程度差异对后期补孔、转层等措施影响较大。因此,针对泌浅 10 不同层位的采出程度展开研究,从而可以更精确地描述剩余油的分布规律。

由表 5-1-2 可以看出,各小层采出程度差异较大,Ⅳ9³层采出程度最高,开发效果最好,采出程度达 30.0%,Ⅳ9⁴层采出程度最低,为 25.2%,主要是由于储层的非均质性以及开发过程中增产措施效果的差异造成的。

表 5-1-2 Ⅳ9层系各小层采出程度对比

层 位	原始地质储量,10^4t	累积产油量,10^4t	采出程度,%
Ⅳ9¹	25.65	6.7084	26.2
Ⅳ9²	55.1	14.5436	26.4
Ⅳ9³	78.85	23.6218	30.0
Ⅳ9⁴	20.9	5.2671	25.2
Ⅳ9	180.5	50.1409	27.8

三、蒸汽吞吐转驱设计

蒸汽驱不同于水驱过程,蒸汽驱的机理决定了驱替过程同时强调注入蒸汽的体积效应和热效应,对于一个筛选标准符合条件的蒸汽驱油藏,决定蒸汽驱是否成功,注采操作条件起着至关重要的作用,因为注采参数决定了驱替过程中的热能分配,而热能的配置即为热效应的配置,成功的蒸汽驱需要达到热能的最优化配置,因此,蒸汽驱注汽参数优化设计通常称为"管能",即最优化能量管理。

1. 蒸汽吞吐转入蒸汽驱时机

对于一个需要转入蒸汽驱开采的具体油藏,技术决策者首先要考虑油藏地质条件,同时要分析蒸汽吞吐开采中的动态因素,充分利用现有的配套技术及近期能够采用的各种措施。物质条件和能量条件是任何油藏成功开发的决定性因素,因此,初始含油饱和度、油层压力和油层温度将是蒸汽吞吐转驱时机的限制条件。

转驱时初始含油饱和度的界限。转驱时的初始含油饱和度是蒸汽驱的物质基础。油藏初始含油饱和度对蒸汽驱采油量的影响非常大,室内物理模拟实验表明,蒸汽驱后的残余油饱和度为15%~20%,由于不同注采井网系统,波及系数为0.371~0.590,一般情况下,蒸汽吞吐采收率为20%左右,对于孔隙度为30%的稠油油藏,转蒸汽驱后正常情况下采收率可以提高30%左右,油藏可动油饱和度为22.5%~30%,可以推算蒸汽驱的初始含油饱和度为37.5%~50%;通常蒸汽驱的筛选标准对含油饱和度要求大于45%。由于原油和岩石物性的差异,蒸汽吞吐转驱的适宜初始含油饱和度范围为40%~50%。

转驱时油藏压力的适宜条件。对于埋藏较深的油藏,由于油层压力较高,不能直接进行蒸汽驱开发,蒸汽吞吐就成为降低油层压力、预热油层的主要手段。油藏转驱压力既要能够充分发挥蒸汽在低压油藏中的优势,又要保证油井具有足够的生产压差,满足产量需求。在蒸汽驱过程中,要求蒸汽具有高温、高热焓值和较大的单位质量下的体积。

分析水蒸气的热物性特征可以看出,压力区间在0~8MPa范围内,温度升高速度较快,当压力为5MPa时,水蒸气的温度为250℃左右。水蒸气的比容随压力升高而急剧减小,当压力大于2MPa时,比容变化幅度较小,因此,水蒸气在低压下具有较大的比容。当干度小于50%时,湿蒸汽的热焓随压力升高而升高;当干度大于50%时,热焓的最高点为5~10MPa,因此,从获得高热焓的角度考虑,压力并非越高越好。综合分析高干度条件下湿蒸汽的热物性特征可知,当压力为3~7MPa时,湿蒸汽兼有高温、高热焓和较高比容的特征。同时,由蒸汽驱汽液界面稳定性分析可以得到,低压油藏条件能够满足汽液界面稳定性的要求。所以,转驱时适宜的油藏压力条件为小于5MPa。

转驱时油藏温度条件。影响稠油热采的另一个重要因素就是油层温度。温度越高,原油黏度就越低,原油流动性就越好。原油黏度越高,其对温度的敏感性也越强。随着蒸汽吞吐轮次的增加,注采井间的加热半径逐步扩大,井间形成有效的热连通。研究表明,转驱时油层温度达到原油黏温曲线上的拐点温度即可(拐点温度是指原油黏温曲线上曲率最大点所对应的温度)。

通常情况下,蒸汽吞吐油层中原油受热降黏和采出主要集中在近井范围,但在蒸汽吞吐注汽过程中可能出现汽窜,汽窜是热连通的极端形式;热连通模拟可以由油藏数值模拟方法计算出不同油藏参数和注汽参数下的温度分布,用拐点温度等值线判断井间热连通,并圈定注蒸汽的热侵范围,综合判断有效热连通状况。

油藏类型的影响。具体到每个油藏，蒸汽吞吐转汽驱的最佳时机需要考虑气顶、边底水等油藏条件。例如，对于边底水活跃的油藏，可以在水侵加剧前及早在油水过渡带开辟连续注汽井排，提高油层压力以减缓水侵速度；若油藏回采水率较低，则应及早采取强排水措施，并尽早转入汽驱开发；对多层状油藏，应及早采用分层注汽技术转汽驱。

不同的转驱时机对油田总体开发经济效果的影响也是明显的。无论对于深、浅油藏，只要油藏压力处于蒸汽驱要求的压力界限之内，一般来讲转驱时机都是越早越好。对于中深层油藏，需要进行吞吐降低油层压力。由于种种原因，造成大多数油藏进入吞吐的中后期而错过了最佳转驱时机。研究表明，转驱时机一定程度上影响了蒸汽驱的效果和经济效益，但对总体的效果和经济效益影响不大，也就是说，即使错过了最佳转驱时机，也能进行蒸汽驱，只是开发效果和经济效益与最佳转驱时机相比变差了。

2. 蒸汽吞吐后可流动范围及转蒸汽驱选区

稠油属黏塑性非牛顿流体，对温度有较强的敏感性。只要把温度提高到一定值，可以实现由黏塑性流体向拟塑性流体的转变，即达到拐点温度。要使一个稠油油藏投入正常开采，必须使油藏及井筒的温度保持在拐点温度以上。不同类型的稠油，其拐点温度不同，对应拐点温度的黏度也不同。

井网设计是提高蒸汽驱采收率的关键因素，首先确定研究区域蒸汽吞吐后期原油的可流动范围，根据实验室测得的拐点温度经验公式：

$$T_c = (21.468 - 2.552 \ln K) \mu_{o50}^{0.139} \tag{5-1-2}$$

式中 T_c——原油可流动的最低温度，即拐点温度，℃；

K——储层渗透率，μm^2；

μ_{o50}——50℃下原油的黏度，$mPa \cdot s$。

根据式（5-1-2），首先需要确定各个小层的温度场、渗透率的分布。在此基础上，即可求得各个小层的拐点温度，从而确定吞吐末期的可流动区域范围，如图5-1-2至图5-1-5所示。

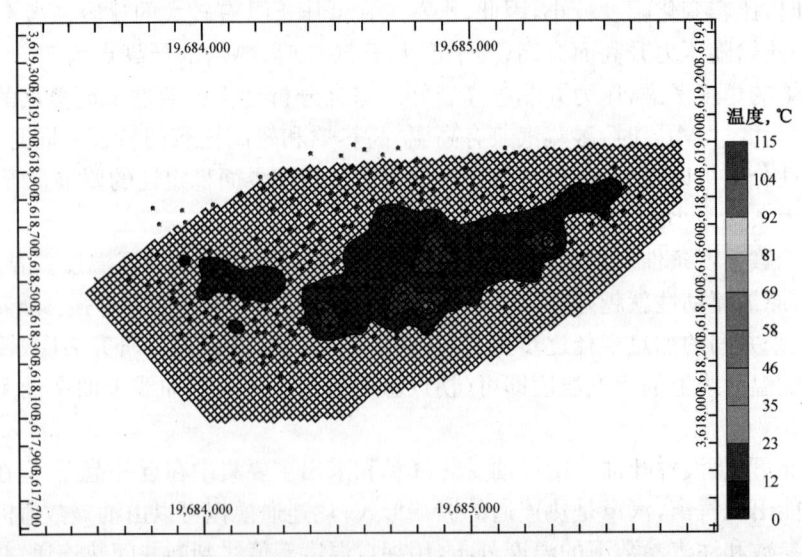

图 5-1-2　Ⅳ9¹可流动区域范围

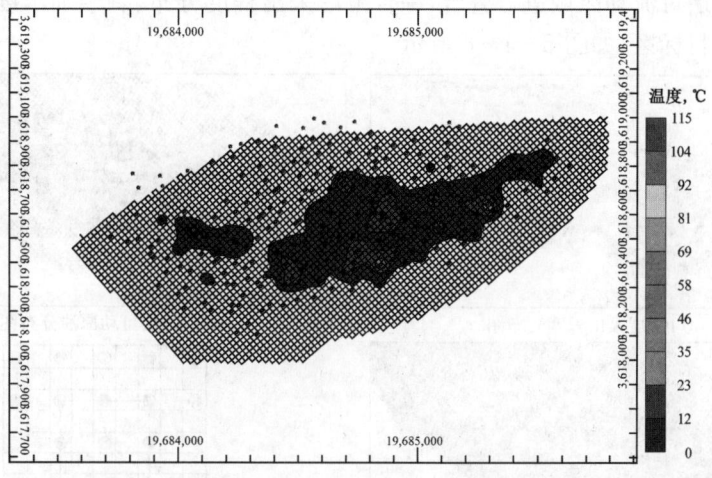

图 5-1-3　Ⅳ9^2可流动区域范围

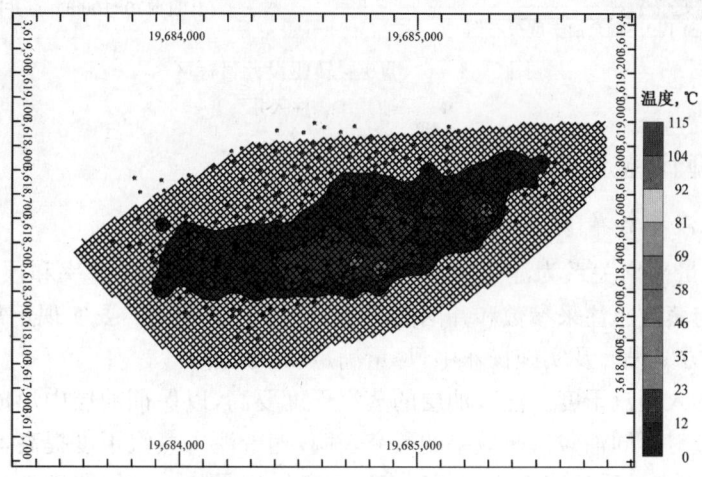

图 5-1-4　Ⅳ9^3可流动区域范围

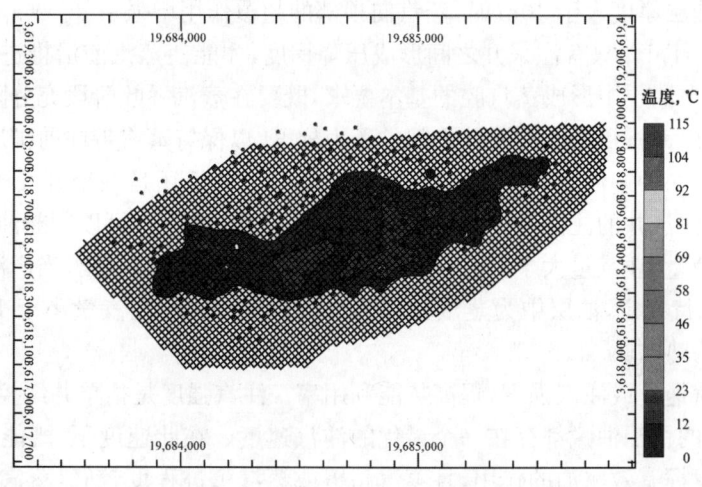

图 5-1-5　Ⅳ9^4可流动区域范围

将上述各小层可流动区域进行叠合,综合考虑采出程度分布、剩余油丰度分布图,选定蒸汽吞吐转蒸汽驱目标区,如图 5-1-6 所示。

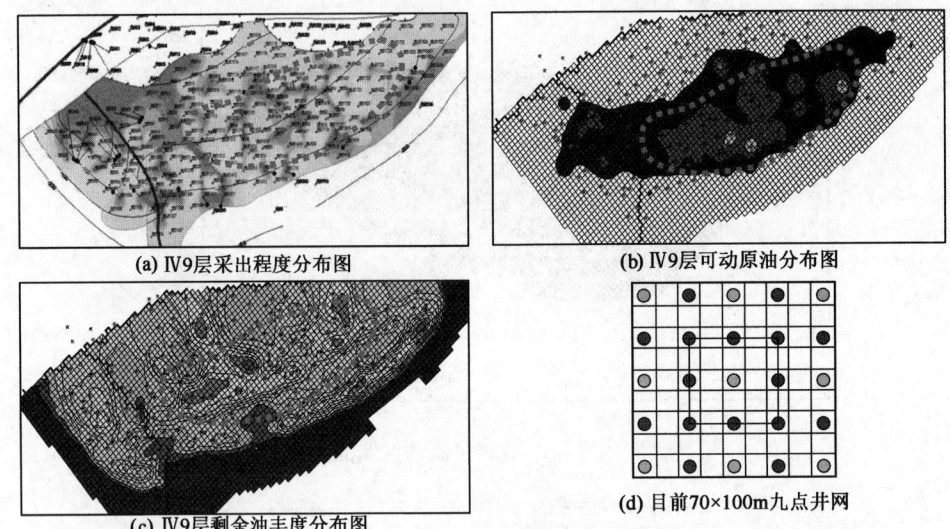

图 5-1-6　Ⅳ9 层转驱设计目标区

●—采油井；○—注入井

3. Ⅳ9 层井网调整设计

1) 蒸汽驱注汽参数界限

蒸汽驱的能量平衡关系为注热速率等于油层增热速率加产热速率和顶底盖层热损失速率,而各种能量与蒸汽驱注采参数和井网内的油层体积之间相关。要实现正常蒸汽驱开发,需要在蒸汽驱开发方案设计及实施操作中,尽量满足以下条件:

(1) 较高的注入蒸汽干度。注入油层的蒸汽干度要高,以保证油层中形成蒸汽带,并不断推进、扩展。通过对不同油藏汽驱效果的研究表明,随着注入蒸汽干度提高,汽驱开发效果逐变好,油汽比、采收率及采油速度均不同程度地提高。但是随着油层厚度变化,蒸汽干度对蒸汽驱效果的影响不同。主要原因是,当油层较薄时,蒸汽在油层中热损失率增大,低干度时会变成热水驱;而油层厚度大于 40m 时,蒸汽向顶部的超覆作用增强。

(2) 采注比大于 1。只有注采井之间形成压降梯度,才能使蒸汽前沿推进至生产井。根据蒸汽驱开采需要在油层中形成蒸汽腔的基本要求,既要在蒸汽吞吐阶段充分降低油藏压力,又要在汽驱过程中以大排量形成注采井之间的压力梯度,以保持蒸汽带向前扩展。为此,对于蒸汽驱,需要建立起一种采注比大于 1 的概念,不论是一个井组还是一个开发单元,生产井的采出液量必须大于注汽井的注汽量。一般来说,根据产液量/注汽量可以判断油层中是否真正实现蒸汽驱:当产液量/注汽量大于 1 时,油层压力下降,油层中为蒸汽驱;当产液量/注汽量等于 1 时,油层压力保持稳定,油层中为蒸汽驱和热水驱;当产液量/注汽量小于 1 时,油层压力上升,油层中基本为热水驱。

(3) 优化注汽速度或注汽强度,提高热能利用率。注汽强度是指单井组控制体积下的注汽速度。每个具体的稠油油藏都存在一个最优的注汽速度。在此速度下,既能达到有效加热油层的目的,又能发挥有效驱油的作用,且蒸汽超覆或蒸汽窜进程度较轻,蒸汽体积较大。这个速度不仅与油藏地质条件有关,而且与所选定的开发系统(井网、井距)有关,因此,选择注汽速度以注汽强度的形式更为合理。

国内外蒸汽驱经验和研究表明,要使蒸汽驱达到油藏条件应达到的汽驱采收率,必须同时满足三个汽驱操作条件:井底蒸汽干度>40%;采注比≥1.2;注汽速率≥1.6t/(d·ha·m)。

美国科恩河油田蒸汽驱实践得出的注汽强度经验值为1.5～1.9t/(d·ha·m),这一注汽强度对应的油汽比最高。不同类型油藏注汽强度的优选值是不同的。对于薄油层油藏,由于向顶、底岩层热损失大,因而要求的最优注汽强度要高;而随着油层厚度变大,要求的最优注汽强度逐步变小。对于中等厚度(20～30m)的油藏,最优注汽强度一般应高于1.5t/(d·ha·m)。

需要强调指出,要使汽驱取得油藏条件应有的汽驱采收率,必须同时满足三个操作条件,事实上只满足个别或部分条件,都不是蒸汽驱的热能最优化配置,也不能取得好的蒸汽驱开发效果。可以推测,当采注比小于1时,油层压力不断上升,注入蒸汽的渗流速度降低,热损失增加,油层中的驱替过程主要为热水驱;只有当采注比大于1时,油藏压力不断下降,注入蒸汽的体积不断膨胀,才能够真正实现蒸汽驱。

2)蒸汽驱注汽参数优化设计

蒸汽驱优化设计方法是以满足蒸汽驱操作条件来考虑的,因为只有在合理的操作条件下才能取得油藏条件应有的采收率,蒸汽驱注汽参数优化设计步骤如下:

(1)首先确定蒸汽驱过程中的基本注入能力和产液能力。可通过蒸汽驱的先导试验、吞吐的试采试注或油藏类比来确定。

(2)根据注入能力和产液能力的比例关系确定井网形式。如果注采能力接近,可采用反五点法;如果注入能力接近产液能力的2倍,可采用反七点法;如果注入能力接近产液能力的3倍,则采用反九点法,见表5-1-3。

表5-1-3 模型参数表

井网形式	α	β
反五点法	100	10^{-4}
反七点法	87.7	2.6×10^{-4}
反九点法	86.6	4×10^{-4}

(3)根据前两步确定的产液能力和井网形式以及采注比的要求(一般取1.2～1.3),确定单井注汽速度。例如,若单井产液能力为50t/d,则反五点法井网的单井注汽速度为42t/d,反七点法井网的为85t/d,反九点法井网的为125t/d。

(4)根据单井注汽速度、油层厚度和注汽速率[一般取1.6～1.8t/(d·ha·m)]的要求,确定井组面积,由井组面积和井网形式即可确定井距:

$$d = \alpha \sqrt{\frac{q_1}{Q_s h_o R_{PI}}} \tag{5-1-3}$$

$$q_s = \beta Q_s h_o d^2 \tag{5-1-4}$$

式中 d——相邻生产井井距,m;

q_1——平均单井最大产液能力,m³/d;

Q_s——井组的单位油藏体积的注入速率,t/(d·ha·m),其值范围为1.6～1.8;

h_o——油层有效厚度,m;

R_{PI}——采注比,其值范围为1.2～1.3;

q_s——单井注汽速度,t/d。

对油层较浅、净总厚度比较大的油藏,采注比 R_{PI} 可取 1.3,井组的单位油藏体积的注入速率 Q_s 可取 1.6～1.7;对油层较深、净总厚度比较小的油藏,采注比 R_{PI} 可取 1.2,井组的单位油藏体积的注入速率 Q_s 可取 1.7～1.8。

(5)最后根据单井注汽速度以及目前锅炉和隔热条件,判断井底蒸汽干度是否大于 40% 以及在破裂压力以下能否达到相应的注汽速度。如果条件能满足,则方案是合理的,否则不合理。如果有几种方案是合理的,则采注井数比大的方案为最优方案,因为该方案的井网密度相对较小,经济效益好;单井注汽速度大,热损失少;采油井点多,有利于较早达到设计的采注比。

蒸汽驱方式的开发效果也用油汽比进行评价,油汽比为瞬时油汽比,即日产油量与日注汽量之比;实际生产过程中存在极限油汽比,极限油汽比与油价、生产方式和生产成本等因素有关,不同国家的极限油汽比可以不同。

不同于常规注水保持压力开采的油田,蒸汽驱油藏为降压开采方式,蒸汽驱汽腔的扩展反映注入蒸汽的波及状况,因此,采用采注比更方便评价油藏降压和汽腔扩展状况。

根据泌浅 10 区储层特征,运用油藏工程的方法,研究反五点法、反七点法、反九点法等基础井网的设计,并在此基础上研究井网变化。Ⅳ9 层系平均有效厚度为 9.4m,孔隙度为 31.7%,渗透率为 2.28μm^2,为特—超稠油。目前主要采用的是 100m×141m 反五点井网加密为 70m×100m 反九点井网,平均单井日产液量选择 37.6m^3。根据转蒸汽驱最佳操作条件设计采注比为 1.2,注汽强度为 1.8t/(d·ha·m),采注比为 1.2,注汽干度大于 40%,反五点井网注汽井的注汽量为 27.85t/d,可以满足井网设计要求;反九点井网注汽井的注汽量为 85.33t/d,可以满足井网设计要求;反斜七点井网注汽井的注汽量为 85.33t/d,可以满足井网设计要求。

四、蒸汽吞吐转驱井网优化

1. 反五点井网

目前,Ⅳ9 层为 70m×100m 反九点井网,根据目前井网状况,可选择 100m×140m 的反五点井网。根据Ⅳ9 层可流动区域,共设计注汽井 11 口,日注汽 528.3t,生产井 21 口,日产液 633.96m^3,具体分布如图 5-1-7 所示。

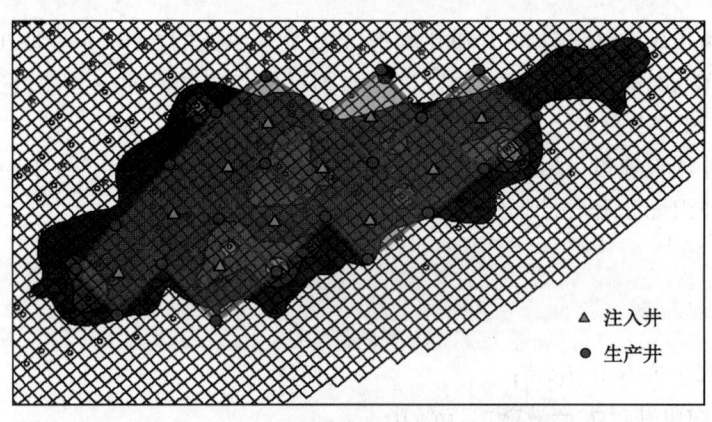

图 5-1-7 Ⅳ9 层反五点井网示意图

根据油藏工程设计的注汽量,计算整个区块的总注汽量,然后通过井组面积权重来进行注汽量的劈分,最后根据单井所在井组通过厚度权重进行产液量的劈分,并参考该井生产历史数据进行适当调整。注汽井和生产井的劈分结果见表 5-1-3 和表 5-1-4。

表 5-1-3　注汽井注汽量设计

井　名	井　别	厚度,m	控制面积,ha	注汽量,t/d
G51312	注汽井	8.7	1.96	30.85
G51314	注汽井	11.3	2.56	52.05
G51316	注汽井	10.5	2.56	48.52
G51318	注汽井	9.4	2.56	43.54
G51514	注汽井	7.5	3.06	41.37
G51516	注汽井	11.9	2.56	54.86
G51518	注汽井	12.6	2.88	65.15
G51520	注汽井	11.0	2.24	44.48
G51718	注汽井	12.9	2.24	51.84
G51720	注汽井	12.9	2.24	51.96
G51722	注汽井	8.9	2.72	43.69

表 5-1-4　生产井产液量设计

井　名	井　别	厚度,m	产液量,m³/d	井　名	井　别	厚度,m	产液量,m³/d
G51211	生产井	10.1	9.30	G51613	生产井	7.26	10.55
G51213	生产井	14.7	34.81	G51615	生产井	8.93	26.58
G51215	生产井	10.4	28.94	G51617	生产井	12.37	55.46
G51217	生产井	11.3	29.74	G51619	生产井	13.72	74.53
G51219	生产井	7.8	10.09	G51621	生产井	10.73	39.14
G51411	生产井	7.1	6.53	G51623	生产井	10.18	11.97
G51413	生产井	8.3	31.85	G51817	生产井	9.58	12.52
G51415	生产井	9.6	55.51	G51819	生产井	11.91	30.93
G51417	生产井	12.3	71.60	G51821	生产井	11.98	29.54
G51419	生产井	8.9	36.60	G51823	生产井	11.68	13.74
GJ51421	生产井	11.9	14.02				

在反五点法井网及注采参数的基础上,模拟蒸汽驱开采,以油汽比为0.1为生产界限。研究表明,模拟生产到2032年1月,转驱18.8年油汽比低于0.1,累积产油量为$77×10^4$t,采收率达到45.40%。

2. 反九点井网

根据目前井网状况,可选择70m×100m的反九点井网。根据Ⅳ9层可流动区域,共设计注汽井11口,日注汽550.1t,生产井50口,日产液660.12m³,具体分布如图5-1-8所示。

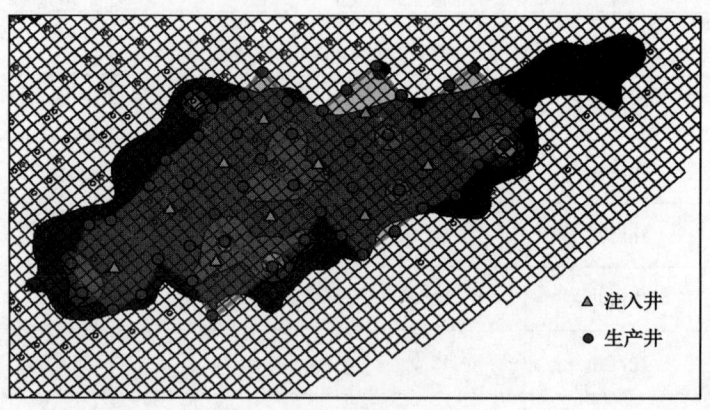

图5-1-8 Ⅳ9层反九点井网示意图

根据油藏工程设计的注汽量,计算整个区块的总注汽量,然后通过井组面积权重来进行注汽量的劈分,最后根据单井所在井组通过厚度权重进行产液量的劈分,并参考该井生产历史数据进行适当调整。注汽井和生产井的劈分结果见表5-1-5和表5-1-6。

表5-1-5 注汽井注汽量设计

井 名	井 别	厚度,m	控制面积,ha	注汽量,t/d
G51312	注汽井	8.7	2.16	34.00
G51314	注汽井	11.3	2.60	52.86
G51316	注汽井	10.5	2.56	48.52
G51318	注汽井	9.4	2.24	38.09
G51514	注汽井	7.5	2.40	32.44
G51516	注汽井	11.9	3.16	67.72
G51518	注汽井	12.6	2.88	65.15
G51520	注汽井	11.0	2.28	45.27
G51718	注汽井	12.9	2.40	55.54
G51720	注汽井	12.9	2.88	66.80
G51722	注汽井	8.9	2.72	43.69

表 5-1-6 生产井产液量设计

井 名	井别	厚度,m	产液量,m³/d	井 名	井别	厚度,m	产液量,m³/d
G51211	生产井	10.0	5.67	GJ51412	生产井	8.9	5.04
GJ51212	生产井	14.3	8.09	G51413	生产井	8.3	17.48
G51213	生产井	14.6	21.11	GJ51414	生产井	9.3	14.35
G51214	生产井	10.3	9.11	G51415	生产井	9.6	30.82
G51215	生产井	10.3	16.27	GJ51416	生产井	10.7	17.84
G51216	生产井	10.5	7.26	G51417	生产井	12.3	37.92
G51217	生产井	11.2	14.46	G51419	生产井	8.8	18.10
GJ51218	生产井	8.1	4.81	GJ51420	生产井	9.0	5.73
G51219	生产井	7.7	4.59	G51411	生产井	7.0	3.99
GQP	生产井	9.9	12.80	GJ51421	生产井	11.8	7.47
GJ51311	生产井	9.0	5.08	GJ51513	生产井	7.8	5.15
G51315	生产井	9.5	15.01	GJ51515	生产井	7.6	12.52
GJ51319	生产井	8.1	4.82	G51613	生产井	7.2	4.79
G51615	生产井	8.9	14.59	G51821	生产井	12.0	16.96
GJ51616	生产井	9.8	9.53	GJ51822	生产井	9.8	5.99
G51617	生产井	12.4	30.65	G51823	生产井	11.7	7.16
G51619	生产井	13.7	40.29	G557	生产井	12.7	10.17
G51621	生产井	10.7	21.95	GJ501	生产井	9.0	5.69
GJ51622	生产井	10.6	6.51	GJ502	生产井	10.8	15.28
G51623	生产井	10.2	6.24	GJ503	生产井	10.8	15.72
GJ51721	生产井	11.7	16.50	GJ504	生产井	12.2	17.46
GJ51723	生产井	8.9	5.43	GJ505	生产井	12.1	21.77
G51817	生产井	9.6	6.52	GJ506	生产井	13.9	20.90
G51818	生产井	11.1	6.78	GJ507	生产井	15.0	22.27
G51819	生产井	11.9	16.87	GJ508	生产井	10.3	7.04

在反九点井网及注采参数的基础上,模拟蒸汽驱开采,以油汽比为 0.1 为生产界限。研究表明,生产至 2030 年 3 月,转驱 16.2 年油汽比低于 0.1,累积产油量为 $75.13×10^4$t,采收率达到 44.29%。

3. 反七点井网

根据目前井网状况,可选择 70m×100m 的斜七点井网。根据Ⅳ9层可流动区域,共设计注汽井 21 口,日注汽 758.81t,生产井 56 口,日产液 910.57m³,具体分布如图 5-1-9 所示。

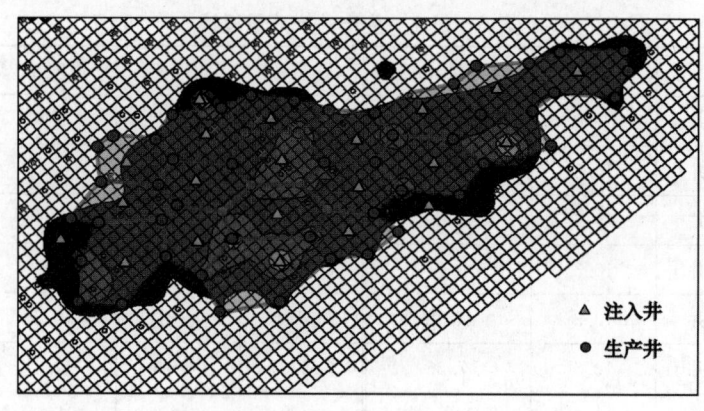

图 5-1-9 Ⅳ9 层反七点井网示意图

根据油藏工程设计的注汽量,计算整个区块的总注汽量,然后通过井组面积权重来进行注汽量的劈分,最后根据单井所在井组通过厚度权重进行产液量的劈分,并参考该井生产历史数据进行适当调整。注汽井和生产井的劈分结果见表 5-1-7 和表 5-1-8。

表 5-1-7 注汽井注汽量设计

井 名	井 别	厚度,m	控制面积,ha	注汽量,t/d
G51312	注汽井	8.7	2.40	37.78
GQI	注汽井	15.4	1.44	39.84
G51114	注汽井	11.9	1.60	34.31
GJ51414	注汽井	9.3	1.60	26.86
G51315	注汽井	9.6	1.84	31.73
GJ51216	注汽井	10.8	1.80	35.11
G51615	注汽井	8.9	3.08	49.53
G51516	注汽井	11.9	2.32	49.71
GX549	注汽井	12.9	1.96	45.69
G51318	注汽井	9.4	1.44	24.49
GJ508	注汽井	10.3	1.44	26.78
GJ506	注汽井	13.9	1.96	49.00
GJ503	注汽井	10.8	1.88	36.61
G51720	注汽井	12.9	2.20	51.03
G51621	注汽井	10.7	1.80	34.77
GJ51822	注汽井	9.8	1.68	29.51
GJ51723	注汽井	8.9	1.92	30.62
G51825	注汽井	10.1	1.60	28.97
G574	注汽井	12.0	1.56	33.83
GJ51117	注汽井	11.6	1.44	30.07
G51819	注汽井	11.9	1.52	32.58

表 5-1-8 生产井产液量设计

井 名	井 别	厚度,m	产液量,m³/d	井 名	井 别	厚度,m	产液量,m³/d
G51310	生产井	8.8	14.09	G51116	生产井	11.4	20.46
GJ51313	生产井	11.6	22.73	G51217	生产井	11.3	26.05
G51211	生产井	10.1	16.15	GQP2	生产井	10.8	21.03
GJ51212	生产井	14.4	32.20	G51316	生产井	10.5	21.53
G51413	生产井	8.3	11.02	GJ51416	生产井	10.7	25.48
G51411	生产井	7.1	5.33	G51415	生产井	9.6	20.56
G51112	生产井	14.5	21.58	GJ51515	生产井	7.7	21.07
G51113	生产井	12.9	15.96	GJ51513	生产井	7.8	13.97
GQP1	生产井	9.9	5.97	G51613	生产井	7.3	8.84
G51014	生产井	12.2	7.00	GJ51218	生产井	8.1	13.66
G51115	生产井	12.6	15.54	GJ51319	生产井	8.2	4.13
G51215	生产井	10.4	19.05	G51419	生产井	8.9	10.93
G51214	生产井	10.4	19.15	GJ502	生产井	10.8	22.09
G51314	生产井	11.3	20.50	G51518	生产井	12.6	28.75
GJ505	生产井	12.1	30.50	G51722	生产井	8.9	15.90
G51617	生产井	12.4	27.10	GJ51721	生产井	11.7	23.18
GJ51616	生产井	9.8	26.09	G51821	生产井	12.0	15.95
G51716	生产井	10.5	17.88	G557	生产井	12.7	19.64
G51714	生产井	5.8	7.03	G51623	生产井	10.2	5.96
G51520	生产井	11.0	15.29	G51724	生产井	9.5	10.38
GJ504	生产井	12.2	26.57	GJ51824	生产井	11.8	12.88
G51619	生产井	13.7	31.13	G51823	生产井	11.7	13.13
GJ507	生产井	15.0	34.50	GJ51923	生产井	11.7	6.30
G51718	生产井	12.9	25.60	GJ51725	生产井	7.9	3.97
G51818	生产井	11.1	13.74	GJ51826	生产井	10.8	5.45
G51817	生产井	9.6	4.65	G51926	生产井	14.7	7.44
GJ501	生产井	9.0	5.95	GJ51925	生产井	14.1	7.13
GJ51622	生产井	10.6	13.20	G51922	生产井	9.8	5.28

在反七点井网及注采参数的基础上,模拟蒸汽驱开采,以油汽比为0.1为生产界限。研究表明,生产至2022年6月,转驱8.4年油汽比低于0.1,累积产油量为72.87×10^4t,采收率达到42.96%。

4. 反九点抽稀井网

根据目前井网状况,可选择70m×100m×140m的反九点抽稀井网。根据Ⅳ9层可流动区域,共设计注汽井10口,日注汽550.1t,生产井62口,日产液660.12m^3,具体分布如图5-1-10所示。

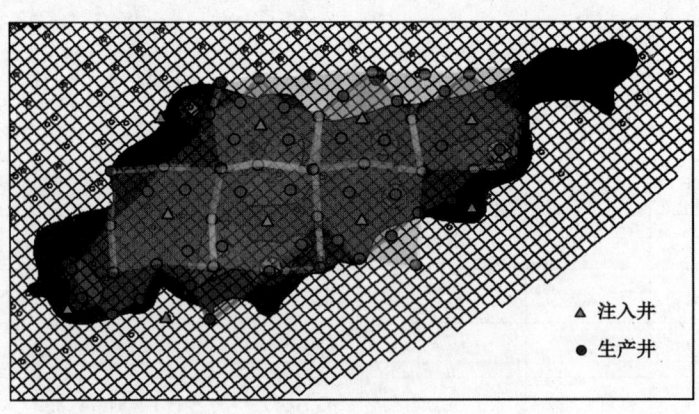

图5-1-10 Ⅳ9层反九点抽稀井网示意图

反九点抽稀井网是在反九点法的基础上,为了扩大井网的控制面积,保证边角井未波及范围区域内的原油可以采出而设计的一种井网形式。反九点抽稀井网的注采井数比为1:7,提高了产液量。采用同样的方法可以得到注汽井和生产井的劈分结果,见表5-1-9和表5-1-10。

表5-1-9 注汽井注汽量设计

井名	井别	厚度,m	注汽量,t/d
G51722	注汽井	8.9	46.33
G51718	注汽井	12.9	66.75
G51520	注汽井	11.0	57.27
G51516	注汽井	11.9	61.81
G51318	注汽井	9.4	49.05
G51314	注汽井	11.3	58.64
G51310	注汽井	8.8	45.64
G51116	注汽井	11.4	59.06
G51512	注汽井	8.1	42.09
G51920	注汽井	12.2	63.45

表 5-1-10 生产井产液量设计

井名	井别	厚度,m	产液量,m³/d	井名	井别	厚度,m	产液量,m³/d
G51114	生产井	11.9	12.58	GQP2	生产井	6.7	7.10
G51118	生产井	9.0	9.51	G51411	生产井	7.1	7.48
G51211	生产井	10.0	10.56	GJ51412	生产井	9.0	9.46
G51213	生产井	6.7	7.10	G51413	生产井	8.3	8.79
G51214	生产井	9.7	10.24	GJ51414	生产井	9.3	9.85
G51215	生产井	9.5	10.05	G51415	生产井	9.6	10.17
GJ51216	生产井	8.4	8.84	GJ51416	生产井	10.7	11.34
G51217	生产井	11.3	11.93	G51417	生产井	12.3	13.02
GJ51218	生产井	8.1	8.60	GJ502	生产井	10.8	11.41
G51219	生产井	7.8	8.21	G51419	生产井	8.9	9.35
GJ51311	生产井	9.0	9.53	GJ51420	生产井	9.1	9.61
G51312	生产井	8.7	9.24	GJ51421	生产井	11.9	12.53
G51315	生产井	9.6	10.12	GJ51513	生产井	7.8	8.24
G51316	生产井	10.5	11.12	G51514	生产井	7.5	7.93
GQP1	生产井	10.0	10.56	GJ51515	生产井	7.7	8.10
GJ51319	生产井	6.7	7.10	GJ505	生产井	12.1	12.81
G51518	生产井	12.6	13.28	GJ508	生产井	10.3	10.91
GJ503	生产井	10.8	11.43	GJ507	生产井	15.0	15.86
GJ501	生产井	9.0	9.56	G51720	生产井	12.9	13.61
G51522	生产井	9.7	10.24	GJ51721	生产井	11.7	12.31
G51613	生产井	9.5	10.05	GJ51723	生产井	8.9	9.36
G51615	生产井	8.4	8.84	G51724	生产井	9.5	10.05
GJ51616	生产井	9.8	10.36	G51817	生产井	9.6	10.11
G51617	生产井	12.4	13.07	G51818	生产井	11.1	11.67
GJ506	生产井	13.9	14.67	G51819	生产井	11.9	12.58
G51619	生产井	13.7	14.49	G557	生产井	12.7	13.38
GJ504	生产井	12.2	12.88	G51821	生产井	12.0	12.65
G51621	生产井	10.7	11.33	GJ51822	生产井	9.8	10.31
GJ51622	生产井	10.6	11.22	G51823	生产井	11.7	12.34
G51623	生产井	10.2	10.75	G51918	生产井	8.4	8.84
G51716	生产井	10.5	11.09	G51922	生产井	9.8	10.36

在反九点抽稀井网及注采参数的基础上,模拟蒸汽驱开采,以油汽比为 0.1 为生产界限。研究表明,生产至 2022 年 11 月,转驱 8.8 年油汽比低于 0.1,累积产油量为 66.74×10^4 t,采收率达到 39.35%。

5. 小回字井网

根据目前井网状况,可选择 50m×70m×100m 的小回字井网。根据Ⅳ9 层可流动区域,共设计注汽井 6 口,日注汽 550.1 t,生产井 68 口,日产液 660.12m³,具体分布如图 5-1-11 所示。

小回字井网是在反九点法的基础上,为了扩大蒸汽腔波及范围,提高采收率而设计的一种

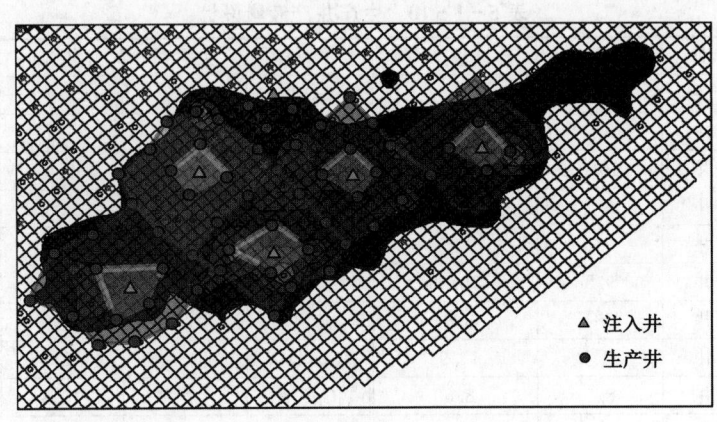

图 5-1-11 Ⅳ9层小回字井网示意图

井网形式。小回字井网的注采井数比为1:9,提高了产液量。采用同样的方法可以得到注汽井和生产井的劈分结果,见表5-1-11和表5-1-12。

表 5-1-11 注汽井注汽量设计

井 名	井 别	厚度,m	控制面积,ha	注汽量,t/d
GQI1	注汽井	10.2	6.44	109.24
GQI2	注汽井	11.9	5.64	111.29
GQI3	注汽井	8.8	5.04	73.68
GQI4	注汽井	12.7	5.24	110.23
GQI5	注汽井	9.6	5.04	80.28
GQI6	注汽井	7.2	5.48	65.38

表 5-1-12 生产井产液量设计

井 名	井 别	厚度,m	产液量,m³/d	井 名	井 别	厚度,m	产液量,m³/d
GJ51210	生产井	13.3	12.23	GJ508	生产井	10.3	9.52
G574	生产井	12.0	11.10	G51617	生产井	12.4	11.40
GJ51212	生产井	14.4	13.24	G51718	生产井	12.9	11.85
GQP1	生产井	13.7	12.58	G51621	生产井	10.7	9.89
G51310	生产井	8.8	8.10	GJ51622	生产井	10.6	9.79
G51410	生产井	6.5	5.94	G51623	生产井	10.2	9.38
G51511	生产井	5.9	5.45	GJ51723	生产井	8.9	8.16
G51512	生产井	8.1	7.47	G51823	生产井	11.7	10.76
GJ51513	生产井	7.8	7.19	GJ51923	生产井	11.7	10.78
G51514	生产井	7.5	6.92	G51922	生产井	9.8	9.04
GJ51414	生产井	9.3	8.60	G51921	生产井	10.9	10.03
GJ51313	生产井	11.6	10.67	G51920	生产井	12.2	11.26
G51714	生产井	5.8	5.32	G557	生产井	12.7	11.67
G51715	生产井	9.3	8.53	G575	生产井	9.2	8.46
G51716	生产井	10.5	9.67	G51411	生产井	7.1	6.52

续表

井名	井别	厚度,m	产液量,m³/d	井名	井别	厚度,m	产液量,m³/d
GJ51412	生产井	9.0	8.25	G51720	生产井	12.9	11.88
G51413	生产井	8.3	7.67	GJ507	生产井	15.0	13.83
G51215	生产井	10.4	9.57	G51316	生产井	10.5	9.70
G51315	生产井	9.6	8.83	GJ51216	生产井	10.8	9.99
GJ505	生产井	12.1	11.17	GJ51515	生产井	7.7	7.07
GX549	生产井	12.9	11.93	G51615	生产井	8.9	8.23
GJ51416	生产井	10.7	9.90	GJ51616	生产井	9.8	9.04
G51415	生产井	9.6	8.88	G51516	生产井	11.9	10.97
G51114	生产井	11.9	10.98	G51518	生产井	12.6	11.58
G51115	生产井	12.6	11.64	GJ506	生产井	13.9	12.80
G51116	生产井	11.4	10.48	G51503	生产井	10.8	9.97
G51117	生产井	11.4	10.46	G51619	生产井	13.7	12.64
G51217	生产井	11.3	10.41	GJ51721	生产井	11.7	10.74
GJ51317	生产井	10.7	9.84	G51722	生产井	8.9	8.22
GJ502	生产井	10.8	9.95	GJ51822	生产井	9.8	8.99
GX51419	生产井	9.0	8.33	G51821	生产井	12.0	11.04
GJ51420	生产井	9.1	8.39	GJ51218	生产井	8.1	7.51
G51520	生产井	11.0	10.17	G51318	生产井	9.4	8.71
GJ504	生产井	12.2	11.24	GJ51319	生产井	8.2	7.53

在小回字井网及注采参数的基础上,模拟蒸汽驱开采,以油汽比为 0.1 为生产界限。研究表明,生产至 2027 年 7 月,转驱 13.5 年油汽比低于 0.1,累积产油量为 $77.57 \times 10^4 t$,采收率达到 45.73%。

对比以上井网形式,通过比较油汽比为 0.1 时的累积产油量及采出程度,可以看出,小回字井网采出程度最高,反九点抽稀井网采出程度最低,其余依次是反五点井网、反九点井网、反七点井网。综合考虑,推荐采用小回字井网转反九点井网或加密前的 $100m \times 140m$ 的反五点井网。各方案注采参数统计见表 5-1-13。

表 5-1-13 各方案注采参数统计表

方案	油汽比	累积产油量,10⁴t	含水率,%	总采收率,%	生产井数,口	注汽井数,口	汽驱阶段累积注汽量,10⁴t
反五点法	0.1	77.00	91.4	45.40	21	11	348.4
反九点法		75.13	91.0	44.29	50	11	325.9
反九点抽稀		66.74	90.2	39.35	62	10	212.5
小回字		77.57	91.2	45.73	68	6	272.5
反七点		72.87	91.6	42.96	56	21	234.6

第二节　孤东18－7断块油藏开发调整设计

一、油藏主要地质特征

孤东18－7块位于孤东凸起南部西翼,处于孤东油田四区、八区分界断层的下降盘,位于四区范围内,构造整体上主要受1号断层与3号断层所夹持,中间又被2号断层分割为两个南西方向倾斜的台阶断块,在主控断层发育活跃的情况下,内部发育一系列四、五级小断层,从而形成多个封闭小断块。本次研究目的层段为古近系沙河街组沙二段、沙三段纵向上分为53个小层,其中含油小层34个,含油面积 $0.82km^2$,石油地质储量 $247 \times 10^4 t$,储量丰度为 $309 \times 10^4 t/km^2$,属高丰度中深层储量。

1987年2月该块的第一口试采井GD18－7井投产试采,在沙二段、沙三段获得工业油流,1992年编制开发方案,利用反七点注采井网,一套层系开发,之后区块未进行过全面综合调整,区块产量经过了一个上产、快速递减到缓慢递减的过程。截至2012年9月,油水井总井20口,其中油井总井16口,开井11口,日产液能力156.4t,日产油能力32.6t,平均单井日产液能力14.2t,单井日产油能力2.9t,综合含水率79.2%,平均动液面1458m,累积产油量 $37.8 \times 10^4 t$,累积产水 $81.5 \times 10^4 t$,采油速度0.4%,采出程度15.3%;水井总井4口,均已停注,累积注水量 $132 \times 10^4 m^3$,累积注采比1.02。目前开发中主要存在层系划分过粗,层间干扰严重;井网不完善,储量控制程度差,水驱控制程度低的问题。

1. 储层物性特征

通过全区53个小层分小层进行孔隙度、渗透率参数的统计及筛析,整体表现出自沙二段至沙三段储层物性存在变差的趋势,具体来说,沙二段表现为中渗,平均孔隙度为20.17%,平均渗透率为 $175.03 \times 10^{-3} \mu m^2$;沙三段整体表现为中低渗,上段平均孔隙度为17.9%。平均渗透率为 $95.9 \times 10^{-3} \mu m^2$,中段平均孔隙度17.4%,平均渗透率为 $73.25 \times 10^{-3} \mu m^2$。

分小层来看,断块层间非均质性强,层间渗透率极差,S2X和S3S5小层渗透率相对较高,均在 $100 \times 10^{-3} \mu m^2$ 以上。从岩心物性资料分析,层内非均质性较强,层内渗透率变异系数为1.84,突进系数为7.47。

2. 油藏特征

原油性质:地面原油密度为 $0.8736 g/cm^3$,地面原油黏度为 $88 mPa \cdot s$,凝点为33℃,硫含量平均为0.18%,为低凝点、低含硫量、低含蜡量、低黏度原油。

地层水性质:原始状态地层水型为 $NaHCO_3$ 型,总矿化度平均为 $3966 mg/L$,Cl^- 含量为 $1241 mg/L$,目前地层水型为 $CaCl_2$ 型,总矿化度平均为 $13504 mg/L$,Cl^- 含量为 $7254 mg/L$。

温压系统:原始地层压力为28.6MPa,压力系数为0.94,地温梯度为3.8℃/100m,属常温常压系统。

该块中心区域无边底水,南部18-10井S2X2以下为水层,北部油水界面不统一,属于层状构造断块油藏,具有多套油水系统。

3. 储量评价及油藏分类

1)储量计算及评价

计算孤东18-7块含油面积为 0.82km², 石油地质储量为 $247×10^4$t, 储量丰度为 $309×10^4$t/km², 属高丰度中深层储量。其中, 沙二上段石油地质储量为 $30.2×10^4$t, 含油面积为 0.44km²; 沙二下段石油地质储量 $63.02×10^4$t, 含油面积为 0.53km²; 沙三上段石油地质储量为 $138.26×10^4$t, 含油面积为 0.52km²; 沙三中段石油地质储量为 $15.63×10^4$t, 含油面积为 0.32km², 见表 5-2-1。

表 5-2-1 孤东 18-7 块各层段储量计算表

砂层组	含油面积, km²	有效厚度, m	单储系数, 10^4t/(m·km²)	石油地质储量, 10^4t
沙二上段	0.44	6.66	10.30	30.20
沙二下段	0.53	11.54	10.30	63.02
沙三上段	0.52	30.90	8.60	138.26
沙三中段	0.32	5.68	8.60	15.63
合计	0.82	27.90	9.11	247.11

一般根据含油面积、有效厚度、储量对各小层进行分类,其中储量是划分的重要因素,可划分为4类。

(1) Ⅰ类小层: 储量大于 $20×10^4$t; 共 3 个小层, 地质储量 $74×10^4$t, 占总储量的 30%。

(2) Ⅱ类小层: 储量为 $(10～20)×10^4$t; 共 5 个小层, 地质储量 $61.0×10^4$t, 占总储量的 24.7%。

(3) Ⅲ类小层: 储量为 $(5～10)×10^4$t; 共 11 个小层, 地质储量 $76.6×10^4$t, 占总储量的 31%。

(4) Ⅳ类小层: 储量小于 $5×10^4$t; 共 13 个小层, 地质储量 $34.8×10^4$t, 占总储量的 14.1%(图 5-2-1)。

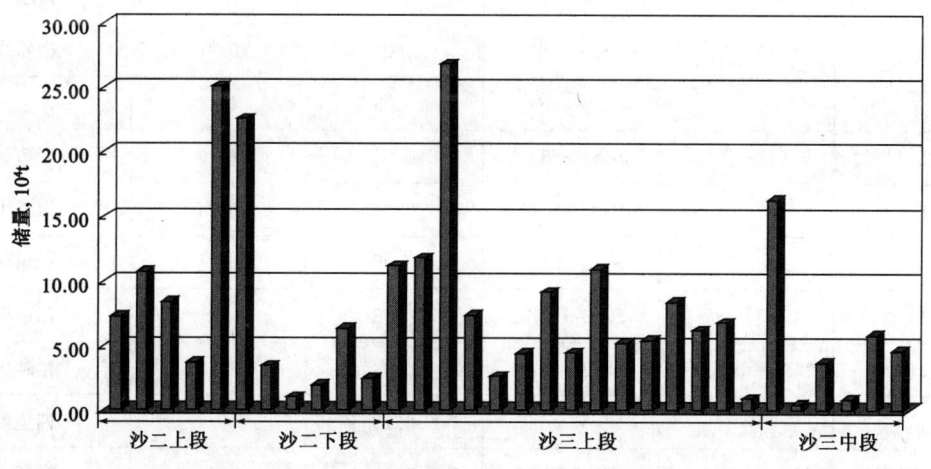

图 5-2-1 孤东 18-7 块含油小层储量统计图

2)油藏分类

该块各小层平面上被低级序断层划分为若干个封闭小断块。按照复杂断块分类方法划分,共包括三类小断块,以三角形和四边形小断块为主(图5-2-2、图5-2-3、表5-2-2)。

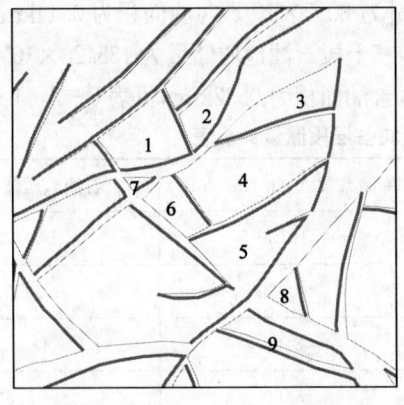
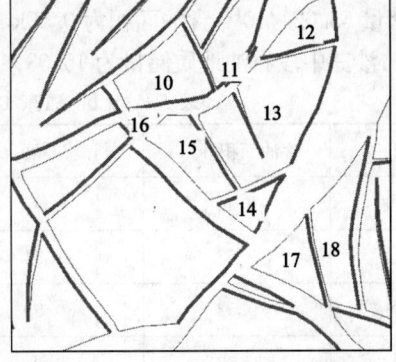

图5-2-2 S2-S3S4 小断块编号　　图5-2-3 S3S5-S3Z7 小断块编号

表5-2-2 孤东18-7沙河街组各小断块储量评价表

标注块号	标志井	层位	含油面积,km²	储量,10⁴t	断块分类
1	18-16	S2-S3S4	0.05	13.86	四边形
2	18-48	S2-S3S4	0.08	12.19	长条形
3	18-15	S2-S3S4	0.11	18.1	三角形
4	18-18	S2-S3S4	0.26	42.79	四边形
5	18-K11	S2-S3S4	0.28	74.59	三角形
6	18-12	S2-S3S4	0.16	13.61	四边形
7	18-17	S2-S3S4	0.03	2.65	微断块
8	18-27	S2-S3S4	0.01	0.91	微断块
9	82-X3	S2-S3S4	0.05	4.24	四边形
10	18-16	S3S5-S3Z7	0.06	6.49	四边形
11	18-48	S3S5-S3Z7	0.01	0.24	微断块
12	18-15	S3S5-S3Z7	0.05	6.28	三角形
13	18-18	S3S5-S3Z7	0.18	29.83	四边形
14	18-10北	S3S5-S3Z7	0.03	2.58	微断块
15	18-12	S3S5-S3Z7	0.13	10.4	四边形
16	18-17	S3S5-S3Z7	0.01	0.21	微断块
17	18-7	S3S5-S3Z7	0.03	2.07	微断块
18	18-27	S3S5-S3Z7	0.05	5.65	四边形

其中,三角形复杂小断块共 3 个,地质储量为 98.9×10^4 t,占总储量的 40.0%;四边形复杂小断块共 8 个,地质储量为 127.3×10^4 t,占总储量的 51.5%;长条形复杂断块 1 个,地质储量为 12.2×10^4 t,占总储量的 4.9%;复杂微断块共 6 个,地质储量为 8.7×10^4 t,占总储量的 3.5%。

二、开发技术政策界限研究

1. 开发方式

生产及测压资料表明,该区块天然能量不充足,压降速度快,产量递减快,弹性产率低,有必要注水补充地层能量。而且储层润湿性及敏感性分析该块为亲水油藏,有利于注水开发,因此确定该块油藏开发方式仍为注水开发,在注水过程中加强注入水质要求。

2. 开发层系

该块储层发育沙二—沙三段,地质储量为 247.1×10^4 t,储量丰度为 301×10^4 t/km²,属高丰度储量,分砂组有效厚度大,储量多,具备细分层系开发的物质基础。含油井段长,含油小层多,层间物性差异大,多层合采层间矛盾突出,纵向储量动用效果差,因此有必要细分开发层系。依据复杂断块油藏层系细分界限,结合孤东 18-7 块储层发育特点及剩余油分布情况,断块可细分为沙二段、沙三 3-4、沙三 5-7 三套开发层系(表 5-2-3)。

表 5-2-3 孤东 18-7 块层系细分后各层系概况

层 系	层系 1	层系 2	层系 3
层 位	沙二段	沙三 3-4	沙三 5-7
主力层	$S_2S2、S_2X1、S_2X2$	$S_33^3、S_34^4$	S_35^9
含油面积,km²	0.66	0.42	0.47
地质储量,10^4 t	93.2	88.9	65
剩余可采储量,10^4 t	21.6	13.2	17.1
主力层厚度,m	11.8	13.6	7

注:主力层是指地质储量大于 10×10^4 t,剩余可采储量大于 2×10^4 t 的小层。

3. 井网井距

1)井网优化设计原则

(1)按照复杂断块合理注采井网优化技术,分断块形态、面积大小、剩余油富集规模等分层系块完善注采井网,提高井网储量控制程度及水驱动用程度。

(2)考虑边水能量、构造样式、地层倾角、储层物性等多因素优化井网井距。

(3)在充分利用老井的前提下,新井尽可能贴近断层夹角、断边带部署,以有效提高储量控制。

2)经济合理井网密度及井距

应用曲线交汇法分别计算孤东 18-7 块各层系的经济合理井网密度,经济参数按照油价 70 美元/桶,经计算层系1、2、3的经济合理井网密度分别为20.2口/km²、23.5口/km²、19.9口/km²,如图5-2-4所示,经济合理油水井总数分别为14口、10口、10口(表5-2-4),经济合理的油水井井距分别为239m、221m、240m,具体油水井数及注采井距可在此基础上根据层系状况进行适当调整。

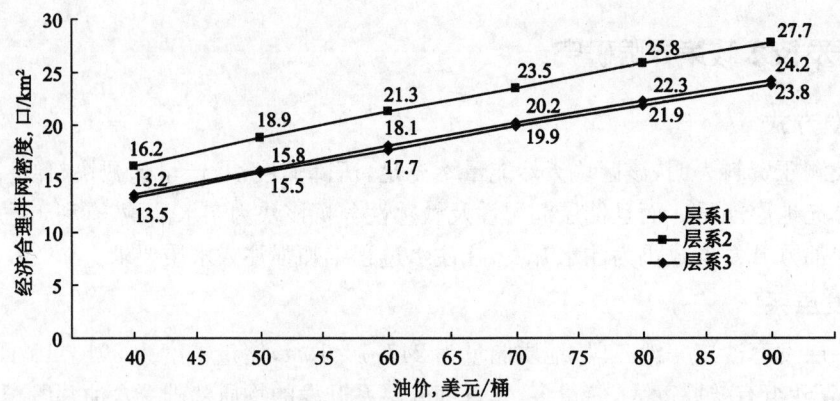

图5-2-4 孤东18-7块分层系经济合理井网密度

表5-2-4 孤东18-7块分层系经济合理井网密度、井距汇总表

层 系	层系1	层系2	层系3
含油面积,km²	0.7	0.42	0.47
井网密度,口/km²	20.2	23.5	19.9
开发井数,口	14	10	10
井距,m	239	221	240

注:经济参数按照油价70美元/桶。

三、注采井网完善方案设计

1. 方案设计原则

(1)按照井网优化结果分断块完善,提高动用储量;
(2)储量控制程度和水驱程度最大化原则;
(3)确保开发效果的前提下,经济最优化原则。

2. 方案设计技术流程

复杂断块油藏建立或完善注采井网主要技术流程可细分为以下四个步骤(图5-2-5):

第一步,逐层、逐块潜力设计。逐小层逐自然断块剩余油富集区、开展潜力分析,并对无井控制区部署新井井点,计算控制储量和增加可采储量。

第二步,逐层系块注采井网设计。根据层系划分及潜力分析,逐层系块按几何形态、面积、剩余油富集区部署注采井网。

第三步,井型井距优化。在逐层系块建立或完善注采井网的基础上,一方面,综合考虑复杂结构井适用地质条件和经济政策界限等因素,开展水平井、定向井,甚至跨断块水平井、分支水平井等复杂井结构井的优化设计;另一方面,根据需要,划分注采井组类型,根据合理井距计算模型,优化注采井距,实现均衡水驱。

第四步,注采立体组合优化。全区统筹兼顾,对新老井立体优化组合,配套分采、分注措施,实现经济效益最大化。

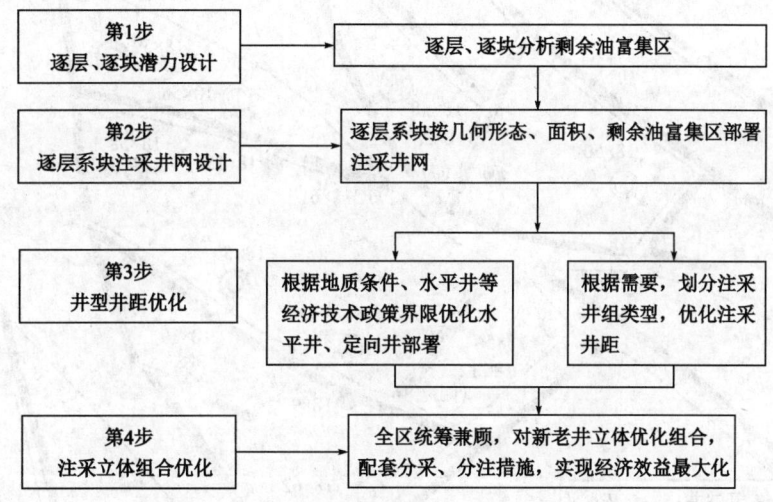

图 5-2-5 复杂断块油藏注采井网设计技术流程图

3. 方案部署

通过分层系、分断块注采井网优化组合,方案设计总井数 35 口(油井 21 口,水井 14 口),其中新钻井 22 口(油井 12 口,水井 10 口),侧钻井 3 口(均为油井),转注 3 口,利用老井 10 口。单井控制可采储量为 $2.4×10^4$ t,储量控制程度为 93.2%,水驱控制程度为 89.8%。分层系注采井网部署及基本情况见图 5-2-6 至图 5-2-8 和表 5-2-5。

预计实施后建产能 $2.5×10^4$ t,新增可采储量 $27.3×10^4$ t,提高采收率 11.0%(表 5-2-6)。

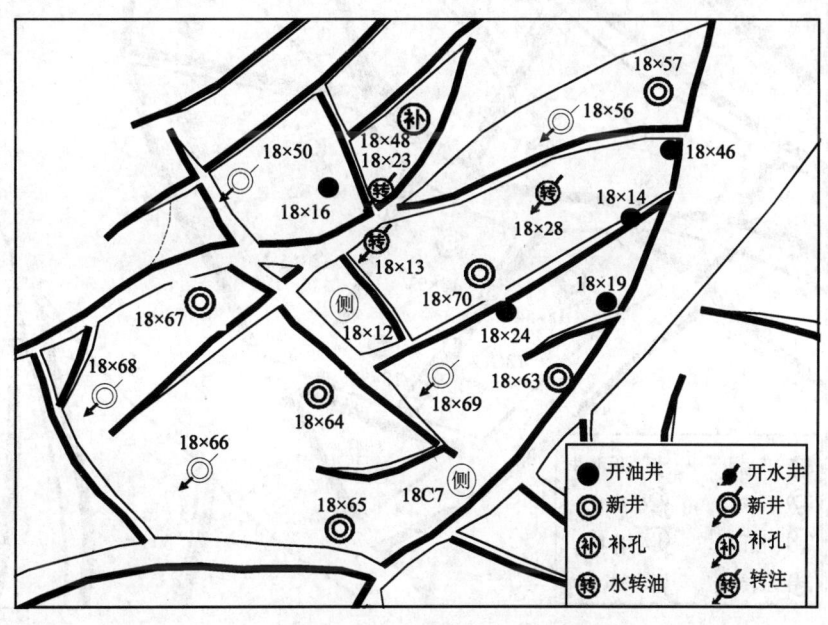

图 5-2-6 孤东 18-7 块层系 1 调整井网部署图

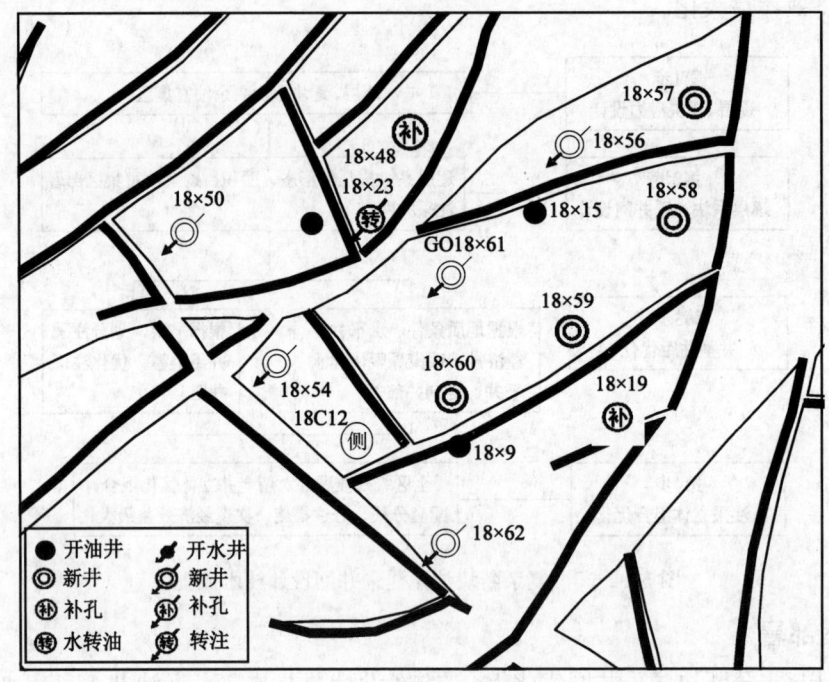

图 5-2-7 孤东 18-7 块层系 2 调整井网部署图

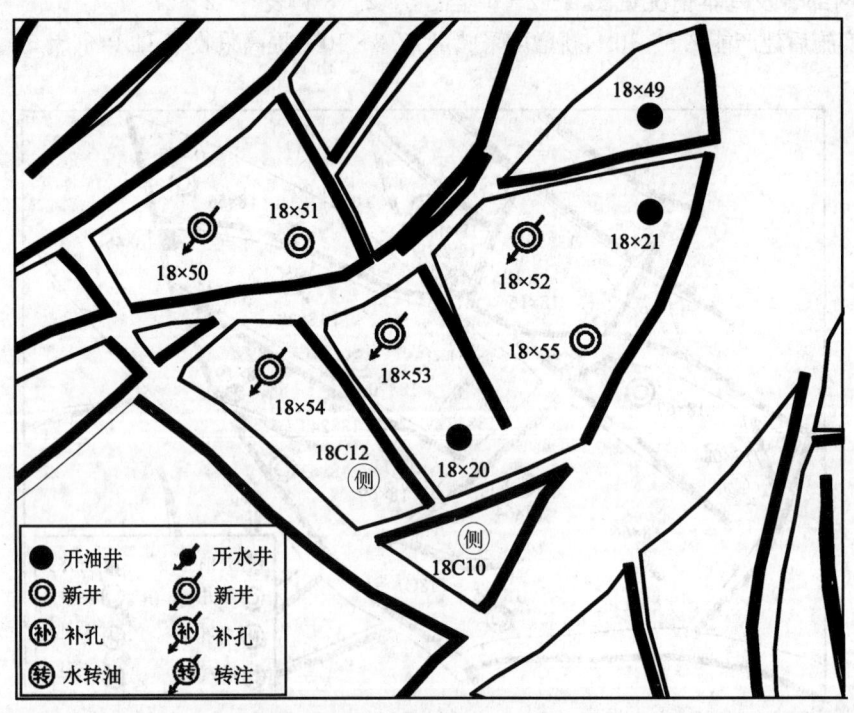

图 5-2-8 孤东 18-7 块层系 3 调整井网部署图

表 5-2-5 孤东 18-7 断块调整后分层系情况汇总表

层系	含油面积 km²	地质储量 10⁴t	可采储量 10⁴t	总井数口	油井数,口					水井数,口				储量控制程度 %	水驱控制程度 %	单井控制剩余可采储量,10⁴t
					总井	利用老井	转油井	新钻井	侧钻井	总井	利用老井	转注井	新钻井			
沙二段	0.66	93.2	33.8	22	14	6	0	6	2	8	0	3	5	89.3	86.1	2.2
沙三 3-4	0.42	88.9	32.2	17	10	5	0	4	1	7	1	1	5	95.9	92.3	2.0
沙三 5-7	0.47	65.0	23.5	11	7	3	0	2	2	4	0	1	3	94.7	90.2	2.1

表 5-2-6 孤东 18-7 块方案指标预测表

项目	总井数口	油井数口	水井数口	当年建产能 10⁴t	前三年平均产能 10⁴t	15年指标			单井控制储量 10⁴t	采油速度 %
						累产油量 10⁴t	采出程度 %	综合含水率,%		
基础方案	13	13	0	1	0.93	46.83	19.0	90.2	19.0	0.4
调整方案	35	23	12	3.57	3.46	74.17	30.0	96.2	7.1	1.4
对比	22	10	12	2.57	2.50	27.3	11.0	6	-11.9	1.0

第三节 西峰油田白马区低渗油藏开发调整设计

一、区域地质背景

西峰油田处于伊陕斜坡的西南部,是三叠系延长组和侏罗系延安组两个含油层组的叠合发育区。西峰地区地层对比主要标志层为长 7 下部的高电阻、高伽马的页岩及长 8_1 顶部的低阻凝灰岩。根据岩性特征、沉积旋回、电性组合特征对长 8 油层进一步细分,分为 2 小层(长 8_1、长 8_2),其中长 8_1 是该区的主力含油层。主力油层位按照沉积旋回分为长 8_1^1、长 8_1^2、长 8_1^3 三个单层。

白马区长 8_1 储层以中—细粒长石岩屑砂岩为主,其中石英含量为 20.76%~37.75%,长石含量为 25.4%~43.75%,岩屑成分复杂,有火成岩、变质岩、沉积岩。

白马区主力含油层长 8_1^1 单井孔隙度为 7.0%~11.8%,平均 10.07%,大于 10.0% 的范围主要分布在西 19、71、105、104 等井区。渗透率为 $(0.07~4.64)\times 10^{-3}\mu m^2$,平均 $1.77\times 10^{-3}\mu m^2$,大于 $1.0\times 10^{-3}\mu m^2$ 的范围主要分布在西 15、16、17、18、23、71、47、119、104 等井区。

西峰长 8 发育天然裂缝,尤以粒间缝较发育。在 33 口井的岩石观察中,有 14 口井见到裂缝。其中有 8 口井见到垂直缝,多数为一条缝,缝长 30~100cm,开启缝宽 0.3~1.0mm。水平缝多为成岩缝,呈组合出现,出现水平缝的砂层厚度一般为 5~10cm,缝长小于 1cm,开启缝宽为 0.3~0.6mm,裂缝宽度为 2 条/cm。

长 8 含油普遍且油层厚度相对较大,由渗透率与试油产量关系图 5-3-1 可以看到,其渗透率大于 $2.0\times 10^{-3}\mu m^2$,试油产量大于 10t/d,渗透率为 $(1.0~2.0)\times 10^{-3}\mu m^2$,试油产量在 10~5.0 t/d,渗透率小于 $0.8\times 10^{-3}\mu m^2$,试油产量小于 5t/d。

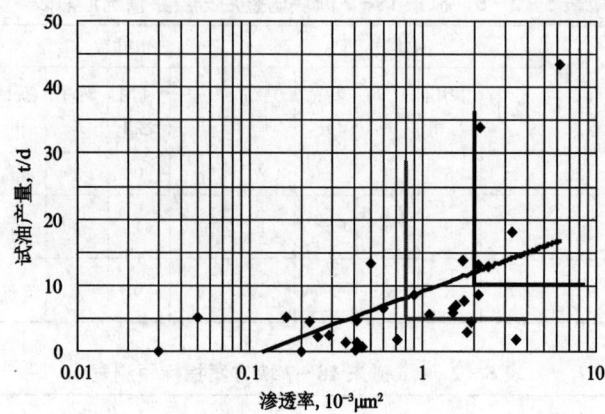

图 5-3-1　西峰油田长 8 渗透率与试油产量关系图

白马区油藏埋深在 2000~2100m，原始地层压力为 18.1MPa，油藏温度为 66.26℃，原油密度为 0.85g/cm³，地面原油黏度为 3.26mPa·s，地层油黏度为 1.82mPa·s，饱和压力为 11.60MPa，原始含油饱和度为 70%，单储系数为 4.55×10⁴t/(km²·m)，原油体积系数为 1.29，原始气油比为 108m³/t。长 8 完钻井表明，油藏未见边底水，油藏主要受到岩性变化控制，为岩性油藏。原始驱动类型为弹性溶解气驱，属低压、低渗油藏。

长 8 油层研究区域含油面积为 18.49km²，地质储量为 1004×10⁴t，自 2001 年 11 月投入开发，采用井距为 520m，排距为 180 的菱形反九点井网，至 2006 年 10 月累积产油和累积产水分别为 74.68×10⁴t 和 13.08×10⁴m³，累积注水为 167.99×10⁴m³。研究区累积注水增加幅度远远大于累积产液幅度，月注采比为 1.6 左右，说明注入量大于采出量，一方面，使得地层能量在逐步升高，另一方面，使得注入水有可能窜至邻层。研究区含水率从 2005 年 5 月开始上升速度加大，至 2006 年 10 月含水率为 25.84%，采出程度为 7.44%。

二、基于单井产能的储层分类

根据正态分布统计结果，将研究区单井平均产能分为 4 个分布区间，即小于 2.1t，2.1~4.75t，4.75~6.15t，大于 6.15t（图 5-3-2）。

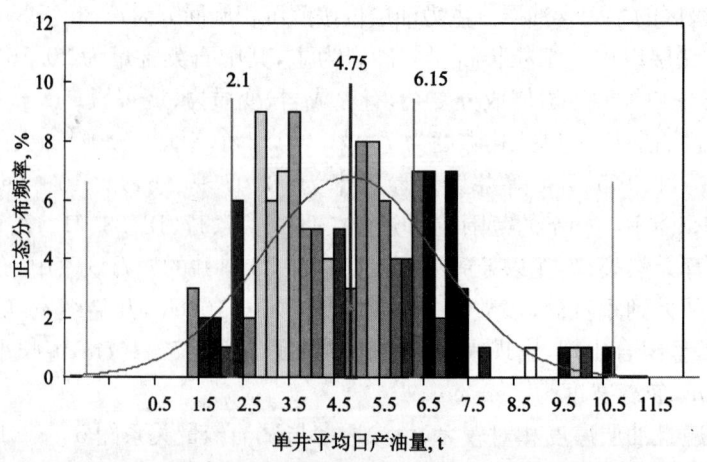

图 5-3-2　白马中区单井平均日产量正态分布图

根据平均月产油量将采油井分为Ⅰ、Ⅱ、Ⅲ、Ⅳ四类。由统计结果得知(图5-3-3),Ⅰ类井单井日平均产油量大于6t,占总油井数的27.07%,Ⅱ类井在4~6t之间的占32.33%,Ⅲ类井在2~4t之间的占34.59%,Ⅳ类小于2t的占6.02%。可见有59.4%的油井产量在4~6t/d之间,根据产能将油井分类之后,对每一类油井的单井进行动静态结合分析,找出影响产能的因素。

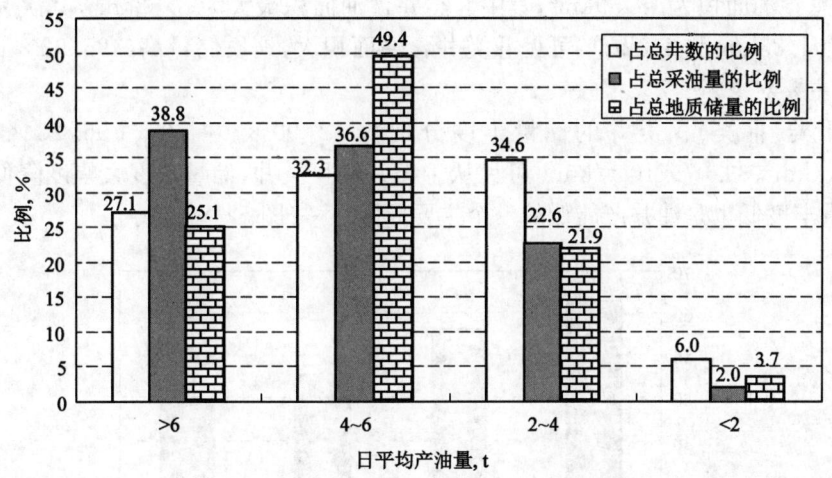

图5-3-3 单井产能统计分类直方图

Ⅰ类井主要分布在工区南部—中西部,这类井产量较高,日产油6t以上,其所在位置的油层有效厚度大,储量丰度也高。这些井占总井数的27.07%,产能占全区产能的38.77%,该井区也是今后增储上产,剩余油挖潜的主要对象。

Ⅱ类井主要分布在工区中部—东部,这类井产量较高,日产油4t以上,其所在位置的油层有效厚度较大,储量丰度也较高。这类井占总井数的32.33%,产能占全区产能的36.61%,该井区也是今后增储上产,剩余油挖潜的重要要对象。

Ⅲ类井分布较零散,主要在工区北部和中部,占总油井数的34.59%,产能占全区的22.59%。这类井所在范围的油层条件较Ⅰ类井的油层条件要差,所以根据油层的有效厚度、渗透率及含油饱和度等油层参数,对Ⅲ类井有选择地进行压裂(重复压裂)、酸化等增产改造,会有较大的增油效果,而且可以带动并提高区块的整体产能。

Ⅳ类井要分布在工区北部,这类井所占总油井数的6.02%,产能占全区的2.01%,对全区的产能贡献较小。

根据外围已开发油藏地质特点,参考石油储量规范和石油行业标准。按区块的单井平均日产油量研究区分为四大类,统计分析储层孔隙度、渗透率、含油面积、地质储量及储量丰度,这些参数呈一定的规律性,见表5-3-1。

表5-3-1 四类井油层地质特征统计表

油井分类	砂岩厚度 m	有效厚度 m	孔隙度 %	渗透率 $10^{-3}\mu m$	含油面积 km^2	地质储量 $10^4 t$	储量丰度 $10^4 t/km^2$
Ⅰ类	14.17	13.02	11.16	3.35	4.00	251.61	62.90
Ⅱ类	15.58	11.71	10.97	1.73	8.82	495.92	56.23
Ⅲ类	14.97	9.69	10.76	1.69	4.83	219.74	45.50
Ⅳ类	13.20	5.26	10.13	1.027	0.94	36.73	39.07
平均/求和	14.48	9.92	10.76	1.95	18.59	1004.00	50.92

Ⅰ类、Ⅱ类、Ⅲ类、Ⅳ类井砂岩厚度分别为 14.17m、15.58m、14.97m、13.20m,平均为 14.48m,砂岩厚度与产能的关系不明显。而四类井的油层有效厚度分别为 13.02m、11.71m、9.69m、5.26m,呈递减关系。四类井的孔隙度和渗透率也呈递减趋势,可见油层的有效厚度、孔隙度对油井的产能有重要影响。

研究区总含油面积为 18.59km²,其中Ⅱ类井含油面积最大为 8.82km²,其次为Ⅲ类和Ⅰ类井,分别为 4.83km² 和 4.0km²,可见Ⅱ类井含油面积大,地质储量高(495.92×10^4t),是下一步挖潜的主要对象。

Ⅰ类、Ⅱ类、Ⅲ类、Ⅳ类井的储量丰度分别为 62.90×10^4t/km²、56.23×10^4t/km²、45.50×10^4t/km²、39.07×10^4t/km²,可见从Ⅰ类井到Ⅳ类井,储量丰度大幅度降低,因此,可以认为,储量丰度低也是油井产能低的一个主要原因之一(图 5-3-4)。

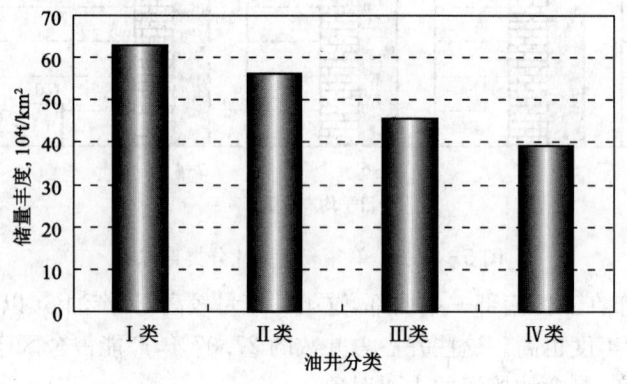

图 5-3-4 四类井储量丰度统计直方图

低渗透油田注水开发实践表明:油藏地质条件是油田开发效果高低的内在因素,开发水平级别是反映油田开发水平高低,开发阶段(油田综合含水高低)则在很大程度上反映油田注水开发调整的潜力和治理方向,目前经济效益又在一定程度上反映措施的调整潜力。综合油藏地质、开发水平、开发程度、综合含水率等因素,对研究区进行的综合分类评价见表 5-3-2。

表 5-3-2 四类井油层综合评价表

油井分类	有效厚度 m	孔隙度 %	渗透率 $10^{-3}\mu m$	地质储量 10^4t	累积产油量 10^4t	采出程度 %	综合含水率 %
Ⅰ类	13.02	11.16	3.35	251.61	32.29	12.83	17.78
Ⅱ类	11.71	10.97	1.73	495.92	30.49	6.15	28.30
Ⅲ类	9.69	10.76	1.69	219.74	18.81	8.56	46.49
Ⅳ类	5.26	10.13	1.027	36.73	1.68	4.57	75.53
平均/求和	9.92	10.76	1.95	1004.00	83.27	8.29	42.03

Ⅰ类井采出程度高,为 12.83%,综合含水率为 17.78%,属于低含水级别;Ⅱ类井采出程度偏低,为 6.15%,综合含水率为 28.3%,属于中低含水级别;Ⅲ类井采出程度较高,为 8.56%,综合含水率为 46.49%,属于中等含水级别;Ⅳ类井采出程度最低,为 4.57%,综合含水率为 75.53%,属于中高含水级别。

总的来看,Ⅰ类井采出程度高,而且含水率低,其开发水平最好。其次为Ⅲ类井,其采出程度相对较高,但含水率相对较高,因此对于Ⅲ类井,在提高水驱控制程度的同时,要注意控制含水率的上升。Ⅱ类井所占的地质储量最多,而其采出程度相对较低,综合含水也不高,因此,Ⅱ类井是今后增产挖潜的主要对象。对于Ⅳ类井,由于其油层薄,储层物性差,地质储量及储量丰度低,因此,这类井的潜力不大,对于高含水井,可以考虑关井或转注。

三、井网适应性分析

1. 储层各向有效驱动距离

研究表明,低渗透油层注水开发方式下,只有当注采井间的驱替压力梯度完全克服启动压力梯度后,有效的注采关系才能建立。因此应研究注水井和生产井之间压力梯度的分布和变化,确定合理的注采井距,从而建立有效的驱替压力系统。

储层渗流阻力与储层渗透率成反比,低渗透储层由于存在启动压力梯度,为非达西渗流,并且渗透率越低,其启动压力梯度越大,渗流阻力也越大。因此低渗透油渗流阻力除要克服水驱渗流阻力外,还要克服因启动压力梯度带来的附加阻力,且渗流阻力大小与启动压力梯度和有效驱动距离成正比。

有效驱动距离就是在油层连通的条件下,在一定的驱动力下能驱动到的距离;当压力梯度等于启动压力梯度时,对应的注采井距为极限注采井距。对西峰油田用25块岩心实验所得数据进行综合,回归得到启动压力梯度与渗透率关系式为:

$$\lambda = 0.0608 K^{-1.1522} \tag{5-3-1}$$

则

$$\frac{p_{\text{inj}} - p_{\text{pr}}}{\ln \dfrac{r}{r_{\text{w}}}} \cdot \frac{2}{r} = 0.0608 K^{-1.1522} \tag{5-3-2}$$

式中 λ——启动压力梯度,MPa/m;

p_{rij}——注水井井底压力,MPa;

p_{pr}——生产井井底压力,MPa;

r_{w}——井半径,m;

K——岩石渗透率,$10^{-3}\mu m^2$。

低渗透储层极限注采井距与驱动压差成正比,与渗透率成反比(图5-3-5)。若储层为各向异性,储层不同注采方向的极限驱动距离也不同。沿裂缝方向最大,垂直裂缝方向最小。

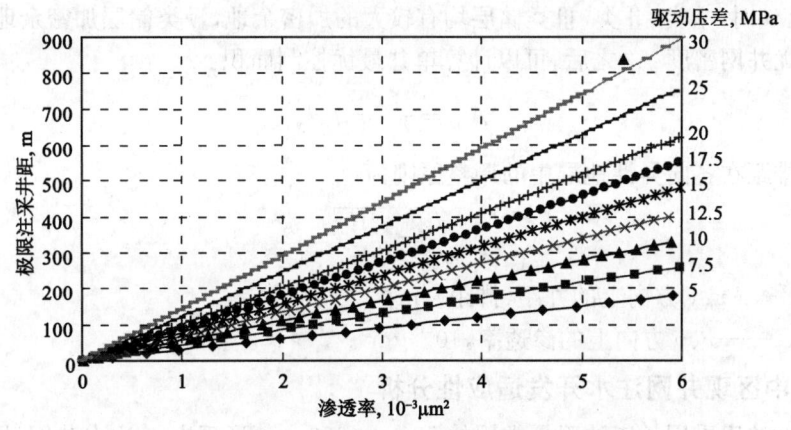

图5-3-5 对西峰油田不同生产压差下极限注采井距关系

2. 白马中区井网密度评价

1)基于单井产能的井网密度

$$S = 10000 \frac{Nv_o}{365 A q_o E_y R_{no}} \quad (5-3-3)$$

式中　S——井网密度，口/km²；
　　　N——地质储量，10⁴t；
　　　v_o——给定采油速度；
　　　A——含油面积，km²；
　　　q_o——给定单井产能，t/d；
　　　E_y——油井综合利用率，取0.95；
　　　R_{no}——采油井数占总井数的比值，取0.6648。

根据目前长8_1油藏的实际开采状况，按2006年10月的采油量计算的采油速度为1.858%，平均单井产量为3.92t/d，工区总开井数为185口(其中油井数为132口，注水井数为53口)，计算得井网密度为10.24口/km²。按单井4.0t/d的产量，采油速度达到2.0%所需的井网密度为12.29口/km²。如果按目前的井网密度，要达到2.0%的采油速度，则单井产量须达到4.7t/d。

2)经济极限井网密度

按钻井成本为1050元/m，投资贷款利率为5.7%，平均单井地面建设投资120万元/口(包括投产作业、压裂等)，四类储层的储量丰度分别为62.90×10⁴t/km²、56.23×10⁴t/km²、45.503×10⁴t/km²、39.07×10⁴t/km²。如标定采收率为20%，原油价格为1500元/t，四类储层的经济极限井网密度为19.54口/km²、17.47口/km²、14.13口/km²、12.13口/km²。现有井网密度为10.24口/km²，则还可以进行加密。

3)合理井网密度

根据不同油价下盈利额与井网密度的关系图版，当原油价格为1500元/t时，四类储层的最优井网密度分别为11.1口/km²、13.3口/km²、10.5口/km²、9.1口/km²；原油价格为2000元/t时，四类储层的最优井网密度分别为13.3口/km²、18.2口/km²、13.3口/km²、11.8口/km²。因此当原油价格为1500元/t时，只有Ⅱ类储层有一定的加密余地；当原油售价高于2000元/t时，Ⅰ类、Ⅱ类、Ⅲ类储层均有较大的加密余地，Ⅳ类储层加密余地不大。

求得最优井网密度f_{opt}之后，可以计算单井最优控制面积：

$$A_{opt} = \frac{1}{f_{opt}} = d_x d_y \quad (5-3-4)$$

井距和排距在各向异性地层中的调整原则为：

$$\frac{d_x}{d_y} = \sqrt{\frac{K_x}{K_y}} \quad (5-3-5)$$

式中　d_x、d_y——x、y方向上的井距(排距)，m；
　　　K_x、K_y——x、y方向上的渗透率，$10^{-3}\mu m^2$。

3. 白马中区现井网注水开发适应性分析

白马中区油田采用长庆油田最常用的520m×350m菱形反九点注水井网，即初期采用菱形反九点注水井网，这种井网的优点是后期便于调整，但从白马中区长8油层的特殊性分析仍存在着一定的不适应性：

(1)储层渗透率低,极限注采井距小,目前注采井距偏大。

(2)窄条带河道砂体,砂体规模小,且储层物性差,在原井网条件下大多区块有30%～40%的砂体因注采不连通而无法建立起驱动体系。主要原因一是,横向上储层连续性差,物性变化快,纵向上隔夹层发育频繁,规律性差,导致注入水波及效率低。二是,井排方向与砂体走向不合理组合白马中区砂体分布近南北向,而井排方向近东西向,砂体走向与井排方向夹角为90°～100°左右。导致研究区油层水驱控制程度普遍较低。长庆油田大多区块在60%～75%,即25%～40%的油层因不连通而无法建立起驱动体系。

(3)原井网对裂缝发育的区块一般能建立起有效驱动体系,但裂缝发育井区的油井容易发生水淹,而裂缝发育差的区块没有足够的驱动力。白马中区的地质特征与董志区类似,裂缝呈近东—西走向,与井排方向基本一致。在现井网中即使是砂体连通,油层也不一定建立起有效的驱动体系,这主要是研究区油层属低、特低渗透油层,存在启动压力梯度。研究表明,当渗透率为 $3\times10^{-3}\mu m^2$ 时,极限井距为300m;当渗透率为 $1.5\times10^{-3}\mu m^2$ 时,极限井距为200m,说明研究区块难以建立起驱动体系。但对注水开发的低油田来说,油井必须具有一定的产液能力才可能获得一定的产油量。白马中区长8油层除Ⅰ类井外,渗透率均小于 $3\times10^{-3}\mu m^2$,研究区由于裂缝不大发育,产液能力较差,320m 注采井距下,除Ⅰ类井基本能满足有效驱动外,其余三类井难以建立有效的驱动压力体系,尤其是随着含水的不断上升,而油井产液能力相对稳定,油井产油量必然下降,造成低效井比例持续增大。

(4)原井网水驱厚度中有部分有效厚度难以有效驱动。由于储层的非均质性,纵向上不同油层渗透性不同,同一油层内渗透性也存在一定的差异,因而其有效驱动的距离不同,也就是说部分油层即使连通也不能被有效驱动。

综上所述,由于菱形反九点注水井网难以适应储层的砂体伸展方向及储层的各向异性,一方面对于裂缝发育的区块,处在裂缝方向上或接近裂缝走向上的注采井间由于裂缝的作用,其渗流阻力小,有效驱动距离远小于井距,油井见效快,含水上升快,而与裂缝垂直或接近垂直方向上,渗流阻力大,油井受效差,注水恢复程度低,油井产液能力低,其开采效果也必然差。另一方面,对于裂缝不发育的低渗透储层,320m 井距有相当部分油藏建立不起有效驱动体系,即使勉强建立起驱动体系也没有足够的驱动力将流体驱向油井,必然造成油井产液量低,供液量不足,采油速度低。

根据研究区的油藏地质、井网及动态实际,从有效驱动体系、水驱控制程度、加密井经济极限井网密度、裂缝与井网组合关系以及合理油水井数比等5个因素,对研究区四类储层的现有水驱井网进行适应性评价见表5-3-3。

表5-3-3　开发区块注水开发适应性评价表

评价结果	评 价 标 准	储层类别	含油面积 km³	地质储量 10^4t	代表井组
注水系统与井网基本适应	储层渗透率较高,整体上基本能建立起有效驱动体系,地层压力保持水平在原始左右;该类储层通过加密和注采关系调整,可以提高水驱控制程度,进而提高采收率	Ⅰ类	4.00	251.61	西31-24 西31-26 西33-28 西24-23 西24-25
井网与裂缝组合相适应	研究区井排方向与裂缝走向基本一致,原井网可以实现线状注水,实现线状注水后油水井数为1:1	全部	—	—	—

续表

评价结果		评价标准	储层类别	含油面积 km³	地质储量 10⁴t	代表井组
注采系统不适应		主力层能建立起有效驱动体系,注采系统不完善,油水井数比不合理,水驱控制程度低于85%	Ⅱ类 Ⅲ类	8.82 4.83	495.92 219.74	西17 西30-31 西30-35
井网不适应	注采关系调整	注采关系调整,可以提高水驱控制程度,进而提高采收率和可采储量	Ⅱ类 Ⅲ类	8.82 4.83	495.92 219.74	西24-27 西32-35
	加密有效益	现井距大于有效驱动距离,有效驱动井距大于经济极限井距	Ⅱ类 Ⅲ类	8.82 4.83	495.92 219.74	西27-20 西26-33
	加密无效益	现井距大于有效驱动距离,有效驱动井距小于经济极限井距	Ⅳ类	0.94	36.73	西22-19 西24-29
合计				18.59	1004.0	

Ⅰ类:注水系统与井网基本适应,通过加密可进一步提高采出程度。该类井共有36口井,地质储量为251.61×10^4t,占总地质储量的25.1%,储量丰度为62.90×10^4t/km²,主要是西31-24、西31-26、西33-28、西24-23、西24-25等井组。

Ⅱ类:注采系统及井网不适应,加密、调整有效益。该类井共有43口井,地质储量为495.92×10^4t,占总地质储量的49.4%,储量丰度为56.23×10^4t/km²,主要有西17、西30-31、西30-35等井组。

Ⅲ类:注采系统及井网不适应,加密、调整有效益。该类井共有46口井,地质储量为219.74×10^4t,占总地质储量的21.9%,储量丰度为45.50×10^4t/km²,主要有西27-20、西26-33等井组。主要为裂缝相对发育、有效厚度较薄的特低渗透和致密油层,主要分布在工区的东北区。

Ⅳ类:注采系统及井网不适应,加密、调整基本无效益。该类井共有8口井,地质储量为36.73×10^4t,占总地质储量的3.7%,储量丰度为39.07×10^4t/km²,主要有西22-19、西24-29等井组。主要为裂缝相对发育、有效厚度较薄的致密油层,主要分布在工区的北部及西部边缘。

四、井网调整优化设计

1. 井网优化

原井网为井距520m、排距180m的菱形反九点井网,如图5-3-6所示。将原菱形井网注水井排中的油井关井即可得到矩形井网;设计将原井网转变为矩形井网和交错排状井网,如图5-3-7和图5-3-8所示。

根据已有的地质模型,采用井距为520m的菱形反九点井网,油井配产为7m³/d的产液量,注水井按照注采比1∶1配注。不同井网形式主要指标对比结果见表5-3-4。

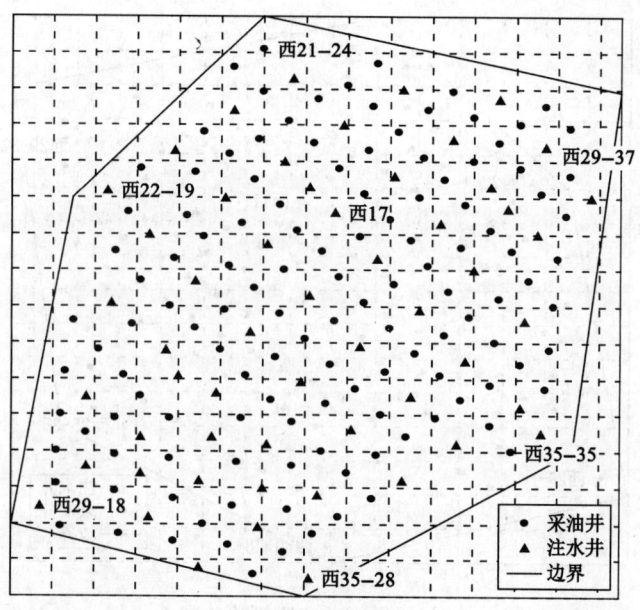

图 5-3-6 菱形井网

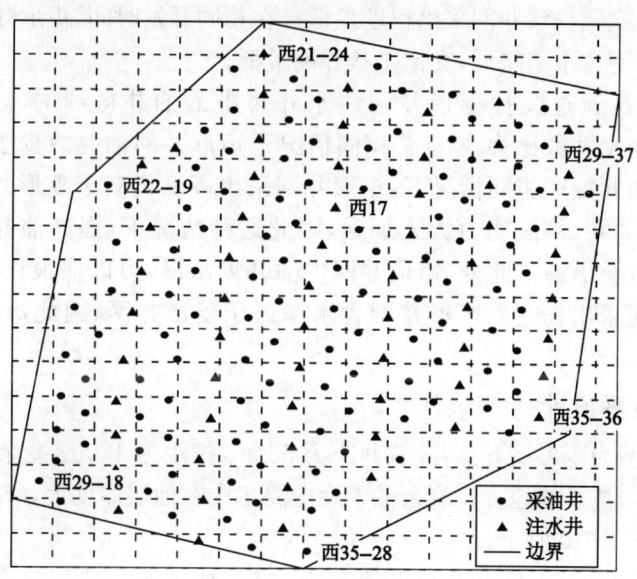

图 5-3-7 矩形井网

表 5-3-4 不同注采比方案计算结果对比

井网形式	原菱形井网	矩形井网	交错排状井网
开发 10 年采出程度 η,%	18.58	19.49	15.29
开发 10 年含水率 f_w,%	78.99	76.85	72.87
开发 20 年采出程度 η,%	22.80	23.70	19.44
开发 20 年含水率 f_w,%	88.32	88.07	83.36
开发 50 年采出程度 η,%	29.06	29.12	26.01
开发 50 年含水率 f_w,%	95.03	95.28	92.43

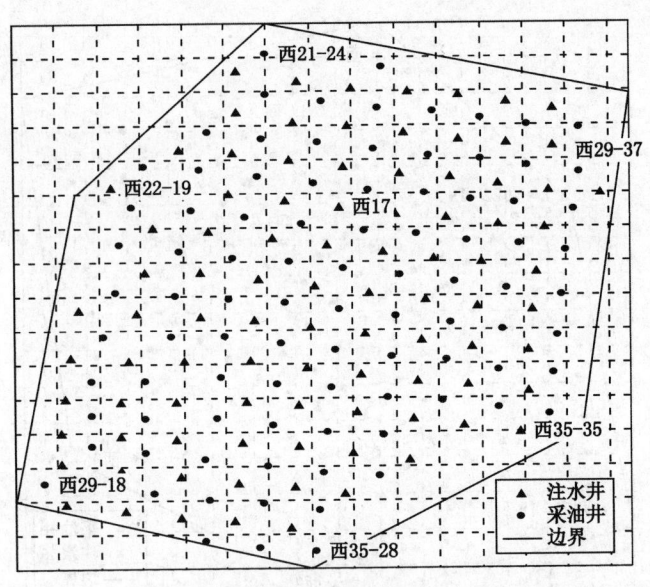

图 5-3-8 交错排状井网

对比在三种不同的注水井网情况下,经过相同的开发时间,矩形井网比菱形井网可以获得较高的采出程度,而交错排状井网采出程度最低。在相同开发时间,矩形井网和菱形井网含水率相差不大,矩形井网含水率略低,交错排状井网最低。

由于矩形井网是通过关掉菱形井网注水井排中的油井得到的,因此油水井数比为2:1,而菱形井网油水井数比为3:1。相同情况下矩形井网油井数少于菱形井网,但在开发相同时间后,在油井配产相同情况下,矩形井网采出程度仍高于菱形井网,而且矩形井网一口水井供给两口油井,供液能力大大加强,因此这种情况下,提高油井的配产,开采效果会更好,采出程度也会更高。此外,矩形井网中油井见水慢,可以在很长一段时间内保持较低的含水率;在相同采出程度下矩形井网含水率低于菱形井网,因此矩形井网还可以提高油田开采年限。

2. 加密调整方案设计

研究区开发井网为菱形反九点井网,井距为520m,排距为180m,剩余油主要分布在菱形反九点井网注入水未波及的地方。剩余油丰度主要集中在油层厚度大,产能相对高的地带,如图5-3-9和图5-3-10所示。

综合考虑剩余油储量丰度富集区和高产能井区,加密井主要部署在工区南部,针对南部部署16口加密井,针对其他区域部署加密井6口,共22口。三种井网加密前后效果对比见表5-3-5。

表 5-3-5 三种井网加密前后效果对比

年限	加密后采出程度增加量,%			加密井平均单井增产油量,t		
	菱形原始	矩形井网	交错排状井	菱形原始	矩形井网	交错排状井
10年	1.32	3.03	1.54	6024	13827.81	7028
20年	1.68	3.15	1.74	7666.91	14375.45	7940.72

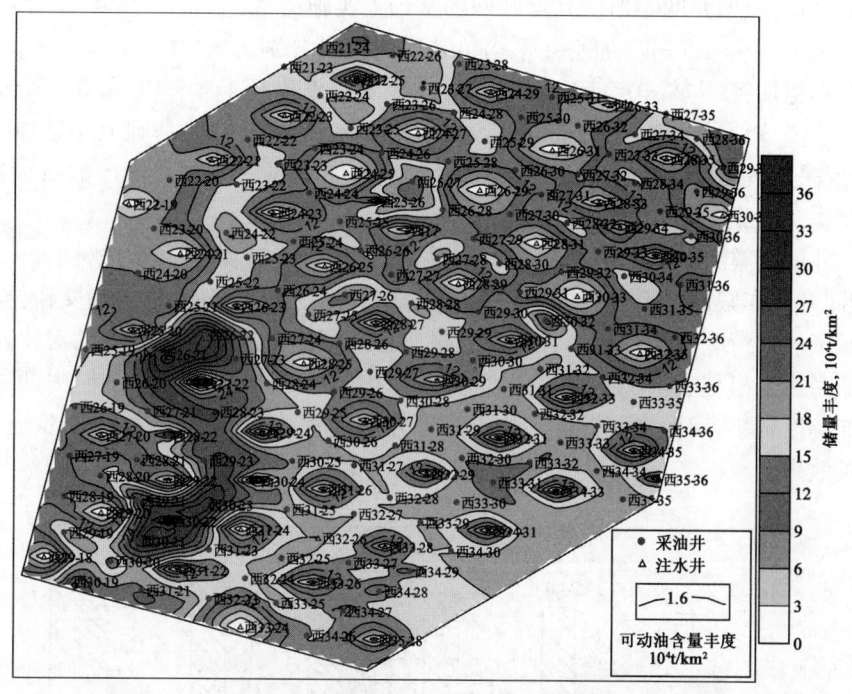

图 5-3-9　当前可动剩余油叠合储量丰度

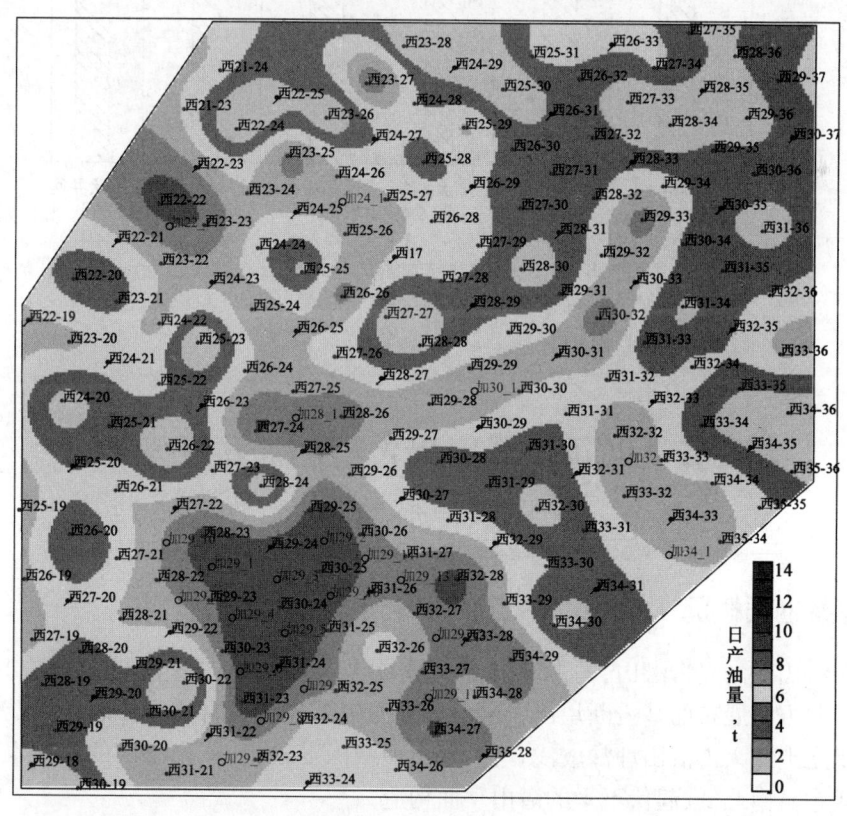

图 5-3-10　月平均日产油量(2006 年 10 月)及加密井位

可以看出,在原始井网菱形反九点井网的基础上实施加密,生产10年和20年的采出程度分别提高了1.32%和1.68%,加密井平均单井增产油量分别为6024t和7666.91t;在矩形井网的基础上实施加密,生产10年和20年的采出程度分别提高了3.03%和3.15%,加密井平均单井增产油量分别为13827.81t和14375.45t;在交错排状井网的基础上实施加密,生产10年和20年的采出程度分别提高了1.54%和1.74%,加密井平均单井增产油量分别为7028t和7940.72t。

将现有井网调整为矩形井网和交错排状井网,通过以上方案进行对比(图5-3-11),可以看出,相同开发年限内矩形井网的采出程度最高,其次为菱形井网,再次为交错排状井网,因此在原井网不加密情况下首选矩形井网。通过三种井网加密前后采出程度的对比,可以看出,矩形井网加密后采出程度增加幅度最大,加密井平均单井增产油量超过万吨,另两种井网的采出程度增加幅度较小,因此加密井网优先选矩形井网加密,即井网整个加密同步进行,可以获得较好开发效果。

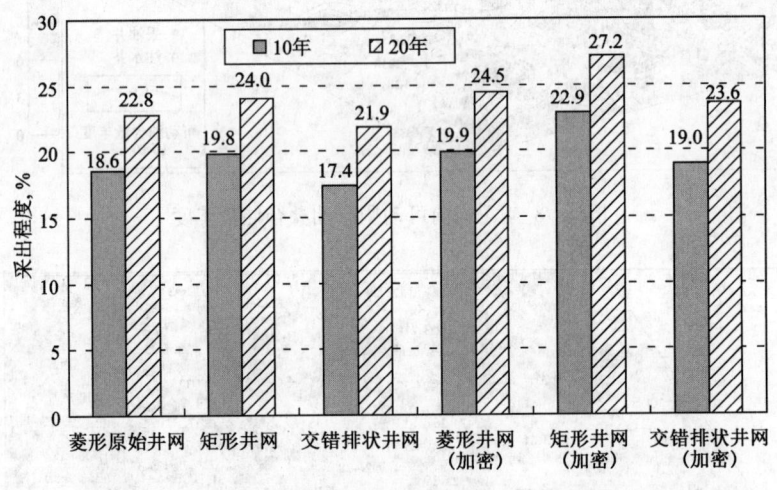

图5-3-11 三种井网加密前后采出程度对比

第四节 兴隆台油田兴古潜山油藏开发设计

一、油藏地质概况

兴隆台潜山是由兴古潜山、马古潜山、陈古潜山及兴古和马古中生界构成,以兴古潜山为最高点向南北方向展布的基岩断块山。潜山顶部为中生界沉积岩及火山岩,后经剥蚀残留在太古界潜山之上。兴古潜山埋深较浅,马古潜山埋藏深度较大,陈家潜山的埋深也相对较大,整体上形成中高南北低、起伏不平的潜山顶面构造。

兴隆台潜山在中生界和太古界共分布有三套油藏:中生界砂砾岩油藏、中生界角砾岩油藏和太古界变质岩潜山油藏。中生界油层分布主要受潜山地层厚度分布及裂缝发育程度控制,目前认为该套油层主要分布于兴隆台潜山，尤以南部最为发育。太古界油藏则在整个潜山均有分布，为受裂缝发育程度控制的块状油藏。

储集空间具有双重介质的特点，主要为构造缝，其次为破碎粒间孔。总孔隙度5.0%，基质孔隙度4.3%，裂缝孔隙度0.7%。基质渗透率小于$1\times10^3\mu m^2$，裂缝渗透率$161\times10^{-3}\mu m^2$。裂缝以中高角度缝为主，方向为NE65°，裂缝在潜山表面及内部均有发育，而且以轴部为应力集中方向。兴古潜山裂缝密度40条/m，裂缝开度10～100μm，陈古潜山25条/m，裂缝开度8～30μm。

兴隆台潜山太古界为具有统一压力系统块状裂缝性油藏，油层从潜山顶部到底部均有发育。油层以兴古潜山最发育，油藏埋深2355～4680m，含油幅度巨大达2300m。试油证实的最低出油底界为4680m。油层分布受潜山地层厚度及裂缝发育程度控制。油藏类型为裂缝性块状底水变质岩油藏。

兴隆台潜山中生界目前未见到水层。马古6块中生界油藏埋深为3900～4680m，油层厚度一般在100m左右。兴古10块储层较发育，油藏埋深为2850～4680m，目前两块试油投产均未见到水层。油层分布受储层物性及裂缝发育程度控制，油藏类型为岩性—构造油藏。

兴隆台潜山太古界和中生界流体性质好，油品为稀油。地面原油密度为0.824g/cm³，黏度为3.52mPa·s，地层水性为$NaHCO_3$型。天然气相对密度平均0.736，甲烷含量平均79.9%，为溶解气。

二、试油试采特征

兴古潜山油藏试采阶段太古界内部完钻51口，投产43口，全块日产油1776t，日产气$44.97\times10^4 m^3$，累积产油$109\times10^4 t$，累积产气$3.42\times10^8 m^3$，采油速度1.78%，采出程度3.32%。中生界完钻4口直井，投产4口，开井3口，日产油47.8t，日产气$1.45\times10^4 m^3$，累积产油$4.51\times10^4 t$，累积产气$1546\times10^4 m^3$。采油速度0.17%，采出程度0.48%。

1. 油藏特征

(1)平面上满块含油。从潜山南部的兴古7-10井到北部的兴古9井，从西部的兴古12井到东部的兴古7-13井部署区内41口完钻井100%见油。兴古潜山产量略高于其他潜山。中生界兴古潜山初期日产油18.8t。

(2)兴古潜山主体纵向上潜山储层划分四段，各段均有产能分布。多数油井具有一定自喷能力，Ⅱ段和Ⅲ段产能较高，且多为百吨井，Ⅰ段井产能相对较差，Ⅳ段仅投产1口井。

(3)非均质性强，产能差异较大。从潜山开发现状看，兴古潜山进入开发阶段，生产井数多，其他块处于油藏评价期。从投产井产量对比，潜山内部井存在一定差异。兴古潜山直井最高产量为兴古7-10井日产油108t，最低的7-4井日产油37.7t。中生界单井日产油量在63～65t变化。潜山内部直井Ⅰ段、Ⅱ段和Ⅲ段初期产量分别为17.3 t/d，24.2 t/d和26 t/d，Ⅳ段只有1口井，初产稳定在60t，表明深层油井产能好于浅层产能。油井千米井深产量为0.6～14.4t/(d·km)。

(4)潜山具有一定的底水能量。从实测地层压力和产量资料分析，该块原始地层压力为45.4MPa，截至2010年4月，累积生产原油22646t，累积产水12655m³，地层压力下降到42.9MPa，单位压降产油量9058t/MPa，单位压降产液量14120t/MPa，反映出天然水体并未对油藏能量提供充足补充。从能量分析图版也反映，该块处于天然能量较不充足区间，底水并未对油藏能量提供充足、有效的补充。

(5)油藏具有一定弹性、溶解气能量,天然能量不充足。主要表现在:

①产量指数递减趋势。潜山中直井呈现指数递减趋势,平均年递减率52.3%,兴古潜山递减率最大,为60.8%,兴古中生界递减最小为36.6%。

②多数井气油比呈上升趋势。生产Ⅰ段的兴古8、兴气9气油比上升。兴气9井初期自喷,日产24.2t,稳定在15t/d。目前气油比呈上升趋势,从211m³/t升至600m³/t,生产半年流压下降8.5MPa。Ⅱ段井兴古7气油比也呈上升趋势,由初期的260m³/t上升到1300m³/t。

③地层压力下降。地层压力下降快,2006年1月地层压力41.2MPa,目前地层压力36.7MPa。

④水平井流动压力已出现下降趋势。兴古7-H2井流压已经从初期投产时的30.4MPa降到29.1MPa;同样,兴古7-H3井流压由28MPa降到26.5MPa。

根据油藏天然能量评价标准,兴古潜山油藏天然能量不足。据兴古潜山高压物性资料和经验公式计算,弹性采收率为4.55%,溶解气驱采收率为9.55%,弹性和溶解气驱采收率合计14.1%,此外兴古潜山油藏含油幅度巨大,采收率应考虑重力驱作用,计算重力驱采收率3.24%。

2. 油井生产特征

(1)水平井生产能力高,初期产量比直井高3.0倍,鱼骨井是直井的3.6倍。生产压差只有直井的14.7%~45.1%,采油指数是直井的6.6~27.3倍。

(2)水平井产量稳定,而直井递减快。如直井兴古7-1井自喷11个月累积产油近5000t后就已转入下泵生产,而邻井水平井H204井已累积产油62000t,仍然产量稳定。

(3)水平井提高了裂缝钻遇率和油层钻遇厚度。按照兴古潜山平均裂缝分布密度,水平井裂缝钻遇率较直井高3倍以上,且大斜度水平井兼有直井钻穿不同层段裂缝、风险小和对不同倾角裂缝的适应性好的优点。因此对于中高角度裂缝为主的油藏,水平井、大斜度水平井较为适用。

(4)水平井有利于高速高效开发。兴古潜山水平井投入开发后仅16个月,采油速度由0.09%提高到2.52%,增加了28倍。如果完全利用直井开发,按照每个月投产1口井,日产油仅为248t,不到目前的三分之一,采油速度仅为0.39%。

(5)生产数据及压力测试分析,井间干扰不明显。兴隆台潜山目前已经完成3组13口井的井间干扰测试。测试结果表明井间压力有传导,但是并未存在显著干扰。统计同一平面相距300m(等于合理井距)的8对相邻水平井和上下相邻的9对水平井,最长生产时间已经3年,产量和气油比都没有相互干扰的迹象。

(6)油层具有一定的吸水能力。兴古7井于2009年4月至8月7日连续注水108天,目前测试关井。井口注水压力8~10MPa。初期最高日注水量达173m³,油压力15MPa,视吸水指数28.3m³/(d·MPa),平均日注水37m³,已累积注水4029m³。随着注入压力的增大,吸水能力增强。

(7)储层受到一定程度的污染,影响油井的产能。地层测试结果表明,油层污染严重,表皮系数较大。加强油层保护工作,可进一步提高油井产能。

三、先导试验开发特征

1. 开发试验设计

试验区选择:油层厚度最大、开发难度大;发现时间早,地质认识程度高;有一定的面积、储量,代表性强;有利于井型、井网及开发方式的分步研究。

开发试验区位于兴隆台潜山中部的兴古 7 潜山油藏,含油面积 7.84km^2,地质储量 3035.73×10^{4}t。初期有各类井 6 口,其中探井 2 口,为兴古 7、兴古 8,评价井 3 口,为兴古 7-1、兴古 7-3、兴古 7-4,开发井 1 口,为兴气 9。

试验区开发设计原则:合理、高效、可持续开发;积极进行动静态资料录取,分析、评价油藏天然能量大小,确定合理的开发方式,合理开发井网和井距;在大井距直井控制、认识油层、降低开发风险的基础上,充分应用新技术,实现少井高产;进一步认识变质岩潜山油藏生产规律,确定合理工作制度。

开发试验主要内容:优化井型、研究合理井网、确定合理井距、合理开发方式,为其他油藏工程、采油工程等设计提供可靠资料。

选择最厚的兴古 7 块为开发试验区。重点解决三个问题:一是如何提高单井产量问题,二是如何较快实现整体开发问题,三是如何实现城区内安全环保问题,首选水平井作为试验井型。

2. 开发试验效果

2007 年第一口水平井兴古 7-H1 井投产,7mm 油嘴生产,日产油 150t。其次利用大量的取心、测录井资料,在纵向上划分出四段七层裂缝发育段,设计了七层水平井开展试验。经过三年的试验得出以下结论:

一是水平井及复杂结构井由于单控储量增加,井数减少 61% 以上,并获得了较高的生产能力,提高了单井产量,水平井投产初期日产油 80t/d 以上,复杂结构井初期日产 97t,分别是直井产量的 3.0 倍和 3.6 倍,采油指数分别是直井的 6.6 倍和 24.3 倍,生产压差仅为直井的 1/2 和 1/7。

二是获得了较好的经济效益,第一批投产的 4 口水平井(兴古 7-H1、兴古 H2、兴古 H3、兴古 H5 井)19 个月内累积产油 19.9×10^{4}t,收回了钻井投资,这期间单位操作成本不到 100 元,实现了高效益开发。

三是七层水平井可以较快实现整体开发。创新设计了水平井、鱼骨井纵叠平错立体井网、井距 300～500m,水平段长度 800～1000m,单控储量在 60×10^{4}t 以上。3 组 13 口井的井间干扰试验结果表明,压力有传导、产量无干扰,试验区设计的井网、井距较为合理,七层水平井可以满足整体开发的需要。

四是与直井相比,大幅度减少了井数并降低了低效井的比例。采取直井试验区需要部署 100 口井,用水平井仅需 39 口。在已实施的 27 口水平井中低效井仅有 2 口,所占比例仅为 7%,远远低于直井低效井比例 23 个百分点。

四、油藏工程设计

1. 开发层系

1)开发原则

兴古潜山油藏的开发原则为坚持科学、有效、可持续发展和安全、环保、适用、配套;以经济效益为中心,少井高产,高效实用;充分应用复杂结构井等新技术,提高原油储量动用程度;合理利用天然能量,适时人工补充能量,提高采油速度和采收率;优化平面、纵向井距、井网、井型等各项设计,提高开发水平;建立、完善动态监测系统,掌握油藏开发动态,便于开发调整;适应油田开发阶段要求,发展配套钻井、采油、地面等工程设计和工艺技术系列。

2)开发层系的采用

开发实践表明,针对油藏类型为具有块状特点的裂缝性油藏,由于裂缝较发育,具有统一的温度和压力系统的特征,大部分油藏均简化开发层系而采用一套层系开发。

兴古潜山不存在大范围稳定分布的隔层,角闪石岩脉等裂缝不发育层的分布范围在平面上十分有限,不能够像泥岩隔层那样完全阻隔上下段流体渗流。潜山油层巨厚,内部还是一个整装油藏,因此该油藏适合一套层系分段开发。

兴隆台潜山太古界为裂缝性块状底水变质岩潜山油藏,中生界油藏类型为岩性—构造油藏,油藏具有太古界和中生界两套含油层系,均具有统一的温度和压力系统,各采用一套层系开发。

2. 注水开发方式

为适应高速开发和高产稳产的要求,我国大多数潜山油藏采用早期注水保持压力的开发方式。对全球 10 个主要变质岩潜山油藏统计,采收率最高达到 54%,平均为 28%,平均井距为 507m,最小井距为 200m。选取其中 5 个油田,储量最大的为 8.2×10^8t,采收率最高的为 54%,早期都是采用直井开发,开发方式以注水居多。从裂缝性油藏开发方式统计,注水与水气替注的占 81.7%,注采井数比 1:3 居多。

兴隆台潜山油井初期虽然具有自喷能力,但天然能量不足。裂缝性潜山油藏压力的下降将导致裂缝宽度变小或闭合,渗透率降低甚至急剧下降,丧失流动能力,油井产量也就随之降低。对于裂缝性潜山保持油藏压力开发至关重要,应及时补充地层能量。地层压力下降,造成油藏大量脱气,原油黏度会急剧增加,注水开发后会造成注入水指进,严重影响油藏采收率。

裂缝产状以中高角度网状缝为主,有利于提高注水波及体积;从水敏、速敏、润湿性等方面分析,属于亲水、弱水敏、弱速敏、中等偏弱盐敏,适合注水开发;油品性质好,原油黏度 0.384mPa·s,油水黏度比约为 1.0,注水开发将取得较好效果;预测兴隆台潜山注水开发可获得较高采收率,其结果为 23.2%,比一次采收率 14.9% 提高 8.3%,注水潜力大,因此有必要注水开发。

根据油藏地质特征和开发试验设计研究及实践,确定开发方式为充分发挥天然能量、适时注水开发。兴古潜山底部采用注水、逐层上返方式开发。

3. 井型与水平井主要参数

1)井型

直井主要用于有利储集岩认识和控制、减少水平井部署风险,同时用于注水早期试验、试注,后期上返采油。

大斜度水平井用于提高采油速度和采收率,保证较高产能。大斜度水平井兼有直井钻穿不同层段裂缝的优点,同时对不同裂缝倾角油藏都适应;根据裂缝理论分布统计,水平井可提高裂缝钻遇率和油层钻遇厚度,对于以中高角度裂缝为主的油藏,大斜度水平井较为适用。

鱼骨井有利于提高注水波及系数,而且该井型提供了一种以较低压力注入相同体积流体的工具,在提高注入速度,保证有效及时补充地层能量的同时,降低注水强度,避免因注水压力太大而沿着某些裂缝暴性水窜。

油藏数值模拟研究表明,单纯直井注水,难以充分补充地层能量、产量下降快,采收率虽然较天然能量开发有所增加,但达不到全面注水开发采收率,需要选择水平井在底部整体注水,营造人工底水开发；鱼骨井底部注水，相对于直井能够降低注入压力、增大注入量，保证注水层段实现真正的底部注水，提高注水波及系数。

若油藏埋藏较深，可以选择较大规模部署复杂结构井，以减少垂直井段钻井费用，复杂结构井在平面上部署，主井部署位置通常与常规水平井网相似，同时考虑分支井对侧向储量的控制程度。

2）水平井主要参数

（1）主井段长度。物模结果表明，长水平段的开发效果优于短水平段，裂缝与水平井夹角约为45°较垂直关系的采出程度高；利用油藏工程方法，随着水平段长度的增加，三大阻力增加、产量提高幅度减少。水平井主干段长度确定为800～1000m。

（2）端点位置关系。根据岩心统计，兴古潜山构造裂缝发育方向为NE65°，构造裂缝以中高角度裂缝为主，成像测井解释也反映了裂缝在20°～70°倾之间较为发育。因此为贯穿更多裂缝，设计水平井的方位与裂缝发育方向成45°。地面井场条件较完善地区可全面考虑采用反方向部署，反方向部署留待今后加密调整时应用。兴隆台油田由于地面条件复杂，反方向部署或是同向部署还要依据可用的井场条件确定。

（3）分支数和分支夹角。鱼骨井近井油藏地带等势线分布与生产段的形状有着直接的关系，且分支井眼与主井眼存在相互干扰现象。随着分支数的增加，鱼骨井的产能随之增加，但是增加的幅度逐渐变缓，分支对主井筒的影响越大，流入量减少得越多；因此总钻井长度一定的情况下分支数不要超过3条，而且同侧分支较好。鱼骨井无论主井筒生产还是不生产，随着分支与主井筒夹角的增加，产能随之增加，但是分支角超过45°后产量增加的幅度不大。主要原因是分支角度超过45°，对汇合点后的主井筒影响逐渐减小，但是对汇合点前的主井筒影响逐渐加大。

针对兴古潜山巨厚块状油层开发的难点，为获得较高的产能及较好的经济效益，选择技术成熟、钻井周期短的直井控制认识油层，以利于减少水平井的部署风险，应用水平井或鱼骨井开发主力层段，可以达到较高的裂缝钻遇率，油层动用程度高。结合现场实际和钻井工艺要求水平井设计主干段长800～1000m，分支数为2～3个，分支长为200～300m，夹角为20°，每250～300m设计1条分支。

4. 井网和井距

依据兴古潜山地质特征及油藏特点同时考虑到储层发育变化特点及地面复杂条件，确定平面上直井选择正方形井网控制油层，纵向上多段开发，每段根据油层集中发育段选择大斜度水平井开发，上下两井交错分布。

1）平面井距

根据储层物性参数，利用曲线交汇法计算油价为2039元/t时，合理井距295m，经济极限井距135m。从合理井网密度分析，如果全部采用直井开发，合理井距应该在350～400m，顶部还要密一些，但单纯为控制和认识油层，井距就可以大一些。数模结果分析，水平井平面井距在300m左右，油层动用更充分。兴古潜山油藏第Ⅲ段部署8口常规水平井，8口复杂结构井，如图5-4-1所示。

2）纵向井距

对于含油幅度超过2300m的潜山油藏，在井网的纵向划分上确定采用4段部署，第一层距潜山顶面约300m，为水平井，初期采油，后期可以转为水平注气井提高采收率；底层采用鱼

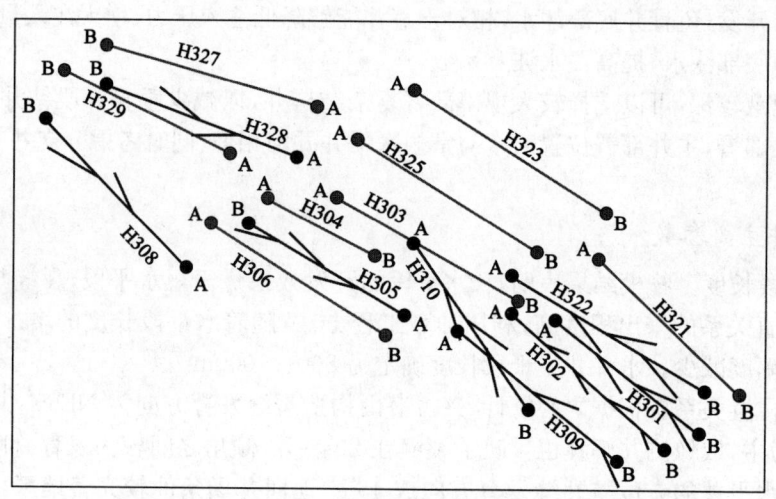

图 5-4-1 兴古 7 潜山油藏第Ⅲ段水平井平面部署

骨井,初期排液采油,之后转为注水井,补充油藏能量。中间分别每段内部署 2 层复杂结构井,每层井的垂向距离保持在 200m 左右。对巨厚块状油藏采用多层叠置水平井部署方式,主要依据如下:

(1) 符合整体评价、整体开发要求,能够满足提高采油速度需要。

(2) 油层巨厚。通过试油、试采认识到,潜山埋深从 2355～4680m 都获得工业油流。2000m 以上的油层用一层水平井开发将带来四差一低:储量控制程度低、储量动用程度低、采油速度低、采收率低、注水效果差。

(3) 储层发育具有非均质性。特别是纵向上,从测井解释等认识到有多个主要裂缝发育段,存在分段开发的地质依据。

(4) 开发方式合理。采用多层交错叠置底部注水开发,采收率将达到 23.2%,可采储量将增加 834.2×10^4 t。

裂缝性油藏注水中,重力将发挥重要作用,毛细管压力作用可忽略,流动条件符合达西定律,属于自下而上的重力排驱过程。一套水平井开发,当油水界面升至油井底,水驱过程就将难以进行,将在油藏上部形成连续分布的死油区,即"阁楼油",而且要求的注采压差大,且不容易见效,不能形成连续界面,注水波及体积小,水驱采收率低。采用多层段部署,注入水可以形成由底而上逐级托进,降低了注采压差,有利于控制水锥高度,特别是通过同段相邻水平井平面上错开 100～150m 平行部署,变线性脊进为带状台阶式托进,将会大大提高水驱波及系数,增加储量控制和动用程度,减少阁楼油体积,提高水驱采收率,如图 5-4-2 和图 5-4-3 所示。

基于兴隆台潜山油藏长含油井段地质特点的"四段七层、纵叠平错"水平井、复杂结构井组合的立体开发井网模式,如图 5-4-4 所示。

五、方案部署及主要指标

1. 方案部署原则

坚持储量落实、产能落实、效益优先,优先部署和实施地质体认识清楚、储量品位高的油藏部位;以兴古潜山为主体,陈古、马古潜山和兴马中生界为有效接替,保持较长稳产时间;水平

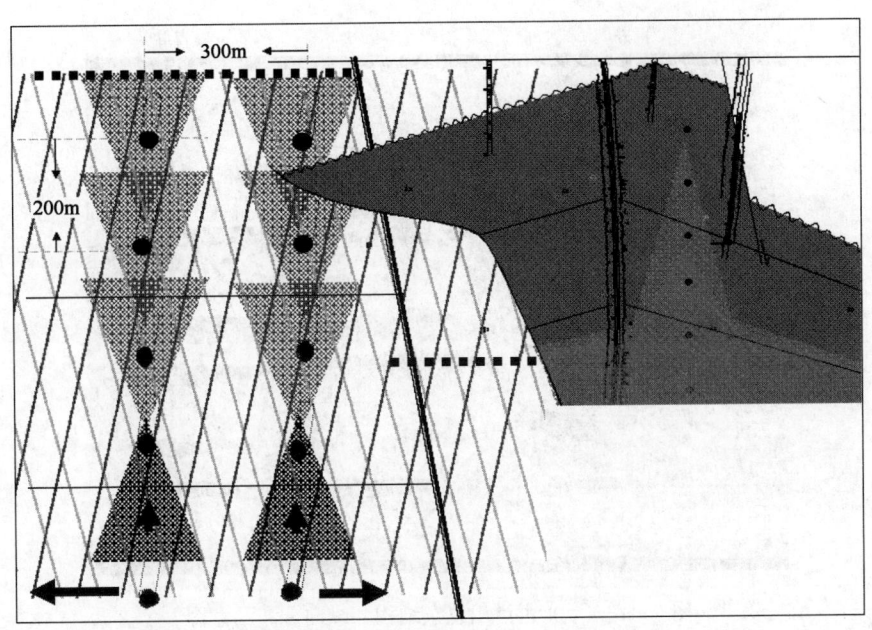

图 5-4-2 正对叠置部署水平井示意图

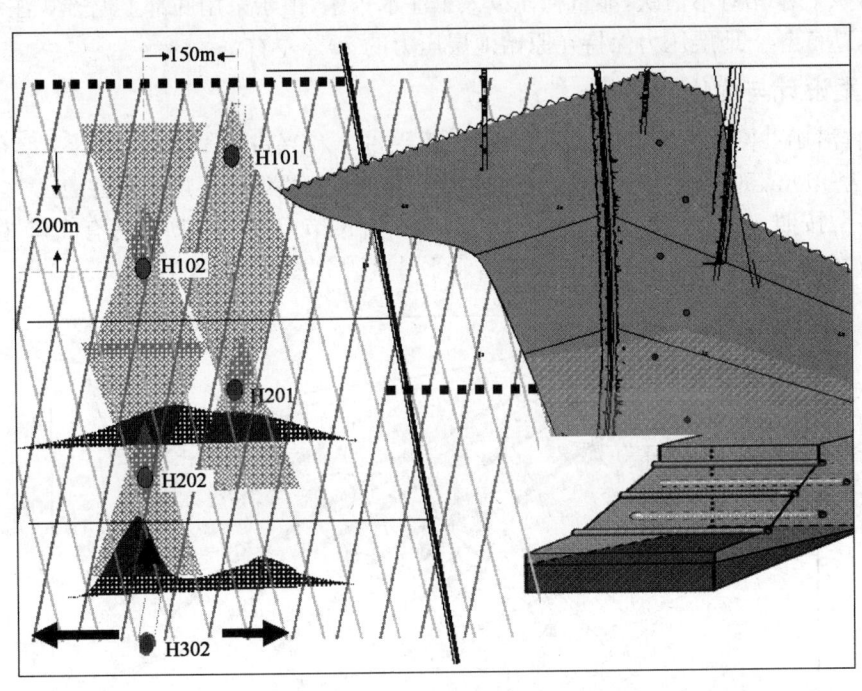

图 5-4-3 交错叠置部署水平井示意图

井单控储量大于 $60×10^4$ t，直井大于 $20×10^4$ t，确保方案具有良好的经济效益；满足开发方式等各项工程设计和动态监测要求。

兴隆台潜山油藏构造和油层分布存在"三大"特点，潜山面高差变化大，统一油水界面之上的含油高度差异大、有效厚度差异大。要求潜山油藏分段、段数多少以及与注水方式的匹配，需要根据地质特点，特别是油层纵向发育的特点进行优化。

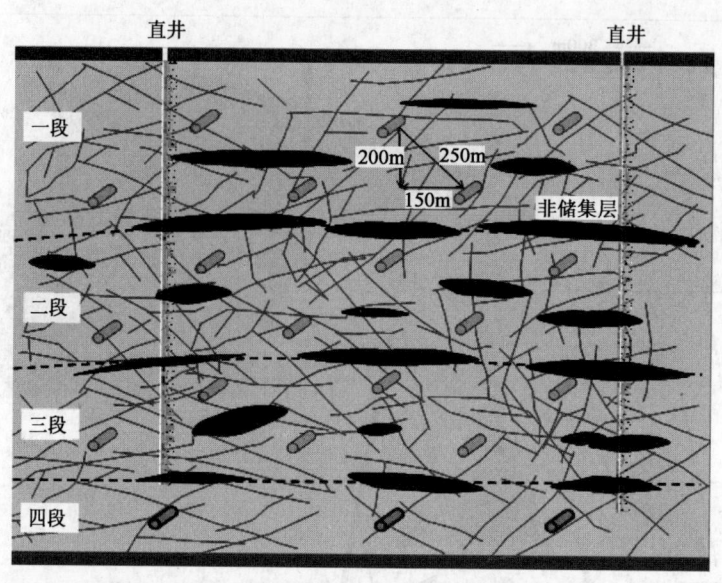

图 5-4-4 兴古潜山复杂结构井纵向分布示意图

在兴古潜山,含油高度为 800~2300m,水平井、鱼骨井的部署层数从 2 层至 7 层不等。由于油层巨厚、底水相对不活跃,能量补充以人工注水为主,由于采用底部上返方式注水,无水采油期较长,达 5 年。地层压力保持在原始地层压力的 70% 左右。

2. 方案设计与优化

在兴古潜山井网比较完善的开发区域,包括兴古 7 和兴古 7-12 块,设计 4 套部署方案,井距分别为 400m、500m 和 600m,以及在井距为 500m,每段设计 1 层水平井。

方案一:按照 500m 方案设计,直井 20 口,处于井网节点上 15 口井,另有 5 口井不在井网节点上,方案中可以利用 17 口,分 4 段部署水平井 71 口(图 5-4-5)。

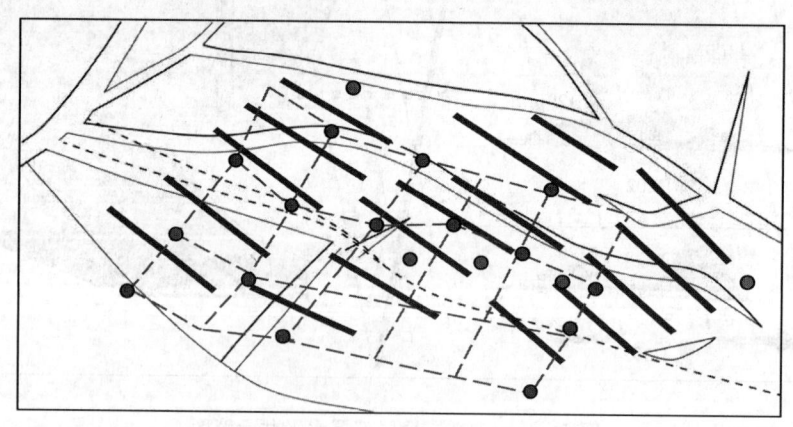

图 5-4-5 兴古 7 块井网分布图(500m)

方案二:按照 400m 方案设计,直井 20 口,处于井网节点上 11 口井,另有 9 口井不在井网节点上,方案中均可利用,分 4 段部署水平井 86 口(图 5-4-6)。

方案三:按照 600m 方案设计,直井 20 口,处于井网节点上 7 口井,另有 13 口井不在井网节点上,方案中可以利用 11 口,分 4 段部署水平井 58 口(图 5-4-7)。

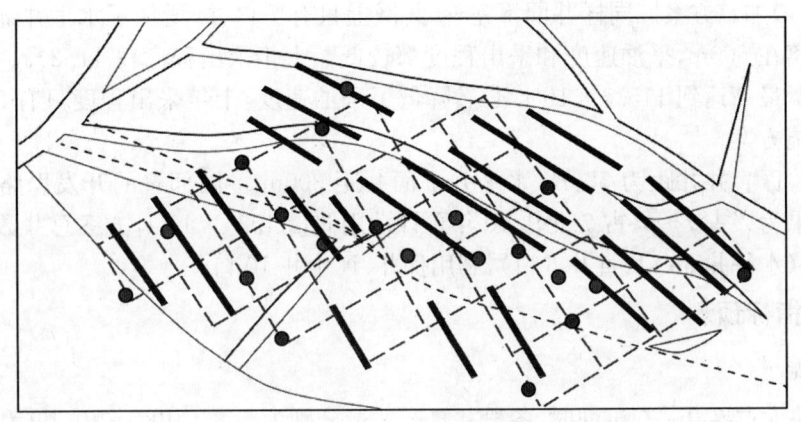

图 5-4-6　兴古 7 块井网分布图（400m）

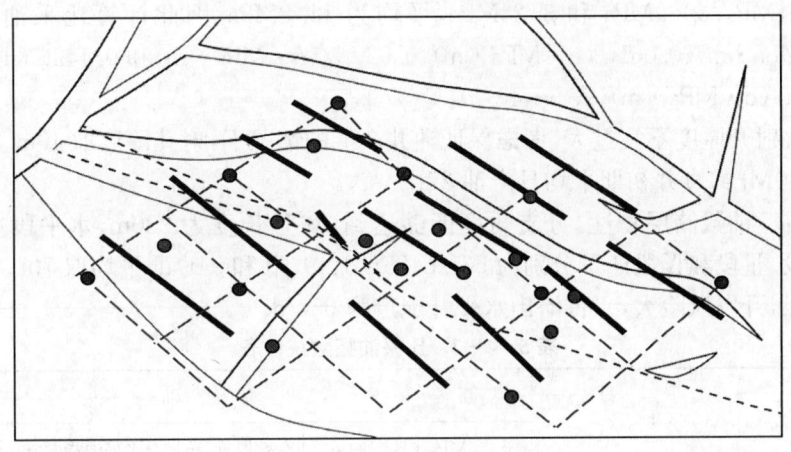

图 5-4-7　兴古 7 块井网分布图（600m）

方案四：在方案一的基础上，井距为 500m，每段设计 1 层水平井，共部署水平井 34 口。

从合理井网密度分析，如果全部直井开发，合理井距应该在 300～350m，顶部要密一些，但是如果单纯为了控制和认识油层，井距可以大一些，比较 400m、500m、600m 井距，处于井控制的井数分别是 45％、75％和 35％。

四套方案的开发指标对比见表 5-4-1。

表 5-4-1　兴古潜山各套方案开发指标对比表

方案	水平井口	直井口	单井控制储量，10^4t		动用储量 10^4t	初期年产油量 10^4t	稳产时间 a	十年累积产油量 10^4t	十年采出程度 ％
			水平井	直井					
方案一	71	17	55.3	20	4268	76.6	5	674.2	15.8
方案二	86	20	45.0	20	4268	76.6	5	695.0	16.3
方案三	58	11	69.8	20	4268	57.4	3	477.9	11.2
方案四	34	17	115.5	20	4268	48.9	3	422.4	9.9

对比各方案，得出以下结论：方案二与方案一相比，尽管井数增加，但是井网并不完整，不到 50％的井网节点上有井，降低了对油层的控制能力；而且水平井数随之增加，单控储量下

降,钻井投资增加。方案三同样井网不完善,井网上只有 7 口井,增加了水平井部署风险。水平井井排距离在 600m,采油速度和采出程度都较低。十年采出程度仅 11.2%。方案四的水平井单控储量最高达到 $115.5×10^4$ t,必然降低了采油速度,十年采出程度只有 9.9%。因此方案一为实施方案。

按照试验区直井井距为 500m,水平井平面井距 300m 多层部署的开发思路进行整体部署。部署结果为兴古 7～兴古 7 北块 10 年预计动用储量 $4925×10^4$ t,方案总井数 84 口,其中开发井 74 口(水平井 68 口、直井 6 口),利用探井、评价井 10 口。

3. 开发指标预测

1)单井配产

兴古 7 块太古界直井在试油时,各段井日产油量分别为 5.83t、40.1t、10.19t 和 22t,平均为 19.53t,有效厚度分别为 10m、43.2m、15.3m 和 48m,平均为 29.1m,生产压差分别测得为 17.8MPa、15.1MPa、22.9MPa 和 3.23MPa,平均为 14.8MPa,因此计算比采油指数分别取 0.033t/(d·MPa·m)、0.061t/(d·MPa·m)、0.029 t/(d·MPa·m)和 0.142t/(d·MPa·m),平均为 0.066t/(d·MPa·m)(表 5-4-2)。

考虑一次射开厚度不宜过大,考虑保证油井产能的情况下,射孔厚度取 40m。直井的稳定生产压差取 10MPa,直井初期平均日产油 25t。

基于兴古 7 油藏储层物性,分支角度能够达到 20°且长度为 280m,水平段主干为 800m 时,Ⅰ段、Ⅱ段、Ⅲ段和Ⅳ段产量分别为 53t/d、85t/d、49t/d 和 94t/d,平均取 70t/d。考虑到油藏非均质性强,开发风险大,兴古潜山水平井配产为 65t/d。

表 5-4-2 比采油指数统计表

分段	井号	井 段	试 油			
			压差,MPa	日产油量,t	有效厚度,m	比采油指数,t/(d·MPa·m)
Ⅰ段	兴古 8	3719.1～3733.1m	17.8	5.83	10	0.033
Ⅱ段	兴古 7	3653.5～3592.0m	15.1	40.1	43.2	0.061
Ⅲ段	兴古 7	4014.5～3978.2m	22.9	10.19	15.3	0.029
Ⅳ段	兴古 7-10	4586.0～4633.7m	3.23	22	48	0.142
平均			14.8	19.53	29.1	0.066

2)开发指标

根据油藏工程设计进行开发部署,兴古 7～兴古 7 北(Ar)方案预计实施各类井 84 口,其中利用探井评价井 10 口注水及动态监测。开发井 74 口(水平井 68 口,直井 6 口),目前完钻 29 口(直井 5 口,水平井 24 口),待钻 45 口,分 3 年内全部实施,全区累积建产能 $123.7×10^4$ t,各年新钻单井稳产期为 3 年。2012 年开展水平井的试验注水,同年达到最高采油速度 1.8%。预测区块稳产时间为 7 年,到 2019 年全块年产油在 $50.2×10^4$ t,采油速度为 1.0%,采出程度为 16.1%。

练 习 题

1. 试从流体性质的差异性论述稠油油藏和常规稀油油藏井网密度的差别。

2. 试通过分析蒸汽驱汽腔发育特征说明建立采注比大于 1 的合理性。

3. 热容量是指单位体积的物质升高或降低 1℃时吸收或释放的热量。油层岩石其中只饱和原油,已知油层孔隙度 ϕ,岩石固相密度 ρ_R,原油密度 ρ_o,岩石固相的比热 C_R,原油的比热 C_o,试推导油层岩石的热容量表达式,并定性说明油层受热升温时,能量主要消耗于加热岩石的固相部分。

4. 若油井存在某种作业措施,油层措施半径 r_s,油层厚度 h,措施油层渗透率不变为 K_o,措施作用区和原始区原油黏度分别为 μ_{os} 和 μ_o,措施作用区和原始区均为稳定渗流,油井半径 r_w 处压力为 p_w,供给半径 r_e 处压力为 p_e,试利用渗流力学知识推导二区复合油层油井产量公式,并利用该产量公式分析油井存在某种措施时的产量与相同油层条件下未采取措施时的产量大小。

5. 已知稠油油藏注蒸汽开发单元的累积产油量(N_p,10^4t)和累积注汽量(Z_s,10^4t)之间满足关系 $N_p^{-1} = Z_s^{-1} + 1.2 \times 10^{-3}$,推导 N_p 与周期油汽比 R_{os} 之间的关系,并计算极限周期油汽比为 0.2 时的累积产油量。

6. 论述实施油田开发过程中差异化调整的注采井配产配注设计方法。

7. 已知稠油油田为 200m×141m 方形井网,测试单井采液速度为 60m³/d,油层厚度为 9.7m;若井组注汽强度为 1.8t/(d·ha·m),井组采注比为 1.2,试分析该稠油油田选择蒸汽驱反五点法、反七点法和反九点法井网的适应性。

8. 如图 5-5-1 所示,均质油层中的注采两端为 A 井和 B 井,井距为 L,已知注水驱油分流量(或含水率)方程为:

$$f_w(L) = \frac{\dfrac{K_w}{\mu_w}}{\dfrac{K_w}{\mu_w} + \dfrac{K_o}{\mu_o}} \left\{ 1 + \frac{K_o}{\mu_o} \frac{A}{q_t} \left[\frac{dp_c}{dx} - g(\rho_w - \rho_o) \sin\alpha \right] \right\}$$

其中,g 为重力加速度(常数),A 为渗流截面积(常数),q_t 为总产液量(常数),α 为油层倾角(常数),ρ_o 和 ρ_w 为油和水的密度(常数),f_w 为分流量(或含水率),K_o 和 K_w 为油和水的有效渗透率,μ_o 和 μ_w 为油和水的黏度,p_c 为毛细管压力。论述倾斜断块油藏一注一采方式的合理注采位置。

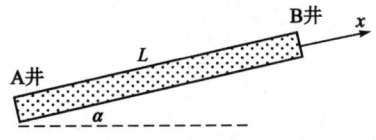

图 5-5-1 注采示意图

9. 如图 5-5-2 所示,正四边形和三角形复杂断块油藏,油层无倾斜,其中方形断块区域含油面积为 0.28km²,适宜部署五口井;正三角形断块区域含油面积为 0.17km²,适宜部署四口井,试在相应图中画出合理注采井网。

10. 如图 5-5-3 所示,裂缝性油藏低部位注水,高部位采油,假定油水为活塞式驱替。原油在束缚水和水在残余油条件下的相对渗透率取图中相渗端点,水黏度为 1mPa·s,原油黏度为(个人学号最后一位+3)mPa·s。

(1)若 Δp 为注采压差，H 为高度差，μ_o、μ_w 为油和水的黏度，ρ_o、ρ_w 为油和水的密度，K_o、K_w 为油在束缚水和水在残余油条件下的有效渗透率，g 为重力加速度。试推导注入水不会窜入油井的条件为 $\sigma_2 = \dfrac{\Delta p}{H}\left(1 - \dfrac{K_o \mu_w}{K_w \mu_o}\right) < g(\rho_w - \rho_o) = \sigma_1$。

(2)已知水密度为 $1000 kg/m^3$，原油密度为 $650 kg/m^3$，若注采压力梯度为 $1.5 MPa/100m$，判断注入水是否侵入油井？

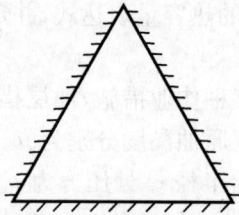

图 5-5-2 正四边形和三角形复杂断块油藏

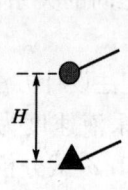
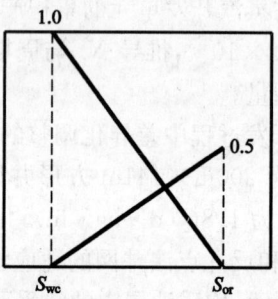

图 5-5-3 裂缝性油藏

第六章
油藏经营管理

　　油田从发现至枯竭要经历几十年甚至更长的时间。油田开发是一个不可逆的过程，属于人力密集、资金密集、技术密集型产业，高投入、高风险，影响因素和不确定因素太多。

　　为了应对目前油气田开发技术难度日益增大的问题，各油气公司都在广泛应用新技术的同时，积极变革油气田的管理模式，国外石油公司积极倡导以项目管理为主要形式、多学科协同攻关为主要特征的油藏经营管理，并取得了显著效果。据统计，世界油气储量的增长有3/4左右来自于加强管理的效果。

　　在油田发现到开发终结过程中，自始至终都贯穿着对油藏特性的重新认识，不断地监测、测试、收集资料，进行开发分析，更新开采方式，实现开采阶段的转移、开采对象和开采工艺的转变。在此过程中都要贯穿现代油藏经营管理的思想，以尽可能低的成本，从油藏中获取最大量的经济效益。油藏经营管理在油藏开发的不同阶段，关注点也不尽相同。在技术管理中，要充分重视各学科专业在现代油藏经营管理中的作用，发挥多学科多专业的协同优势。

　　按照油气资源勘探开发的历程可以将油藏经营管理划分为四部分，即油藏勘探过程的经营管理、开发建设阶段的经营管理、开发生产过程的经营管理、资本退出阶段的经营管理。

　　(1)油藏勘探过程的经营管理。勘探过程是油藏发现和油气储量的探明过程，其经营管理主要是通过油藏发现过程的油藏评价、油气储量成本估算、价值评估及管理，实现勘探开发一体化、油气储量价值化和储量内部市场化管理，提高油气储量价值的转化率，降低油气勘探成本，提高油气勘探的经济效益。

　　(2)开发建设阶段的经营管理。开发建设过程是扩大油气再生产能力的过程，经营管理主要是通过油藏开发建设方案的研究、编制、评估和优化，建设过程的项目化管理，实现投资决策的优化和投资效益的最大化。

　　(3)开发生产过程的经营管理。油气生产过程是指油气的提升、处理、加工和集输过程，属于简单再生产范畴，经营管理主要是在合理划分油藏经营管理单元的基础上，通过优化投资项目、细化成本管理、深化体制改革、完善运行机制，实现油气生产投入产出的清晰化，产量、投资、成本、效益、可持续发展的"五统一"，成本有效控制和经济效益最大化的目标。对于油气资源开采者更关注开发生产阶段的油藏经营管理。

　　(4)资本退出阶段的经营管理。油藏经营退出是指对低效和无效油藏经营管理单元进行政策调整、租赁和买卖的过程，经营管理主要是通对油藏经营管理单元开发状况、经营状况及经济效益的评价，在国际油价条件下，对经济效益临近边际状态且调整改造潜力较小的油藏经营管理单元进行租赁或社会买卖。

第一节　油藏经营管理及组织机构

一、油藏经营管理

1. 油藏经营管理的内涵

油藏经营管理一词源于英语的 Reservoir Management，是指用先进的管理理念和战略决策来对油藏的可采储量进行价值化，对已开发油田进行开发水平评价和经济效益评价，并将有效的组织形式和先进的科学技术应用到油藏管理单元，使资产增值，实现效益最大化。

油藏经营管理的理念是在油田开发过程中把经济和技术结合在一起，正确合理地应用各种资源以获得最大的经济采收率。"资源"包括人力、财力、设备、技术。油藏管理的概念具有这样的特征：它是对资源的要求和利用，持续性和长期性贯穿于整个油田开发过程；以最佳经济效益为核心。因此油藏管理的主要活动就是做一系列的资源优化配置决策以获取最大经济效益的原油采收率。

油藏管理的内涵大致经历了三个发展阶段。第一阶段为 20 世纪 70 年代以前，这一阶段由于过分强调了油藏工程的重要性，因而认为油藏工程是油藏管理活动中唯一重要的技术，甚至将油藏工程当作油藏管理的同义语。在 20 世纪七八十年代，油藏描述技术在油田开发中起到了日益重要的作用，油藏工程师与地质家的合作被提到了越来越重要的地位，因此形成了以油藏工程师与地质家的密切合作为主要特点的油藏管理发展的第二阶段。进入 20 世纪 80 年代后期至 90 年代，世界油气资源的新发现越来越少，油田开发的对象逐步转向难开发的地下资源，这时要成功地开发好一个油田，并获得好的经济效益，除油藏工程师与地质家的紧密配合外，尚需要钻井、采油工艺、地面工程以及其他各专业，如经济、法律等人员的配合，从而形成了以多学科协同为最主要特色的方法论。此为油藏管理概念发展的第三阶段。油藏管理发展历程如图 6-1-1 所示。

2. 油藏经营管理单元

归集开发单元是以油藏特征、开发现状调查为基础，以一个或多个独立计量系统为归集范围，按油藏类型、开发方式、采油方式、原油物性、储层物性、油藏埋深、开发阶段划分标准为依据，对同类开发单元进行归集，形成油藏开发管理单元。

油藏经营管理单元是由几个开发管理单元组合而成，是油藏经营责任与产出核算的基本单位，其组建主要遵循以下原则：(1)油藏经营管理单元独立，地面服从地下，地下兼顾地面；(2)地表条件、地质构造、油藏类型等基本相似；(3)所辖开发管理单元具有比较完整的开发历史数据，能够对其开发效果进行客观评价；(4)油气水计量系统明晰；(5)油藏经营管理单元投入与产出相对清晰；(6)注采与地面集输系统相邻；(7)资产清晰，设备、设施服务对象独立。

形成的油藏经营管理单元可分以下几种情况：
(1)储量、产量规模较大，计量明晰(或具有独立计量系统)的单个开发单元，可形成一个油

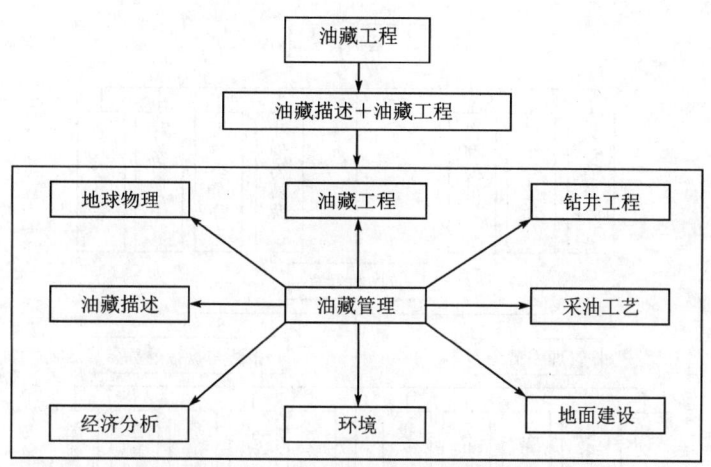

图 6-1-1 油藏管理发展历程图

藏经营管理单元;若同一开发单元分属多个独立计量系统的,按井数多少和地面集输系统改造简单的原则,集中到某一独立计量系统内,按上述标准进行分类归集,并说明归集情况和需要进行的地面集输系统调整意见。如果地面改造工作量较大,可把几个独立计量系统合为一个油藏经营管理单元。

(2)储量、产量适中,能够独立计量的单个开发管理单元可形成一个油藏经营管理单元;若同一开发管理单元分属多个独立计量系统的,按井数多少和地面集输系统改造简单的原则,集中到某一独立计量系统内,按上述标准进行分类归集,并说明归集情况和需要进行的地面集输系统调整意见。如果地面改造工作量较大,可把几个独立计量系统合为一个油藏经营管理单元。

(3)地面邻近,属于同一独立计量系统、储量和产量规模较小、不同类型的多个开发管理单元,按照管理方便的原则可组合形成一个油藏经营管理单元;若不同类型的多个开发管理单元分属多个独立计量系统且地面邻近的,可把几个独立计量系统合为一个油藏经营管理单元或将每个独立计量系统作为一个油藏经营管理单元。

中国国内总结了多年的开发经验,讨论并提出了油藏经营管理的内涵。油藏经营管理是从油藏发现、开发建设、开发生产直到油藏开发退出全过程的经营管理,是用集成的思维和理念经营管理油藏,实现人、财、物、技术和信息等各种资源要素的优势互补、合理配置,达到资源合理利用占经济效益最大化的目标。

二、油藏经营管理组织结构

1. 国际石油公司管理体制

1)埃克森—美孚公司

埃克森—美孚公司是世界上最大的跨国石油公司之一,由埃克森公司和美孚公司于1998年合并组建而成。

埃克森—美孚公司组织结构和管理体制基本上以埃克森公司为主。埃克森公司实行董事会领导下的总裁负责制,公司的最高权力机构是董事会(13名成员),下辖7个常设委员会。董事会以下专设由董事长兼总经理和19名副总经理组成的总裁班子,负责公司的日常业务,如图6-1-2所示。

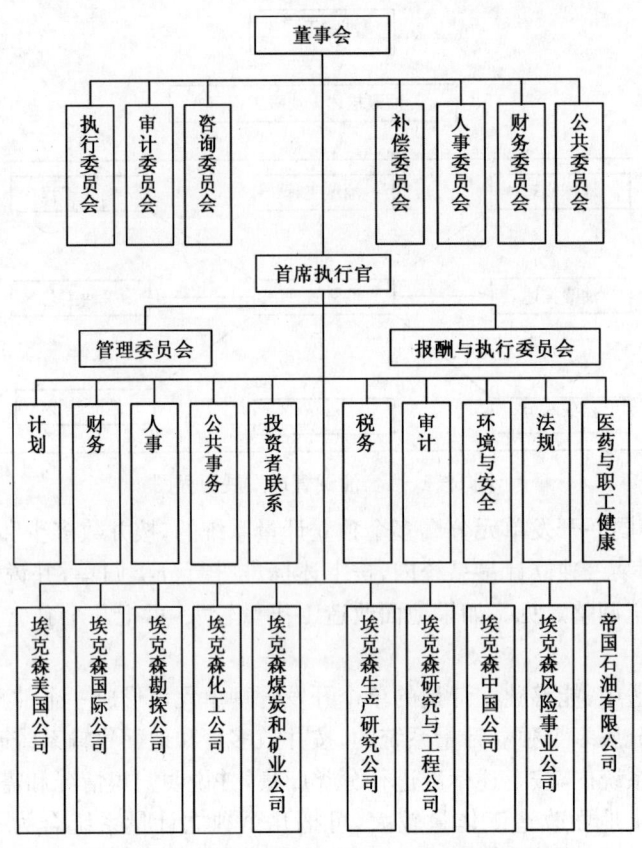

图 6-1-2 埃克森公司组织结构图

埃克森实行集权管理,推行集中决策和分散经营的管理理念,公司在项目投资、计划、财务和人事等方面实行集中管理。公司董事会是公司的权力中心和决策中心,通过计划、投资、财务、人事、审计、环境和安全等职能部门向分、子公司贯彻集团董事会的决策,各职能部门为集团决策提供参谋服务。

2)英荷皇家壳牌集团

英荷皇家壳牌集团是世界上最大的跨国石油公司之一。相比于其他的跨国公司,英荷皇家壳牌集团的组织结构和管理体制较为特别。其有两家母公司:皇家荷兰石油公司和壳牌运输贸易公司,它们都是上市公司,各有其股东群,但不是经营实体。英荷皇家壳牌集团组织框架如图 6-1-3 所示。

皇家荷兰石油公司的管理理事会成员与壳牌运输贸易公司的常务董事同时也是荷兰壳牌石油有限公司董事会常务委员会成员、英国壳牌石油有限公司常务董事。后两者是集团控股公司,因此他们也被称为集团常务董事。他们还被这两大集团控股公司任命组成一个联合委员会,即常务董事委员会(CMD),负责考虑与开发公司的目标与长期发展计划。

3)BP 公司

英国石油公司(British Petroleum Company,BP)是老牌的跨国石油公司,从 1998 年以来,其先后完成了对美国阿莫科公司、大西洋富田公司(即阿科公司)和美国润滑油集团嘉实多公司的合并与收购,公司的业务活动扩张到世界 100 多个国家。

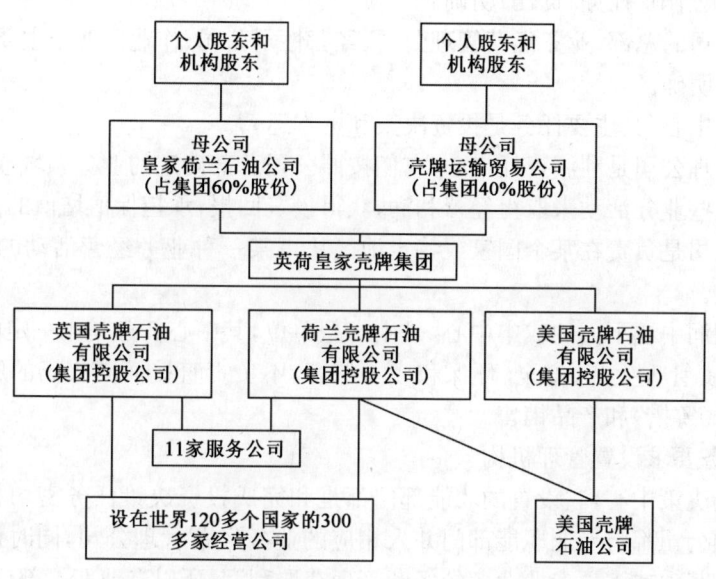

图 6-1-3 英荷皇家壳牌集团组织框架图

近十年来,BP 公司的组织结构进行了很大的精简,由六层结构发展到三层管理结构,初步建立了灵活、高效的运营管理体系,如图 6-1-4 所示。

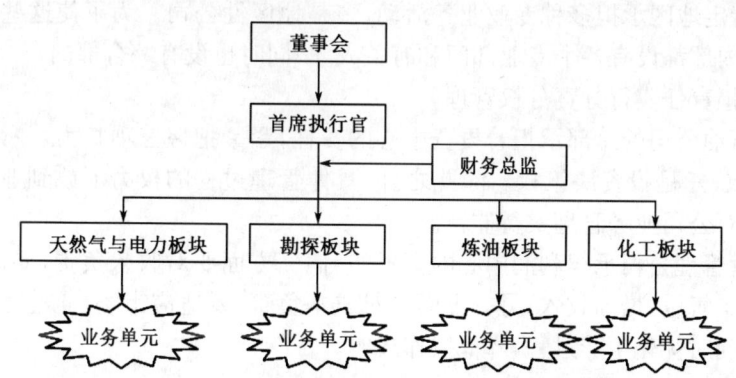

图 6-1-4 BP 公司当前的业务组织机构图

1998 年 BP 公司的董事会共由 15 人组成,其中包括董事长 1 人,副董事长 1 人,常务董事 6 人,非常务董事 7 人。6 名常务董事的具体分工如下:一名常务董事担任集团首席执行官;一名常务董事担任集团首席财务主管;一名常务董事担任 BP 勘探公司(从事勘探和生产业务)首席执行官,并负责西半球(南北美洲)业务;一名常务董事担任 BP 化工公司(从事化工业务)首席执行官,并负责管理 BP 太阳能公司、亚太地区和印度次大陆地区的业务;一名常务董事负责管理人力资源、研究与工程、卫生安全与环境、非洲和中东地区,以及在英国的退休金信托和投资等各方面的工作;还有一名常务董事担任 BP 石油公司(负责全球下游业务)首席执行官,并负责管理欧洲地区和原苏联地区业务。

4)国际石油公司管理体制的特点

埃克森—美孚、英荷皇家壳牌集团、BP 等国际石油公司管理体制具有以下四个方面的特点。

(1)管理层次清晰、任务(责任)明确。

三大石油公司的总部、业务经营管理公司、经营性子公司、作业区四个主要层次划分清晰,任务和责任十分明确。

总部是投资中心,其主要任务是投资决策和资本运营。

业务经营管理公司是利润责任中心,它们按照公司总部确定的业务领域或业务经营地区,通过经营管理这些业务活动来取得经营利润,获得投资回报,承担保值增值的责任。

经营性子公司是负责在某个国家或特定地区从事某一种业务经营活动的公司,是对利润负责的利润中心。

作业区是利润中心下面的成本中心,是生产型单位,其中心任务是用一定的成本去完成具体的任务,只负责管理生产、安全、环保和成本核算,不负责直接面向市场的原材料采购供应(生产要素的市场筹措)和产品销售。

(2)按照任务要求设置管理机构。

总部是投资决策中心,它设置的职能部门都是和完成投资决策任务密切相关的综合职能部门。三大石油公司都将专业职能部门并入相应的业务经营管理公司,同时设综合部门。其中心任务是通过某项或多项专业业务的经营管理获取利润,所以专业职能部门都不设在总部,而直接进入从事专业业务的经营管理公司。这样专业职能部门和具体经营业务就结合起来,使业务经营管理公司成为集技术、管理、生产经营三位一体的经营实体。

三大石油公司在经营性子公司内既设专业部门,又设综合部门。经营性子公司基本上是在某个国家或特定地区承担多种专业业务活动,多是地区性公司。为了使这些公司能够承担起这些任务,其内部都设有各个专业部门和有关人才,同时也设有综合部门。

(3)按照承担责任实行分责分权管理。

国际三大石油公司的总部承担着投资中心的责任,紧紧把握三项权力:一是最高人事权;二是资产收益权;三是投资决策权。除此之外,具体管理过程的权力下放到业务经营管理公司,公司总部只对公司业务管理实行监督。

各业务经营管理公司承担利润中心的责任,它们一方面要对收入负责,要面向市场,开发市场,扩大产品销售量,增加收入;另一方面要对成本负责,要适应市场,通过竞争降低生产要素的筹措成本,同时优化生产过程,降低操作成本。

(4)以效益为标准灵活设置机构。

从国际大石油公司来看,业务经营管理公司及下属经营性子公司的设置有以下特点:

一是既可以按专业业务设置专业经营管理公司,按照更便于管理、效益更高的方式设置,不存在固定不变的模式。

二是既可以按照事业部(分公司)设置,也可以按照具有法人地位的全资、控股、参股子公司设置。按照风险小、效益高、便于管理设置,没有固定模式。

三是经营管理公司下面可以设经营性子公司、孙公司。设置方式主要取决于经营业务的规模、当地政府的法规限制以及与政府的关系等,设置方式应对公司总体有利。

四是职能部门、经营管理公司、经营性子公司的设置随着外部环境和内部条件的改变不断地进行调整和变化。

2. 国内石油公司组织模式

中国油田目前的组织形式与国外石油公司在传统体制下的组织形式类似,是按照专业组建相应的管理和技术部门,其组织结构如图6-1-5所示。

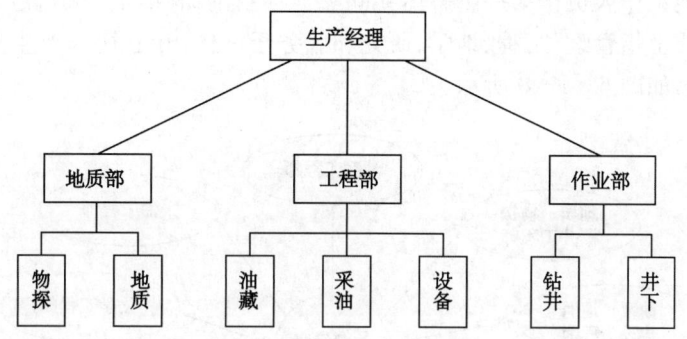

图 6-1-5　传统体制下的组织结构

在这种传统体制下,各专业人员仅局限于本部门内的工作,接受各专业领导管理,形成了较明显的部门工作界限。专业人员只负责自己的工作,部门之间的横向联系往往也比较薄弱。工作队中各个成员(如地质师、油藏工程师、生产和设备工程师操作人员,以及其他工作人员)都由他们各自的职能部门领导负责管理。

在传统体制下,公司的组织模式常分为五级结构,如图 6-1-6 所示。

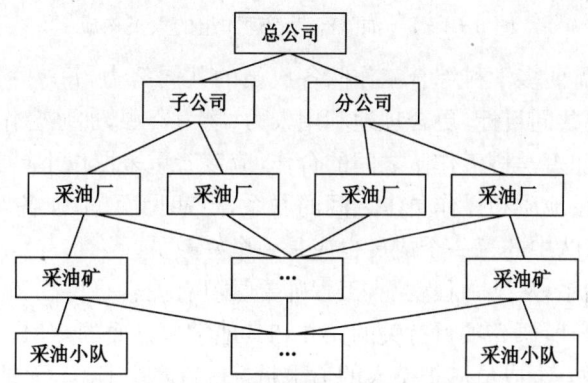

图 6-1-6　传统体制下的五级结构

从国内外油藏经营管理组织结构可以看出,油藏经营模式打破了部门之间的工作界限。油公司根据油田开发项目的需要,组建了由多学科专业人员构成的油藏经营团组(Multidisciplinary Work Team),其组织结构如图 6-1-7 所示,由扁平式的组织结构取代传统的"多层次结构"。多学科油藏经营团组在职能部门和生产经理的领导下工作。职能部门主要负责指导和工作情况评价,生产经理负责把握团组工作研究方向和商机;团组工作成员对生产经理和职能部门领导负责。

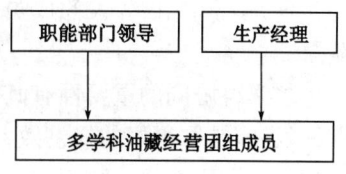

图 6-1-7　油藏经营管理的组织结构

新型多学科工作队管理模式是,不同学科的队员均在一个队领导下从事某一油藏的研究工作。通常队领导给予日常指导,而所谓的职能部门领导只能给以偶尔的指导。工作队或其成员在行政上并不隶属于部门领导,行政上和项目上只听从生产经理与资产经理的指导。资产管理概念上是强调一个油田作为一份资产,所有成员的主要目标就是最大程度地获得短期和长期的资产效益。

要想成功地实施油藏经营要提倡协作和多学科团队。协作是指地质学家、地球物理学家、油藏工程师和其他工作人员作为一个整体共同参与项目的研究,而不是各自为营。多学科团队的工作方法实质上指管理、工程、地学、研究和服务于一体,相互协作产生了"整体比各部分之和更大"的效果,如图6-1-8所示。

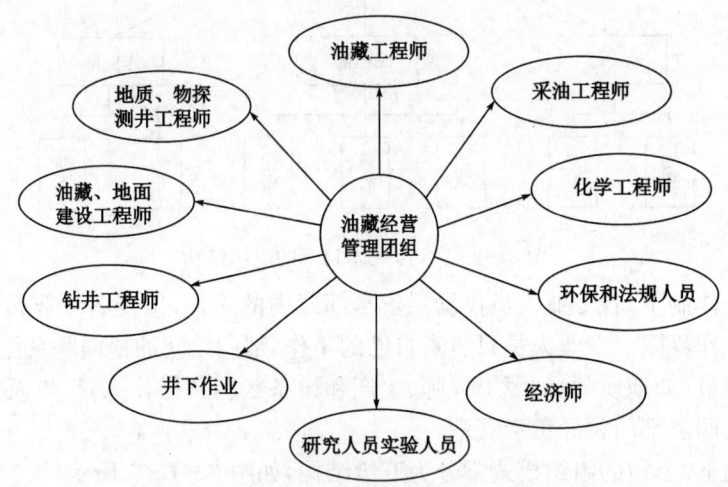

图6-1-8 油藏经营管理团组的人员构成

成功的油藏经营需要多学科综合工作队各成员的共同努力,每一个成员都是管理者。打破传统的界限,为实现共同目标,更合理地利用人力、物力资源,加强合作。

为了促进油藏管理多学科工作队之间的合作,应该着重采取以下措施:

(1)加强工程学科、地质和操作员工之间的联系,定期见面;加强各职能部门的合作;相互信任、相互尊重。工作队中的每一个成员也应是一个好教员。

(2)由于工作的关系,从某种程度上,工程师要学习有关岩石特性和沉积环境方面的知识,地质学家也应该学习与所研究项目有关的完井和其他学科方面的知识。

(3)工作队中的每一个成员应把个人的追求目标放在次要地位,而把油藏管理的目标放在首位,保持较高的技术水平。

(4)多学科工作队各成员之间的工作就像一支配合默契的"篮球队",而不是"接力赛队"。

多学科协同的重要性有其需求与实施可能性两方面的原因。首先,石油工业经过一定时期的发展,要取得好的经济效益,甚至要取得继续生存的权利都是很不容易的事,没有任何单一的技术方法能够一蹴而就;而且随着科学技术的快速发展,任何专家所掌握的技术在技术总体中所占的比重已越来越小。另一方面,在长期发展的过程中,各专业都形成了具有本专业特点的思维及语言表述方式,即所谓的"专业文化"。专业文化给多学科协同造成了困难。科学技术的发展,特别是知识可视化技术的发展,采用多学科协同的工作方式,克服不同专业文化间的交流障碍,提供了一种方便的手段,而三维共享地质模型则成为油藏经营管理活动中多学科思想与信息交流的主要工具与载体。

三、油藏管理基本要素

有效的油藏管理不仅仅是提出预防性维护措施,或是解决某一问题,也不仅仅是制定一个规划或设计一个开发方案或编制一个开采过程中的实施计划。虽然油藏管理包含了上述任何一个方面,但油藏管理更是上述各因素的综合,因此油藏管理具有综合性、集约性。

有人认为油藏管理就是在给定的经营管理环境下,应用现代化技术认识和开发油藏系统。这并不意味着现代化技术就是高代价的或未成熟的技术,而是最适用又经济的技术。油藏管理除"管理"外,还包含了相当大的"经营"成分。作为一项经营活动,同其他任何经营活动一样,具有三个要素:对油藏系统的认识;油藏管理的经营环境;现代科学技术因素。

1. 对油藏系统的认识

油藏系统包含了储层岩石、储层中的流体、井筒和井下设备、地面设备和装置。储层岩石和流体,即油藏特征的描述是认识油藏系统的重点问题。油藏经营者的活动是通过井口及其设备进行的。

油藏特征或油藏描述在意义上是类似的。但油藏描述更多地含有数据采集,而油藏特征具有对数据资料的综合。油藏特征及其描述的最终结果就是建立油藏模型。一般说来,建立地质模型就是在一定的精度下,给油藏模拟器定量化地提供油藏参数分布,油藏模型的合理性可以通过单井模拟器预测和油藏动态拟合来检验。如果油藏模型合理、正确,这时就可用油藏模拟器为满足不同的开采要求进行生产预测。

油藏模型是实际油藏的抽象。它不仅表示了油藏在三维空间的分布和边界,而且定性定量地描述了在油藏单元中影响流体流动的岩石、流体物性和其他油藏参数。油藏参数和流体流动参数的大小与分布的不确定性对模型的模拟计算会产生很大影响。因此,建模就是提高原型再现的精度,将油藏参数的不确定性减小到最低限度。

不同精细程度的油藏特征描述在油藏管理过程中发挥着各自的作用。不同精度、不同规模的油藏特征模型在油藏的不同开发阶段要求是不同的,油藏动用程度越高,要求的模型精细程度也越高。

2. 油藏管理的经营环境

油藏经营环境主要是指经营活动所赖以发生的经济及社会环境,包括政府的有关法律、法规、政策,市场对油气资源的需求,人力物力资源、资金来源,以及经营活动所处的人文、地理环境等。经营环境因素分为外部环境和内部环境两类。外部环境对所有经营者有相同的影响,它包括市场、税、操作规范、安全、环保法律法规以及社会认同;内部环境因素对不同经营者有不同的影响,它包括对风险的态度、回报率、发展能力、目标、组织机构以及长期发展规划。考虑经营环境的外部因素和内部因素组成的油藏管理计划的重要性是显而易见的。当然这个计划还要涉及油藏本身和技术,因此油藏经营环境因素的变化必然影响油藏管理计划,此时必须对其做出调整。

3. 现代科学技术因素

技术因素不仅决定了经营活动中所可能采取的措施范围,而且决定着对油藏的认识所能达到的程度。因此油藏管理取决于熟悉和掌握油藏描述、改善开采效果和提高采收率的现代科学技术的发展。但并不意味着高技术一定是适用技术,重要的是在适用技术的较大范围内要掌握这些技术的经济性和所涉及的配套技术。

建立油藏的概念特征和模型将涉及广泛的技术知识。掌握现代化技术和工艺措施对减少成本、增加生产效益、提高采收率是非常重要的。这些技术内容广泛。二次采油技术包括注水注气保持地层压力,对二次采油技术的改善包括用水平井加密井网、完善注采系统、用聚合物调整产液剖面或吸水剖面以及进行流度控制。提高采收率技术包括混相驱、碱驱、表面活性剂驱、三元复合驱和热力采油等。

四、油藏经营管理协同化

油藏经营管理发展到现在已有很长的历史,随着油气田开发的不断深入和发展,油藏经营管理的内容和方法也得到了进一步的完善与发展。

1. 现代油藏管理特征

第一,油藏经营管理的精髓是以多专业学科综合评价方法来发现和解决油气勘探开发中的问题,如图6-1-9所示,以追求最大经济效益为目的,在强调技术更新、计算机网络应用和油气藏数值模拟技术应用的同时,多学科组组的协同化可最大程度地发挥油气田开发系统工程的功能和效益。

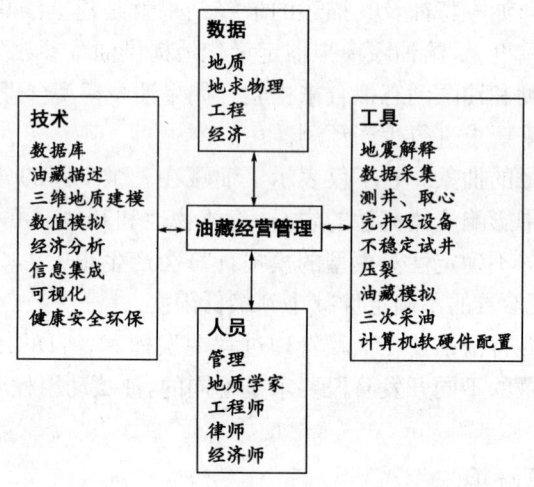

图6-1-9 油藏经营管理中的协同化

地质工作的重点是通过岩心研究、构造研究、储层研究,把地质特征与油藏静力学、动力学结合起来进行油气藏描述。

油藏工程的重点是确定油田各个油藏单元的特性、评价生产历史、预测未来开发动态、编制和优选开发方案。

地质和油藏工程协同化的要点是通过交叉培训和数据综合利用,使团组成员全面理解油藏经营管理过程、技术和手段。应用信息集成和数据管理系统,使得数据转换与处理快捷、准确,接口方便灵活,以达到数据共享、提高工作效率的目的。

油藏经营管理涉及经济评价的部分,要求对油田开发的各阶段做出经济评价分析,为开发决策提供依据。

油藏经营管理在反复循环的过程中不断得到优化,形成了地质—工程—经济评价一体化的模式。

第二,油藏经营管理强调以经济效益为中心,即生产每一吨原油都要达到企业的利润目标。市场经济突出经济效益最重要,否则没有生存和发展的空间。石油开采具有高投入、高风险的特点,同时又受油价的影响,因此油藏管理充分利用有效的人力、技术和财力,最大限度地降低投资与操作成本是实现最大经济采收率和最大经济效益的保证。为了获得最大的投资效益,在强调地质和开发工程协同的基础上,将工程技术与经济评价相结合,既要对油藏本身建立微观经济的管理体系,又要将油田开发摆在宏观经济的石油市场中,突出经营的思想。此外,还要加强对经营环境的了解,社会政治和经济环境等直接影响油藏经营管理的效果。

第三,在油藏管理过程中,需要不断应用新技术。先进的科学技术是现代油藏经营管理的基础和手段,直接影响着油藏经营管理的效果。先进的科学技术包括:大容量的高速计算机、工作站群、计算机网络,数据库软件,三维地震横向预测技术,三维地质模型描述建模技术,地质模型网格粗化技术,数值模拟技术(包含网格技术、自动历史拟合技术、工作站图形处理软件技术),注水动态监测技术,采油工艺技术,地面油、气、水集输技术,经济分析优化评价等。

第四,油藏经营管理必须建立其评价和决策系统,主要包括油田开发方式决策系统、采油方式决策系统、稳产措施的宏观决策系统、提高采收率决策系统。

2. 集成化油藏管理

油藏地质、油藏工程、地球物理、钻井、采油、地面建设、经济评价各学科共同协调,共同经营油藏,形成了较完善的集成化油藏经营管理。

集成化油藏管理实际是将油藏经营的核心——数据、人员、技术、决策等要素进行集成,改变过去存在数据分散、技术壁垒、人员交流障碍的状况,从整体上提高企业的经营管理水平。集成化油藏经营管理需要从多个层面上进行集成。

(1)数据的集成。需要集成的信息有:①勘探信息,包括非震物化探数据、地震资料、测井数据、钻井资料、录井资料、试油试采数据、分析化验资料、综合研究成果资料等。②油田开发信息,包括油藏工程、采油工程、油田监测、生产管理四个方面的信息。其中油藏工程信息包括油田开发动态数据、静态数据、方案规划数据等;采油工程信息包括采油工程生产管理数据、规划方案数据等;油田监测信息包括油水井测井数据、试井数据、动态监测数据等;生产管理信息包括油水井生产管理数据、作业施工管理数据、油田监测管理数据、地面集输管理数据、开发生产管理数据、油藏工程管理数据、采油工程管理数据等。③地面建设信息。包括地面工程基础资料、工程勘察数据、地面工程静态数据、地面工程动态数据、投资控制及经济评价数据等。

(2)人员的集成。协同工作的人员集成包括:地质工程师、地球物理工程师、采油工程师、油藏工程师、计算机工程师、数值模拟专业人员、地质统计人员、经济学专业人员等。

(3)技术手段的集成。油藏经营管理的中心是资源的评估和储层的认识,它需要综合应用以下技术:3D地震技术、岩石物理检测技术、测井解释技术、地质统计技术、油藏工程技术、储层模拟技术、3D可视技术、水平钻井技术、完井技术、采油工程技术。

(4)工具与方法的集成。包括:①物质平衡软件,用于估算可采储量及驱动机理;②地质统计软件,用于建立储层模型,对有相应的测井及地震数据的地点,根据内插外推法赋值;③油田动态拟合和预测软件;用于储层描述、试井分析、生产数据分析及黑油模型;④地面工艺分析软件;用于通过井底参数计算井口压力值,设计地面工艺流程⑤3D可视化软件;用于将验证、拟合和计算结果进行三维显示。

第二节 油藏经营管理基本内容

一、油藏管理单元绩效考核

1. 油藏经营管理绩效考核

对油藏经营管理责任主体的评价考核指标主要包括效益和可持续发展的核心指标、辅助管理指标、单项激励指标三个类别(对油藏经营管理主体第一责任人增加单项约束指标)。突出油藏经营效益指标和可持续发展目标,核心指标与考核基数挂钩比例占70%,辅助考核指标占20%,单项指标占10%。

1) 核心指标

核心指标主要考核模拟利润完成率,为年度考核指标。

模拟利润完成率,是在统一规定油价条件下,实际完成利润与油藏经营管理方案测算的利润指标的比值。分为超额完成(>1)、完成(=1)和未完成(<1)三种情况,由分(子)公司按照年度确定的油藏经营管理方案统一确定各油藏经营管理区的级差地租系数,按照超利润值乘以级差系数后以一定的比例(待定)考核兑现;超出油藏经营管理方案预测的投资部分及新产能区块产生的效益,在计算模拟利润完成率时考虑两种情况,区别对待。

(1) 利用额外申请的资金投资所产生的利润不扣除,但要将额外申请资金时所核定的利润值加到母项,即经营管理方案测算的利润指标参与模拟利润完成率计算。

(2) 新产能区块移交后所产生的利润不扣除,但要将移交时所核定的利润值加到母项,即经营管理方案测算的利润指标参与模拟利润完成率计算。

2) 辅助考核指标

辅助考核指标包括剩余可采储量变化率、产量完成率、资金完成率、自然递减率,与考核基数各挂钩5%。

(1) 剩余可采储量变化率,为年度考核指标,是在权威部门标定剩余可采储量的基础上,当年剩余可采储量与上一年剩余可采储量的比值。按可采储量增加(>1)、可采储量稳定(=1)和可采储量减少(<1)进行考核。油藏经营管理方案外,新增动用储量增加的可采储量在计算剩余可采储量变化率时要考虑两种情况:

①利用额外申请的资金投资新增动用储量增加的可采储量在年末剩余可采储量数据中不扣除,但应将申请投资时核定的新增可采储量加到母项,即年初标定的剩余可采储量。

②新产能区块移交后新增可采储量不扣除,将移交时所核定的可采储量加到母项,即年初标定的剩余可采储量。

(2) 产量完成率,是年实际产油(气)量与经营管理方案确定的产油(气)量的比值。按超额完成(>1)、完成(=1)和未完成(<1)进行考核。油藏经营管理方案确定的工作量以外,增加的产量,在计算产量完成率时要考虑两种情况:

①利用额外申请的资金新增加的产量在年实际产油(气)量中不扣除,但应将申请资金时

核定的新增产量加到母项,即经营管理方案确定的产油(气)量。

②新产能区块移交后新增产量不扣除,但要将移交时所核定的产量加到母项,即经营管理方案确定的产油(气)量。

(3)资金完成率,是实际完成资金与经营管理方案预算资金的比值,按超资金(>1)、合理资金($=1$)和结余资金(<1)进行考核。油藏经营管理方案以外新增加的资金,在计算资金完成率时增加项目所核定的资金额加到母项,即经营管理方案测算的资金额度。

(4)自然递减率,为年度考核指标,按实际自然递减率与经营管理方案测算的自然递减率的比值进行考核,分递减加剧(>1)、合理递减($=1$)和递减减缓(<1)三种情况。

2. 绩效考核方法

绩效考核方法采用平衡记分卡(The Balanced Score Card)。例如某个作业区的目标为:控制单位作业成本,使原油成本控制在 234 元/t 的水平,或者低于这个水平。连续 5 年将作业区年产量稳定在 $60 \times 10^4 t$,实现可采储量每年增加 $59 \times 10^4 t$,保持剩余可采储量稳定或有所增加。确保员工总数不增加,并且随着新技术的应用雇员人数应该减少。实现事故 0 死亡,并逐年减少严重事故。日益完善资产价值并延长油田寿命。

制定的目标需要全面考虑财务、安全、环保等因素,而不是单纯地停留在纯粹的生产指标和成本上。平衡记分卡是一种有用的方法,它通常将业绩分成四块,然后在每块内容中确定相应目标。典型的记分卡格式如图 6-2-1 所示。

财务	生产指标
安全、环保、健康、作业可靠性	人力资源

图 6-2-1 平衡记分卡

在确定某一特定资产部门的平衡记分卡应该采取什么形式时应该考虑以下问题:公司的主要目标是什么?平衡记分卡应该包括哪几个部分?应该给予每个部分多少比例?每个部分由哪些因素组成?

对于一般的油田而言,表 6-2-1 所示记分卡的"财务"象限包括产量、资本和营运支出以及净现金流。这里一般不包括税收,因为税收经常不是由资产部门直接控制。"生产指标"象限包括可能新发现油气藏的储量、新地震数据的获取和解释、已完成钻井数量和钻井成本等。"人力资源"象限可以包括人员培训和发展计划,招聘或留用雇员的能力,以及为雇员制定奖励计划等。"安全、环保、健康、作业可靠性"象限既包括事故,也有一般事项,如漏油、对制度的遵守、作业故障以及公司声誉等问题。

上述四个象限所包括的内容就是资产部门确定关键业绩指标以及资产经理业绩合同的依据。资产经理及其上级领导必须就此种业绩合同达成一致意见,而不是由上级将合同强加给资产经理。

记分卡每个象限的加权比例都会随着时间的推移而发展,但对于以此种形式的组织结构开展运营的第一年,建议采用如表 6-2-1 所示的平衡记分卡,至于每个象限更为详细的内容划分,建议参照表 6-2-2 列示。

表 6-2-1 平衡记分卡(第一年)

财务	45%
生产指标	20%
安全、环保、健康、作业可靠性	20%
人力资源	15%

表 6-2-2 用于油藏经营管理单元绩效考核的平衡记分卡

财务			生产指标			
产量	15%		新增储量	8%	钻井成本	3%
资本支出	15%		数据模型状况	2%	数据收集	2%
营运支出	15%		已完成钻井数量	2%		
			新油气井预测的产量	3%		
本象限总权重	45%				本象限总权重	20%
安全、环保、健康、作业可靠性			人力资源			
事故数量	2%	漏油次数 3%	已实现培训计划	10%		
轻微事故	3%	漏油量 3%	奖励计划	5%		
重大事故	4%	作业故障 5%				
事故死亡率	乘数					
		本象限总权重 20%			本象限总权重	15%

特别重要的是，资产部门应确定事故零死亡目标，而且为了确保此项重点目标，平衡记分卡应得到适当的重视，对它的处理有别于其他事项，没有定百分，而是把它作为平衡记分卡的一个乘数。一般而言，如果没有发生死亡事故，则平衡记分卡结果不受影响。如果出现了死亡人数，则平衡记分卡的总"分数"会倒减，具体情况见表 6-2-3。其中，HSER 代表健康、安全、环保和作业可靠性象限。FGP 代表财务、生产指标和人力资源三个象限。

平衡记分卡方法并不仅仅与当年的成果（如产量）有关。换句话，对于平衡记分卡的很多方面要制定 1 年、3 年、5 年的不同计划来比较衡量。

表 6-2-3 事故对平衡记分卡的影响

死亡人数	对平衡记分卡分数的影响
1 人死亡	HSER 分减少 50%
2 人死亡	HSER 分降低为 0
3 人死亡	HSER 分降低为 0，FGP 分减少 25%
4 人死亡	HSER 分降低为 0，FGP 分减少 50%
大于 4 人死亡	HSER 分降低为 0，FGP 分降低为 0

二、可采储量价值化

油气储量是国家制定能源发展战略的主要依据，是石油企业最重要的资产，是赖以生存和发展的基础。科学地评价工作业绩，正确地投资决策，公平地储量交易，合理地确定税赋以及公开发行股票等方面，都需要对油气储量的价值进行比较可信的评估。

1. 油气储量价值定义

根据国际上通用的定义，油气储量评估中的公平市场价值是指某一特定的储量资产或正在评估的储量资产，由一个愿意出售的卖主卖出，但不是出于任何特殊紧急要求而出售，卖给一个愿意购买的买主，但不是出于紧急需要而购买，双方对事实有合理的了解，并在一个平等自愿的交易中得出的市场价值。

这里储量的卖主一般就是勘探方，而储量的买主一般可以认为是该油气田的开发者。这里的储量价值与勘探投入无关，仅与该储量的品位有关。

2. 储量价值

油气储量价值可以用净现值 NPV 表示：

$$\text{NPV} = \sum_{t=0}^{n}(CI-CO)_t(1+i_c)^{-t} \qquad (6-2-1)$$

式中　CI_t——第 t 年的现金流入；

CO_t——第 t 年的现金流出；

i_c——行业基准收益率；

n——计算年限。

3. 勘探效益分析

勘探效益指探明油气储量经储量价值化评估后计算所得的经济效益，可通过计算探明油气储量单位储量价值、区块净效益和单位储量净效益反映盈利能力。

(1) 单位储量价值（元/t 油或元/10^3m^3 气）：

$$\text{单位探明地质储量价值} = \frac{\text{储量价值}}{\text{探明地质储量}} \qquad (6-2-2)$$

$$\text{单位探明可采储量价值} = \frac{\text{储量价值}}{\text{探明可采储量}} \qquad (6-2-3)$$

(2) 区块净效益（万元）：

$$\text{区块净效益} = \text{储量价值} - \text{探明油气储量总成本} \qquad (6-2-4)$$

(3) 单位储量效益（元/t 油或元/10^3m^3 气）：

$$\text{单位储量效益} = \frac{\text{区块净效益}}{\text{探明地质储量}} \qquad (6-2-5)$$

$$\text{单位可采储量效益} = \frac{\text{区块净效益}}{\text{探明可采储量}} \qquad (6-2-6)$$

三、油藏管理单元评价

通过油藏经营管理单元评价，搞清油藏资源状况、开发水平、生产管理水平和经营管理状况，为油藏经营管理单元经营目标的确定和考核提供依据。

1. 剩余可采储量定性评价

剩余可采储量定性评价指的是储量品位评价。依据油藏经营管理单元的地域情况、地质储量品位及开采状况，对油藏经营管理单元剩余可采储量进行分类评价，达到定性了解油藏经营管理单元当前经营效果和横向基本可比的目的。地域情况按普通陆上、非普通陆上和海上分类，非普通陆上指沙漠和复杂地面情况；储量品位根据储量丰度、油藏埋深、油层物性、原油物性、岩性参数进行分类；开采状况采用可采储量采出程度参考综合含水进行分类（图 6-2-2）。

2. 油藏开发水平评价

通过对水驱储量控制程度、水驱储量动用程度、地层能量保持水平、能量利用程度、剩余可采储量采油速度、水驱油状况、自然递减率、综合递减率和含水上升率等参数的计算，按相关标准进行综合分类评价，达到评价油藏开发水平，为制定开发目标提供依据（图 6-2-3）。

针对上述反映注水开发油田水驱开发状况和开发效果的 12 项开发指标，分别介绍每一项指标的计算方法。

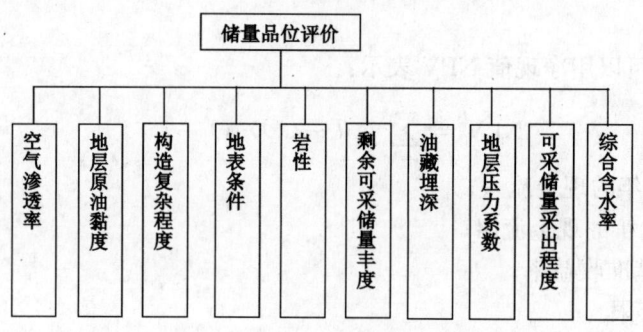

图 6-2-2 剩余可采储量的评价指标体系

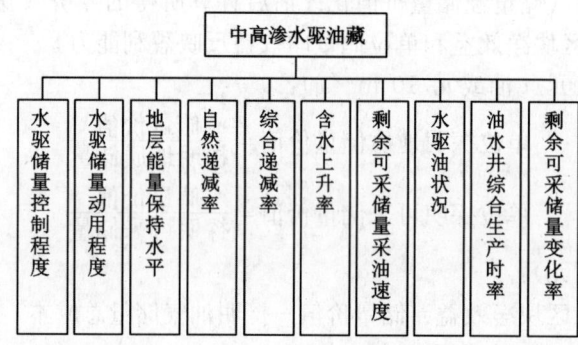

图 6-2-3 开发水平评价的指标体系

1) 水驱储量控制程度

水驱储量控制程度是指现有井网条件下与注水井连通的采油井射开有效厚度与采油井射开总有效厚度的比值,表达式是:

$$E_w = \frac{h}{H_o} \times 100\% \qquad (6-2-7)$$

式中 E_w——水驱储量控制程度;
h——与注水井连通厚度,m;
H_o——油层总厚度,m。

2) 水驱储量动用程度

水驱储量动用程度是按年度所有测试水井的吸水剖面和全部测试油井的产液剖面资料计算,即总的吸水厚度与注水井总射开连通厚度的比值,或总产液厚度与油井总射开厚度的比值。

3) 地层能量保持水平

地层能量保持水平为目前地层压力与原始地层压力的比值,主要反映地层压力的保持程度及该地层压力水平下是否满足排液量的需要。根据地层压力保持程度和提高排液量的需要,能量保持水平分为以下三类:

(1) 一类地层压力为饱和压力的 85% 以上,能满足油井不断提高排液量的需要,该压力下不会造成油层脱气;对于低饱和油藏,原油物性随压力下降变化不大,具有低的生产气油比,地层压力保持程度主要为满足油井排液量的需要。

(2)二类地层压力下降虽未造成油层脱气,但不能满足油井提高排液量的需要。

(3)三类地层压力的下降即造成了油层脱气,也不能满足油井提高排液量的需要。

4)自然递减率

自然递减率指没有新井投产及各种增产措施情况下的产量递减率,即在扣除新井及各种增产措施产量之后的阶段采油量与上阶段采油量之差,再与上阶段采油量之比。为上年新井、上年各种增产措施产量都作为老井产量情况下计算的产量递减率。

$$a = -\frac{q_{o1} - (q_{o2} - q_{o3} - q_{o4})}{q_{o1}} \times 100\% \qquad (6-2-8)$$

式中　q_{o1}——上年核实年产油量,$10^4 t$;

　　　q_{o2}——当年核实产油量,$10^4 t$;

　　　q_{o3}——当年新井年产油量,$10^4 t$;

　　　q_{o4}——当年措施年产油量,$10^4 t$。

可通过水驱特征曲线等方法预测老井产量、通过潜力分析预测措施增油量、通过类比法或其他方法预测新井产量并叠加计算得到。由于受每年措施工作量大小、未措施井的采油速度大小、新井递减率大小及新井产量占总产量比例的影响使该指标的规律性变差,很难通过寻找该指标的变化规律来预测未来产量的变化。在编制规划方案和配产工作中用到的递减率一般指年对年自然递减率。

5)综合递减率

综合递减率指没有新井投产时的老井产量递减率。与自然递减率类同,综合递减率也有两种计算方法。为当年核实产油量扣除当年新井年产油量后,与上年年产油量之差,除以上年年产油量:

$$a = -\frac{q_{o1} - (q_{o2} - q_{o3})}{q_{o1}} \times 100\% \qquad (6-2-9)$$

6)含水上升率

含水上升率指每采出1%的石油地质储量时含水率的上升值,其表达式为:

$$f'_{w(i)} = \frac{f_{w(i+1)} - f_{w(i-1)}}{R_{(i+1)} - R_{(i-1)}} \qquad (6-2-10)$$

式中　f_w——在某时刻的含水率;

　　　R——某时刻的采出程度。

7)剩余可采储量采油速度

剩余可采储量采油速度是指当年核实年产油量除以上年末的剩余可采储量之值。该指标综合反映了目前开发系统下(井网、注水方式、注采强度等)开发效果的好坏。

8)水驱油状况

水驱油状况是指油藏通过注水开发后采出程度的状况,主要通过综合含水率与采出程度的关系曲线判断,根据曲线上采出程度的走势,判断采收率是否高于油藏标定的采收率,从而判断油藏开发效果的好坏程度。水驱状况是评价开发效果最主要指标。水驱状况的计算公式为:

$$水驱状况 = \frac{R_m - E_r}{E_r} \qquad (6-2-11)$$

式中 R_m——综合含水率与采出程度关系曲线图中理论值；

E_r——油藏的标定采收率。

9）油水井综合生产时率

油水井综合生产时率是指油水井利用率与生产时率的乘积，它在数值上为：

$$\text{油水井综合生产时率}=\frac{\text{油水井开井数}}{\text{油水井总井数}}\times\frac{\text{实际生产天数}}{\text{日历天数}} \quad (6-2-12)$$

10）剩余可采储量变化率

剩余可采储量变化率指当年剩余可采储量与上一年剩余可采储量的比值。

3. 生产管理水平评价

生产管理水平评价是指通过对产量完成率、自然递减变化趋势、油水井利用率、油水井综合生产时率、注水井分注率、注水层段合格率、注水水质达标率、老井措施有效率、动态监测计划完成率、机采系统效率、注水系统效率和集输系统效率等参数的计算，按相关标准进行综合分类（图6-2-4），达到评价生产管理水平，为制定开发目标提供依据目的。评价指标定义如下：

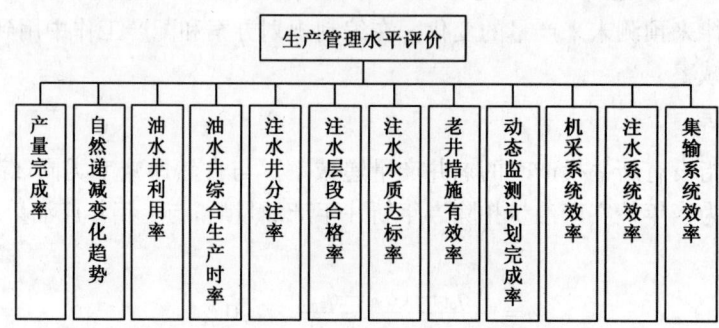

图6-2-4 生产管理水平评价的指标体系

1）产量完成率

$$\text{产量完成率}=\frac{\text{年实际完成产量}(10^4 t)}{\text{年计划产量}(10^4 t)}\times 100\% \quad (6-2-13)$$

2）自然递减变化趋势

按自然递减变化趋势可分为三类：一类，与前三年相比趋势变好；二类，与前三年相比趋势稳定；三类，与前三年相比趋势变差。

3）油水井利用率

$$\text{油井利用率}=\frac{(\text{油井开井数}+\text{油井计划关井数})}{\text{油井总数}}\times 100\% \quad (6-2-14)$$

$$\text{水井利用率}=\frac{(\text{水井开井数}+\text{水井计划关井数})}{\text{水井总数}}\times 100\% \quad (6-2-15)$$

4）油水井综合生产时率

$$\text{油井综合生产时率}=\frac{\text{单元油井年开井天数总和}}{(\text{油井总数}\times\text{年日历天数})}\times 100\% \quad (6-2-16)$$

$$\text{水井综合生产时率}=\frac{\text{单元水井年开井天数总和}}{(\text{水井总数}\times\text{年日历天数})}\times 100\% \quad (6-2-17)$$

5)注水井分注率

$$注水井分注率=\frac{注水井实际分注井数}{方案要求分注井数}\times100\% \qquad (6-2-18)$$

6)注水层段合格率

$$注水层段合格率=\frac{单元水井配注测试合格段数总和}{单元水井配注总段数}\times100\% \qquad (6-2-19)$$

7)注水水质达标率

$$注水水质达标率=\frac{检测合格的点数}{总检测点数}\times100\% \qquad (6-2-20)$$

8)老井措施有效率

$$老井措施有效率=\frac{措施有效井次}{实施措施总井次}\times100\% \qquad (6-2-21)$$

9)动态监测计划完成率

$$动态监测计划完成率=\frac{年实际完成动态监测井次}{年计划动态监测井次}\times100\% \qquad (6-2-22)$$

10)机采系统效率

按照 SY/T 5264—2006《油田生产系统能耗测试和计算方法》标准,机械采油系统效率测试及计算方法为:

$$\eta_{系统}=\frac{qH\rho g}{86400P_1} \qquad (6-2-23)$$

式中　q——油井日产液量,m^3;
　　　H——有效扬程,m;
　　　ρ——油井液体密度,t/m^3;
　　　P_1——电动机输入效率,kW;
　　　g——重力加速度,$9.8m/s^2$。

11)注水系统效率

注水开发是目前国内外广泛采用的油田开发方式。注水系统是指从水源到注水井的全套设备和流程。通常包括水源泵站、水处理站、注水站、配水间和注水井。注水系统的效率 η 主要包括电动机平均效率 $\bar\eta_m$、注水泵效率 $\bar\eta_p$ 和注水管网的效率 $\bar\eta_n$。

$$\eta=\bar\eta_m\bar\eta_p\bar\eta_n \qquad (6-2-24)$$

(1)电动机平均效率的求法为:

$$\bar\eta_m=\frac{\sum_{i=1}^{n}P_{1i}\eta_{mi}}{\sum_{i=1}^{n}P_{1i}} \qquad (6-2-25)$$

式中　η_{mi}——第 i 台电动机效率;
　　　P_{1i}——第 i 台电动机输入效率,kW。

一般电动机效率为:

$$\eta_m=\frac{P_2}{P_1} \qquad (6-2-26)$$

式中 η_m——电动机效率；
   P_2——电动机轴功率，kW；
   P_1——电动机输入效率，kW。

$$P_2 = \beta P_e \tag{6-2-27}$$

式中 β——电动机负载率；
   P_e——电动机额定功率，kW。

$$\beta = \frac{(n_0-n)n}{(n_0-n_e)n_e}\left(\frac{U}{U_e}\right)^2 \tag{6-2-28}$$

式中 n_0——电动机同步转速，r/min；
   n_e——电动机额定转速，r/min；
   n——电动机实测转速，r/min；
   U——电动机实测电压，kV；
   U_e——电动机额定电压，kV。

(2)注水泵效率的求法为：

$$\bar{\eta}_p = \frac{\sum_{i=1}^{n} P_{2i}\eta_{pi}}{\sum_{i=1}^{n} P_{2i}} \tag{6-2-29}$$

式中 η_{pi}——第 i 台效率；
   P_{2i}——第 i 台泵轴效率，即为输出的输出效率，kW。

注水泵效率计算：

$$\eta_p = \frac{(p_2-p_1)q}{3.6 p_2} \tag{6-2-30}$$

式中 η_p——注水泵效率；
   p_1——注水泵进口压力，MPa；
   p_2——注水泵出口压力，MPa；
   q——注水泵流量，m³/h。

(3)注水管网效率的求法为：

$$\bar{\eta}_n = \frac{\sum_{i=1}^{n} p_{4i}q_{wi}}{\sum_{i=1}^{n} p_{2i}q_i} \tag{6-2-31}$$

式中 $\bar{\eta}_n$——注水管网效率；
   p_{4i}——第 i 口注水井的井口压力，MPa；
   q_{wi}——第 i 口注水井的注水量，m³/h；
   p_{2i}——第 i 台泵出口压力，MPa；
   q_i——第 i 台泵流量，m³/h。

12)集输系统效率

集输系统效率主要是泵运行效率：

$$\eta_{泵} = \frac{泵排量 \times 泵压 - 进口压力}{\sqrt{3}电压 \times 电流 \times \cos\theta \times \eta_{me}} \tag{6-2-32}$$

式中　$\cos\theta$——电动机的功率因数；
　　　η_{me}——电动机的铭牌效率。

4. 经济财务指标评价

1）经营状况评价

经营状况评价是指在给定油价条件下，根据产量和成本现状，评价投入产出状况、盈利状况，包括现金操作成本、折旧折耗、期间费用、利润、成本利润率、固定资产利润率、总资产利润率、人均利润等指标。

2）资产盈利能力评价

资产盈利能力评价是指根据对油藏经营管理单元的现状评价，确定油藏经营管理单元的自然递减，测算阶段自然产量；以现状完全成本和规定的油价为评价参数；以固定资产现值为投资总额，评价内部收益率与回收期，作为资产的盈利能力指标。

资产盈利能力按盈利指标分为三类：一类，内部收益率大于行业基准收益率；二类，内部收益率在行业基准收益率附近；三类，内部收益率小于行业基准收益率。

四、油藏开发决策系统

1. 油田开发方式决策系统

通过对油田驱动方式、层系划分、压力保持水平等参数的正确选择来实现油田开发技术上和经济上的最优化（图6-2-5）。

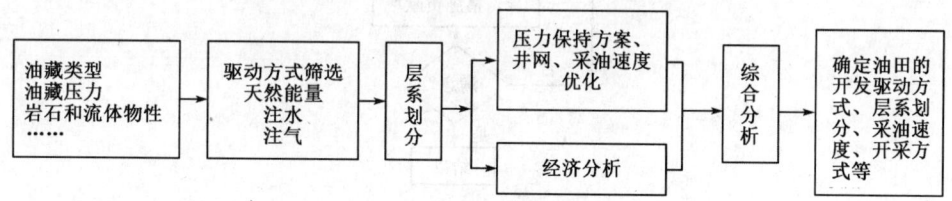

图6-2-5　油田开发方式决策系统

2. 采油方式决策技术

在进行各种采油方式对该油田（或区块）适应性和完成油田开发总体方案中油藏工程设计产量指标可行性分析的基础上，选择技术上可行、经济上合理的采油方式，并确定举升设备、操作参数和预测工况指标（图6-2-6）。

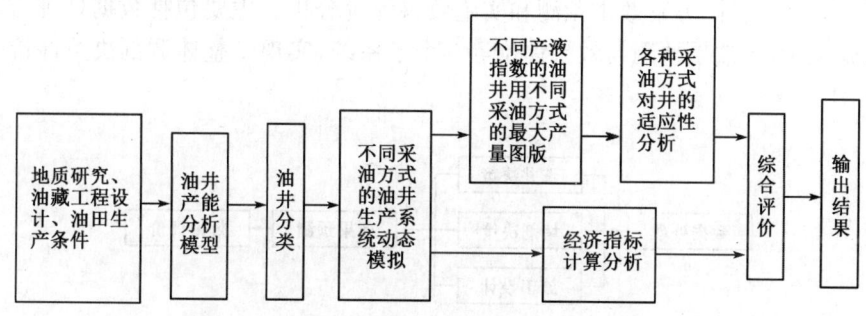

图6-2-6　采油方式综合评价与决策基本模式

3. 稳产措施的宏观决策系统

油田开发规划具有多变量、多约束、多阶段的特点，要求决策变量的可行解都是非负的。已有许多学者建立了油田稳产措施配置的静态、动态确定性规划模型。模型的目标函数是为了求解整个规划期内各项稳产措施的费用的极小值或是偏差最小，模型的约束条件是根据油田开发实际所设立的。一般建立以下几个方面的约束：产油量约束（规定了规划期内全油田或开发区逐年必须完成的原油生产任务）、产水量约束（规定了全油田在规划期内逐年产水量最高界限，使油田的含水控制在规定的范围内）、措施工作量约束（它规定全油田对于各段增产措施的工作量界限，在这个界限内，是油田实际能力所能完成的）、根据油田开发调整的方针原则必须建立的约束（图 6-2-7）。

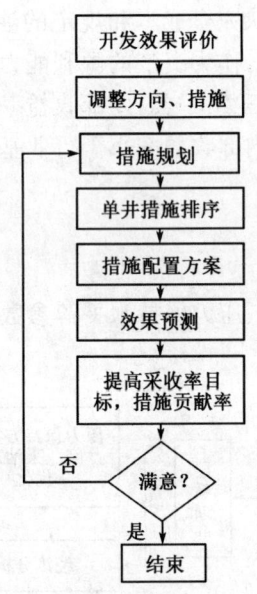

图 6-2-7 宏观决策和单井配置技术思路

4. 油田调剖堵水决策系统

调剖堵水决策技术是一项集油藏多因素决策于一体的综合决策技术，是以提高采收率为目的，为改善注水井吸水状况或者油井产液剖面而进行区块整体调剖的优化决策系统。本系统建立在统计学的基础上，引进专家系统的决策思路，充分利用区块的动静态资料，可进行区块整体调剖的方案设计、方案效果预测和实施效果评价分析。主要包括数据处理、选井决策、堵剂决策、施工设计、效果预测与效果评价等 6 个子系统，实现了整体调剖决策评价的一体化（图 6-2-8）。

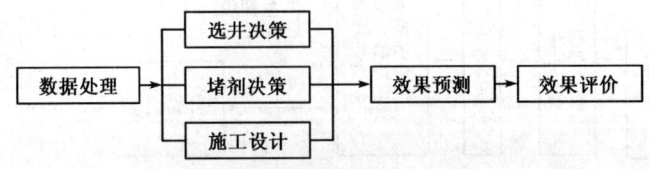

图 6-2-8 油田调剖堵水决策系统

5. 提高采收率决策系统

提高采收率方法的设计旨在达到两个目的中的任一目的——或提高波及效率,或提高驱替效率。前者用于克服储层的非均质性或不理想的流度比,在这些情况下,合理的提高采收率方法是聚合物驱,或某种热力采油方法;后者用于克服毛细管压力,以采出一次采油或水驱所剩下的油。可用于这些储层的提高采收率方法是化学驱、混相驱、非混相驱,或者微生物强化采油方法(图6-2-9)。当选择某种提高采收率方法时,包括简单的动态模型和筛选经济效果在内,都是至关重要的。

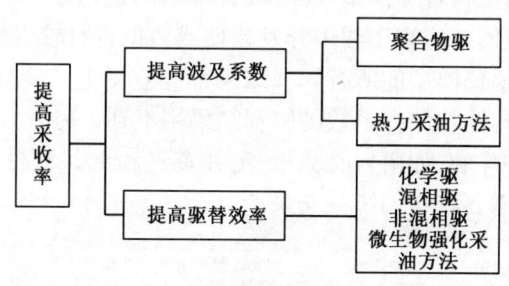

图6-2-9 提高采收率决策系统

成功的提高采收率方案需要有效的工程设计数据、动态模型和经济研究等。设计从简单开始,并逐步复杂,直到完善为止。由于经济研究、储层表征和工程设计与储层动态模拟,所以方案的设计就可达到最佳效果和可获利润率。

第三节 油藏管理主体技术

油藏经营管理既不是一项具体的生产作业活动,也不是相关的实体组织机构,而是油藏研究和开发管理的科学方法论。技术因素是油藏经营管理的重要因素之一,现代技术的发展,提高了油藏经营管理决策的可靠性,提高了油藏经营管理的经济效益。

一、油田开发地质建模技术

高质量的油藏经营是建立在准确识别油藏模型基础之上的,油藏数值模拟只是其中的一个环节。油藏开发作为一项"隐蔽"工程,模型表征参数在很大程度上依靠间接手段确定,同一个参数可以有不同的来源和解释方法,因此油藏模型的识别是一个反演问题,存在非唯一性,但可以通过增加解释资料的数量和范围并证实各种可靠资料的一致性来确定接近真实储层的参数表征。另一方面,储层参数的确定是一个动态过程,即一旦获取新的资料就需要对油藏模型重新识别,其中包括两个连续过程:资料解释和解释结果综合。

1. 资料解释与综合

资料解释是利用各种类型的模型对数据资料进行解释,其中包括静态资料解释(如地质、地球物理、地球化学、油层物理等)和动态资料(如流体、示踪剂、生产测井、试井等)的描述,与油藏动态相关联。资料解释模型是对油藏的某一局部和某一方面的参数进行专门处理,所得到的解释结果可能为反映储层特征的中间变量,通常是独立或不连续的。例如地球物理(资料)模拟主要生成阻抗比,而试井(资料)模拟主要得到流动性和储存系数比。了解这些变化需要用其他资料解释模型进一步证实,即阻抗比可能源于流体饱和度或应力场的变化,而流动性、储存系数比的变化可能源于地层或流体组成的变化。通过岩石物性资料解释可以得到一个多层的岩石物性模型,而试井资料可能只形成单层试井解释模型。如果两种解释结果的渗透率相差比较大,需要用示踪剂资料进一步确定。

油藏模型是综合所有资料解释结果而得到的。由资料解释模型综合而成的油藏模型可能是确定性的,也可能是随机近似模型。确定性模型需要高密度的数据资料得到,而随机近似模型则允许综合不同尺度的资料解释模型,同时设置不同的置信度,提供多重的、等概率的三维油藏模型。因此随机近似模型适宜于油田开发初期或数据资料较少的情况。在综合形成油藏模型的过程中,并非每个解释模型的所有解释结果都能应用上。例如对于试井解释模型只用其渗透率解释结果,而流动性与储存系数的解释结果用不到。另一方面,"动""静"资料反映同一参数的油层状况是不一样的,如由岩心分析、测井资料和试井资料所获得的渗透率等,因此在解释结果综合过程中,需要将它们统一起来。

2. 地质建模技术

1)随机地质建模技术

随机地质建模技术是目前储层表征技术中比较引人注目的发展方向之一,它已成为国内外建立地质模型的一种主要手段。随机地质模型之所以能够引起人们越来越广泛的兴趣,源于这样一个事实:虽然地下储层本身是确定的,但由于种种条件的限制,人们对储层的认识常常是局部的或不确定的,但随着条件的变化,这种认识可能会发生变化;另一方面,储层表征的目的是建立地质模型以供油藏工程分析使用,而对于某些开发问题,地质参数的细微空间组合特征显得并不重要,如合理开发井网的确定在很大程度上取决于砂体的空间分布特征,开发指标的变化规律主要受地层非均质的影响等,这些都是早已被油田开发实践证明了的规律。

随机地质模拟方法与常规方法(如克里金方法)相比,在于它是对地层进行"模拟",即利用某种方法使原型再现;而常规方法则是对地层进行"拟合",是利用某种方法对原型进行近似。随机模拟方法可以再现原型的非均质特征,而拟合方法从理论上讲不可能再现小于已知信息尺度范围内的非均质特征,因而所产生的近似往往比原型更加匀整。随机地质模拟所产生的是不确定模型,而对于那些对确定性要求较高的问题来说,如何利用这种方法,是目前仍在探索的一项技术。

2)网格粗化技术

油藏描述技术的发展,尤其是随机地质建模方法的应用,使得在很小的尺度内描述油藏非均质性成为可能。由此所建立的地质模型,其节点数往往是几十万甚至上百万个。目前普遍使用如此规模的油藏模型进行数值模拟研究还是不现实的,这就产生了一个如何将地质模型进行转换,使转换后的模型既能尽可能多地包含原模型中丰富的地质信息,同时又能在规模上为油藏模拟所接受的问题,即网格粗化问题。由于大多数油藏研究都已遵循由地质模型再到油藏模拟模型的过程,因此网格粗化在地质建模与油藏模拟之间已逐渐形成了一个独立的研究分支。

3. 油藏模型验证

当建立起油藏模型之后,需要进行验证,以保证油藏模型与所有用于其研究的确定性资料相吻合,即油藏模型必须能够经得起检验。验证油藏模型要用下列模拟器:地震模拟器——检验地震资料,包括时间延迟或四维地震资料;测井模拟器——检验测井资料;流体模拟器—检验试井资料;油藏模拟器——检验生产数据。

模型检验过程实际上是在油藏模型的基础上通过设置一定条件利用模拟器计算出相应的开发数据,计算结果是唯一和确定的。如果油藏模型是可靠的,那么被检验参数应该吻合得较好,并且可以很容易地通过调整参数达到拟合精度要求。若无论如何调整参数都不能获得满意的拟合效果,则表明油藏模型不完善,需要重新通过资料解释和综合过程来完善油藏模型。

二、现代油藏工程理论与技术

油藏工程是在认识油藏的物理性质和流体在油藏中渗流规律的基础上研究油藏开发的方法,应用油田开发设计方法、试井技术、油藏数值模拟技术、油藏动态监测技术、改善油藏开发效果技术、提高采收率技术等以达到最高采收率和实现最佳经济效益。

1. 油田开发设计方法

1)油藏开发方式

油藏的驱动方式是全部油层工作条件的综合。各种驱动方式,也是油藏中排油的主要动力来源。这种动力可以来自自然界,它与油藏的地质条件有关;也可以来自人工补充能量,向油层注入工作剂,应根据油田开发需要和油藏的地质条件确定。

2)层系划分与组合

油层的非均质性是影响多油层开发部署和开发效果的最重要因素。合理地划分与组合开发层系是从开发部署上解决多油层油田层状非均质性的基本措施。

3)压力保持水平

一般油田开采到了一定程度,由于地层天然能量不充足,地层压力下降,生产压差降低,这时就需要对地层进行能量补充,保持合理的地层压力和生产压差。

4)井网形式

国内外油田应用的注水方式或注采系统,除边缘注水、切割注水、面积注水等三种外,还发展了矢量井网方式,以及针对巨厚层的立体开发井网方式。

2. 数值试井技术

试井测试技术是认识油气藏、进行油气藏动态评价和生产监测,以及评价完井效率的重要手段。常规试井分析方法是利用直线段的斜率与截距反求井和地层参数的方法。现代试井分析方法从物理模型入手,将数学模型建立在更接近于实际的基础上,采用解析方法或数值方法求出数学模型的解,绘制典型图板,采用图板拟合或自动拟合的方法来分析实际资料,提高了解释结果的可靠性能和正确性。

3. 油藏数值模拟技术

油藏数值模拟技术相继发展了黑油模型、组分模型、双重介质模型、热采模型、化学驱模型等,形成了可用于不同储层类型、不同流体性质、不同开发过程的数值模拟技术。随着工作站图形显示技术以及大规模超高速计算机的发展,数值模拟向着使用方便、直观、计算精确以及高度集成方向发展。

1)交互式油藏数值模拟技术

交互式数值模拟通过用户界面,可以实现以下操作:随时读取模型数据——在模拟过程中,通过选择图标,用户可以以不同的图形或文本方式显示数据,并可进行编辑;交互式模拟过程——在模拟过程中,用户可以随时查看模拟结果,发现问题可随时中断计算,待对输入数据进行修改后再继续计算过程;批处理命令语言——用户可以将许多命令写入文件以控制程序的运行,甚至可以加入一些计算公式、条件语句等。

2)并行化数值模拟技术

一个油田的模拟网格规模可以轻而易举地达到百万节点的数量级。常规黑油模型和组分模型很难达到这一目标,解决这一问题的途径是并行计算技术。

3)变通网格技术

变通网格技术既是为了提高计算精度,也是为了减少运算时间。这项技术撇开传统的正交笛卡儿坐标而采用其他形式的正交或非正交坐标。如角点网格系统就是一种非正交坐标网格系统,采用这种网格处理断层不连续地层要比笛卡尔坐标灵活得多。

4)自动历史拟合技术

由于油藏模型的不确定参数较多,同时敏感性参数对于不同油藏,甚至同一油藏的不同时期都可能是不同的,所以实现自动历史拟合技术比较复杂。一般情况下,压力和含水是两个首选的拟合指标,对于非等温渗流问题则还需考虑井底温度,对于油、气、水三相渗流则还需考虑气油比等。待估参数应当对拟合参数比较敏感且待估参数之间相互独立。待估参数也可以是影响拟合参数的直接变量,如对于封闭油气藏,压缩系数是影响平均压力的直接变量;待估参数也可以是影响拟合参数的间接参数,如相对渗透率是影响含水率的直接变量,但待估参数可以选择控制相对渗透率关系的曲线指数。

5)油藏数值模拟模型的高度集成化

数值模拟模型的集成化、多功能化一直是人们所追求的目标。集黑油、组分、热采、聚合物等各类不同模型为一体的集成化软件,所有模型的输入输出遵循统一的格式,给用户带来了极大的方便。随着现代油藏管理技术的发展,不仅希望实现上述意义的软件集成,而且希望在一次模拟中能够包括几种不同类型的模拟。

4. 提高采收率技术

1)物理—水动力学

水动力学方法的目的是在给定井网和其投产顺序情况下用优化注采工作制度的办法来提高注入水对油层低渗透含油部分的波及系数。这些方法是对注水过程进一步优化其工艺,因此,对开发系统不需要作任何实质性的改变,形成高注入压力、强化产液等手段来改善注水油田的开发状况。正是因为这样,这是油田开发后期最经济实用的一种改善油田开发效果最有效率措施,主要方式有周期注水、改变液流方向和提高排液量等。

2)化学驱

利用注入油层的化学剂溶液的化学性质,改善原油—化学剂溶液—岩石之间的物理化学特性,如降低界面张力、改善流度比等,以达到提高最终采收率的目的。主要有聚合物驱、碱驱、表面活性剂驱、三元复合驱、混相驱、气驱等开采方式。

3)热力采油

热力采油主要用于开采稠油,是指向地层注入热或在地下产生热的采油法。热力采油方法主要有注蒸汽(蒸汽吞吐、蒸汽驱和蒸汽辅助重力泄油技术)技术、火烧油层技术等。

4)微生物驱

通过向油层内注入微生物来提高原油采收率的方式。

三、人工智能技术

1. 专家系统

在油田开发领域内,有许多问题是非数值型的、不确定的,用传统的计算技术求解这类问题有很大困难。解决这类问题主要靠专家的逻辑推理与经验判断,而专家系统技术正是为求解这类问题而发展起来的一门技术。

2. 人工神经网络技术

人工神经网络技术是模拟人脑机理与解题功能而建立起来的一项新型计算技术。在油田开发领域,它的应用已涉及地震解释、测井解释、试井解释、油藏非均质研究、PVT分析、油水井分析、数据拟合、参数预测、剩余油饱和度研究等诸多方面。

四、水平井技术

水平井是开发油气田、提高采收率的一项重要技术。水平井开采技术应用于裂缝油藏和底水油藏技术上比较成熟、应用范围较大,水平井开采稠油也取得较好的经济效益。水平井的迅速发展进一步扩大了水平井开采技术的应用范围,多底井、多分支井和稠油双井辅助重力泄油等技术已在扩展和应用。但对于老油田,特别是已投入注水开发的高含水油田、低渗透油田、薄层砂岩油田及复杂断块油田等如何恰当有效地应用水平井是一个尚待研究解决的问题。

水平井开采技术已经得到了迅速发展,除了在常规(非热采)油(气)藏得到应用以外,还在稠油(热采)油藏(包括深层特稠油油藏、砂砾岩稠油油藏、浅层超稠油油藏)、低渗透油藏、火山岩裂缝性油藏得到了广泛的应用。

(1)水平井作为注入井。水平井作为注水或混相驱中的注入井,可以提高吸水或吸气能力。

(2)多底分支水平井。这类水平井是在一个垂直井眼中根据目的层的具体要求,向多个方向钻水平井眼,或在相反方向钻水平井眼等。

(3)水平井开采老油田剩余油。利用水平井开采老油田中的剩余油,主要有两种方式:①利用常规水平井开采厚油层顶部的剩余油;②利用侧钻打超短半径水平井开采剩余油。

(4)多目标水平井。利用水平井控制技术,按需要任意改变钻井轨迹,按预计的方式打开目的层的技术。

(5)水平井用于气藏或疏松砂岩油藏的开采。利用水平井可以降低气体流动速度,提高流动效率。与此相类似,在某些疏松砂岩层油气藏中,利用水平井不仅可以提高单井产量,而且可以减少出砂,降低防砂费用。

第四节　油藏经营管理应用与发展方向

一、油藏经营管理运行程序

油藏经营管理的运作模式如图6-4-1所示,包括确定目标、制订计划、实施规划、监督与控制和过程评价。

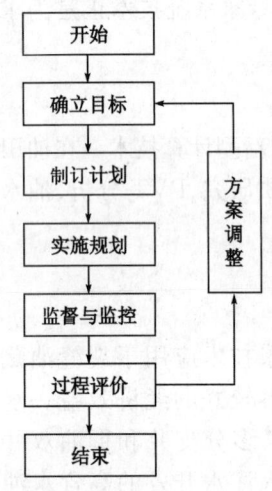

图6-4-1　油藏经营管理运作模式

1. 确立目标

认识专门需要的和确定实际并可实现的目标是油藏经营管理的基本步骤。油藏特性、整体环境和现有技术力量是制订相应开发目标的三个关键影响因素。油藏特性包括地质特征、流体特性、开采机理、生产历史及现状等;整体环境包括公司的经营目标、投资力度、经济环境、原油天然气市场状况、社会环境、相应的能源环保状况等;现有技术力量包括可用于开发、地质、钻井、完井、采油过程中的先进技术及其适应性。油藏经营团组根据具体油藏开发的需要,通过分析相应的油藏特性,整体环境以及技术力量,设定一个切实可行的目标,这是油藏经营管理的第一步,设定的目标包括油藏经营管理的短期、中期和长期。

2. 制订计划

根据已确定的油藏经营管理目标,油藏经营团组应制订相应的全面的开发计划。

油藏经营的重要任务是制订开发策略。不同的开采时期,开发策略也不同。对新油田开发需要编制和优选开发方案,如开发方式、开发层系、开发井网、采油速度、经济评价、开发效果和分析等;对老油田则需要考虑二次采油、三次采油的策略。油田开发还必须考虑环境和生态保护、遵守相应的环保法规。

油藏经营计划制订的基础是多源数据资料和信息的分析,数据计划、数据采集、有效数据确认和数据库的应用至关重要。主要包括数据计划,采集时间和采集次序确定;数据采集,分析和有效数据确认;数据存储,数据库的建立和维护。

地质建模和油藏数值模拟的研究是油藏经营计划制订必不可少的手段。通过建立三维定量储层和储量分布模型,确定原始地质储量、储量丰度和储量分布,利用油藏数值模拟技术进行开发生产历史拟合,预测不同开发方案下的油藏开发动态,对开发方案进行优选。油藏经营计划在经过开发方案优选的推荐基础上,进行钻采工艺和设备分析、设计与筛选,确定钻井、完井、采油、注入设备及储运设备。

油藏经营团组须对开发计划、设备计划和作业等进行技术经济优化分析,确保实现油藏经营的目标。多专业学科团组提交的油藏经营计划必须经主管部门批准。

3. 实施规划

项目开发方案在获批准后,下一个主要任务是方案实施,应尽可能快地投入生产,需要有全部授权的项目经理来管理以下各种活动:

(1)设计、制造并安装地面、地下设备。为了规划、监控和按时完成需要做大量的工作和实验。

(2)制定钻井和完井方案。

(3)收集和分析开发井测井、取心和试井数据,从而更好地确定油藏特征。

(4)完善油藏数据库,修正产量和可采储量预测。

成功实施方案的一些关键因素:①制订灵活的方案;②取得管理部门的支持;③取得现场人员的承诺;④开始执行所有功能小组的行动方案;⑤定期与所有队员开会。

方案实施不成功的主要原因是:①团队队员对项目缺乏全面了解;②各个功能小组之间未能相互配合和协调;③延误了管理过程。

4. 监督与监控

正确的油藏经营管理要求总体上监控和监督油藏动态,以确定油藏经营管理计划是否与油藏动态一致。动态监控的主要环节包括动态数据采集和实时分析,内容包括:

(1)油气水产量、含水率、气油比;

(2)注水量、注气量、水质状况;

(3)静压和井底流压;

(4)生产测试和注入测试;

(5)产量、注入量随时间的变化关系;

(6)观察井的变化。

对提高石油采收率项目而言,由于固有的不确定性,监控和监督计划尤为关键。

5. 过程评价

油藏经营计划实施后必须定期进行检查,以确保实施过程按计划进行。将实际生产动态与预测动态进行比较,如油藏压力、气油比、含水率和产量等指标,以便及时发现问题,确定调整计划。

期望方案实际的结果与计划方案完全一致是不现实的。因此,方案中采用的技术和经济指标必须由专门研究和决定该项目成功与否的研究小组决定,具体指标的确定根据方案特点。一个方案,从技术上来讲可能是成功的,但在经济上可能会失败。

把方案实际的运行情况,如油藏压力、气油比、水油比、产量和注入量都要和预计数值定期进行对比。最终,分析其经济指标来决定该方案的成功与否。

6. 调整计划

当动态与经营计划不一致或条件改变时,油藏经营团组要对计划方案进行调整。

上述各个环节是相互依赖的,它的整体实施是确保油藏经营成功的关键。油藏经营的过程是一个动态的不断变化的过程,油藏经营管理计划应灵活可调,以适应开发策略调整的需求。

二、油藏管理信息采集与管理

油藏本身及开发过程,是一个不断更新和变化的信息源。勘探开发的过程就是信息的采集、处理、分析和反馈过程。不论是目前油田开发普遍运用的滚动开发流程,还是亟待发展的集成化油藏经营管理,都存在一个信息共享和交流的问题。油田已投入大量资金用于信息化建设,但信息技术只分散于不同的专业领域,不同领域之间的信息、数据很难甚至根本不能进行交流或转换。

1. 油藏管理数据资料

油藏经营管理的运作过程中有效的数据采集和管理对项目的成功是至关重要的,必须仔细计划和实施。资料采集作为油藏管理工作的基础,其重要性不言而喻。针对具体油藏,应该由多学科班子成员对需要采集的资料种类、数量、采集频率和采集手段等项内容事先做出详细的设计方案,对于需要定期录取的资料应当制定相应的操作规范(表6-4-1)。

表6-4-1 数据分类

阶 段		数 据	负责人
勘探	地震	构造、地层、断层、有效厚度、流体、井间非均质性	测量员、地震学家、地球物理工程师
	地质	沉积环境成岩作用、构造、断层、裂缝、岩性	地质师
开发	钻井	钻井液、岩屑、地质图件	钻井工程师、地质师
	测井	深度、层系、厚度、孔隙度、渗透率、原始流体饱和度、气/油界面、油/水界面、气/水界面	地质学家、岩石物理学家、钻井工程师
	流体	地层体积系数、压缩系数、黏度、溶解度、化学组分、相态、比重	油藏工程师、实验分析员
	试井	油藏压力、有效地层系数(KH)、分层和断层、生产和注入指数	油藏工程师、生产工程师
圈定边缘	取心 基本	深度、岩性、层厚、孔隙度、渗透率和剩余流体饱和度	地质工作者、钻井和油藏工程师、实验室分析人员
	取心 特别	相对渗透率、毛细管压力、孔隙度系数、粒度、孔隙大小分布	
	取心 测井	相对渗透率、毛细管压力、孔隙度系数、粒度、孔隙大小分布	开发地质师、岩石物理学家和钻井工程师
一次采油阶段	生产	油、气、水的生产数据	生产工程师
	理想流体	油、气、水的生产数据	油藏工程师、实验室分析人员
	试井	油、气、水的生产数据,油层连通性	油藏工程师、生产工程师
注水阶段	生产	油、气、水的生产数据,产出剖面	生产工程师
	注水	注水数量、水质	生产工程师
	试井	吸水、产出剖面	油藏和生产工程师
有效数据确认	基本数据	油藏深度、层序、油藏厚度、孔隙度、渗透率、流体饱和度	团组
	特殊数据	相对渗透率、毛细管压力、岩石压缩系数、孔隙大小和分布	团组

首先,对数据的应用和采集数据的目的要有清楚的认识;其次,是数据的成本、效益分析,及数据采集和管理的成本及其相应的效益。

在数据采集和分析中应着重考虑以下因素:公平、优先、及时、数据质量和成本节约。

贯穿一个油田的整个周期,从勘探发现直至最终废弃,在漫长的过程中可以采集到来自多种渠道涉及多种学科的大量数据。这一工作强调了多种学科的专业人员协同工作,以完成一个有效的数据管理(图6-4-2)。

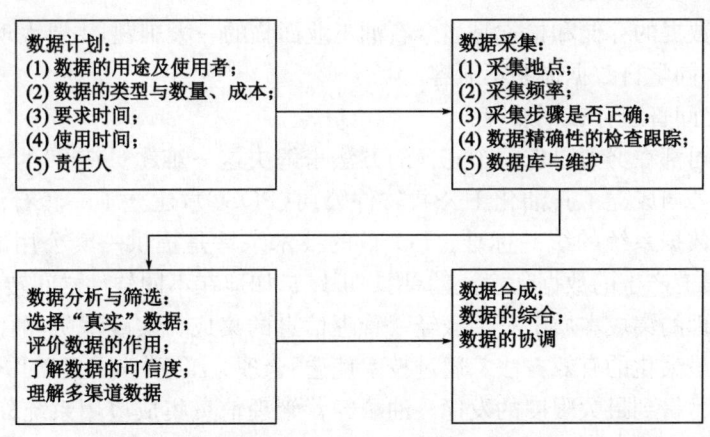

图6-4-2 有效数据流程图

建立一个数据采集规范十分必要,它对采集的数据类型、数量及采集步骤和采集周期等进行说明,有学者提出了一个逻辑的、系统的、连贯的获取和分析数据的方法。

2. 资料有效性分析

油田资料不可避免地包含有多种误差,如取样误差、系统误差、随机误差等。因此,在应用这些资料作为输入参数之前,对所采集的资料需要进行仔细核查,并且要与其他相关资料对照、验证,检查它们的相容性、准确性和一致性,切实做到去粗取精,去伪存真。例如,为了评价测井资料的有效性,应该仔细地对比岩心和测井分析解释结果,并且做出其频率分布以识别不同的地质相;同时还要确定孔隙度和饱和度分布、砂岩有效厚度以及油气藏地质分层标准,并仔细对测井资料进行环境校正。当收集包括油藏压力在内的日常采油和注水资料时,应该密切监测油藏动态。如果能够得到过去的生产和压力资料,那么就可以利用经典的物质平衡方法和油藏模拟来验证油气原始地质储量、含水层大小和水侵强度。

通过室内实验可以有效地测定储层的岩石渗流特性(如油—水相对渗透率和气—油相对渗透率)以及储层的流体特性(如PVT资料)。在暂时没有这些实测资料的情况下,可以用经验相关式经过计算得到对应资料的代用数据。

3. 资料信息管理

随着计算机技术的发展,资料存储、检索和应效的最有效工具是数据库管理系统。目前,国外石油技术发达国家已经有专门的数据库管理系统,也有专门的数据资料公司来负责国内各个油气藏基础资料数据的录入、管理和定期更新工作,实现了众多用户的资料共享。国内各个油田目前也都分别建立了自己的勘探开发静、动态数据库系统和相关的区域计算机网络。上述工作都极大地提高了油藏工作的效率和质量。但是,目前的油藏资料数据库在存储、检索、调用方面实际所能达到的水平,离油藏管理的要求还有相当大的差距。建成各个学科、专业的关系数据库系统只是问题的一个方面,而真正实现即时、高效地对各个学科、专业的相关资料数据进行检索和调用则是另外一个问题。即使是在信息高速公路已经建成并且畅通无阻的条件下也是如此。最根本的症结所在是由于目前还做不到使不同学科、专业的软件和数据库都相互兼容,所以在油田漫长的开发生命周期内的各种资料数据的存储、检索、调用问题都非常复杂。

来自不同渠道,一致、有效的数据储存于一个可以连接各学科终端用户的公用计算机数据库中。数据库会随着新的地质数据和生产数据的采用而更新。数据库中的数据具有实现油藏监控和油藏评价等多种功能。

油藏各阶段数据的存储和检索是当今石油工业面临的一大难题,主要表现在:

(1)软件和不同学科数据体系不兼容;

(2)数据库之间普遍存在不兼容。

许多石油公司都在努力寻求一个完善的方法来解决这一难题。在20世纪90年代后期,几家国内外石油公司成立了石油化工公共软件公司(POSC),建立了一套石油工业标准和在石油工业中石油数据系统的统一标准。POSC的技术宗旨是提供一套公用的计算机系统规则,它允许不同渠道产生的数据任意流动,用户可以自如地在不同软件之间转接。

油藏经营管理的集成本质上是油藏经营管理信息的集成。实践证明,油藏经营管理的集成化是实现利润最大化的有效方法。通过技术优选、合理分工、科学分配工作时间可以使企业的人力、财力、物力得到最大限度的发挥。油藏经营管理信息集成应用系统分为六大子系统,如图6-4-3所示。

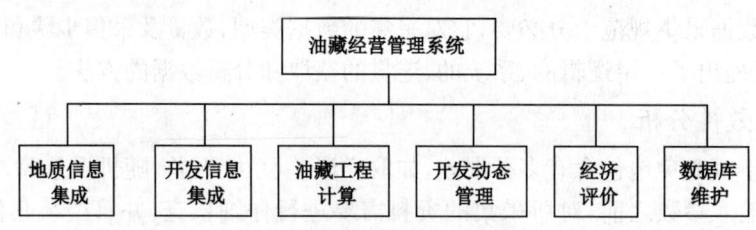

图6-4-3 油藏经营管理信息集成应用系统结构

三、油藏经营管理发展方向

1. 建立油藏经营管理工程学科

随着油藏经营管理的逐步发展、完善,专门研究油藏开发科学经营管理决策的一门学科——油藏经营管理工程必将建立。油藏经营管理工程是管理科学和石油开发科学的交叉分支,它以运筹学、控制论等系统工程理论与方法以及计算机技术为基本手段,以油田开发地质学、油藏工程、油田开发技术、经济学等学科为基础,以油田开发过程中的各类管理决策问题为研究内容。

油藏经营管理工程学科将不同于油藏工程。油藏工程是一门研究开发机理、油层渗流特征、油藏动态分析等方面的具体的单项技术,而油藏经营管理工程则是建立在油藏工程基础之上,从优化经营的角度出发,综合考虑开发地质、技术经济、能源政策等方面的问题,在手段上主要依靠系统工程理论与方法。

油藏经营管理工程学科也将不同于"油藏经营管理"。虽然"油藏经营管理"也强调整体优化开发和优化经营,强调在油藏开发历程中最大限度地将各学科协调发展起来,形成集约化的管理体制,以取得最佳经济效益,但其主要是方法论方面的定性阐述。与之相比,"油藏经营管理工程"更具有工程学科的性质,更强调对具体的经营管理问题建立具体的数学模型求解,更注重工程实用性和可操作性。当然,"油藏经营管理"中的一些内容属于"油藏经营管理工程"的研究内容。

2. 油藏经营管理将走集成化道路

作为开发对象的油藏埋藏在地下,只能通过有限的井点及油藏直接获取信息或依靠间接的地球物理、测井、试井等手段获取信息,所以油藏储层本身以及开发历程是一个无穷尽更新和变化的信息源。井是信息的双向通道,勘探开发历程就是信息的采集、处理、分析和反馈的过程。多年来,石油企业投入巨资实施"信息化",但信息技术只分散于不同专业领域,只是使传统工作方式实现自动化或提高运作效率,还未发挥集成效应。

随着计算机技术的发展,有可能对信息的处理和反馈实行集成化处理,利用各种可编程终端装置做出实时响应和反馈。在石油上游产业的地面设施上已有生产数据采集和监控系统(SCADA)及分部控制系统(DCS)在运行,它促进了油藏生产数据采集、处理和反馈,有助于油藏开发特征的表征。另一方面也确保了生产流程的顺畅运行及环境安全。因而,集成化、信息化、智能化的聚合,将是油藏经营管理面向未来的发展趋势。

3. 数字油气田

数字油气田是基于地理信息系统(GIS)的油气田企业的信息基础设施和企业管理层的基础信息平台,是建立在数字地球框架下的在线油气田空间信息服务系统。它是计算机技术、互联网技术和虚拟现实技术联合框架上以油气田为参照系的多学科汇融,是经营者使油气田全面实现信息化的必然产物。基于网格的数字油田结构框架分为四层,分别是网格层、服务(专业)层、方案(集成)层、目标层,如图6-4-4所示。

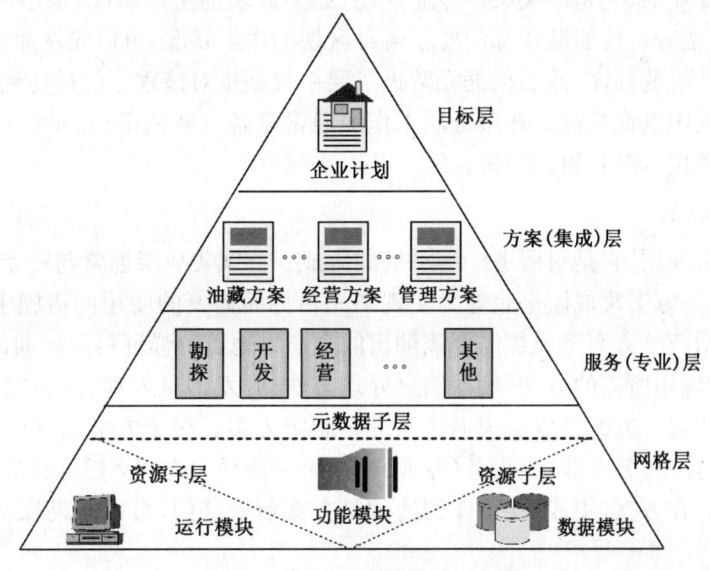

图6-4-4 数字油田结构框架

通常把包含油藏数据收集、操控,实时通用的数据管理和集成的油藏经营管理应用定义为数字油气田。大庆油田的数字油田总体结构框架图展示了数字油田的一个建设模型,在该模型中数据仓库和系统集成是两个重要的概念。可以认为数据仓库和系统集成是该"数字油田"的核心内容。

1)网格层

网格层是数字油田的基础,直接为服务(专业)层、方案层提供数据和计算等服务。网格层包括资源子层和元数据子层。

(1)资源子层的数据模块主要是为服务(专业)层提供解决某一专业问题所需的数据资源。例如,为勘探提供地震、测井、试井数据等,为开发提供油水井生产数据、监测数据等。它由运行模块、数据模块、功能模块三个模块组成。

①数据模块为服务层、方案层的所有对象服务。比如,当开发需要地震、测井等数据时,数据模块负责提供所需数据。

②功能模块是为服务层解决某一专业问题提供的算法、程序等。功能模块作为知识的一种存在形式,应该发挥其最大的效能,程序(算法)尤其是油田的一些专用程序也应该和数据资源那样,能为服务层的所有对象服务。网格中,要求各功能模块之间可以很容易地进行数据交换,或者各模块可以通过某一标准进行拼装集成,只有这样才容易在方案层进行集成。

③运行模块是为服务层提供各个功能模块的正常运行提供的运行环境支持,如个人计算机、网络、计算机集群等。运行模块尤其是计算机机群、大型数据库服务器等也可以为服务层的所有对象服务。

(2)元数据子层是对资源层所有资源属性的描述。它实际是为服务层使用网格层的资源提供检索、查询的功能,使服务层能够清楚目前资源层到底有哪些资源,以及这些资源的特征、状况。

2)服务(专业)层

服务层也称专业层,它是解决某一专业问题,如某区块的生产状况、某层系的地质构造等所采用的手段、方法等。比如勘探部门要了解某区块的生产状况,可以先从元数据子层中检索能查询区块生产状况的程序,然后根据元数据子层中数据集对该程序的描述到网格索取,再用该程序到数据模块中查询数据。在服务层工作的通常是各专业的部门、单位,如开发单位(部门、组、室)、勘探单位(部门、组、室)等。

3)方案(集成)层

方案层也称集成层,它是对服务(专业)层的集成。方案集成层通常与跨专业、部门的大型任务、工程相联系。方案集成层是企业为实现某一目标而需要的使用的措施手段等。比如要实现某一油田的增产。方案集成层需要该油田的全三维地震解释资料及该油田的全部生产开发资料,服务层的应用所需的方法(勘探信息处理方法、开发信息处理方法)完成任务后,将结果提供给方案集成层。方案集成层根据这些资料制定方案。对于方案集成层来说,它的功能要求集成服务(专业)层各专业,当服务(专业)层两个专业模块之间无缝连接后,便实现了一个集成方案(程序)。在方案(集成)层工作的通常是方案负责部门,可以是勘探部门或者是开发部门。

4)目标层

目标层是企业制定的短期或长期规划。目标层可以达到下面的所有层。在目标层工作的一般是企业的决策者。

油藏经营管理在中国起步相对较晚,许多工作有待进一步提高,国外虽然已有初步成形的商业化油藏经营管理软件,但由于缺乏对我国油气田开发管理特点的针对性尚未形成应用市场。21世纪是世界科技迅猛发展和进步的世纪,油气田开发从管理体制到技术革新都将会有翻天覆地的变化。国外已由"油矿工程管理阶段"走向"系统工程管理阶段",正把油田开发引向智能信息管理阶段,伴随着我国各大油田管理体制的改革,现代油藏经营管理已逐步在我国得到高度重视和发展。实现现代油藏经营管理,需要转变思想观念和革新组织机构,建立市场经营的战略和运作模式,突出新技术的应用和数据信息集成共享,并在油田开发实践活动中灵活运用和体现。

练 习 题

1. 简述油藏经营管理的基本概念。
2. 阐述油气资源勘探开发全过程中油藏经营管理的组成部分及其重点。
3. 简述组建油藏经营单元的基本原则。
4. 简述国际石油公司管理体制的主要特点。
5. 简述油藏经营管理的基本内容。
6. 现代油藏管理的主要特征是什么?
7. 油气储量价值的定义是什么?
8. 油藏管理单元开发水平定量化评价指标内容是什么?
9. 油藏数值模拟技术在油藏管理过程中的作用是什么?
10. 阐述油藏管理信息采集与管理对建立高质量油藏模型的重要意义。

参 考 文 献

[1] 王乃举.中国油藏开发模式总论.北京:石油工业出版社,1999.
[2] 唐曾熊.油气藏的开发分类及描述.北京:石油工业出版社,1994.
[3] 吴胜和.蔡正旗,施尚明.油矿地质学.4版.北京:石油工业出版社;2011.
[4] 陈元千.油藏工程实践.北京:石油工业出版社,2005.
[5] 蔡尔范.油田开发指标计算方法.东营:石油大学出版社,1993.
[6] 孙贺东.油气井现代产量递减分析方法及应用.北京:石油工业出版社,2013.
[7] 刘慧卿.热力采油原理与设计.北京:石油工业出版社,2013.
[8] 吴柏志.低渗透油藏高效开发理论与应用.北京:石油工业出版社,2009.
[9] 程林松.不同类型油藏复杂结构井产能评价.东营:中国石油大学出版社,2007.
[10] 姜汉桥,姚军,姜瑞忠.油藏工程原理与方法.东营:中国石油大学出版社,2006.
[11] 陈月明.油藏经营管理.东营:中国石油大学出版社,2007.
[12] 俞启泰.非热采砂岩油藏水平井适用性筛选方法.石油学报,1994,15(1),66-74.
[13] 任芳祥.油藏立体开发探讨.石油勘探与开发,2012,39(3),320-325.